Kandar Anubhuti

Gotteserfahrung des heiligen Arunagirinathar

Von
N.V. Karthikeyan

Ins Deutsche übersetzt von
Andreas Binder

Titel der englischen Originalausgabe: „Kandar Anubhuti"
(God Experience of Saint Arunagirinathar)

Copyright der englischen Originalausgabe / Alle Rechte vorbehalten: The Divine Life Trust Society, P.O. Shivanandanagar – 249 192, Distt. Tehri-Garhwal, U.P., Himalayas, Indien

Copyright dieser deutschen Ausgabe 2009: Yoga Vidya Verlag, Yoga Vidya GmbH, Wällenweg 42, D-32805 Horn-Bad Meinberg, ISBN 978-3-931854-67-6

1. Ausgabe 2009, Auflage: 500. Herausgegeben vom Berufsverband der Yoga Vidya Lehrer/innen e.V. Weitere Exemplare zu beziehen bei: Yoga Vidya GmbH, Wällenweg 42, 32805 Horn-Bad Meinberg. Tel. 05234/87-2209, Fax -2225, E-Mail: shop@yoga-vidya.de, Internet: www.yoga-vidya.de

Gewidmet

Satguru Swami Sivananda
meinem höchsten Meister

Dem heiligen Arunagirinathar
dem erhabenen Autor

Dem Allumfassenden Lord Skanda
Der Gotteserfahrung verleiht

— N.V. Karthikeyan

Inhaltsverzeichnis

Vorwort und Anmerkungen 10
Vorwort des deutschen Herusgebers 10
Anmerkung des englischen Herausgebers zur ersten Ausgabe 12
Anmerkung des englischen Herausgebers zur zweiten Ausgabe 12
Anmerkung des englischen Herausgebers zur dritten Ausgabe 13
Vorworte von Swami Chidananda, Swami Krishnananda und Sri Karthikeyan ... 14
Die Notwendigkeit einer esoterischen Bedeutung 24
Leben und Werk des Hl. Arunagirinathar 38

Einführung 69

KAAPPU 74
„Anrufung" - einleitender Vers - Erklärungen zur Symbolik von Ganesha und Skanda

VERS 1 79
Das Mantra *Om Velum Mayilum Thunai*. Ganesha-Avatar. Gajamukha als Reittier von Skanda. Bedeutung der Mantrarezitation bzw. Rezitation des Namens Gottes

VERS 2 82
Sechs Attribute von Lord Murugan. *Aarupadai Veedu* Orte der Verehrung.
das Ziel des spirituellen Aspiranten

VERS 3 86
Die Natur der Wirklichkeit und wie man sie erreicht. die Legende des Berges Arunachala.
wo das Ego endet enthüllt sich die höchste Wirklichkeit

VERS 4 90
Die Geschichte von Surapadma, dem Mango-Baum und dem *Vel* (Speer);
Die Geschichte von Agastya, dem Dämon Krauncha und dem *Vel*

VERS 5 93
Die Macht der Maya (Illusion) und ihre Überwindung durch Japa (Mantra-Wiederholung)

VERS 6 96
Die Lebensgeschichte von Deivayanai und Valli. Vallis Geburt und Heirat mit Skanda

VERS 7 99
Vishaya-Chintana und *Bhagavat-Chintana*. soziales Engagement und Meditation zur Überwindung von Karma und zur Befreiung

VERS 8 102
Die Legende von Dakshayani (auch Uma Devi oder Parvati genannt); ihre Heirat mit Shiva. die Geburt von Skanda. Unterweisung durch einen Guru

VERS 9 107
Arunagiris Lebensgeschichte in Bezug auf die Macht der Sinne

VERS 10 111
Indra tötet den Dämon Vala. Surapadma quält Indra. Skanda überwindet Surapadma. Gebet zum Schutz vor dem Tod

VERS 11 114
Der Skanda-Tempel von Nagasala (Tiruchchenkodu). Die vier *Kavis* (Vers-/Gedichtformen)

VERS 12 116
Was ist ein Avatar? Skanda raubt Valli. *Mauna* (Schweigen). *Dakshinamurtis* Anweisungen an die vier *Kumaras*. *Upadesa* (spirituelle Unterweisung) jenseits der Sprache.

VERS 13 122
Analyse der Natur der Wirklichkeit. Transzendenz. Erfahrung. Göttliche Gnade.

VERS 14 130
Was sind Wünsche und wie kann man damit umgehen. Sublimierung durch Meditation. *Bhagavat Chintana* (Einstimmung auf Gott). Schlaf und Erfahrung der spirituellen Einheit.

VERS 15 135
Die acht Eigenschaften Gottes. Die Macht des göttlichen Namens: Wiederholung-Verschmelzung-Erfahrung. Vedanta-Praxis: *Vasanakshaya-Manonasa Tattva* Jnana. Japa als vollständiges Sadhana

VERS 16 140
Gier, die ursächliche Krankheit. Mangel an Unterscheidungskraft als Ursache von Leiden. Skanda zeigt den *Devas* seine *Visvarupa* (kosmische Gestalt)

VERS 17 145
Bildung und Wissen enthüllen uns Gott in Stadien bis zu *Sat, Chid, Ananda*. *Nama-rupa Prapancha* (Die Welt der Namen und Formen). Im Selbst verwurzelt sein. Täuschung überwinden. *Bhakti* als Methode und Ausdruck von Wissen

VERS 18 152
Die Großartigkeit von Hingabe und *Jnana*. Shiva. Schlüssel für die Meditation auf das Selbst

VERS 19 157
Materielle, ethische und geistig-spirituelle Armut. *Avidya*, die wirkliche Armut

VERS 20 163
Naradas Opfer und die Ziege. Arten von spiritueller Unterweisung (*Upadesa*). *Pesudhal* und *Unarthudal*. Einweihung.

VERS 21 167
Denken und Vergessen, Funktionen des Geistes. Der Atman. Existenz ist Bewusstsein. *Moksha*. Schlüssel zu wirklicher Meditation: Ich-Identifikation überwinden.

VERS 22 172
Iccha und *Kriya Shakti*. *Kaalai-Kumaran-Isan*: *Svarupa-Lakshana* und *Tatastha-Lakshana*. Die Mystik von Religion. Handeln und Fühlen in Einklang bringen.

VERS 23 177
Nicht an Gott zu denken als Ursache für Leiden. *Vishaya-Chintana* und *Bhagavat-Chintana*

VERS 24 181
Die Macht der sexuellen Anziehung. Zu seinen Fehlern stehen. Reinigung zieht Gnade an.

VERS 25 185
Das Wirken des Gesetzes des Karma. Der Kosmos ist im Gleichgewicht. Symbolik der „roten Farbe". Zuflucht zu Gott überwindet das Karma.

VERS 26 191
Gott jenseits der Reichweite der Schriften und des Intellekts. Bemühung und Gnade. Die Stützen des *Jiva*. Eine Studie über das Bewusstsein in drei Zuständen. Überbewusstsein und Meditation als Mittel dorthin.

VERS 27 197
Die Vergänglichkeit des Lebens. Was man wünscht erfüllt sich. Zuflucht zu Gott überwindet den Kreislauf von Leben und Tod.

VERS 28 200
Gott-Gedanken sind wie Nektar. Die Bedeutung des *Vel*. Die drei höheren Stufen der Meditationserfahrung. *Dvaita*, *Visishtadvaita* und *Advaita*. Die Natur der absoluten Existenz.

VERS 29 206
Die Natur von Realität und *Maya*. *Maya* überwinden durch göttliche Gnade. Eigene Anstrengung und Gnade. Wie man Gnade erhält

VERS 30 211
Sinnes- und Gottes-Erfahrung. Was ist der wirkliche Tod. Innere Enthüllung.

VERS 31 215
Vergängliches Leben und *Maya*. Gesetz des Karma. Gottes Mitgefühl. Das Welten-Schauspiel: Gottes Versteckspiel.

VERS 32 219
Zweck des Lernens. Lückenhafte Erziehung.

VERS 33 223
Familiäre Bindungen und Wohlstand. Gottes Gnade als Mittel für die Befreiung aus *Samsara*. Der Skanda-Avatar und seine spirituelle Bedeutung.

VERS 34 227
Die Bedeutung des Segens. Die Geschichte von Skanda als Sohn der *Ganga* (Ganges) und von der Entstehung des Ganges. Pilgerweg entlang des Ganges zur Mandakini-Quelle, dem Geburtsort von Skanda.

VERS 35 232
Karma-Kategorien. Der Körper als der Erfahrende von Karmas. Karma-Yoga ist nicht genug. *Moksha*. Was ist das Individuum (*Jiva*). Was ist ein *Jnani* (Weiser).

VERS 36 236
Geschichte, wie Brahmas Stolz bezwungen wird. *Pranava Upadesa*, Unterweisung in Om. Eine Studie über Om.

VERS 37 242
‚*Parivaaram*', Gottesverwirklichung durch vollständige Hingabe und Dienst an Gott. Demut überwindet Egoismus. Advaita Bhavana (Fühlen der Einheit) führt zu *Advaita Avastha* (Erfahrung der Einheit). Die *Mahavakyas*. Meditation als wirksame Methode zur Verwirklichung.

VERS 38 250
Hoffnung selbst für die scheinbar „Schlechten"

VERS 39 253
8.400.000 Arten von Lebewesen und ihre Einteilung in 7 Kategorien. *Eshanas* als Ursache der Geburt. Die drei *Eshanas*. ‚Sieben Geburten'. Die drei Formen von *Maya*.

VERS 40 259
Der *Vel* und seine wahre Bedeutung. Das phänomenale Leben. Die Symbolik von Skandas Suche nach Valli. Die Schöpfung als ‚Haus' für den *Jiva*

VERS 41 265
Der letzte Gedanke und die nächste Geburt. Tod des Körpers und Tod der Seele. *Jivanmukti*: Befreiung hier und jetzt. Symbolik der „Füße des Herrn" und des Vel-Bewusstseins.

VERS 42 272
Wissen als Lernprozess und Wissen durch Sein: direktes und indirektes Wissen. Bewusstheit des Selbst. Die fünf *Koshas* (Hüllen). ‚Denken ohne zu denken' und „Wissen ohne zu denken": *Dhyana* und *Samadhi*.

VERS 43 285
Valli Tattva: reine Hingabe zieht göttliche Gnade an. Göttliche Erfahrung durch Bemühen und Gnade: *Anbu* und *Arul*. Anstrengung ist Gnade in anderer Form. Gotteserfahrung jenseits des Denkens und Sprechens. Das Herz, der Prüfstein der Spiritualität. Jivanmuktas.

VERS 44 295
Die tiefe Symbolik der „Füße des Herrn". Der relative und der absolute Aspekt des *Vel, Saadum* und *Thani*. Statische und dynamische Einheitserfahrung: *Samadhi* und *Jivanmukti*.

VERS 45 302
Lernen und Weisheit. *Jnana-Dana*, Weitergabe von Wissen. Der Guru. Qualifikationen eines Gurus. Indra und Deivayanai

VERS 46 307
Ursache unserer geistigen Verhedderungen und ihre Beseitigung. Leibliche Eltern und göttliche Eltern. Gott ist Vater und Mutter. Von Gott angenommen sein. Brahman und *Maya*.

VERS 47 313
Die 36 *Tattvas* der *Shaiva Siddhanta* Philosophie. Was sind *Tattvas* und wie kann man sie transzendieren. Eine Analyse des Traums. *Paramarthika, Vyavaharika* und *Pratibhasika Sattas*. Die sechs Religionrichtungen und ihre wahre Bedeutung. Die sechs *Chakras* und ihre wahre Bedeutung. Kundalini Yoga

VERS 48 323
Pratyahara für Einkehr und Meditation. Vollkommene Einheit erfahren. *Chidabhasa* und *Kutastha*. Unterschied zwischen Schlaf und Meditation. *Avidya* überwinden. Überbewusstsein. Drei Stufen der Vereinigung mit Gott.

VERS 49 329
Ekameva Advitiyam Brahma: Eins ohne ein Zweites ist Brahman. Die Welle im Ozean. Meditation, der Königsweg zur Erfahrung: Was wir sind, was wir sehen und was wirklich ist.

VERS 50 336
Faktoren, die den Intellekt des Suchers verwirren. Ein wahrer Suchender geht niemals unter. Gottes Gnade gibt uns Halt. *Phalasruti*

VERS 51 341
Sahaja Samadhi Avastha, die mystische Erfahrung eines *Jivanmukta*. Alles ist Gott und Gott ist Alles: *Sarvam Khalvidam Brahma*. Die Kluft zwischen ‚Beschreibung' und ‚Erfahrung' der Realität. Konzepte von gegenseitiger Ausschließung und Widersprüchlichkeit, von Substanz und Eigenschaft, und von gegenseitiger Abhängigkeit und Bedingtheit. *Kandar Anubhuti* als Mantra-Schrift. Beschreibung des Höchsten Seins in der *Narayana Sukta*. Die mystische Gottesvision: *Abheda Darshanam Jnanam*. Gott ist *Satchidananda*. *Samadhi* und *Sahaja Avastha*: Statische und dynamische Einheitserfahrung: *Pesaa Anubhuti* und *Nadamaadum Anubhuti*. Der Segen des *Jivanmukta* für die gesamte Menschheit.

Vorwort des deutschen Herausgebers

Mit diesem Buch halten Sie einen seltenen Schatz in Händen: Sri Karthikeyan aus dem Sivananda Ashram in Rishikesh, Yogameister und persönlicher Schüler von Swami Sivananda, kommentiert hier in brillanter Weise die 51 Verse des „Kandar Anubhuti" des südindischen tamilischen Dichters und Heiligen Arunagiri.

Dank der tiefgründigen Interpretation von Sri Karthikeyan werden die Verse zu einer praktischen Anleitung und wertvollen Hilfe für den wertvollen Aspiranten auf dem spirituellen Weg zum höchsten Ziel, der Selbstverwirklichung. Sie geben Mut, durchzuhalten, inspirieren uns und lassen uns die höchste Wonne der Verschmelzung mit dem Höchsten erahnen.

„Kandar Anubhuti" ist die ergreifende Geschichte eines spirituellen Aspiranten, der erkennt, dass ihm diese materielle Welt nicht wirklich dauerhaftes Glück schenken kann, der sich immer wieder bemüht um ein Leben in Vollkommenheit, sich immer wieder Rückschlägen und Hindernissen gegenüber sieht, sich an Gott in Form von Skanda wendet, und auf mystische Weise immer wieder Unterstützung, Führung und Halt bekommt, bis er schließlich in höchster Glückseligkeit in völligem Samadhi aufgeht.

Als Beispiel und Symbol für die zähe Verstrickung des Menschen in die täuschende Welt der Illusion steht Arunagiris ursprüngliche sexuelle Gier, die ihn in Abhängigkeit von Prostituierten und als Folge davon in den wirtschaftlichen und gesundheitlichen Ruin treibt. Gerade der Wunsch nach Sexualität – hinter dem ja der tief verwurzelte Wunsch nach Liebe und Geborgenheit steht – ist besonders tief in uns verwurzelt, und deshalb ein besonders einprägsames Beispiel für die Macht der nach außen orientierten Sinne und Tendenzen des Geistes.

Wir freuen uns besonders, dieses Werk in seiner seltenen spirituellen Reife jetzt auf Deutsch weiter geben zu können – denn selbst auf Hindi und Englisch gibt es von diesem Werk nur wenige Kommentare. Bereits 1999 erschien jedoch eine italienische Übersetzung des Kandar Anubhuti.

Daher gilt unser besonderer Dank an erster Stelle Sri Karthikeyan, der seine tiefe Weisheit hier mit uns teilt und Andreas Binder, der auf eigene Initiative hin dieses komplexe Buch mit großer Sorgfalt, Sachkenntnis und Hingabe aus dem Englischen ins Deutsche übersetzt hat. Danken möchte ich auch Chitra Richter für die Überarbeitung und Korrekturen und Mahalakshmi Tasic für die Gestaltung und das Layout.

Möge die Weisheit und Erfahrung der höchsten Verwirklichung, die aus diesen Zeilen zu uns spricht, uns inspirieren und erheben.

Bad Meinberg, im Dezember 2008
Suguna Langer, Yoga Vidya Verlag

*

Leitfaden zu diesem Buch:
- Vorworte und Würdigungen zu den bisherigen Ausgaben S. 12 bis 23

- Erklärungen über die historischen Hintergründe, den Dichter Arunagiri, die Bedeutung und Symbolik von Skanda S. 24-73

- Die 51 Verse selbst ab S. 79 sind jeweils wie folgt wieder gegeben:
1. Tamilischer Originalvers
2. Tamilischer Originalvers in lateinischer Transkription
3. Freie poetische Übersetzung
4. Weitgehend wörtliche Übersetzung in Prosa
5. Detaillierter Kommentar, mit Bezügen auf Arunagiris Leben, Anekdoten und Geschichten von Skanda
6. Die esoterische Bedeutung, d.h., der Bezug auf den spirituellen Übungsweg und den spirituellen Aspiranten.

Anmerkung des indischen Herausgebers zur ersten Ausgabe

Die Veröffentlichungen der Divine Life Society umfassen verschiedene Themenbereiche menschlichen Wissens. Sie reichen von Anatomie, Physiologie und Körper bis zu den zahlreichen anderen Stufen menschlicher Entwicklung – Gesundheit, Psychologie, Ethik, Philosophie, Soziologie, Mystik.

Es gibt Werke, die nicht nur ein Thema behandeln, sondern gleichzeitig tiefe Erkenntnisse der menschlichen Natur und Zusammenhänge vermitteln. Darüber hinaus gibt es jene seltenen Abhandlungen, die ganz in die Tiefe gehen und die Wurzel der Fragestellung an sich entdecken – die Krankheit wie auch die Medizin dafür; sie reagieren aufeinander und lassen Gesundheit als den reinen und normalen Zustand zurück.

In diesem Buch findet der Leser dank des genauen Studiums des Autors ein Werk, das zu Herzen geht, das berührt, erklärt und die Probleme löst, die am Grunde der Dinge vergraben liegen.

In diesem Buch werden die lebenswichtigen Fragen insgesamt angesprochen, die normalerweise dem oberflächlichen Augenmerk entgehen. Hier wird wahrlich der Geist gesättigt, der die endgültige Ursache von Erfahrung zu erkennen sucht und er wird eine Antwort auf die beunruhigenden Fragen nach den Tiefen der menschlichen Natur erhalten.

Shivanandanagar, 25. Mai 1972
The Divine Life Society

*

Anmerkung des indischen Herausgebers zur zweiten Ausgabe

Dieser Kommentar über das *Kandar Anubhuti* ist wahrscheinlich immer noch der einzige auf Englisch erhältliche Kommentar in solch einer Tiefe, der dem Sucher auf dem inneren Pfad als sicherer Führer dienen kann.

Obwohl die erste Ausgabe innerhalb weniger Jahre nach ihrer Veröffentlichung vergriffen war und es eine beständige Nachfrage nach einem Nachdruck gab, konnte die Divine Life Society die zweite Ausgabe nicht früher herausgeben, weil sie mit dem Nachdruck der 100 Werke von Swami Sivananda zu dessen 100-ter Geburtstagsfeier im September 1987 beschäftigt war.

Anmerkungen

Mit großer Befriedigung geben wir diese Ausgabe im Dienst der suchenden Seelen auf der ganzen Welt heraus. Viele haben den Autor persönlich bei seinen vier Welttouren während der Achtzigerjahre kennengelernt – die letzte Reise hat er im Februar 1990 beendet. Wir hoffen zuversichtlich, dass dieses Werk ihre Bedürfnisse ihrem Streben nach Gotteserfahrung erfüllen wird.

Wir danken den Spendern, die dank ihrer Großzügigkeit und Spontanität diese Ausgabe ermöglicht haben. Möge Gott sie segnen.

Shivanandanagar, 15. März 1990
The Divine Life Society

*

Anmerkung des indischen Herausgebers zur dritten Ausgabe
Mit großer Freude und Befriedigung präsentieren wir den Suchern nach Wahrheit auf der ganzen Welt diese dritte Ausgabe, da wir glauben, dass dieser Kommentar über das _Kandar Anubhuti_ immer noch der einzige auf Englisch, der so detailliert und tiefgehend ist, obwohl man reine Übersetzungen des Textes finden kann.

Seit der Veröffentlichung der zweiten Ausgabe hat der Autor mehrere Welttouren unternommen. Inspiriert durch seine Anwesenheit und Weisheit hat Frau Margherita Vecchie von der Divine Life Society Bologna (Italien) das _Kandar Anubhuti_ auf Italienisch übersetzt, rein aus dem Geist des Karma-Yoga heraus, aus Liebe und Hingabe an den Autor. Sie hat wundervolle Arbeit geleistet, welche von der Ediziono Vidyananda veröffentlicht wurde, wovon mit Sicherheit die Italienisch sprechenden Sucher profitieren werden. Wir hoffen und wünschen, dass das _Kandar Anubhuti_ bald auch in andere Sprachen übersetzt und veröffentlicht wird, was es wirklich verdient.

Wir danken den Geldgebern dieser Veröffentlichung, die anonym bleiben wollen, für ihre spontane Großzügigkeit. Möge der Segen Gottes mit ihnen sein.

Sivanandanagar, 2. März 2005
The Divine Life Society

Vorwort

Vorwort von Swami Chidananda

Om Skandam Vande Loka-Gurum Om.

Ich grüße Lord Karttikeya, die Personifizierung der Gnade von Lord Shiva, den Göttlichen Anführer der himmlischen Heere, den geliebten Nachwuchs von Mutter *Parashakti*, der *Vidya Maya*, die geheimnisvolle *Sadhana-Shakti* (die Kraft spiritueller Praxis), die die reinen Herzen ernsthafter Sucher auf dem Pfad zur Göttlichen Erfahrung erfüllt! Mögen Seine Segnungen mit uns allen sein!

Mit großer Freude schreibe ich diese Worte zu dem vorliegenden Werk, nämlich einer englischen Darlegung des bekannten tamilischen Werkes *Kandar Anubhuti* des großartigen shaivitischen Heiligen Arunagirinathar aus Tiruvannamalai in Südindien.

Dieses hochmystische, poetische Werk strahlt im Licht transzendentaler Erfahrung. Dieser seltene, höchste Schatz der Gotteserfahrung wird Gottsuchenden durch dieses wunderbare Gedicht voll ekstatischer Wonne des wunderbaren Heiligen Arunagiri zugänglich gemacht. Ursprünglich in Tamilisch verfasst, blieb dieser unvergleichliche spirituelle Schatz der großen Mehrheit der Strebenden verschlossen. Darum freue ich mich sehr, dass der Übersetzer Sri N.V. Karthikeyanji, selbst ein Namensvetter Gottes, jetzt ein Signal gesetzt hat, indem er dieses erhabene spirituelle Werk höchsten Ranges gleichsam ans Tageslicht gebracht hat. Dieser einzigartige Dienst wird noch wertvoller durch den hervorragenden Kommentar auf Englisch zu jedem einzelnen Vers des *Kandar Anubhuti*.

Der hohe Standard des Kommentars spricht für den hohen spirituellen Status des Übersetzers und Kommentators N.V. Karthikeyan. Ich kenne ihn persönlich seit Jahren als eine spirituell entwickelte Seele, die die Gnade Gottes und unseres geliebten Guru Maharaj Swami Sivanandaji besitzt. Mit dieser englischen Version des mystischen Gedichtes des heiligen Arunagirinathars hat er einen einmaligen spirituellen Dienst geleistet und den tiefsten Dank der ganzen Welt verdient. Seit 1969, also während der letzten drei Jahre, wurden in der Zeitschrift „The Divine Life" jeden Monat Teile dieser vorliegenden Arbeit in Serienform veröffentlicht, was sehr zur Qualität des Magazins beitrug. Ich habe mit großem Stolz und Befriedigung den auffälligen spirituellen Fortschritt und die Reife dieses ernsthaften Schülers unseres verehrungswürdigen Gurudev Sivanandaji Maharaj beobachtet.

Ich gratuliere ihm zu diesem hervorragenden Werk und wünsche ihm, dass Gott ihm dieses gleiche *Anubhuti* gewähren möge, das er so gut und fähig durch seinen klaren, erhellenden Kommentar erklärt hat. Möge Lord Skanda sich ihm in all seiner göttlichen Glorie offenbaren und ihm die Seligkeit der Gotteserfahrung noch in diesem Leben gewähren!

Ich wünsche diesem höchst inspirierenden, unschätzbaren Werk eine große Verbreitung auf der ganzen Welt. Möge es auch in viele andere Sprachen übersetzt werden und mögen zahllose ernsthafte Sucher davon Nutzen haben. Ich bin glücklich, diese Worte zu schreiben und meine Freude und Wertschätzung auszudrücken. Möge Gottes Gnade mit allen Lesern sein.

Om Sri Sharavanabhavaya Namah!
Sivananda Ashram, am heiligen Skanda Shashthi Tag, 26. Oktober 1971
Swami Chidananda

*

Vorwort von Swami Krishnananda

Mit tiefer Befriedigung bin ich durch diese Darlegung eines der unsterblichen Werke in der spirituellen Literatur gegangen – das *Kandar Anubhuti* des heiligen Arunagirinathar – Ich kenne Sri Karthikeyan, den Autor dieses Kommentars, schon seit vielen Jahren und kann daher seine Ernsthaftigkeit und ehrliche Absicht, diese Weisheit allen Suchern auf der Welt verfügbar zu machen, nur bestätigen ebenso wie seinen Eifer in spirituellen Dingen, seine leidenschaftliche Sehnsucht nach einem göttlichen Leben des Dienstes, der Hingabe und seine immense Güte ganz allgemein. Ein solcher Autor, der fähig ist, seine Gedanken über tiefere geistige Themen auszudrücken, muss als jemand gelten, der in der Lage ist, die psychologischen und praktischen Prozesse des *Sadhana* (spirituelle Praxis) zu verstehen, die vom heiligen Arunagiri auf mystische Weise beschrieben werden.

Der vorliegende Kommentar geht genau vom Standpunkt des Suchers aus, denn dies ist tatsächlich der Blickwinkel, aus dem heraus man einen spirituellen Text behandeln muss, der dafür gedacht ist, die spirituellen Bedürfnisse des Menschen zu befriedigen. Wir sind natürlicherweise mehr damit beschäftigt, was wir im Moment sind, als damit, was wir in einem rein idealistischen Sinne wären oder sein könnten. Und was wir gegenwärtig sind ist ein komplexes Bündel aus Verstrickungen, Leidenschaften, Trieben und auch Bestrebungen. All das ruft nach einer realistischen Annäherung an das innere Leben des Menschen; eine Annäherung, die sich direkt an die Seele statt an die Persönlichkeit richtet. Man wird feststellen, dass das *Kandar Anubhuti*, das hier sehr detailliert kommentiert wird, der geeignetste Studienführer für den Alltag aller ernsthaften *Sadhakas* (spirituelle Sucher) auf ihrem Weg zu Selbstbeherrschung ist. Und nicht nur das. Das Werk ist eine machtvolle Hilfe dabei, Zugang zu der idealen Verwirklichung zu gewinnen, die einen am Ende erwartet. Es ist also ein Buch, das sowohl *Mittel* für ein diszipliniertes spirituelles Leben, wie auch das dadurch zu erreichende Ziel – das *Summum Bonum* der Existenz – wunderschön beschreibt. Möge dieses Werk positive Kräfte in der ganzen Welt freisetzen!

25. Mai, 1972
Swami Krishnananda

*

Vorwort von Sri Karthikeyan

Die Statue von Lord Skanda auf dem kleinen Altar in der Bhajan Halle im Sivananda Ashram Rishikesh strahlt tiefe Absorption aus. Pilger und Devotees, Sucher und Strebende, Poeten und Philosophen, Heilige und Weise, Inder und Ausländer besuchen diesen heiligen Ashram Swami Sivanandas aus unterschiedlichen Gründen – für *Darshan*, um spirituellen Trost zu bekommen, um Yoga und Vedanta zu lernen, um die indische Kultur und Religion zu studieren usw. Wenn sie in der *Bhajan Halle* umhergehen und die verschiedenen *Murtis* (Statuen) und Bilder sehen, wissen die meisten von ihnen – besonders diejenigen aus Nordindien und aus Übersee – nicht, wer dieser Gott ist, wenn sie die *Murti* von Lord Skanda sehen. Und wenn sie dann erfahren, dies sei Skanda, auch Karttikeya genannt, wird ihre Neugier erst recht geweckt, denn alles, was sie von Skanda wissen ist bestenfalls, dass er der zweite Sohn von *Shiva*[1] ist, der jüngere Bruder von *Ganesha*[2]. Und selbst das wissen viele nicht. Darum fragen sie weiter: „Wer ist *Skanda*? Können wir etwas über ihn erfahren?"

---

[1]. Shiva gilt in der indischen Mythologie als der Aspekt sowohl der ständigen Veränderung und Transformation sowie als der asketische, meditative Aspekt. In manchen Richtungen steht er für die höchste, absolute Realität.

[2]. Ganesha ist in der indischen Mythologie der elefantenköpfige Gott. Er steht für Erfolg, Glück und Weisheit.

Vorwort

In einem seiner *Tiruppugazh* Lieder sagt der heilige Arunagiri: „*Koorum Adiyaargal Vinai Thiirkkum Mugam Onru*" – „Eines der (sechs) Gesichter (von Skanda, auch Shanmukha „6 Gesichter" genannt) vernichtet das Karma der Gläubigen, die sein Lob singen."

Deshalb kam mir einmal die Idee, dass ich sein Lob singen und dadurch ein Empfänger seiner Gnade werden sollte, und dies gleichzeitig damit verbinden könnte, die Menschen mehr über Skanda wissen zu lassen. Da die meisten Menschen, die den Sivananda-Ashram besuchen, englisch sprechen und da die *Divine Life Society* (gemeinnütziger Trägerverein des Sivananda Ashrams) eine englische Monatszeitschrift mit dem Titel „The Divine Life" herausbringt, dachte ich daran, in dieser Zeitschrift einige Artikel über Lord Skanda zu veröffentlichen, um den oben genannten Zweck zu erfüllen. Aber ich habe ein ernsthaftes Handicap dabei: Ich selbst weiß nicht viel mehr über Lord Skanda, als das, was ich aus Swami Sivanandas Buch „Lord Shanmukha and His Worship" gelernt habe.

Seit einigen Jahren rezitiere ich täglich das *Kandar Anubhuti* des heiligen Arunagiri, ohne anfänglich die vollständige Bedeutung der Verse gekannt zu haben. Aber es hat eine solch verborgene Kraft, dass es mir inneren Trost gab und weiterhin gibt. Während der Rezitationen fand ich heraus, dass die Verse eine tiefe spirituelle Bedeutung haben, viel mehr als das, was offensichtlich auf ihrer Oberfläche erscheint.

Während der Jahre meines Aufenthalts hier im Ashram hatte ich – wie auch die anderen hier lebenden *Sadhakas, Sannyasins* (Mönche) und Besucher – das seltene Privileg, die höchst erleuchtenden, wissenschaftlichen und erforschenden Vorlesungen von Sri Swami Krishnanandaji Maharaj über vedantische Schriften wie die *Bhagavad Gita, Upanishaden* etc. zu hören.

Diese Vorlesungen und die tägliche Rezitation des *Kandar Anubhuti* offenbarten mir die Tatsache, dass die Verse des *Kandar Anubhuti* die tiefen Geheimnisse der *Upanishaden* und anderer heiliger Schriften beinhalten, die von Swami Krishnananda so beeindruckend erklärt wurden. Ich dachte daher, der beste und einfachste Weg, den Ruhm Lord Skandas zu besingen, sei zu versuchen, einen Kommentar zum *Kandar Anubhuti* zu schreiben, in dem ich die upanishadischen Lehren, die es enthält, herausarbeiten und gleichzeitig den *Avatar* (göttliche Inkarnation), die *Lilas* (Geschichten) und den Ruhm von Lord Skanda erklären kann, denn in den meisten Versen wird auf die verschiedenen Aspekte Lord Skandas Bezug genommen.

Darum beschloss ich, das *Kandar Anubhuti* mit einer kurzen Erklärung zu jedem Vers ins Englische zu übersetzen und es in der monatlichen Zeitschrift in einer Serie zu veröffentlichen. Ich war jedoch nicht sicher, ob mir das tatsächlich gelingen würde und fürchtete, dass die ganze Serie davon betroffen wäre, wenn ich nicht in der Lage wäre, mit einigen der Verse zurechtzukommen. Um sicher zu gehen, beschloss ich also, das ganze Manuskript vorzubereiten, d.h. die Übersetzung und einen kurzen Kommentar, bevor ich damit beginnen wollte, es zu veröffentlichen. Und bei dieser Aufgabe begegnete ich vielen Schwierigkeiten, hauptsächlich aufgrund meiner eigenen Begrenztheit – ich hatte den Kontakt mit der tamilischen Sprache und Literatur seit meiner Schulzeit vor 20 Jahren verloren – dazu kam noch die inhärente Schwierigkeit der Übersetzung von einer Sprache in eine andere, das Fehlen von Nachschlagewerken und dass keine Menschen zur Verfügung standen, die in der tamilischen Literatur bewandert waren und die ich hätte fragen können. Irgendwie, dank der Gnade Gottes, wurde die Übersetzung abgeschlossen.

Weil ich selbst erst am Anfang des spirituellen Weges stand, weder mit den heiligen Schriften in tamilischer Sprache noch in Sanskrit sehr vertraut, und es auch mein erstes derartiges Unterfangen war, war ich etwas skeptisch. So gab ich das Manuskript Swami Krishnananda und bat ihn um Durchsicht und Korrektur – da besonders seine Ideen in den Erklärungen zum Ausdruck kommen und weil er auch der Herausgeber der Zeitschrift ist. Er stimmte bereitwillig zu und tat dies mit großer Sorgfalt und Geduld trotz seiner sonstigen vielfältigen Aktivitäten. Ich bin Sri Swami Krishnanada sehr zu Dank verpflichte für all seine Freundlichkeit und auch für die Erklärungen und Führung die er mir gab, wann immer ich danach suchte.

So fing die Serie in der März 1969-Ausgabe von „The Divine Life" an. Dies ist der einfache Ursprung dieses Buches. Der göttliche Wille scheint anders gewesen zu sein, mit einem ganz anderen Ziel als meinem.

Während der Übersetzung stellte sich eine Art von inhaltlicher Verbindung bestimmter Verse heraus, z.B. in den Versen 12 und 13; 28 und 29; 33, 34 und 35; 42, 43 und 44; zwischen 39 und 43, 2 und 43 usw. Dies führte mich zu der starken Überzeugung, dass es einen vollständigen inhaltlichen Zusammenhang aller Verse vom Anfang bis zum Ende wie eine goldene Schnur geben müsse, und wenn dieser Zusammenhang auf der Oberfläche nicht offensichtlich zu erkennen ist, er als die esoterische Bedeutung verborgen sein muss. Obwohl dieses Gefühl in mir sehr stark war, gelang es mir nicht, irgendeinen durchgehenden roten Faden zu finden. Daher sprach ich mit tamilischen Skanda-Verehrern, die auch mit dem *Kandar Anubhuti* vertraut sind, darüber und suchte ihren Rat. Sie versuchten ernsthaft, mir zu helfen, aber die eigenartige Zusammenstellung der Verse ließ es nicht zu, dass wir zu einem definitiven Ansatz kamen. So gaben sie mir den Rat, mich auf die reine Übersetzung und den Kommentar zu beschränken, und mich nicht mit der esoterischen Bedeutung zu plagen, weil all meine Anstrengungen in diese Richtung nutzlos seien. Obwohl ich im Innersten meines Herzens davon überzeugt war, dass es eine goldene Schnur geben müsste und gibt, die tief in den Versen verborgen ist und diese durchzieht, gab ich die Idee fast auf und begann die Serie in der Märzausgabe von „The Divine Life" von 1969, ohne auch nur einen Hinweis auf die Möglichkeit zu geben, es könne eine esoterische Bedeutung in dem Werk geben. In Übereinstimmung mit der traditionellen Sicht von fast allen Kommentatoren des Werkes schrieb ich daher in der Einführung zu meiner Serie:

„Dieses Werk (*Kandar Anubhuti*) gilt als eine Sammlung voneinander unabhängiger Gedichte, die von dem heiligen Arunagiri gesungen wurden, als er den gesegneten Zustand der „sprachlosen Vereinigung" erreicht hatte – Gedichte, die aus ihm herausströmten und die seine unterschiedlichen Bewusstseinsebenen entsprechend seiner jeweiligen Erfahrungen offenbaren. Daher erwarte man keinen großen inhaltlichen Zusammenhang der einzelnen Verse. Sie sind voneinander unabhängig und nicht miteinander verbunden."

Obwohl ich das also geschrieben hatte, war ich nicht zufrieden, weil etwas in meinem Unterbewusstsein arbeitete und mir sagte, dass es einen großen Zweck hinter diesem einmaligen Werk gibt. Die Überzeugung, dass es eine Verbindung zwischen den Versen geben müsse, war unauslöschbar und arbeitete auf eine subtile Weise selbst inmitten der alltäglichen Aktivitäten weiter. Aber während meiner einsamen Abendspaziergänge auf den Waldwegen des Himalayas hinter dem Ashram, gewann dies die Oberhand und ich konnte nicht anders als tief darüber nachzusinnen. Im Laufe der Zeit konnte ich irgendwie eine Kontinuität bis zu Vers 20 sehen. Aber der plötzliche Abbruch der Ideen und die in Vers 21 und 29 ausgedrückte klagende Stimmung nach einem großartigen Aufstieg in den vorhergehenden Versen war ein Stolperstein. Aber eines Tages während meines *Parayanas* (tägliche Rezitation) des *Kandar Anubhuti* blitzte in meinem Geist ein Hinweis auf die esoterische Bedeutung auf, die in den Versen 20 bis 40 verborgen ist, als ich die Verse wiederholte. Eilig kritzelte ich diese Hinweise auf, noch während ich die Verse rezitierte. So wurde die Hürde durch die Gnade von Lord Skanda überwunden, der es mir nicht erlaubt hätte zufrieden zu sein, bis sein Plan erfüllt war. Ich gelangte so zu einer schönen kohärenten Kontinuität der Ideen und ich fühlte mich sehr erleichtert, wenn auch nicht vollständig zufrieden, da es nur ein Hinweis auf die esoterische Bedeutung war, die ich ausarbeiten, entwickeln und fertigstellen musste. Wie auch immer, es gab etwas, mit dem ich arbeiten konnte, und dies gab Vertrauen, meine Aufgabe eifrig auszuführen. Und so gab ich in der Maiausgabe von 1969 der Zeitschrift, in der die Verse 3 bis 5 dargelegt wurden, eine Fußnote wie folgt, die meinen Standpunkt klar machte:

„Der Text jedes Verses scheint mit den vorhergehenden und nachfolgenden so unverbunden zu sein, dass das Werk von diesem Gesichtspunkt aus von vielen als eine Sammlung von Versen betrachtet wird, die von dem Heiligen unabhängig voneinander zu verschiedenen Zeiten gesungen wurden, je nach seiner gerade vorherrschenden Stimmung. Da jedoch der Heilige der Welt das Werk zu dem Zweck gegeben hat, den Suchern zu helfen, diese Gotteserfahrung, die er hatte, ebenfalls zu erlangen, liegt der Schluss nahe, dass es eine innere Verbindung zwischen den Versen geben müsste, um dem Sucher die dazu nötige Führung zu liefern. Darum werde ich in diesem Kommentar nicht nur jeden Vers unabhängig erklären, mit speziellem Bezug zu dem Heiligen selbst, sondern auch versuchen zu sehen, welche Anweisung er dem Schüler geben soll, wo immer das möglich ist. Dieses letztere wird, um es vom ersteren zu unterscheiden, durch einen * am Ende jedes Verses angegeben*."

Daraus wird klar, dass:

(a) Die Verse auf zweifache Weise erklärt werden – erstens mit Bezug auf den Heiligen selbst, und zweitens vom Standpunkt eines Suchers aus. Dessen muss man sich immer bewusst sein, weil es etwaige Unterschiede zwischen der Erklärung als solcher und dem Teil nach dem *, denn beides kommt von verschiedenen Standpunkten.

(b) Der Teil nach dem * versucht die rein esoterische Bedeutung des Verses herauszuarbeiten, die oft tief in einem einzelnen Wort, einem Satz oder einer Zeile verborgen ist oder nur in einer dem Vers zugrunde liegenden Idee. Daher mag dieser Teil manchmal sogar so erscheinen, als ob er nichts mit dem offensichtlichen Inhalt des Verses zu tun hätte, wie z.B. in den Versen 8, 12, 13, 28, 37 etc.

---

* In der vorliegenden Ausgabe: Am Ende jeden Verses, durch * vom vorherigen Kommentar getrennt.

Vorwort

Ich möchte hier noch etwas sagen. Obwohl ich eine vage Vorstellung der Entwicklung der Gedanken von Vers zu Vers hatte, war sie weder scharf umrissen noch wusste ich, ob es mir gelingen würde, sie zu entwickeln und ihnen eine Form zu geben. Dennoch wagte ich es, sie in Klammern zu veröffentlichen, mit der oben stehenden Fußnote, denn selbst wenn ich bei meinem Versuch nicht erfolgreich sein sollte, würden die Leser mindestens meine Ansicht kennen, was einen Ansporn für andere geben könnte, über dieses Thema nachzudenken und bessere Ideen in ähnlicher oder anderer Richtung zu entwickeln. Und das gilt selbst heute noch. Ich behaupte nicht, dass die von mir im *Kandar Anubhuti* entdeckte esoterische Bedeutung vollkommen oder endgültig ist; sie ist offen für Modifikationen, weitere Entwicklung oder Ratschläge, die ich allseits herzlich begrüßen würde.

So wird also jeder Vers auf die folgende Weise dargelegt:

a) Als erstes eine Transliteration des tamilischen Verses in römische Buchstaben. Weil Aussprachezeichen nicht zur Verfügung standen und aufgrund der besonderen Aussprachegenschaften des Tamilischen, konnte in der Transliteration keine Einheitlichkeit aufrechterhalten werden. Die tamilischen Originalverse finden sich jedoch nach dem Inhaltsverzeichnis, vor dem eigentlichen Kommentar. Auch hier wurde der Umbruch der Wörter nicht so sehr gemäß der Grammatik vollzogen, sondern im Hinblick auf leichtes Lesen, Nützlichkeit und leichtes Verstehen.

b) Zweitens: Da die ursprünglichen tamilischen Verse aus vier Zeilen bestehen, ist darunter eine freie Übersetzung in Versform gegeben, mit einer Zeile-für-Zeile-Übersetzung, soweit wie möglich und so nahe am Original wie irgend möglich.

c) Drittens eine Übersetzung des Verses in Prosa, wobei die Übersetzung soweit wie möglich wörtlich ist, und wo immer es nötig war, wurden Wörter in Klammern ergänzt, um den Sinn vollständig zu machen.

d) Viertens ein detaillierter Kommentar. Hier werden die Verse als fast unabhängig und in Bezug auf Arunagiri selbst behandelt. Die Interpretation beruht auf einer rationalen Analyse auf der Grundlage der Vedanta-Philosophie. Anekdoten, Geschichten und Hinweise aus dem *Skanda Purana*[3], wie etwa die Bedeutung der verschiedenen Namen und Legenden Lord

---

3. Skanda Purana: Schrift über die Bedeutung von und mythologische Geschichten über Skanda.

Skandas, fließen dabei mit ein. Letzteres geschah aufgrund des spezifischen Zwecks der zu Beginn dieses Vorwortes erwähnt wurde, nämlich, um Lord Skanda zu preisen und Lesern Informationen über Skanda zu geben.

e) Als letztes folgt die esoterische Bedeutung des Verses nach dem *. Diese ist rein vom Standpunkt einer kämpfenden Seele aus gesehen, eines Suchenden, der spirituelle Praxis mit dem Ziel *Anubhuti*, Selbstverwirklichung zu erreichen, übt. Darum unterscheidet sie sich vom vorhergehenden Erklärungsteil und widerspricht diesem an manchen Stellen sogar scheinbar. Da der Zweck von (d) und (e) ein völlig anderer ist, sollte man sich davon nicht verwirren lassen. In vielen Versen ist die nach dem * gegebene esoterische Bedeutung auch eine weitere Entwicklung oder Schlussfolgerung der vorhergehenden Erklärung.

Während wir versuchen die esoterische Bedeutung der Verse zu verstehen, täten wir gut daran uns zu erinnern, dass das *Kandar Anubhuti* von Arunagiri aus der Sicht eines *Sadhakas* geschrieben wurde. Wir sollten also vergessen, dass es die Verse von Arunagiri sind und das Gefühl haben, dass ein Sadhaka oder besser man selbst die Verse singt. So wird man den Geist der esoterischen Bedeutung erfassen können.

Am Anfang war ich nicht sicher, ob ich tatsächlich die esoterische Bedeutung erfolgreich bis zum letzten Vers sehen würde. Deshalb habe ich die Verse als fast voneinander unabhängig erklärt, mit Bezug auf das persönliche Leben von Arunagiri, und die esoterische Bedeutung wurde nur am Ende nach dem * angegeben. Es gibt daher einige Unterschiede zwischen der Erklärung selbst und dem Kommentar nach dem * am Ende jedes Verses. Dies ist natürlich logisch, da der Zweck der beiden völlig verschieden ist. Die ersten Verse sind daher hauptsächlich als unabhängige Verse erklärt. Aber später, mit größerer Reife und tieferem Verständnis der esoterischen Bedeutung, gewann ich mehr Vertrauen und eine feste Überzeugung, dass die Verse eng aufeinander bezogen sind und dass sie nicht völlig unabhängig voneinander sein können.

Die Überzeugung, dass das Werk eine kohärente Abhandlung ist, nahm mich so sehr in Besitz, dass ich die Verse nicht mehr als unverbunden und unabhängig betrachten konnte, sondern nur als eine definitive Verbindung in der Kette esoterischer Bedeutung. Daraus ergab sich ein radikaler Wechsel in der Kommentierung, was in der zweiten Hälfte des Werkes erkenntlich wird, besonders ab dem Vers 37 und folgende, wo sich die Erklärung als solche und die Inhalte der nach dem * stark ähneln, ihren unterschiedlichen Charakter verlieren und miteinander verschmelzen, was in den früheren Versen nicht immer der Fall ist. Manchmal dachte ich sogar, ich sollte ein neues Buch schreiben, um die Verse nur vom Gesichtspunkt ihrer esoterischen Bedeutung aus zu interpretieren und zu erklären, d.h. einen Kommentar, der jeden Vers exklusiv nur als ein Glied in der Kette der esoterischen Bedeutung vom Standpunkt eines *Sadhakas* aus behandelt. Dies ist jetzt meine Überzeugung hinsichtlich des Werks, obwohl ich natürlich oft das Gefühl hatte, eine Arbeit aufgenommen zu haben, für die ich schlecht gerüstet war und die jenseits meiner Fähigkeiten lag.

Ich bin H. H. Sri Swami Chidanandaji Maharaj und H. H. Sri Swami Krishnanandaji Maharaj, dem Präsidenten und dem Generalsekretär der Divine Life Society, enorm dankbar für ihre einleitenden Worte, die die Einführungsseiten dieses Buches schmücken.

Sivananda Ashram
N.V. Karthikeyan

Die Notwendigkeit
einer esoterischen Bedeutung

Warum sollten wir überhaupt versuchen, eine esoterische Bedeutung im *Kandar Anubhuti* zu finden? Genügt es nicht, wenn wir die Verse als unabhängig in ihren Inhalten studieren und nicht versuchen, die Ideen miteinander zu verbinden? So mag man sich fragen. Nun, solch eine Studie hätte genug sein können, bis auf den Zweck des Werkes! Nun, was ist der *Zweck* des *Kandar Anubhuti*?

Der heilige Thayumanavar sagt:
*Kandar Anubhuti Petru Kandar Anubhuti Sonna
Enthai Arul Naadi Irukkum Naal Ennaalo?*

„Wann wird der gesegnete Tag sein, an dem ich die Gnade meines (spirituellen) Vaters (Arunagiri) bekomme, der das (Werk des) *Kandar Anubhuti* gesungen hat, nachdem er *Anubhuti*, direkte spirituelle Erfahrung von Lord Skanda erlangt hat?"

Es steht daher ohne jeglichen Zweifel und Diskussion fest, dass Arunagiri das Werk *Kandar Anubhuti* verfasst hat, *nachdem* er *Anubhuti*, Gotteserfahrung, erlangt hatte. Und wie kann solch ein Werk so seltsame Verse enthalten? Wenn es ein Werk ist, das nach dem Erreichen von Gotteserfahrung entstand, wie kann Arunagiri seufzen, weinen und klagen über seine Hilflosigkeit in sinnlicher Hinsicht wie z.B. Sex etc. wie im folgenden Vers:

„Ich bin immer noch gefangen in den Schlingen von Frau und Familie (Vers 4). Selbst nach der Wiederholung des Namen Gottes bin ich nicht von dieser Welttäuschung, *Jagan-Maya*, befreit. (Vers 5) Wann wird diese elende Notlage aufhören, wo ich im Netz der Vernarrtheit nach Frauen gefangen bin. (Vers 9) Da es mir nicht gelingt auf Deine Füße zu meditieren, muss ich aus Unwissenheit vollständig untergehen. (Vers 23) Wirst Du daran denken, Deine Gnade über mich zu ergießen, der (so niedrig ist, dass er) den Brüsten von Frauen folgt. (Vers 24) usw. usw. (Verse 25, 33, 34, 35, 39, 46 und 50) Während er im *Kandar Anubhuti* so vor Gott weint, erklärt Arunagiri in seinem früheren Werk, dem *Kandar Alankaram* empathisch, dass er jetzt und für immer diesen Ozean der sexuellen Lust überquert hat, dass er den Tod überwunden hat usw. Wenn das so ist, wie sollen wir uns dann die Verse 4, 5, 10 usw. erklären? Oder können wir behaupten, was Thayumanavar von Arunagiri und dem *Kandar Anubhuti* sagte, sei unwahr? Wenn wir darüber tief und unvoreingenommen

Die Notwendigkeit einer esoterischen Bedeutung

nachdenken, werden wir zu der Notwendigkeit geführt, die Tatsache zu akzeptieren, dass obwohl Arunagiri sich in diesen Zuständen darstellt, sie sich offensichtlich nicht auf ihn selbst beziehen können, sondern auf jemand anderen, in dessen Zustand er sich versetzt – den Zustand eines Suchers nach der Wahrheit, eines *Sadhakas*. Dies gibt einen Hinweis auf den *Zweck* des Werkes, nämlich Sucher zu führen, damit sie die selige Erfahrung erlangen, die er so glücklich war zu genießen. Und es ist eine allgemein akzeptierte Tatsache, dass Arunagiri aufgrund seines Mitgefühls der Welt dieses Werk überlieferte, damit jeder von uns die Seligkeit von *Anubhuti* genießen kann.

Somit ist es vollkommen klar, dass das Werk in erster Linie vom Standpunkt eines *Sadhakas* (spiritueller Aspirant) aus gegeben wurde, um ihm zu helfen, Gotteserfahrung zu erlangen. Daher muss es, neben der Schilderung der eigenen Erfahrungen des Heiligen auch Anweisungen enthalten, um einen gewöhnlichen Sucher zu diesem Ziel zu führen. Letzteres kann nun auf zwei Arten geschehen:

(1) Entweder gibt jeder einzelne Vers *in sich selbst* und unabhängig eine vollständige Anleitung zum Erreichen von *Anubhuti*, oder jeder einzelne Vers offenbart die verschiedenen Aspekte der Gotteserfahrung des Heiligen, die dem Sucher bei seinem Erreichen helfen würden. Wenn alle Verse diese Bedingung erfüllen, kann das Werk als eine „Sammlung von Versen, die von *Anubhuti* handeln" gelten, und jeder Vers enthüllt eine andere Technik zum Erreichen der Göttlichen Erfahrung.

ODER

(2) Das Werk bildet *als ein Ganzes* eine Darlegung des Weges zu *Anubhuti*.

Ein Studium des Werkes offenbart jedoch, dass die Verse von unterschiedlicher Natur sind und dass man nicht sagen kann, dass jeder einzelne Vers in sich unabhängig von den anderen eine vollständige Anleitung für *Anubhuti* oder einen Aspekt der Erfahrung des Heiligen gibt, obwohl einige Verse dies erfüllen. Es bleibt uns deshalb die zweite Alternative, d.h. das *Werk als ein Ganzes*, als eine Abhandlung über *Anubhuti* zu betrachten.

Eine Abhandlung ist nun eine systematische Darstellung eines Themas und sollte deshalb eine klare Verbindung von Ideen von Vers zu Vers haben, die einen Schritt für Schritt zum Gipfel der Gottesverwirklichung führen. Es ist jedoch an der Oberfläche keine solche Verbindung zu erkennen, von der man sagen kann, dass sie den Suchern die notwendige Führung gibt; sie muss

Kandar Anubhuti

daher, da nicht offen sichtbar, mystisch versteckt sein – die logische Schlussfolgerung. Wir sollten deshalb überzeugt sein, dass es zusätzlich zu ihrem unabhängigen Inhalt eine esoterische Bedeutung hinter den Versen geben muss, um den Sucher Stufe für Stufe bis zum Erreichen des großartigen Zieles der Gotteserfahrung zu führen.

Vor diesem Hintergrund will ich die verschiedenen Ansichten untersuchen, die es über dieses Werk gibt. Einige Kommentatoren meinen, dass das *Kandar Anubhuti* eine Sammlung von Versen ist, die von Arunagiri unabhängig voneinander und *zu verschiedenen Zeiten* je nach seiner vorherrschenden Stimmungen gesungen wurden – religiöse und spirituelle Hochstimmung, Unruhe und Störungen während des Prozesses des *Sadhana*, Gebete um Gottes Gnade anzurufen und Schwächen, Hindernisse usw. zu überwinden. Dies wurde damit begründet, dass der exoterische Inhalt der Verse von einem zum anderen Vers so unverbunden miteinander erscheint und so verschiedene Stimmungen ausdrückt, dass es keine wie auch immer mögliche Verbindung zwischen ihnen geben kann.

Obwohl es stimmen mag, dass die Verse miteinander unverbunden scheinen, ist diese Ansicht unannehmbar; denn wenn das Werk eine reine Sammlung unverbundener Verse betrachtet ist, wie kann es dann seinen Zweck erfüllen, andere beim Erreichen der Gotteserfahrung zu führen? Wenn argumentiert wird, dass das Werk selbst als eine reine Sammlung einem helfen kann Gott zu erlangen, dann können wir genauso gut sagen, dass jedes Werk das kann. Was ist dann das Besondere dieses Werkes? Und wenn es nichts Besonderes oder Intrinsisches darin gibt, wie können wir im gleichen Atemzug sagen, dass das *Kandar Anubhuti* ein einmaliges Werk ist, nahezu unvergleichlich auf seinem Gebiet? Es muss etwas enthalten, was es diese Behauptung verdienen lässt. Also können wir nicht anders als überzeugt sein, dass das Werk, selbst wenn es eine Sammlung wäre, eine bedeutungsvolle, durchdachte und zweckgerichtete Sammlung ist und nicht eine planlose oder zufällige Sammlung ohne eine Kohärenz des Denkens. Dies gilt besonders deshalb, weil das Werk ein ursprüngliches ist, d.h. das *Kandar Anubhuti* ist die eigene Komposition des Heiligen – der Titel des Werkes, die Anordnung der Reihenfolge der Verse etc. sind von Arunagiri selbst und wurden nicht von jemand anderem nach seinen Lebzeiten gemacht.

Darüber hinaus kann man nicht sagen, dass die Abhandlung Verse beinhaltet, die von dem Heiligen gesungen wurden, bevor er *Anubhuti* erlangt hatte, da dies der Erklärung des Heiligen Thayumanavar darüber widersprechen würde.

Die Notwendigkeit einer esoterischen Bedeutung

Eine andere amüsante Ansicht ist die, dass der Arunagiri-Papagei, der auf einem Pipal-Baum in der Nähe von Tiruvannamalai saß, die Gedichte auf Pipal-Blätter geschrieben und sie fallen gelassen hat. Diese Blätter wurden gesammelt und bilden das *Kandar Anubhuti*. Darum seien die Verse durcheinander und ohne bestimmte Reihenfolge. Das ist zwar eine bewundernswerte Vorstellung eines fruchtbaren Gehirns, sie scheint jedoch weit von der Wahrheit entfernt zu sein und hält nicht einmal der einfachen Vernunft stand. Wenn der Papagei die Verse mit seinem Schnabel auf Blätter schreiben und sie aufbewahren konnte, bis alle fertig waren, hätte er sie auch sehr wohl herunterbringen und in der richtigen Folge halten können. Außerdem, wenn – als die verstreuten Blätter gesammelt wurden – der *Kaappu*-Vers und der erste Vers, der mit einem Mantra zum Ruhm des Werkes beginnt, in der richtigen Reihenfolge sind, warum dann nicht auch die anderen Verse? Und vor allem, wenn wir glauben und annehmen können, dass der Papagei die Verse geschrieben hat, wäre es dann nicht vernünftiger und könnten wir nicht so großzügig genug sein, dem Papagei auch die Nummerierung zu überlassen?

Andere Kommentatoren behaupten, das *Kandar Anubhuti* sei ein Werk von „Lobliedern" (*Stotras*) und dass solche Werke nicht wie die *Shastras* (Schriften) ein bestimmtes Thema behandeln oder auf systematische Weise Belehrungen geben. Nun, auch diese Ansicht scheint, für sich genommen, richtig zu sein, weil die meisten Verse (aber nicht alle) in der Form von Lobpreisung und Gebet sind. Aber sie verfehlt den „Zweck" aus schon vorher erwähnten Gründen. Wenn es seinen Zweck erfüllen soll, anderen beim Erreichen der Gotteserfahrung zu helfen, kann man nicht sagen, dass es nur aus Lobliedern besteht. Es gibt eine ganze Reihe solcher Werke mit Lobliedern, aber sie werden nicht als Werke über das Erreichen von *Anubhuti* betrachtet und ihnen wird nicht der gleiche Rang zugesprochen wie dem *Kandar Anubhuti*. Das *Kandar Anubhuti* wird als zu diesem Thema unvergleichlich betrachtet. Was sollte dann diesem Werk eine so erhabene Stellung erlauben, wenn nicht etwas ihm Innewohnendes? Darüber hinaus wird das *Kandar Anubhuti* als *Mantra-Shastra* (Mantraschrift) betrachtet und nicht als *Stotra*.

All diese Ansichten sind das Ergebnis unserer Unfähigkeit, irgendeine Verbindung von Ideen in den Versen des *Kandar Anubhuti* zu sehen, was bestimmte Leute sogar zu solchen Extremen geführt hat vorzuschlagen, dass die Reihenfolge der Verse geändert werden müsse, obwohl sie es schwierig, nein unmöglich finden, dies auf eine befriedigende Weise zu tun, wie auch immer sie sie neu anordnen.

Kandar Anubhuti

Tatsache ist, dass sie schon in der richtigen Reihenfolge sind, weil sie ein göttliches Geschenk sind. Was für eine Neuanordnung kann bei etwas gemacht werden, was schon in der richtigen Reihenfolge ist? Da die Abhandlung über fünfhundert Jahre hinweg zu uns gekommen ist, von großen Seelen wie Thayumanavar akzeptiert, gepriesen und von ihnen nicht verändert, wäre es unweise zu versuchen, die Verse neu anzuordnen, selbst nur um des Studiums Willen. Es wäre weiser, unsere Unfähigkeit zu akzeptieren, eine logische Reihenfolge der Ideen in den Versen zu sehen oder selbst zu versuchen, eine entfernte und weit hergeholte Verbindung zu suchen, als sich in dieses Werk einzumischen.

Andere wiederum vertreten die Meinung, der Weise habe lange einen frommen Wunsch gehegt, Gott eine „Gedichtgirlande" darzubringen, wie er es in seinem *Tiruppugazh* „*Aasaikoor Bhaktanen...*" ausgedrückt hat, und dass er mit dem „Kandar Anubhuti" diesen Wunsch erfüllt hat. Dies scheint eine befriedigendere Erklärung zu sein.

Lasst uns jetzt sehen, wie dieser Wunsch lautet, den er in dem oben genannten *Tiruppugazh-Lied* ausgedrückt hat. Eine freie Übersetzung davon liest sich so: „Ich bin ein Devotee mit einem (besonderen) Wunsch – Gott eine Girlande darzubringen. Was für eine Art von Girlande? Eine Girlande aus Gedichten, die als Blüten den Lotus des Geistes hat, zusammengehalten von der Schnur der Liebe, künstlerisch von der Zunge komponiert, ihren Weisheitsduft verbreitend, in all ihrer Pracht strahlend, an der sich die Bienen des Intellekts der Makellosen (*Sadhus*) erfreuen – solch eine „*Maatrukaa Pushpa Maalai*" (Girlande aus Gedichten) Deinen korallengleichen Füßen darzubringen, damit soll ich gesegnet sein."

„*Maatrukaa Pushpa Maalai*" ist eine Abhandlung von Versen mit den 51 Buchstaben der Sanskritsprache, von „A" bis „Ksha". Es wird auch „*Akshara Maalai*" genannt, d.h. Girlande aus Buchstaben; wobei *Akshara* Buchstabe bedeutet. Man sagt, dass „Maatrukaa Pushpa Maalai" auch eine Abhandlung von 51 Versen bedeutet, wegen der bloßen Entsprechung der Zahl.

Die wesentlichen Punkte des *Tiruppugazh* sind also: Es ist eine Girlande aus Gedichten, die als ihre Blume den Lotus des Geistes hat und die den Füßen des Herrn dargebracht werden soll. „Geist" ist eine andere Bezeichnung für den *Jiva* (Individuum) und die Füße des Herrn bezeichnen für gewöhnlich *Paramapada* oder den Höchsten Ort, die höchste Zuflucht. Also heißt den Lotus des Geistes den Füßen des Herrn darzubringen, den *Jiva* dem Höchsten Sein zu opfern, d.h. *Atmasakshatkara* (Erkenntnis des höchsten Selbst) zu erlangen.

Die Girlande soll den Füßen dargebracht werden. Ihr Zweck ist also nicht Gott zu schmücken oder zu preisen, denn wenn dies der Zweck wäre, würde sie ihm um Schultern und Brust gehängt. Da sie den Füßen des Herrn dargebracht werden soll, hat sie einen ganz bestimmten klaren Zweck – den *Jiva* in Gott zu opfern. Dies ist der wesentliche Punkt des *Tiruppugazh*.

Von wem soll sie dargebracht werden? Von einem, der ein Gottesverehrer (*Bhaktan*) ist und außerdem von jemandem, der sehr danach strebt Gott zu erreichen (*Aasaikoor Bhaktan*). „Aasai" ist hier nicht Wunsch im weltlichen Sinne; es ist der Wunsch oder das Streben Gott zu erreichen, weil es zu einem Devotee gehört, und was sonst könnte der Wunsch eines wahren Gottesverehrers sein, als sich danach zu sehnen, die Lotusfüße des Herrn zu erreichen? Es ist das spirituelle Streben des Menschen nach der Vereinigung mit Gott, der Seele, mit Brahman zu verschmelzen.

Die Girlande muss auf einer Schnur aufgezogen werden – der Schnur der Liebe, *Bhakti* oder Hingabe. Die Schnur ist unsichtbar, aber sie ist für die Girlande wesentlich. So ist es Hingabe an Gott im Leben eines Aspiranten, die die verschiedenen Aspekte seines Wesens zusammengebunden hält. Sie muss kunstvoll und schön gefädelt werden. Wo? In der Zunge. Wie? Indem man sie hingebungsvoll singt.

Der Duft der Weisheit soll von der Girlande ausgehen, und sie soll auch in verschiedenen Farben leuchten. Während die Farben das Auge anziehen, fängt der Duft einen durch die Nase ein. Das Auge und die Nase stehen für all die Sinne. Weiterhin muss die Girlande von hohen spirituellen Wahrheiten erfüllt sein, auf die die Bienen des Intellekts der Makellosen kontemplieren, meditieren und sich daran erfreuen können.

Diese ganze Beschreibung soll darauf hinweisen, dass, während die Zunge die Verse rezitiert, reine Hingabe im Herzen hervorströmen sollte. Die Sinne sollten von ihnen gefangen sein, der Intellekt sollte über die in ihnen enthaltene Weisheit kontemplieren – was die Essenz des Lebens eines *Sadhakas* ist – um eine innere Verfeinerung und Umwandlung aller Fähigkeiten des *Sadhakas* zu bewirken und in Gott aufzugehen. So soll (die Girlande des) *Jiva* – das Individuum in all seinen Aspekten, sein Streben, den Geist, die Sinne (Zunge, Augen, Nase usw.), der gereinigte Intellekt und Weisheit – zu den Füßen Gottes dargebracht werden.

Diese Ansicht, nämlich dass das *Kandar Anubhuti* die „Maatrukaa Pushpa Maalai" ist, die Arunagiri Lord Skanda darbringen wollte, scheint eine bessere und auch richtige zu sein, weil das *Kandar Anubhuti* ein Werk mit 51 Versen ist und sich auch Arunagiri selbst in dem Kaappu-Vers darauf als „eine *Girlande* geflochten aus den schönen Worten (des Tamil)" – „*Senchor Punai Maalai*" bezieht. Es ist sehr wahrscheinlich, dass Arunagiri mit diesem prägnanten Satz das „Maatrukaa Pushpa Maalai" meint und alles was er darüber im *Tiruppugazh* gesagt hat. Und wir haben gesehen, dass es die wesentlichen Punkte davon erfüllt, nämlich dass es den Zweck hat, die suchende Seele, die voller Hingabe an Gott ist, in der Gotteserfahrung zu opfern. Dies wird auch vom Titel des Werkes, nämlich *Kandar Anubhuti* bekräftigt. Selbst wenn man das *Kandar Anubhuti* nicht als die direkte Erfüllung des im Tiruppugazh ausgedrückten Wunsches akzeptiert, bleibt doch die Tatsache bestehen, dass es eine Wortgirlande ist, wie es im Kaappu-Vers (im einleitenden Vers) erklärt wird; und der Zweck und die Bestandteile einer Girlande sind natürlich die gleichen.

Wenn wir also davon ausgehen müssen, dass Titel und Anordnung der Verse des *Kandar Anubhuti* von dem heiligen Arunagiri selbst sind, und dass es seine Absicht war, mit diesem Werk suchenden Seelen beim Erreichen Gottes zu helfen; wenn wir dem Titel *Kandar Anubhuti* vollständig gerecht werden; wenn wir dem Beitrag von Thayumanava Swamigal völlig gerecht werden, nämlich dass es ein Werk ist, das *nach* dem Erreichen der Göttlichen Erfahrung entstand; und wenn es eine „Wortgirlande" darstellt (was wir alles richtig ansehen müssen, egal ob es als das „Maatrukaa Pushpa Maalai" gilt, auf das sich *Tiruppugazh* bezieht oder nicht), weißt alles darauf hin, dass es eine esoterische Bedeutung haben muss, über die unabhängige Bedeutung und den Wert jeden Verses hinaus. Denn reine Lobeslieder oder eine Sammlung von Versen, die dazu noch in ihrer exoterischen Bedeutung miteinander unverbunden sind, können einem nicht helfen, Gotteserfahrung zu erlangen, was ein schrittweiser Entfaltungsprozess und nicht etwas einfach zu Erreichendes ist.

Anubhuti wird als Ergebnis von *Abhyasa* (Übung) erlangt, einer stufenweisen Übung, die auf einem tiefgreifenden Verständnis basiert und zur Vollkommenheit führt. Dies ist es, was das *Kandar Anubhuti* vor allen anderen Werken hervorhebt, nicht nur von anderen Autoren sondern selbst von denen des heiligen Arunagiri selbst.

Die *Thiruppugazh*-Lieder, das *Kandar-Alankaram* etc. können für die reine Rezitation gedacht sein und sie können als *Stuti*, Loblieder, gelten, wenn auch mit spirituellem Inhalt, nicht aber das *Kandar Anubhuti*; denn man kann nicht erwarten, dass reine Rezitation einen zu *Anubhuti*, tatsächlicher Gotteserfahrung, führt. Dies verlangt eine systematische Übung mit Verständnis und genau das wird in diesem seltenen Werk dargelegt. Wir liegen daher meines Erachtens nicht falsch, wenn wir den Titel *Kandar Anubhuti* als (1) „Gotteserfahrung" und als (2) „Die Praxis, die zu Gotteserfahrung führt" interpretieren.

Die Verse sind auch nicht gleichförmig in dem Sinne, dass nicht alle in der Form eines Gebetes, einer Anrufung, einer Offenbarung spiritueller Erfahrung oder Belehrung, Ermahnung etc. sind. Es gibt Verse, die die Emotionen berühren und entzünden; die Reue, Angst und Gebet oder Dankbarkeit für die besonderen empfangenen Segnungen ausdrücken; die spezifische und klare Anweisungen geben, denen man folgen soll; die große Weisheit und verborgene Hinweise auf höhere Erfahrungen offenbaren usw. Und nicht nur das, diese Verse unterschiedlicher Art sind auf eigenartige Weise gestreut. Dies weist darauf hin und legt nahe, dass es als planmäßige Abhandlung über das Erreichen Gottes dienen soll, weil es dann die Notwendigkeit für all diese Elemente gibt, da ein Aspirant im Laufe seiner Praxis durch unterschiedliche mentale Zustände und Erfahrungen geht. (Dies ist auch ein Argument gegen jeden Versuch, die Verse nach Themen neu anzuordnen.)

Die Reihenfolge der Verse ist bewusst so angeordnet (obwohl sie durcheinander erscheint, weshalb das Werk als eine Sammlung betrachtet wird), dass jeder Vers dem Sucher die notwendige Anweisung gibt oder seine innere Erfahrung erklärt oder die Gnade Gottes anruft, je nach seiner momentanen Entwicklungsstufe. Die Reihenfolge der Verse bringt jeweils genau den aktuellen Zustand des Suchers auf jeder Stufe zum Ausdruck. Das eine oder andere Thema aus dem *Tiruppugazh* findet sich in einigen Versen des *Kandar Anubhuti* wieder, was auch als Beweis gelten könnte, dass das Werk eine Erfüllung des Gebets dieses *Tiruppugazh* ist.

Aller Wahrscheinlichkeit nach ist das *Kandar Anubhuti* das letzte Werk des Heiligen. Im *Tiruppugazh* und seinen anderen Werken hat Arunagiri alles überall gesagt. Das Rezitieren des *Tiruppugazh* und anderer Werke mag in einem Menschen eine Ablehnung weltlicher Bestrebungen und ein Streben nach Gott erwecken, so dass er gerne *Sadhana* üben würde, um Gotteserfahrung zu machen, aber er wüsste nicht, wie er das machen sollte. Arunagiri hat vielleicht deshalb gedacht, dass eine Abhandlung über das Erreichen von Gotteserfahrung (*Anubhuti*) für solche Sucher eine Hilfe wäre, und das *Kandar Anubhuti* ist das Ergebnis.

Also können wir das *Kandar Anubhuti* als den krönenden Gipfel der Werke des heiligen Arunagiri betrachten, obwohl jedes andere Werk seinen eigenen Zweck, Besonderheit und Zauber hat. Alle Werke von Arunagiri zusammen sind sozusagen „Arunagiri-Veda", von dem das Kandar Anubhuti die „Anubhuti-Upanishad" bilden würde. Es ist der Höhepunkt und der Weisheitsteil seiner Werke. Diese 51 Verse des *Kandar Anubhuti* sind wahrlich 51 Mantras, wie die upanishadischen Mantras – so prägnant, kernig, kurz und gehaltvoll, mit vielen geheimen Hinweisen auf höhere Meditation und Erfahrung. Wir können ohne das geringste Zögern sagen, dass die Abhandlung dem Zweck einer Upanishade voll gerecht wird. Es ist wahrlich ein *Mantra-Shastra*.

Nun mag die Frage aufkommen, warum die Anweisungen esoterisch sein sollten bzw. warum der Heilige sie nicht explizit in den Versen ausgedrückt hat. Dies ist die allgemeine Praxis, natürlich mit gutem Grund. Spirituelle Wahrheiten werden als Geheimnisse bewahrt, weil die Wahrscheinlichkeit groß ist, dass sie von unvorbereiteten Menschen missverstanden, falsch interpretiert und falsch umgesetzt werden. Sie werden immer geheim gehalten; man muss sie mit großer Anstrengung erlangen und das erfordert bestimmte Voraussetzungen.

Da das Werk in jedermanns Hände gelangen kann, sind die esoterischen Bedeutungen weit jenseits des gewöhnlichen Verständnisses versteckt. Und hierin liegt auch die Notwendigkeit, warum die Gedichte in Gebets- oder Lobesform und in der ersten Person geschrieben sind. Wenn ein Verehrer oder Sucher, auch wenn er anfangs unvorbereitet ist, mit *Svadhyaya*, dem hingebungsvollen und vertrauensvollen Rezitieren der Verse fortfährt, werden diese, weil sie in der ersten Person sind und ihre Formulierung so mächtig und entsprechend berechnet ist, in der Lage sein, seinen Geist schrittweise zu erheben und ihm das notwendige *Bhava*, die innere Haltung einflößen, mit dem der Heilige die Verse gesungen hat oder das er durch bestimmte Verse übermitteln möchte.

Wenn wir die Verse rezitieren, ist es so, als ob der Heilige selbst sie durch uns rezitieren würde. Wir stellen uns auf seinen Geist ein und das notwendige Gefühl wird gezwungenermaßen in uns hervorgerufen. So offenbaren sich die inneren Geheimnisse von innen heraus, im Laufe der Zeit. Sie sind nicht dafür gedacht, in den Versen offen gesagt zu werden, noch könnten sie verstanden werden, selbst wenn sie offen ausgedrückt würden; sie müssen „offenbart" werden. Hart verdienter Wohlstand wird geschätzt und bewahrt. So ist es auch mit der Weisheit.

Jetzt noch ein Wort über die esoterische Bedeutung in den Versen, die nicht leicht zugänglich ist. In ein paar Gruppen von Versen ist die Kontinuität der Ideen relativ offensichtlich. Das war es auch, was mir das Gefühl gab, dass es auch in anderen Versen eine solche Verbindung von Ideen geben müsse, d.h. in dem Werk als Ganzem, und diese Verbindungen, wenn nicht offensichtlich erkenntlich, unter der Oberfläche verborgen sein müsse.

In manchen Versen ist sie in einer Zeile oder einem Satz verborgen, in manchen in einem Wort. In anderen liegt sie weit dahinter, als der wahre Geist, der dem Vers als Ganzem zugrunde liegt und wird nur offenbar, wenn man den Vers immer wieder wiederholt. Daher die Notwendigkeit für *Swadhyaya* (Selbststudium) oder ein regelmäßiges, systematisches tägliches Chanten der Verse, mit Liebe und Hingabe an Gott. Dann erschließen sich mehr Wahrheiten im Herzen des Suchers als die, die in irgendeinem Buch, einschließlich diesem, geschrieben stehen. Das gilt nicht nur für das *Kandar Anubhuti*, sondern für jedes Werk dieser Art.

Diese esoterische Bedeutung basiert hauptsächlich auf dem, was mir von Gott im Laufe meines täglichen *Parayana* (Rezitation) enthüllt wurde Diese biete ich den weisen, erfahrenen Menschen an, in deren Herzen Lord Guhan (Bezeichnung für Lord Skanda, „der im Herzen wohnt") besonders lebt, damit sie für sich das erforschen und übernehmen können, was davon wertvoll ist und etwaige Mängel ignorieren können, die auf meine eigenen Begrenzungen zurückzuführen sind.

*

Ein Überblick der esoterischen Bedeutung
Was ist nun die esoterische Bedeutung, die sich durch die Verse zieht? Um die vollständigen Implikationen der esoterischen Bedeutung richtig zu schätzen, ist ein ernsthaftes Studium des Buches notwendig. Trotzdem können wir hier eine Zusammenfassung machen, um eine Vorstellung zu bekommen. Die Gruppierung der Verse und die Überschriften dienen nur der einfacheren Übersicht und des leichteren Erinnerns.

I – Der Beginn des Sadhana (Verse 1 bis 3)

Kandar Anubhuti bedeutet echte Gotteserfahrung. Es ist nicht nur eine Lobpreisung Gottes, nicht nur eine Verherrlichung seiner Größe, sondern mehr; es ist *Erfahrung*. Also ist es eine Abhandlung über *Praxis*. Daher enthält es von Anfang an Anweisungen über praktisches spirituelles Leben, über *Sadhana*, die Hindernisse, denen man auf den verschiedenen Stufen der Übung begegnet und die Methoden, um sie auf jeder Stufe zu überwinden, was in der großartigen Erfahrung Gottes gipfelt.

Gleich der erste Vers enthält daher eine Einführung in ein Leben spiritueller Praxis, nämlich kontinuierliches Rezitieren von Mantras (*Japa*) oder *Namasmarana*. Dass dieses Werk gedacht ist für Aspiranten von ganzem Herzen oder Sucher, die ernsthaft praktizieren, um Gott zu erreichen, geht aus dem Satz „*Paadum Paniya Paniyaai Arulvaai* - die einzige Aufgabe Seinen Ruhm zu singen oder Seine Namen zu wiederholen..." hervor. Damit irgendeine Praxis erfolgreich sein kann, ist es wesentlich, von Anfang an ein klares Konzept des Ideals zu haben, seiner Natur und der Methode es zu erreichen. Das wird in den Versen 2 und 3 gezeigt.

II – Das Zur-Sache-Kommen und der Beginn der Herabkunft Göttlicher Gnade (Verse 4 bis 13)

Wenn man mit wirklichem *Sadhana* beginnt, begegnet man bestimmten Schwierigkeiten. Das Leben eines *Sadhakas* ist eine schrittweise Entfaltung der Göttlichkeit im Inneren, was auch das stufenweise Überwinden von Hindernissen umfasst. Sobald ein Hindernis überwunden ist, stellt sich ein anderes mächtigeres und subtileres Hindernis ein, das mehr Anstrengung und größere Hingabe an das Göttliche erfordert. Dies geht so weiter, bis das endgültige Ziel erreicht ist. Ein wenig Übung ist nicht genug, um die Hindernisse zu überwinden. Es bedarf großer Anstrengung gepaart mit Göttlicher Gnade, um die Probleme schrittweise zu überwinden.

Die groben Hindernisse zeigen sich von Anfang an; man muss den äußeren Umständen in Form von Familie und Kindern gerecht werden (Verse 4 und 5). Die Schwierigkeit wird erkannt und als Ergebnis der Reinigung des Herzens durch intensives Gebet (Vers 6), Wohltätigkeit und Kontemplation (Vers 7) bekommt der Sucher von Gott einen persönlichen Guru, als die erste und sichtbare Hilfe, worin sich Gottes Gnade selbst manifestiert, obwohl der Sucher dies nicht gleich erkennen mag (Vers 8). Dies sind die Verse 4 bis 8.

Die Verse 9 und 10 beschreiben eine besondere Schwierigkeit des *Sadhaka*, nämlich den Übergang von äußeren zu inneren Schwierigkeiten, während die Verse 11 bis 13 Göttliche Gnade in größerem Umfang zeigen – der Guru schenkt eine vorübergehende Göttliche Erfahrung, um dem Schüler die notwendige Überzeugung zu liefern, weiter kühn voran zu schreiten.

III - Vorbereitung für die und Initiation in die Meditation (Verse 14 bis 20)

Dank der speziellen vom Guru gewährten Gnade macht der *Sadhaka* ernsthafte Anstrengungen in seiner spirituellen Praxis, um das Ziel zu erreichen. Er strebt danach, Freiheit von der nach außen gehenden Tendenz des Geistes zu erlangen, indem er den Geist auf den Gott bzw. das Selbst im Inneren heftet (Vers 14), durch Intensivierung von *Nama-Japa* (Wiederholung des Namens Gottes), Schmelzen des Herzens (Vers 15) und Unterscheidungskraft (*Viveka*) (Verse 16 und 17), was die Voraussetzung für die Einweihung in die richtige Meditation bildet. Dann bemüht er sich um Meditation über das Selbst, fühlt aber die Notwendigkeit der Initiation in diese Technik (Verse 18 und 19) und bittet den Guru darum, dass er ihn in den geheimnisvollen Prozess der Meditation über das Selbst einweiht. (Vers 20)

IV – Der innere Kampf und ein flüchtiger Schimmer (Verse 21 bis 28)

Jetzt kommt die schwierige Aufgabe für den *Sadhaka*. Wenn man mit der richtigen Meditation beginnt, kommt die subtile, innere Persönlichkeit mit ihrem hässlichen Gesicht – *Avidya*, Unwissenheit, in Form von *Samskaras* (Eindrücke im Unterbewusstsein) und *Vasanas* (subtile Wünsche) – an die Oberfläche. Meditation ist dann nicht einfach nur ein Scherz, sondern erfordert beständiges und zunehmendes Eintauchen nach innen, was eine gleichzeitige Erkenntnis der unwirklichen Natur der Welt der Erscheinungen und eine entsprechende Einsicht in die höhere Wirklichkeit bringt.

Mit der Kraft der Einweihung wird das Streben des Suchers nach Befreiung intensiviert (Vers 21). Die Verse 22 bis 26 beschreiben lebendig die innere Umwandlung, die im *Sadhaka* stattfindet, wenn er in die Meditation eintaucht sowie die unterschiedlichen Erfahrungen, die sein Geist erlebt.

Eine genaue Analyse der Verse enthüllt den kritischen Gemütszustand des *Sadhakas* – einmal erscheint die Meditation leicht (Vers 22), dann wieder unmöglich wegen des aktiven Spiels von *Avidya* (Vers 23), was eine immer größere Zuflucht zum wahren Selbst und eine völlige Hingabe daran erfordert

(Verse 24 bis 27), bis sie gelingt und der Geist einen Schimmer des kosmischen Bewusstseins bekommt (Vers 28).

V – Der unbeschreibliche Zustand (Verse 29 bis 32)

Die flüchtige Berührung des äußeren Randes des kosmischen Bewusstseins und die nachfolgende Notwendigkeit zu dieser „unwirklichen" Welt zurückzukehren und darin zu leben, bringt den *Sadhaka* in eine unbeschreiblich missliche Lage – manchmal kann er die Dinge versöhnen (Vers 30) und manchmal nicht (Vers 31). Gott scheint eine Mischung aus Freundlichkeit und Grausamkeit zu sein; das Wirken von Göttlicher Gnade und *Prarabdha* (karmisch bedingte Lebenssituation) wird zusammen erfahren.

VI – Das alles verzehrende Streben und der endgültige Anstoß (Verse 33 bis 38)

Dieser besondere Zustand des *Sadhakas* (s. oben) erzeugt eine solche spirituelle Unruhe in ihm, dass er sich nach völliger Freiheit von *Samsara* (Rad von Tod und Wiedergeburt) durch ununterbrochene Meditation sehnt, was sich als ein alles verzehrendes Streben nach vollständiger Entsagung ausdrückt (Verse 33 bis 35).

Er sehnt sich nach der höchsten mystischen Meditation über Pranava oder „Om" und wird in sie initiiert (Sannyasa). So ist er bereit, der Welt der Erscheinungen Lebewohl zu sagen (Verse 36 bis 38).

VII – Der endgültige Sprung und Gotteserfahrung (Verse 39 bis 43)

Nachdem er sich mit allem ausgestattet hat, was für einen Sprung in das Absolute notwendig ist, unternimmt er eine entschlossene und totale Anstrengung, um die Fesseln der Kette von Ursache und Wirkung zu zerbrechen und in die Großartige Erfahrung einzugehen (Vers 39). Er meditiert ununterbrochen über das Absolute (Vers 40) mit einer Sehnsucht, Befreiung hier und jetzt zu erreichen, d.h. nach *Jivanmukti* („lebendig befreit") (Vers 41), und dies zerbricht den Baum des *Samsara* von der Wurzel bis zu den Zweigen.

Eigene Anstrengung und Göttliche Gnade verschmelzen miteinander und bringen die „Sprachlose Erfahrung" hervor, wo die Knoten des Herzens für immer zerbrochen werden (Verse 42 und 43). Der Mensch begegnet Gott und wird ein Gottmensch, ein *Jivanmukta Purusha*. Die Verse 39 bis 43 sind inspirierend und anregend, da hier der Höhepunkt der Abhandlung erreicht ist.

VIII – Lokasangraha (Verse 44 bis 50)

Mit dem Erreichen der Gotteserfahrung wird der *Sadhaka* ein *Siddha Purusha*, auch *Jivanmukta Purusha* genannt, ein Weiser, und es gibt für ihn keine Notwendigkeit mehr, irgendeine spirituelle Praxis auszuüben. Seine ganze Existenz und all seine Aktivitäten sind wahrlich *Sadhana* an sich.

Die befreite Seele, die den Zustand der „Sprachlosen Erfahrung" (*Pesaa Anubhuti*) erreicht, bleibt normalerweise nicht darin absorbiert, sondern kommt wieder aus ihr heraus und bewegt sich als ein *Jivanmukta*, ein lebendig Befeiter. Vers 44 stellt die Erfahrung eines *Jivanmukta* dar, der gerade aus *Pesaa Anubhuti* - emporsteigt, d.h. sein Gefühl, dass die Gegenwart Gottes überall ist.

Der *Jivanmukta* hat eine Göttliche Mission zu erfüllen, nämlich den Aspiranten zu helfen. Die befreite Seele bewegt sich deshalb im Alltag ohne irgendwelchen Zwang und gibt denjenigen spirituelle Belehrung, die ihre Führung suchen. Die Anweisungen und ihre Methoden unterscheiden sich natürlich je nach den Bedürfnissen derer, die suchen. Daher gibt es keine Notwendigkeit für eine Kontinuität in den Inhalten der Verse 45 bis 50, die natürlich hohe spirituelle Wahrheiten offenbaren. Sie enthalten eine tiefe Bedeutung und verborgene Hinweise für die Meditation; sie haben eine Bedeutung und einen Zweck; sie liefern den Suchern wertvolle Führung. Darum sind sie von besonderer Art.

IX – Sahaja-Samadhi Avastha (Vers 51)

Obwohl sich der *Jivanmukta* in der Welt bewegt und allen Frieden und Glück schenkt, bewahrt er dabei immer ein inneres Bewusstsein Gottes, von dem er so sehr durchdrungen wird, dass DIESE ERFAHRUNG für ihn *Sahaja*, natürlich, wird. Dies wird *Sahaja-Avastha* genannt, d.h. ein ununterbrochener, natürlicher überbewusster Zustand, in dem er Gott gleichzeitig innen und außen wahrnimmt – innen als das Selbst (als *Guhan*, Gott im Herzen wohnend) und außen als alles, was sichtbar und unsichtbar ist, wahrnehmbar und nicht wahrnehmbar, als Materie und Geist und als der Guru. Dies ist der Zustand des *Jivanmukta*, an den sich die Welt um Beistand klammert, bei dem jeder Trost findet, um den sich suchende Seelen scharen, um spirituelle Erleuchtung zu bekommen und für den nichts irgendeinen Unterschied macht.

Mögen die Segnungen aller dieser *Brahmanishthas* (die nichts als Brahman, das Absolute, wahrnehmen) die Sucher auf der ganzen Welt führen!

Leben und Werk des Heiligen Arunagirinathar

Die *Kaumaras*, die Verehrer von Kumara, Skanda, Shanmukha oder Karttikeya als dem Höchsten Wesen, sind eine der sechs hinduistischen Glaubensrichtungen. Und der heilige Arunagiri wird als einer der wichtigsten unter den *Acharyas*, den spirituellen Lehrern der Kaumaras, verehrt. Er lebte in Tiruvannamalai, dem *Agni Kshetra* eines der *Pancha Bhuta Sthalas*, das auch aus vielen anderen Gründen heilig und berühmt ist.

Wie es bei den meisten der Heiligen und Weisen der Vergangenheit der Fall ist, gibt es keine authentische Aufzeichnung über das Leben von Arunagiri. Nichts Definitives ist über seine Geburt, soziale Schicht usw. bekannt. Dies hat natürlich zu vielen Spekulationen über sein Leben geführt. Heute haben wir eine Reihe von Versionen über das Leben von Arunagiri und auch diese unterscheiden sich in kleineren Einzelheiten. Wenn man diese durchgeht, kann man nicht erkennen, was richtig ist und was nicht. Je mehr man liest, desto verwirrter wird man. Ich sage Verwirrung, weil verschiedene Autoren verschiedene Dinge ohne irgendeine Quelle, Grundlage oder Autorität sagen, abgesehen von ihrer Liebe zu Gott und dem Heiligen.

Selbst die wenigen Bücher, die ich bekommen und lesen konnte, ließen mich fühlen, dass ich dieses Thema (d.h. das Leben von Arunagiri) lieber unberührt lassen sollte, wenn ich nicht noch mehr zu der Verwirrung beitragen wollte, die jetzt schon ausreicht. Aber gleichzeitig konnte ich nicht anders, als etwas über sein Leben zu schreiben, da ich das Gefühl hatte, das Buch wäre unvollständig ohne das illustre Leben des Heiligen, besonders weil dies die einzige englische Ausgabe des *Kandar Anubhuti* ist.

Darum habe ich versucht, hier nur diejenigen Versionen zusammenzufassen, die unter drei Gesichtspunkten eine verlässliche Quelle haben: die traditionelle Darstellung, die historische und die der inhärenten Offensichtlichkeit. Dabei habe ich natürlich eine Ansicht betont, die mir als die verständlichste, vernünftigste und durch Hinweise belegt erscheint, und ich überlasse es dem Leser, das zu übernehmen, was ihn anspricht. Was immer es sein mag, eines ist sicher, nämlich dass Arunagiri ein Heiliger von hoher Verwirklichung war, was aus einem Studium seiner Werke hervorgeht.

Die traditionelle Überlieferung

Diese ist durch Hörensagen über Generationen zu uns gekommen. Sie beruht hauptsächlich auf dem frühesten poetischen Werk über das Leben von Arunagiri mit dem Titel „*Arunagirinatha Swamigal Puranam*" von einem heiligen Swami namens Thandapani Swamigal (der auch unter den Namen Murugadasa Swamigal und Tiruppugazh Swamigal, 1839-1898, bekannt ist), das ungefähr im Jahr 1865 geschrieben wurde.

Demzufolge wurde Arunagiri in Tiruvannamalai, Tamilnadu, geboren und man nimmt an, dass er irgendwann in der Mitte des 15. Jahrhunderts nach Christus gelebt hat. Er war der Sohn einer *Daasi* (eine Tänzerin) namens Muthu und hatte eine ältere Schwester namens Adi. Es heißt auch, dass Muthu ihn auf eine ungewöhnliche Weise von Pattinathar, dem berühmten mystischen Weisen von Tamilnadu, empfangen hatte.

Als der Junge fünf Jahre alt war, kam er zur Schule. Als er sieben Jahre alt war, verschied seine Mutter. Sie liebte den Jungen so sehr, dass sie ihn auf dem Sterbebett der besonderen Sorge ihrer Tochter (d.h. der älteren Schwester von Arunagiri) anvertraute, mit der ausdrücklichen Anweisung, nichts zu tun, was ihm missfallen würde. Arunagiris Schwester verstand die Ängste ihrer Mutter und versprach ihr, dass sie nichts unversucht lassen würde, um es Arunagiri gut gehen zu lassen und ihn glücklich zu machen.

Als Arunagiri älter wurde, fand er die Gesellschaft von Frauen angenehmer als seine Studien, die er praktisch vernachlässigte, und suchte die Freuden bezaubernder Kurtisanen. Langsam wurde er zu einem zutiefst ausschweifenden Menschen. Seine Schwester versuchte ihr Bestes, um ihn aus den Fallen der Prostituierten zu befreien. Aber nichts konnte Arunagiri von seiner verblendeten Liebe zu Frauen abhalten. Er musste seinen Willen um jeden Preis haben. Die arme Schwester konnte nichts unternehmen, wenn sie nicht grob zu Arunagiri sein oder ihm missfallen wollte, was bedeuten würde, das Versprechen ihrer Mutter gegenüber zu brechen. So frönte Arunagiri achtlos dem Sex und verbrauchte das ganze Vermögen seiner Mutter. Allmählich nahm er eines nach dem anderen die Schmuckstücke seiner Schwester weg, manchmal mit ihrem Wissen und manchmal ohne. Die hilflose Schwester konnte nichts anderes tun, außer zu Gott zu beten, Arunagiri zu retten. In der Zwischenzeit fing sich Arunagiri viele Krankheiten ein und litt sehr. Dennoch lernte er nichts daraus. Er verprasste die ganze Mitgift seiner Schwester und machte sie vollständig mittellos. Aber selbst dann forderte er noch Geld von ihr, um seinen sexuellen Hunger zu befriedigen und wenn sie ihn hilflos anflehte, drohte er ihr, er würde vor ihren Augen zusammenbrechen. Obwohl sie sich in diesem erbärmlichen Zustand befand, konnte sie sich nicht vorstellen, Arunagiri nicht zu helfen. Aber jetzt war sie völlig hilflos. Sie verzweifelte und sagte: „Bruder! Ich habe Dir mit allem geholfen, was ich hatte. Aber jetzt finde ich keine Mittel mehr, um Dir zu helfen. Und dennoch kann ich nicht daran denken, Dich im Stich zu lassen. Bruder, sag mir, was ich tun kann. Nun, nur ein Mittel ist mir noch geblieben. Obwohl wir von derselben Mutter geboren wurden, haben wir verschiedene Väter. Darum kannst Du das Vergnügen, dass Du von einer Frau suchst, bei mir finden!" Sie wollte fortfahren, aber ihre Kehle zog sich zusammen und sie verstummte. Und siehe da! Diese Worte drangen in Arunagiris Herz wie scharfe Pfeile und erschütterten sein inneres Wesen so grundlegend, dass er zerknirscht all seine Übeltaten bereute und bitterlich weinte. Im selben Moment entschloss er sich, seinem Leben als Sühne für all die von ihm begangenen Sünden ein Ende zu setzen. Bevor seine Schwester noch verstehen konnte, was mit Arunagiri geschah, rannte er schleunigst davon, erklomm den Turm des Arunachala Tempels, rief laut den Namen Gottes „Muruga, Muruga, Muruga" und sprang hinunter, um seiner elenden Existenz ein Ende zu setzen und dadurch von Sünden befreit zu werden.

Wer kann die Wege des Herrn verstehen! Ehe Arunagiri zu Boden stürzte, stand dort Lord Skanda mit ausgestreckten Händen und fing ihn mit einer warmen Umarmung auf, obwohl Arunagiri völlig unwissend war. Mit seinem *Vel* (Speer; die Waffe von Skanda) schrieb Skanda sein heiliges Mantra auf Arunagiris Zunge, gab ihm eine Japa Mala und befahl ihm, seinen Ruhm zu besingen. Arunagiri zögerte. Da gab ihm Gott selbst die erste Zeile als:

Muttait Taru Pattit Tirunagai
Attikkirai Sattich Saravana
Muttik Koru Vittug Gurupara - Ena Odhu

„Mit göttlichem Lächeln und Zähnen einer Perlenkette gleich,
O Moksha gewährender Gemahl von Deivayanai!
O Sharavanabhava, der Du den Shakti-Vel hältst!
O höchster Guru! O Same (Quelle) um Moksha zu erlangen!
- so singe."

Der Herr verschwand. Arunagiri war vollständig verwandelt. Er nahm das Leben eines Entsagten auf. Der einstmalige Sünder erstrahlte jetzt als ein Heiliger. Sein Körper wurde von allen Krankheiten geheilt, sein Geist von allen

Unreinheiten gesäubert; sein Herz quoll über vor Hingabe und er war in einer hohen ekstatischen Stimmung. Arunagiri, der jetzt die vollständige Gnade und den Befehl Gottes hatte, vervollständigte sofort das Lied. Es war voller Ausdrucksstärke, Liebe und höchster Hingabe. Wie das Wasser aus einem Reservoir herausschießt, wenn das Wehr plötzlich geöffnet wird, flossen Weisheit und Liebe durch den Heiligen in der Form seiner Tiruppugazh-Lieder. Er ging von Turm zu Turm des Arunachaleshwarar Tempels und verströmte Gedichte in exquisitem Tamil. Dann ging er durch die Straßen von Tiruvannamalai und besang den Ruhm des Herrn auf verschiedene Weisen. Er war innen und außen von Gott berauscht, begann eine Pilgerfahrt zu allen heiligen Plätzen und sang dabei den „Ruhm Gottes" (*Tiruppugazh*), wo immer er hinging und hatte verschiedenste göttliche Erfahrungen an mehreren Orten.

Die historische Ansicht

In seinem Werk „*Sasana Tamizhk Kavi Charitam*" hat Rao Saheb M. Raghava Iyengar detailliert und glaubwürdig seine Forschungen beschrieben, die auf bestimmten Sanskritwerken und Inschriften in der Gegend von Tiruvannumalai basieren und die viele interessante Tatsachen über das frühe Leben von Arunagiri enthüllen. Die wichtigsten Ergebnisse seiner Forschung sind:

Es steht weitgehend fest, dass Arunagiri zur Zeit von Villiputturar lebte, dem Autor des tamilischen *Mahabharatam* (indische Epos). Villiputturar lebte zur gleichen Zeit wie die *Irattaiyar* (die Zwillingspoeten) in der Mitte des 14. Jahrhunderts.

Arunagiri bezieht sich in seinem *Tiruppugazh* auf zwei Personen - (1) einen König, der während dieser Zeit herrschte namens Pravudadeva Maharaja und (2) den Vorsteher eines Klosters namens Somanathan. Aufgrund von Aruna giris Beschreibung der damaligen politischen Situation kann man davon ausgehen, dass der König, auf den er sich bezieht, Pravudadeva Raya II. ist, der Anfang des 15. Jahrhunderts regierte. Von Somanathan nimmt man an, dass er um 1370 n.Chr. gelebt hat, gemäß einer Inschrift in der Wand des Shiva Tempels in Puttur. Es kann auch nachgewiesen werden, dass der besagte Somanathan einer der ersten *Shivacharyas* war – gelehrte *Vidvans* und *Gowda-Brahmanen* – die aus Nordindien gekommen waren und sich etwas früher in Mullandiram und Devikapuram niedergelassen hatten. Daher schlussfolgert der Autor, dass Arunagiris zwischen Pravudadeva und Somanathan gelebt hat, d.h. zwischen dem Ende des 14. Jahrhunderts und dem Anfang des 15. Jahrhunderts.

Kandar Anubhuti

Aus anderen Inschriften weiß man, dass es unter diesen Gelehrten und Pandits der Gowda Brahmanen talentierte Sanskritpoeten gab, die „Dindima Kavis" genannt wurden. Historiker[4] behaupten, dass unser Arunagiri ein Nachfahre dieser *Dindima Kavis* sei und auf ihn selbst wird in einem der Sanskritwerke seiner Nachfahren mit dem Titel *Saluvabhyudayam* Bezug genommen, dessen Autor sagt, dass sein Vater namens Arunagirinathar ein „Sarva-Bhauma Dindima Kavi" war, ein „Ashtabhasa Paramesvara", ein Altmeister im Komponieren von *Chitra Prabandha* und einer, der von den drei tamilischen Königen Chera, Chola und Pandya sehr verehrt wurde. Sri Raghava Iyengar weist durch logische Schlussfolgerung und Zusammentreffen von Zeit, Ort etc. nach, dass der Arunagirinathar, auf den im oben erwähnten Sanskritwerk Bezug genommen wird, unser Arunagiri ist, der Autor des *Tiruppugazh* und anderer Werke.

Außerdem gibt es eine Inschrift von 1550 n. Chr. im Shiva Tempel von Mullandiram über eine Schenkung von Land durch eine Brahmanin, um für „Annamalai Natha" einen kleinen Altar in diesem Shiva Tempel zu errichten. Die Stifterin gilt als eine Nachfahrin von Dindima Kavi Annamalai Natha. Man nimmt an, dass Annamalai Natha, zu dessen Gedenken der Altar errichtet wurde, unser Arunagiri ist, weil er als göttlich inspirierter Poet und heilige Seele von außergewöhnlichem Kaliber so berühmt wurde, dass ihm viele Tempel gewidmet wurden; einer seiner Nachfahren spendete für einen solchen an seinem Geburtsort Mullandiram. Daraus schließt man, dass Arunagiri aus einer Brahmanenfamilie aus Mullandiram bei Tiruvannamalai kam.

Ein Einwand dagegen ist: Obwohl Arunagiri in dem Sanskritwerk seines Sohnes als Dindima Kavi usw. bezeichnet wird (wofür es auch Hinweise in den Werken von Arunagiri gibt), bestand Arunagiris Größe nicht so sehr darin, als vielmehr in seiner außergewöhnlichen Hingabe an Lord Murugan und in seinen zahllosen Kompositionen von *Tiruppugazh*-Liedern, die in dem Sanskritwerk nicht erwähnt werden. Dieser Einspruch scheint nicht schwerwiegend zu sein, denn wenn man sich auf eine Person bezieht, müssen nicht unbedingt alle Aspekte ihres Lebens erwähnt werden. Solange die über Arunagiri erwähnten Tatsachen in dem Sanskritwerk nicht irgendwelchen anderen bekannten Fakten widersprechen, kann es mit Sicherheit als authentisch betrachtet werden, weil keine Beschreibung einer Person vollständig sein kann. Dass er als Chitra Kavi ein Experte im Komponieren von Liedern war, dass er

---

4. Der berühmteste unter ihnen ist der verstorbene Sri T.A. Gopinatha Rao, der einen langen Artikel im „Indian Antiquary" von 1918 veröffentlicht hat.

ein *Dindima Kavi* war und dass er von den drei Königen geehrt und verehrt wurde, trifft auf Arunagiri zu und kann auch mit seinem *Tiruppugazh* und anderen Werken untermauert werden. Und dann, wenn sich all dies nicht auf Arunagiri beziehen würde, auf wen könnte es sich sonst beziehen? Es gibt offensichtlich zu dieser Zeit niemand anderen, dem all dies zugeschrieben werden könnte. Einfach nur zu sagen es beziehe sich nicht auf unseren Arunagiri, wäre ein bedeutungsloser Einwand, wenn nicht die Existenz einer anderen Person, auf die es sich bezieht, bewiesen werden kann. Es kann nicht sein, dass es jemand anderen gab, der so ein großer Poet war, dass er *Dindima Kavi* genannt wurde, ein *Chitra Kave*, ein Experte im Komponieren von Gedichten, der von den drei großen tamilischen Königen verehrt wurde, und dass sein Name, seine Lebensgeschichte oder irgendeines seiner Werke nicht überliefert sind. Wenn all dies sich auf eine andere Persönlichkeit als Arunagiri beziehen würde, müsste etwas über sie oder mindestens über ihre Werke als Referenz irgendwo vorhanden sein. Da dies nicht der Fall ist, kann man mit aller Wahrscheinlichkeit davon ausgehen, dass sich diese Angaben auf Arunagiri beziehen, den Autor des *Tiruppugazh* und anderer Werke.

Die Ansicht aus Schlussfolgerungen und Hinweisen in den Werken
Dies basiert auf dem tamilischen Werk „*Arunagirinathar: Varalaarum Noolaaraychiyum*" – „Arunagirinathar: Leben und Forschung über seiner Werke" von Rao Bahadur V.S. Chengalvaraya Pillai, das im Jahre 1947 veröffentlicht wurde. Der verehrte und gelehrte Herr Pillai hat eine enorme Arbeit geleistet, indem er auf die Idee gekommen ist, das „Murugavel Panniru Tirumurai" entsprechend dem „Saiva Panniru Tirumurai" zu kodifizieren, wofür wir ihm zu Dank verpflichtet sind. Gemäß seiner Forschungen, die auf Hinweisen aus dem *Tiruppugazh* und anderen Werken von Arunagiri basieren, schildert er das Leben des Heiligen so:

Abgesehen von der Tatsache, dass Arunagiri zur Zeit von Pravuda Deva Maharaja, der dieses Gebiet 1450 n. Chr. regierte, in Tiruvannamalai lebte, gibt es keine konkreten Hinweise über Arunagiris Kaste, seine Eltern und sein früheres Leben. Arunagiri war von Kindheit an mit den frühen tamilischen Werken wie dem *Tevaram, Tirumantiram, Tirumurugaattruppadai, Tirukkural* usw. vertraut. Er hatte die Begabung und Fähigkeit, Gedichte zu schreiben und er war ein Verehrer von Lord Murugan.

Wie es das Schicksal wollte, fiel er den Verführungskünsten von Kurtisanen zum Opfer und verlor all sein Eigentum in seinen Ausschweifungen. Er nutzte sein Talent Lieder zu komponieren, um Geld für seine Geliebten zu verdienen. Schließlich verarmte er völlig, Krankheiten nahmen ihn in Beschlag und er fühlte sich beschämt über sein Elend.

Als er seinen Zustand und auch die verdienstvollen Taten seiner früheren Leben erkannte, kam ein älterer frommer Mensch zu ihm und riet ihm, Buße zu tun und über Lord Shanmukha, den Herrn mit den sechs Gesichtern, zu meditieren. Aber er achtete nicht auf diese heiligen Belehrungen und verschwendete sein Leben noch eine Zeit lang weiter, nur um von seinen Verwandten und den Menschen der Stadt verspottet zu werden.

Aber die Zeit ist ein großartiger Heiler. Die Zeit für das Reifwerden seiner früheren verdienstvollen Taten näherte sich und seine geistige Haltung veränderte sich ebenfalls. Er bereute sein vergeudetes Leben und dass er nicht dem Rat des Weisen gemäß gehandelt hatte. Deshalb betete er zu Lord Murugan, setzte sich in die Nähe des großen Turmes (Gopuram), des Arunachaleshwarar Tempels in Tiruvannamalai und begann ernsthaft sein *Sadhana*, aber ohne eine Wirkung. Dann entschloss er sich, seinem Leben ein Ende zu setzen, stieg auf den Tempelturm und stürzte sich hinab.

Lord Murugan, dessen ewiger Diener er war, fing Arunagiri in Seinen Armen auf und rettete ihn vor dem Tod. Dann erschien ihm Murugan, umgeben von seinen Verehrern, unter dem Klang vedischer Hymnen erklang, und Sein Pfau[5] tanzte. Der Herr sprach ihn mit *„Arunagiri-Natha"* (Meister) an, schenkte ihm Gnade mit seinem Blick, gewährte ihm, Seine Füße zu berühren, schrieb sein Mantra aus sechs Buchstaben auf Arunagiris Zunge und verlieh ihm das Wissen über die tamilische Sprache in ihren drei Aspekten als Prosa, Poesie und Drama. Er gab Arunagiri auch eine Japa-Mala (rosenkranzähnliche Perlenkette), befreite ihn von seinen Unreinheiten (*Mala*) und seiner Unwissenheit (*Maya*), gab *Mowna-Upadesha* (Unterweisung, Schweigen zu bewahren), lehrte ihn die verschiedenen Yoga-Pfade und -Techniken, gab ihm *Upadesa* (Unterweisung) über *Jnana-Marga* (den Yogaweg des Wissens) und offenbarte ihm das höchste Geheimnis des Om (*Pranava* oder *Omkara*).

Gott befahl Arunagiri dann Sein Lob zu singen und, als Arunagiri sich auf seine Unwissenheit berief, gab ihm Gott selbst die erste Zeile als „Muttait Taru..." und befahl ihm, in dieser Weise zu singen, was Arunagiri dank der Gnade Gottes auch sofort gelang.

---

5. Der Pfau ist das „Gefährt" von Skanda/Murugan

Es verdient der Erwähnung, dass unser verehrter und verstorbener Sri V.S. Chengalvaraya Pillai für jede einzelne seiner oben erwähnten Tatsachen, Zitate aus den hintersten Winkeln von Arunagiris Werken und auch aus anderen Quellen anführt, die alle seine hohe Gelehrtheit, sein tiefes Wissen und seine Hingabe an Gott zeigen. Es ist jedoch erstaunlich, dass er bestimmte Tatsachen ausgelassen hat, obgleich er sie natürlich im Vorwort erwähnt hat – im Vorwort sagt er: Da wir nicht mit Bestimmtheit sagen können, dass die gedruckten *Tiruppugazh*-Lieder Arunagiris eigene Worte sind, und da es unter den tamilischen Heiligen üblich war, sich so darzustellen, als seien sie in der Maya gefangen, um die Welt zu belehren, obwohl diese sie in Wirklichkeit nicht berührte, habe ich bewusst sogar belegte Zitate ausgelassen, um zu vermeiden, sie so zu zitieren, als würden sie sich auf Arunagiris eigenes Leben beziehen. Zum Beispiel:

1. In den *Tiruppugazh* Versen 392, 752 und 1301 sagt Arunagiri klar, dass er das Leben eines Grihastha („Haushaltsvorsteher") mit Frau, Kindern, Schwiegertöchtern und anderen Verwandten führte. Da ich zögere, dies so zu behaupten, habe ich es weggelassen.

2. (a) Hinsichtlich Arunagiris Kaste bezeichnet er sich selbst in T. No. 26[6] als „einen Niedrigen, der Fleisch isst". Kann man deshalb sagen, dass er zu einer fleischessenden Kaste gehört? Und noch einmal, im Vers 31 des *Kandar Anthadi* sagt er (Arunagiri) selbst „O Brahmanen, die ihr gnadenlos Ziegen tötet als *Yagas* (Opfer)!" Gehört er, der die Brahmanen verdammt, weil sie Tiere töten, zu einer Kaste, die Fleisch isst?

(b) In seinem Werk „Sasanat Tamizhkavi Charitam" bezieht sich Rao Saheb M. Raghava Iyengar auf Arunagiri als „Sarva-Bhauma Dindima Kavi", „Ashta-Bhasha Paramesvara" usw. Wenn wir nun behaupten, Arunagiri müsse ein Brahmane gewesen sein, weil viel Sanskrit in seinen tamilischen Werken vorkommt, (dann kann das nicht sein), dann müssen wir uns fragen, ob es für jemanden, der dank der speziellen Gnade von Lord Murugan „zahllose Kräfte" erworben hat, schwierig sein soll Sanskrit zu verwenden.

Um diese Verwirrungen zu umgehen, habe ich geschrieben, dass Arunagiris Kaste unbekannt ist; das Wichtigste ist, dass er ein großer *Tapasvin* (Asket) und Kenner der Wahrheit ist, schließt Sri V.S.C. Pillai[7].

---

[6]. T. No. bezieht sich auf die Nummern des Tiruppugazh in dem Werk „Murugavel Panniru Tirumurai" des Autors.

[7]. Anmerkung des Autors: Da ich vorher keine Gelegenheit gehabt hatte, die Tiruppugazh-Lieder zu studieren, war ich, als ich dieses Vorwort von S.C. Pillai gelesen hatte, begierig darauf, mich aus erster Hand zu informieren, was Arunagiri in den Liedern sagt, auf die sich das Vorwort bezieht, wie auch in all seinen anderen Tiruppugazh-Liedern. Daraufhin habe ich sie selbst im Original gelesen, wobei mir vieles klar wurde.

Nun wollen wir die obigen Punkte betrachten.

1. Eine freie Übersetzung von T-392 wäre:
Die Frau macht sich lustig, alle Leute der Stadt machen sich lustig, alles Frauenvolk macht sich lustig, Vater und Verwandte, im Geiste bedrückt, auch ich im Herzen bedrückt, all die Leute, die gedankenlos verdammende Worte über mich sagen und schlecht von mir reden, Dunkelheit umgibt meinen grübelnden Geist, ich dachte „Ist dies das Glück, wofür ich geboren wurde?" – Und während ich dies täglich dachte, als ich beschloss, die Seele von diesem Körper abzuwerfen – Diese Füße, die Du mir damals gewährt hast. O Herr, gewähre sie mir wieder.

Das Lied beginnt mit den Worten „die Frau macht sich lustig". Das Sich lustig machen seiner Frau, seines Vaters, seiner Verwandten ist die Ursache dafür, dass sich Arunagiri entschließt, seinem Leben ein Ende zu setzen. Diese Wirkung hat Sri Pillai als authentische Information übernommen, aber er hat die Ursache dafür ignoriert. Es scheint weder vernünftig, noch bringt es der eigenen Forschung Stichhaltigkeit, wenn man bei einem Lied dieser Art manche Tatsachen als relevant übernimmt und andere als irrelevant verwirft, die ursächlichen Faktoren ignoriert und die Wirkung akzeptiert.

Außerdem werden die Behauptungen, dass Arunagiri sich entschloss, sein Leben zu beenden, dass er die früheren tamilischen Werke kannte u. a. nur von einigen wenigen Autoritäten unterstützt. Wenn man diese als relevant für Arunagiris Leben akzeptiert, warum sollte man dann nicht auch akzeptieren, dass Arunagiri verheiratet war, eine Frau, Kinder, Mutter, Vater und Verwandte hatte – eine Tatsache, die Arunagiri eindeutig an nicht weniger als 30 Stellen erwähnt, sowohl in seinen *Tiruppugazh* Gedichten als auch in seinen anderen Werken.

Weiterhin sagt V.S.C. Pillai, es sei die Gewohnheit der großen tamilischen Heiligen und Poeten gewesen, die Fehler der Massen auf sich zu nehmen, für niedere Handlungen Reue zu bekunden und die Gnade Gottes um Vergebung und Segen anzurufen; als wirksames Mittel zur Transformation der Menschen, weil Gedichte in der ersten Person geschrieben werden und in der Lage sind, die Herzen derjenigen zu berühren, die sie rezitieren. Viele behaupten daher, dass die Fehler, die Arunagiri in seinen *Tiruppugazh* Liedern besingt, sich nicht notwendigerweise auf ihn beziehen und nicht wörtlich genommen werden sollten. Sri V.S.C. Pillai trägt zu dieser Ansicht bei und es ist etwas Wahres daran. Aber er scheint dabei vergessen zu haben, dass diese Ansicht vor allem deshalb vorgebracht wird, um Arunagiri von solchen Makeln wie Ausschweifungen usw.

zu befreien, und nicht so sehr um zu verleugnen, dass er ein Haushälter war; während Prostitution ein Übel und eine Sünde ist, ist *Grihasthasrama*, das Leben als Familienvater kein Übel, Verbrechen oder Mangel. Im Gegenteil ist *Grihasthasrama* eine lobenswerte Lebensstufe, besonders gemäß den tamilischen Schriften. Es ist daher wirklich unverständlich, dass Sri Pillai, während er zu der obigen Ansicht beiträgt, anscheinend akzeptiert, dass Arunagiri mit Prostitution zu tun hatte, aber nicht bereit ist einzugestehen, dass er Familienvater war. Wenn vage Hinweise zitiert werden, um selbst geringfügige Tatsachen zu beweisen, was schadet es dann zu akzeptieren, dass Arunagiri ein Familienleben geführt hat, wenn es zigfache Hinweise darauf gibt? Würde das Arunagiris Größe schmälern? Oder können wir seiner Größe auch nur einen Zentimeter hinzufügen, wenn wir diese Tatsache ignorieren? Wenn wir davon ausgehen, dass er Frau und Kinder hatte, unterstützt das die Tatsache, dass sich Arunagiris Sohn in seinen Sanskritwerken auf Arunagiri bezieht und dass einer seiner Nachfahren einen Altar für ihn in seinem Geburtsdorf Mullandiram gespendet hat – Tatsachen, die von Historikern aufgrund von Inschriften bewiesen wurden (wie oben erwähnt)! Ist es nicht seltsam, dass der Autor, der die traditionellen und historischen Erzählungen außer Acht lässt und das Leben von Arunagiri hauptsächlich auf inneren Hinweisen in seinen Werken beruhend, beschreibt, bestimmte wichtige Tatsachen ignoriert, die in eben diesen Werken so deutlich dargestellt werden!

Hier bietet sich ein nützlicher Abstecher an, um zu sehen, in wie weit die Ansicht richtig ist, dass das, was Arunagiri von sich selbst in den *Tiruppugazh* Liedern erzählt, sich nicht auf ihn bezieht, dass er niemals ein übles oder sinnliches Leben oder Familienleben gelebt habe, sondern dass sein früheres Leben rein und makellos gewesen sei.

Es ist wahr, dass große Persönlichkeiten die Fehler der Allgemeinheit scheinbar auf sich beziehen, und auch Arunagiri hat dies in einigen seiner *Tiruppugazh* Liedern getan, um Menschen zu bilden und zu erziehen. Dies kann man aus Liedern wie T-121: „*Seeralasadan*"; T-180: „*Thitamili*"; T-183: „*Pancha Paadagan*"; T-576: „*Pulaiyanaana*"; T-611: „*Avaguna Viraganai*"; T-291: „*Thaakkamarukkoru*"; T-363 „*Maalaasai Kopa*" etc. sehen, in denen er sich selbst in allgemeiner Form verdammt – als ein Sünder, als Egoist, als ein Narr, als ein zu nichts zu gebrauchender Mensch, als Unkultivierter, Unbelesener usw. – und er betet um die Gnade Gottes. Solche Gedichte sind zweifelsohne allgemeine Schilderungen, weil die darin erwähnten Übel von allgemeiner Natur sind. Daneben gibt es z.B. Gedichte, die beweisen, dass er mit den früheren Tamil-

und Sanskrit-Werken wohl vertraut war, dass er in früheren Leben *Tapas* (Askese) praktiziert hatte usw.; all dem würde widersprochen, wenn die obigen Verse wörtlich genommen würden. Da die Verdammung in diesen *Tiruppugazh* Liedern von allgemeiner Natur ist, können wir diese Gedichte einfach als allgemeine Beschreibungen nehmen, statt sie wörtlich auf ihn zu beziehen. Aber nicht alle *Tiruppugazh* Gedichte sind so; man kann nicht sagen, dass Arunagiri nur die Übel, Mängel und Missetaten von anderen auf sich genommen hat, denn es gibt auch ganz andere Gedichte, worin er sich nicht in allgemeinen Begriffen als einen niedrigen Menschen, einen Narren usw. verdammt, sondern etwas Schlimmeres und gänzlich anderes, also etwas Persönliches, sagt.

In vielen seiner *Tiruppugazh* Lieder – und zwar in zahlreicheren als die allgemeinen Beschreibungsgedichte – beschreibt er anschaulich seine Erfahrungen mit Prostituierten – wie sie Männer verlocken, ihre privaten Gespräche, wie sie ihre Gunst gemessen (d.h. weniger oder freizügiger) schenken, je nach Höhe der Summe, die die Männer ihnen geben, wie sich ihre verschiedenen Körperteile vor, während und nach dem sexuellen Akt verändern, was für Töne sie von sich geben, welche Erfahrungen der Liebhaber selbst durchläuft etc. etc. Man kann klar erkennen, dass es ein Element der *eigenen persönlichen Erfahrung* in diesen Gedichten gibt. Während man allgemeines fehlerhaftes Verhalten anderer Menschen so darstellen kann, als beträfe es einen selbst, geht dies mit Erfahrungen nicht, außer man hat sie selbst gemacht. Gedichte wie T-46: „*Angai Menkuzhal Aaivaar*"; T-287: „*Koonthal Avizhthu*"; T-329: „*Angai Neettiya*"; T-336: „*Kumatha Vaaikkari*"; T-364: „*Megamenum Kuzhal*"; T-785: „*Paadagach Chilambodu*" sind klare Zeugnisse von Arunagiris persönlichen Erfahrungen.

Und nicht nur das. In manchen seiner *Tiruppugazh* Lieder kritisiert und beschimpft Arunagiri Prostituierte vehement mit so durchdringenden, harten und schmutzigen Worten, dass sie nicht nur reine Beschreibungen sein können. Er muss durch sie solche Leiden und Schmerzen erlitten haben, dass er schimpft, beschimpft, kritisiert und sie nach Herzenslust verflucht, wie um sich für den Schaden zu rächen, den sie ihm zugefügt haben. Er scheint nicht damit zufrieden zu sein, sie in ein paar Gedichten anzugreifen; er kommt immer wieder darauf zurück. So groß muss sein Leiden gewesen sein, das er durch sie erfuhr, dass er sich nicht damit begnügen konnte, Gott dafür zu loben, dass er ihn aus ihren Fängen gerettet hat, sondern sie auch vehement, wie um Rache zu nehmen, angreift. Dies ist aus T-267 ersichtlich: „*Thodaththulakkigal*"; T-269: „*Thiruttu Naarigal*"; T-677: „*Kanavaalan Koovizhi*";

T-698: „*Kadiya Vega Maaraatha*"; T-884: „*Kuritha Nenjaasai*" und anderen Versen.

Darüber hinaus lässt eine genaue Prüfung solcher Lieder wie T-392: „*Manaiyaval Nagaikka*"; T-509: „*Kumara Gurupara*"; T-513: „*Makara Merikadal*"; T-916: „*Tiruvuroopa Neraaga*" etc. keinen Raum für Zweifel, dass Arunagiri nicht nur Familien hatte, sondern dass auch seine maßlosen Ausschweifungen *wirklich* waren und nicht nur eine Beschreibung. Denn die besondere Gunst, die ihm von Gott gewährt wurde und die er in diesen Gedichten bestätigt, ist von rein persönlicher Natur. Sie wurden Arunagiri und niemand anderem gewährt, und da ihn diese göttliche Gunst von seinem Hang zur Prostitution, der Lächerlichkeit vor seiner Frau usw. rettete, müssen auch die anderen Tatsachen genauso wirklich sein und ihn wie die Gnadenbeweise betreffen. Es kann nicht sein, dass er die von ihm erwähnten Segnungen empfangen hat und die Übel, die damit geheilt oder entfernt wurden zu jemand anderem gehören, d.h. diese Verse können keine allgemeinen Beschreibungen sein.

Vor allem sagt Arunagiri eindeutig, dass seine Verwicklung in die Netze von Prostituierten auf seine früheren Taten zurückzuführen und von Brahma bestimmt worden sei (T-584: „*Vidhiyathaagave*"; T-842: „*Thodutha Naal Mudhal*").

So können wir also sehen, dass die *Tiruppugazh* Lieder unterschiedlich sind: Es gibt Gedichte der Selbstverurteilung, in denen er die Übel anderer sich selbst zuschreibt, um die Massen zu bilden und zu helfen, den Geist der Menschen auf Gott zu lenken; es gibt Gedichte der Beichte und Reue über seine vergangenes schlechtes Leben mit den Kurtisanen, und wo er Gottes Gnade sucht, um von ihnen befreit zu werden; es gibt Dankesgedichte, in denen er für die speziellen Gnadenbeweise, die ihm gewährt wurden, dankt; die ihn aus den Fängen der Prostituierten befreit haben; es gibt Gedichte mit schweren Angriffen und Kritik an Prostituierten, um sich für den ihm angetanen Schaden zu rächen. Es gibt auch Gedichte, die zu keiner der oben genannten Klassifikationen passen. Es gibt Gedichte, die verschiedene spirituelle Erfahrungen enthüllen, die er nur durch die unendliche Gnade Gottes erlangte; es gibt Gedichte, die reine Lobpreisungen Gottes sind (T-100: „*Naada Vindu*"; T-270: „*Arakara Sivanari*"; T-366: „*Saravana Jaataa*"; T-101: „*Bodakantharu*"; T-654-I: „*Paramagurunaatha*"; T-730: „*Seethala Vaarija*"); es gibt Gedichte, die Informationen über verschiedene Themen wie z.B. Krankheiten beinhalten (T-228: „*Vaadamodu*"; T-260: „*Irumaluroga*"; T-582: „*Valivaada*"), über Yoga (T-190: „*Moolankilarodu*"; T-647: „*Naalu Sathuratha*"; T-652: „*Mathiya Manguna*"; T-896: „*Pancha-Pulanum*"; T-1114: „*Neerunila Mandaatha*"), über Musik (*Tala*), etc. Darum können wir nicht alle Tiruppugazh Lieder in eine einzige Kategorie, z.B.

der allgemeinen Beschreibung bringen, noch können wir eine Kategorie von Gedichten einer anderen zuordnen. Sie müssen sorgfältig gesichtet werden und Arunagiri in seiner wirklichen Perspektive verstanden werden, was natürlich keine einfache Aufgabe ist.

Die *Tiruppugazh* Lieder unterscheiden sich meistens in ihrer ersten Hälfte, während die zweite Hälfte von fast einförmiger Natur ist, da sie in der zweiten Hälfte den Herrn mit den sechs Gesichtern auf unterschiedliche Weise preisen. Darum der Name *Tiruppugazh* – Lieder des Lobes (*Pugazh*) Gottes, des Glorreichen (*Tiru*).

Arunagiri ist so geschickt, dass er jedem in einem *Tiruppugazh*-Vers behandelten Thema Leben einflösst. Seine Fähigkeit ist *par excellence* und er ist Großmeister der Kunst, Tatsachen und seine Erfahrungen berührend und lebendig zu beschreiben – seien sie weltlich oder spirituell, sinnlich oder göttlich. Dies hat Arunagiri dem heiligen Thayumanavar so lieb gemacht, dass dieser ausruft:

Aiyaa Arunagiri Appaa Unnaippol
Meiyaaga Ore Sol Vilambinar Yaar?

„O Arunagiri, mein (spiritueller) Vater! Wer hat, Dir vergleichbar, ein Wort der Wahrheit gesagt?"

II. (a) Hinsichtlich Sri Pillais Ansicht über T-26 und *Kandar Anthadi*-31 kann ich aus Sri Sadhu Anuvanandajis im „Sri Vallimalai Tiruppugazh Sacchidananda Swami Centenary Jayanti Souvenir" 1970 veröffentlichten Artikel wie folgt zitieren:

„Dies sind keine ernsthaften Einwände, weil es Arunagiri als einem Gowda Brahmanen nach den Regeln seiner Kaste erlaubt wäre, bestimmte tierische Nahrung zu sich zu nehmen. Aber selbst dann bedauert Arunagiri seine Neigung dazu. Selbst ein Brahmane könnte Tieropfer in Yajnas verdammen, da sie damals selten geworden sind, weil sie von der höheren Brahmanenschicht nicht befürwortet wurden."

Also sind die Aussagen, dass Arunagiri Fleisch gegessen hat und gleichzeitig Brahmanen, die Fleisch gegessen haben, verurteilt hat, weder unvereinbar noch entkräften sie die Behauptung, dass Arunagiri ein Brahmane war.

Zusätzlich gibt es noch ein Argument von einem anderen Gesichtspunkt aus, das sogar noch passender und überzeugender erscheint:

Arunagiris Geständnis, „gierig Fleisch gegessen zu haben" weist nur auf die Tatsache hin, dass er (als Brahmane) von Geburt an nicht zu einer fleisch essenden Kaste gehörte und dass er das nur gelegentlich tat, d.h. in und durch die Gesellschaft von Kurtisanen (die normalerweise Alkohol trinken und Fleisch essen), T-391: *„Soodu Kolai"*; die anregende und berauschende Dinge zum Essen geben, T-677: *„Kanavaalang-Koorvizhi"*; die Morde begehen, die hochstehende, edle Menschen beflecken, die keinen Respekt für gesellschaftliche Unterschiede haben, T-817: *„Vangaara Maarpilani"* und deren Gesellschaft die Ursache für die fünf großen Sünden (*Pancha-Mahapatakas*) und viele andere Laster ist, wozu auch Fleischessen gehört. Und dass Arunagiri die erbarmungslosen Handlungen von *Himsa*, Grausamkeit, der Brahmanen, Ziegen in *Yajnas* (Feuerzeremonien) zu töten verurteilt, weist wiederum nur darauf hin, dass er zur Brahmanenkaste gehörte, es aber trotzdem verdammte, weil es ein Akt der Grausamkeit ist, der Verdammung verdient, ob er nun von Brahmanen oder anderen begangen wird.

In beiden Aussagen hat Arunagiri *reine Tatsachen* gesagt – Tatsachen wie sie sind, worin er einzigartig ist. Ein Brahmane, der offen gesteht, dass er Fleisch gegessen hat und gleichzeitig das gnadenlose Töten von Tieren durch Brahmanen im Opfer verdammt – das steigert seine Größe, denn wer außer Arunagiri würde es wagen, die Dinge so offen zu benennen? Er ist ein außergewöhnlicher Mensch, für den es ganz natürlich und spontan ist, offensichtliche Tatsachen zu enthüllen. Während Arunagiri so die grausamen Akte der Brahmanen verurteilt, lobt er sie auf der anderen Seite für die Beachtung ihrer vorgeschriebenen religiösen Rituale in T-625 *„Thaathu Maamalar"*: „O Herr, der Du täglich, wie in den Veden vorgeschrieben, fehlerlos und zeremoniell von den 3000 *glorreichen Brahmanen* (in Chidambaram) verehrt wirst"; T-432 *„Vilaikku Meniyil"*: „O Herr, dessen Altar in Tirukkonamalai steht, wo *herausragende Brahmanen* leben, die mit den vier ewigen Vedas wohl vertraut sind."; T-504: *„Kuruthi Pulaal"*; T-577: *„Bhoga Karpakkadavul"* usw.

II. (b) Wenn Arunagiris Verwendung von Sanskritwörtern den „zahllosen Kräften" zugeschrieben wird, die er durch die Gnade Gottes erlangt hat, können wir dann nicht im selben Atemzug sagen, dass sein Wissen über andere frühe tamilische Werke, auf die er sich im *Tiruppugazh* bezieht, auch auf dieselben „zahllosen Kräfte" zurückzuführen ist, die ihm von Gott gewährt wurden? Warum sollten wir diese dann Arunagiri zuschreiben? Man würde richtig daran tun, alles, was an Arunagiri von Bedeutung ist, Gottes Gnade zuzuschreiben, anstatt bestimmte Aspekte Gott zuzuschreiben und andere

Arunagiri, was zu behaupten sich Arunagiri selbst scheuen würde.

Arunagiri sagt in T-432 „*Vilaikku Meniyil*": „O Lord Muruga, dessen Gestalt die Essenz der Lieder ist, die von Vasishtha, Kasyapa, Yogis die weit in ihrem Tapas waren, Agastya Muni, Idaikkadar und Nakkirar komponiert wurden!" Während die von den Letzteren komponierten Lieder auf Tamil sind, sind diejenigen von Vasishtha und anderen auf Sanskrit. Es ist deshalb ziemlich offensichtlich, dass Arunagiri nicht nur mit den tamilischen Werken von Idaikkaadar und anderen wohl vertraut war, sondern auch mit den Sanskritwerken von Vasishtha und anderen.

Auch Arunagiris Erwähnung von „Munis, die *Tarpana* darbringen, „*Aadityaaya*" rezitieren (was „dem Sonnengott" bedeutet), *Gayatri Japa* (Wiederholung des Gayatri-Mantras) und *Archana* (Opfer darbringen) am frühen Morgen verrichten, nach einem reinigenden Bad, mit dem Gesicht nach Osten" (T-508: „*Velaippol*"), kann als ausreichender Beweis gelten nicht nur seiner Kenntnis der Sanskritsprache sondern auch seiner Zugehörigkeit zu einer Kaste, für die diese Rituale obligatorisch sind und mit denen er natürlich wohl vertraut war; denn ansonsten hätte er niemals eine so detaillierte Beschreibung geben können.

Eine kritische Studie seiner *Tiruppugazh* Lieder enthüllt uns auf der anderen Seite überraschenderweise, dass seine Kenntnisse der tamilischen Sprache ihm von Lord Skanda verliehen wurden, den er als den Tamilen-Gott preist. „O Herr, der mir die glorreiche tamilische Sprache gegeben hat, damit ich täglich das Lob Deiner strahlenden göttlichen Füße singen kann", sagt Arunagiri in T-214: „*Sarana Kamalaalayattai*". Wir finden nirgends in seinen Werken einen ähnlichen Hinweis in Bezug auf Sanskrit.

Es scheint, dass Lord Murugan Arunagiri angewiesen hat, auf Tamilisch zu singen, obwohl er beide Sprachen kannte und ihm die besondere Kraft gab, Gedichte in tamilischer Sprache zu komponieren, als er ihm die erste Zeile vorgab, um damit zu beginnen. Wenn er nicht wegen dieses speziellen Auftrags und dieser Bestimmung, sein Lob in der tamilischen Sprache zu singen, gewesen wäre, hätte Arunagiri es wahrscheinlich auf Sanskrit getan, das er offensichtlich von Kindheit an viel besser konnte. Aber seine Gewandtheit, seine Kenntnis in und seine Liebe für das Sanskrit sind so groß, dass er dem spontanen Überfließen und reichlichen Gebrauch von Sanskritausdrücken und Wörtern, ja selbst ganzer Stanzas in vielen *Tiruppugazh* Liedern und anderen Werken nicht widerstehen konnte. Dieser überschwängliche Gebrauch von Sanskrit in tamilischen Werken ist auch ein spezielles Merkmal von Arunagiri, das man in den tamilischen Werken anderer Heiliger kaum findet. Daher können wir mit Nachdruck schlussfolgern, dass Arunagiris Kenntnis der Sanskritsprache nicht von den „zahllosen Kräften" herrührte, die ihm von Gott gewährt wurden, sondern dass er sowohl mit der Sanskrit- als auch der tamilischen Sprache von Kindheit an vertraut war, da er in einer Brahmanenfamilie geboren wurde.

Und wenn wir akzeptieren sollen, dass Arunagiri das *Tirukkural* und andere Werke kannte, nur weil sie direkt oder indirekt *an ein paar Stellen* in seinen Werken erwähnt werden, sollten wir auch so großzügig sein und akzeptieren, dass er die Veden kannte, die Upanishaden etc., auf die er sich auch *an unzähligen Stellen* bezieht. Aber erstaunlicherweise hat Sri Pillai all diese Tatsachen nicht erwähnt, also dass Arunagiri wohl vertraut mit Sanskrit war und er die Veden, Upanishaden etc. kannte. Seine Forschung scheint nicht unparteiisch zu sein, da er bestimmte Tatsachen absichtlich weglässt.

Aus der Untersuchung der obigen Punkte können wir von Arunagiris frühen Jahren wie folgt annehmen:
(a) Er wurde in Mullandiram in der Nähe von Tiruvannamalai geboren und war ein Nachfahre der Gowda Brahmanen, die große Gelehrte und Poeten waren. Er selbst war ein talentierter Sanskrit-Poet, der „Dindima Kavi" genannt wurde (Sri Raghava Iyengars Forschung).
(b) Er war mit den frühen tamilischen Werken wie dem Thevaaram, Tirukkural, Tirumantiram etc. wohl vertraut (Sri V.S.C. Pillais Forschungsarbeit).
(c) Er war hoch gelehrt in der Sanskritsprache und hatte tiefes Wissen der Sanskritliteratur, da er in seinen Werken Sanskritausdrücke und -sätze verwendet, und es gibt auch viele Bezüge auf die Veden, Upanishaden, Gayatri-Mantra, Tarpana etc. in seinen Kompositionen.

Man kann nicht damit argumentieren, der Gebrauch von Sanskritwörtern sei auf die „zahllosen Kräfte" zurückzuführen, die Arunagiri von Gott gewährt wurden, denn das gleiche Argument würde dann auch auf den Punkt (b) oben zutreffen. Daher müssen wir, wenn wir die aus den Werken resultierenden Hinweise in Bezug auf Punkt (b) als authentisch gelten lassen, auch Punkt (c) als gegeben annehmen.

Die Punkte (b) und (c) legen nahe, dass Arunagiri aus einer hoch religiösen und kultivierten Familie stammen muss, die traditionell ihren Kindern sowohl die tamilische als auch die Sanskritsprache beibringt, d.h. er gehörte also zu einer Brahmanenfamilie.

(d) Geboren in Mullandiram, lebte er später in Tiruvannamalai. Vermutlich ging er entweder in seiner Kindheit wegen seiner Ausbildung dorthin oder nach seiner Heirat, um seinen Lebensunterhalt zu verdienen. Dass er in Tiruvannamalai lebte, wo Gott ihn segnete, als er versuchte, Selbstmord zu begehen, geht aus vielen *Tiruppugazh* Liedern hervor und ist unzweifelhaft.

(e) Selbst bevor er von Gott dazu bestimmt wurde, Seinen Ruhm zu besingen, hatte Arunagiri die Fähigkeit Gedichte zu komponieren, was er auch tat, um Geld für seine Geliebten zu erwerben (T-146: „*Irukanaka*"; T-494: „*Arivilaap*" etc.)

(f) Er war verheiratet und hatte Frau, Kinder, Vater, Mutter und Schwäger (T-392: „*Manaiyaval Nagaikka*") und dennoch wurde er ein Opfer der Köder von Prostituierten (T-132: „*Thakara Narumalar*"; T-436: „*Seelamula Thaayaar*"), aufgrund seines *Prarabdha Karmas* (Schicksal) (T-584, „*Vidhiyathaagave*"; T-842, „*Thodutha Naal Mudhal*").

(g) Niedergeschlagen von dem erbärmlichen Leben der Verderbtheit, das dazu führte, dass er sich viele Krankheiten und Armut zuzog und der Lächerlichkeit seiner Frau, seiner Verwandten und selbst seiner Geliebten aussetzte, entschied sich Arunagiri, seinem Leben ein Ende zu setzen (T-392: „*Manaiyaval Nagaikka*"; T-394: „*Kothi Mudhithu*"); und

(h) als Arunagiri Selbstmord beging, fing ihn Lord Skanda auf und verlieh ihm verschiedene Segnungen (T-392, T-513; T-515 etc.).

Nach der Berufung
Jetzt wollen wir weitergehen. Arunagiri, der vom Herrn gerettet und dem von Ihm befohlen wurde Seinen Ruhm zu besingen, unternahm eine Pilgerreise, um Lord Murugan seine Ehrerbietung zu erweisen, für den es in fast jeder Stadt, in jedem Dorf und selbst an entlegenen Orten Tempel gab: Und wo immer er hinkam, zollte er dem Bildnis des Herrn dieses Ortes seinen Tribut, indem er ihm eines oder mehrere *Tiruppugazh* Lieder widmete, wobei er sich in diesem speziellen Vers jeweils auf den Namen des Ortes bezog. So ersehen wir aus den verfügbaren Liedern, dass er in ganz Indien mehr als 200 große und kleine Tempel von Lord Skanda besucht hat. Einige dieser Plätze sind:

Chidambaram, Vaitheswaran Koil, Mayuram, Sikkal, Ettukuti, Vedaranyam, Tiruvavaduthurai, Tiruppanandal, Kumbakonam, Swami Malai, Tanjavur, Salem, Tiruchchengodu, Tiruchirappalli, Vayaloor, Virali Malai, Palani, Madurai, Tirupparankundram, Pazhamudirsolai, Tirunelveli, Tiruchchendur, Valliyoor, Tirukkonam, Kadirkamam (auf Sri Lanka), Papa Nasam, Sivakasi, Rameswaram (alle südlich von Tiruvannamalai); Tirupporur, Kanchipuram, Chennai, Valli Malai, Tiruttani, Tiruppati, Kalahasti, Varanasi, Hardwar (Mayapuri), Berg Kailash, Jagannath (Puri), Vishakapatnam und zurück nach Tiruvannamalai (diese letzteren liegen nördlich von Tiruvannamalai).

Die *Tiruppugazh* Lieder hatten einen besonderen Zauber. Sie sprachen die Menschen an und berührten ihre Herzen, wegen ihrer Schönheit, ihres Stils, ihrem Rhythmus, ihrer Bedeutungstiefe und vor allem wegen Gottes Gnade, der Arunagiri mit der Mission der moralischen Erneuerung, religiösen Einheit und Verbreitung spiritueller Weisheit beauftragt hatte. Man merkte, dass die *Tiruppugazh* Gedichte ein Geschenk für alle waren – der sinnliche Mensch fand nicht nur seinen beklagenswerten Zustand dargestellt sondern es wurde ihm auch ein Ausweg aufgezeigt; eitlen *Pandits* (Schriftgelehrte), die ihre Zeit mit Debatten verschwendeten, wurde ihre Torheit gezeigt; Gottesverehrer, die mehr Inspiration benötigten, fanden Verse der Hingabe und der Anrufung; der Aspirant, der nach Weisheit dürstete, bekam das Nötige für Kontemplation und Studium usw. So waren die *Tiruppugazh* Lieder eine Fundgrube sozialen, religiösen und spirituellen Reichtums, die unterschiedliche Menschen befriedigen und erheben konnte. Die Menschen wurden daher leicht von ihnen angezogen. Überall begannen Männer und Frauen seine Verse zu singen und in Ekstase zu tanzen. Seine *Tiruppugazh* Lieder wurden bald so beliebt, dass Menschen im Norden und Süden, im Osten und Westen begannen, sie zu rezitieren, sagt Arunagiri selbst in einem seiner Lieder (T-384: „*Pattar Ganappriya*"). Dies brachte Arunagiri Name und Ruhm, und große Verehrung in jeglicher Hinsicht.

Es ist selten, dass Berühmtheit nicht auf Eifersucht und Hass trifft. Es heißt, dass der große belesene Gelehrte und Poet, Sri Villiputturar, der Autor des *Mahabharata* in Tamilisch, ein strenger *Vaishnava*, durch das tamilische Land zog und dabei Poeten und gelehrte Männer zu einem literarischen Wettstreit aufforderte, sie mit seiner großen Belesenheit besiegte und ihnen zur Strafe die Ohren abschnitt. Er war die Eitelkeit und Hochmütigkeit in Person. Wahrscheinlich wollte Gott der Allmächtige ihm eine Lektion erteilen. Er konnte den großen Ruhm des heiligen Arunagiri nicht hinnehmen. Er ging nach Tiruvannamalai mit der bösen Absicht, Arunagiri in einem Wettstreit zu besiegen. Obwohl der Heilige keinen Wert auf einen solchen Wettstreit legte – da er ein Verehrer Gottes und eine Personifizierung von Bescheidenheit war – nahm er dennoch an, da er es als den Willen Gottes sah. Arunagiri beantwortete alle Fragen, die ihm von Villiputturar gestellt wurden, und jetzt war er an der Reihe. Arunagiri komponierte eine Reihe von Gedichten, das *Kandar Anthaadi*, und Villiputturar kommentierte und erklärte die Verse sofort. Aber als es zum 54. Vers kam, konnte er trotz seiner größten Anstrengungen weder das Gedicht enträtseln noch irgendeine Bedeutung darin finden. Das war tatsächlich höchst seltsam! Er akzeptierte seine Niederlage durch Arunagiri, der die Bedeutung des Gedichtes aufschrieb, was auch heute noch der einzige verfügbare Kommentar zu diesem Vers ist. Gemäß den Regeln des Wettstreits, sollten nun Villiputturars Ohren abgeschnitten werden, was er selbst anbot. Aber Arunagiri gab sich niemals irgendwelchen grausamen Handlungen hin. Er ließ den Gelehrten ohne Demütigung gehen, nahm ihm aber das Versprechen ab, dass er nie mehr so unmenschlich handeln würde. Dies brachte Arunagiri die Bezeichnung *„Karunaikku Arunagiri"* ein, was „Arunagiri, für Mitgefühl" bedeutet.

Wie wir schon gesehen haben, lebte Arunagiri während der Herrschaft von Pravuda Deva Raya II (der im 2. Viertel des 15. Jahrhunderts herrschte), auf den er sich in einem seiner Tiruppugazh Lieder bezieht. Arunagiris außergewöhnliche Liebe zu Lord Murugan und sein Mitgefühl für Villiputturar riefen die Bewunderung und Ehrfurcht von Pravuda Deva hervor. Der König betrachtete sich selbst als höchst gesegnet, der Bewunderer eines Heiligen sein zu dürfen, für den Gott eine lebendige Wirklichkeit war. Der König betete den Heiligen praktisch an. Er bereitete Arunagiri einen königlichen Empfang und ehrte ihn am Hofe.

Es gab einen großen *Devi-Upsaka*, einen Verehrer der Göttlichen Mutter, der Sambandan hieß. Er war ein strenger *Jain* (indische Glaubensrichtung) und pflegte aus selbstsüchtigen Gründen enge Freundschaft mit König Pravuda Deva. Der weitverbreitete Ruhm von Arunagiri und die besondere Ehre, die ihm durch den König zuteil wurde, entzündete Sambandandans Eifersucht auf Arunagiri, da er fürchtete, er würde deshalb nicht mehr in der Gunst des Königs stehen. Er heckte deshalb einen gerissenen Plan aus, um Arunagiri zu diffamieren. Er sagte zu Pravuda Deva: „Du bewunderst Arunagiri. Aber er ist nicht wirklich ein so großer Verehrer von Murugan, für den Du ihn hältst.

Wenn Du denkst, dass er es tatsächlich ist, bitte ihn, seinen *Ishta Devata* (persönliche Gottheit) vor einer öffentlichen Versammlung zu manifestieren. Und ich wette, ich kann das und kann Dir den *Darshan* (Erscheinung) meiner Göttlichen Mutter geben. Wenn ich versage, werde ich Dein Königreich verlassen; und wenn er versagt, schick ihn fort." Pravuda Deva konnte diese eifersüchtige Haltung von Sambandandan nicht hinnehmen. Er informierte Arunagiri darüber und bat ihn, dem Wettkampf zuzustimmen. Arunagiri stimmte zu und ausgefeilte Arrangements wurden getroffen. Eine große Versammlung wurde im Hof des Arunachaleshwarar Tempels einberufen. Der König mit seiner Gemahlin, die Adlige und eine große Menschenmenge versammelten sich dort, um dem ungewöhnlichen Wettkampf beizuwohnen. Sambandandan machte alle möglichen Kunststücke, Pomp und Show, um seine *Ishta Devata* — Kali — zu manifestieren, aber es gelang ihm nicht. Jetzt kam Arunagiri an die Reihe. Er machte keine besonderen Anstrengungen, sondern sang ein *Tiruppugazh* Lied, das mit „*Athala Sedanarada*" beginnt (T-1056). Frei übersetzt lautet es:

„O Schwiegersohn von Vishnu (Skanda), der (als Krishna) Bhimasena half (einem der fünf *Pandava* Brüder), der seinen *Gada* (Waffe) immer auf seinen Schultern trägt, um die große Armee von Feinden zu vertreiben; der auf seiner Flöte spielte, was die Kühe wieder zurück brachte, die sich verstreut hatten; der, während er der Fahrer des Wagens von Arjuna war, sein Muschelhorn blies, das wie Gold leuchtet und die Töne der Vedas von sich gibt; der sich auf den Milchozean mit tosenden Wellen stützt; dessen Göttliche Füße die Erde selbst durchschritten und (in die niederen Regionen) gepresst haben; der *Garuda* als sein Vahana, sein Fahrzeug, hat! O Muruga, der im Herzen von Pravuda Deva Maharaj lebt, um es vor Freude tanzen zu lassen! O Gott der Götter! Komm tanzend, o Herr, komm auf solche Weise tanzend, dass, wenn Du tanzt, alles tanzt – die *Adisesha* (Weltenschlange) tanzt in den Unterwelten; der Berg Meru tanzt auf der Erde; Kali tanzt mit Shiva, der auf dem Stier reitet; die *Ganas* (himmlische Heerscharen) von Shiva tanzen um Ihn herum; die süße Sarasvati tanzt, Brahma, der auf dem Lotus sitzt, tanzt; der Mond tanzt; Deine Schwiegermutter Lakshmi Devi, die auf dem roten Lotus sitzt, tanzt; Dein Schwiegervater Vishnu, der Seine *Visvarupa* (kosmische Form) zeigte, tanzt; und der Pfau (auf dem Du reitest) tanzt auch. (Komm tanzend, o Herr, bitte komm.)"

Kaum hatte Arunagiri das Lied beendet, als Murugan auf einem tanzenden Pfau vor der Versammlung erschien, indem er sich aus einer Säule manifestierte, und er gab allen Darshan. Diese beiden Fakten, nämlich dass der Herr ohne Verzögerung auf einem tanzenden Pfau erschien und seine Vision allen gab, beschreibt Arunagiri selbst in zwei seiner anderen Tiruppugazh Lieder (eines von Viruddhachala, T-755: „*Tirumozhi*"; und eines von Tiruchirappally, T-331: „*Arivaiyar*"). Die Säule, aus der Lord Murugan erschien, wie auch der Hof, wo die Versammlung stattfand, sieht man heute noch im Arunachaleshwarar Tempel, wo Murugan ein kleiner Schrein gewidmet ist. Da er aus einer *Khamba*, einer Säule, hervorkam, wird er „*Khambattu Ilayanaar*" genannt.

Kandar Anubhuti

Es gibt natürlich sehr unterschiedliche Versionen dieses Ereignisses. Einige behaupten, dass, als Sambandandan zu Kali betete, sie ihm erschien und ihm sagte, nur er alleine, der König, könne sie sehen und die anderen nicht. Eine andere Version in diesem Zusammenhang ist, dass die *Devi* (Göttin) an ihr Versprechen, ihm jederzeit ihren Darshan zu gewähren, nur zwölf Jahre lang gebunden war und diese genau an dem Tag vor dem Wettstreit vorbei waren, und so erschien sie überhaupt nicht. Er jedoch bat sie dann, wenigstens auch Murugan nicht zu erlauben sich zu manifestieren, und dem stimmte sie zu. Als Arunagiri also das *"Athala Sedanarada"* Lied sang, erschien demzufolge Murugan nicht. Arunagiri spürte, dass da etwas nicht stimmte und durch seine yogische Vision fand er heraus, dass die Devi Murugan als ein kleines Baby auf ihrem Schoß hielt, ihn mit ihren Reden unterhielt und so sein Erscheinen in der Versammlung verhinderte. Es heißt, Arunagiri sang dann das *Devendra Sanga Vaguppu* und das *Mayil Viruttham* und zur Melodie des Letzteren tanzte ein Pfau vor Kali. Die Melodie der Musik und der Tanz des Pfaus bezauberten sie. Sie lockerte unbewusst ihren Griff um Murugan, woraufhin er zu dem Pfau hinüber sprang, zu der Versammlung eilte und seinen *Darshan* gab.

Wie auch immer, die Version, dass Murugan sofort erschien, scheint korrekter und noch nachvollziehbarer zu sein und wird durch die Aussagen des Heiligen selbst unterstützt. Gott kann durch nichts anderes gebunden oder kontrolliert werden als durch die wahre Liebe seines Verehrers. Sie kann Ihn von überall her anziehen und ihn unverzüglich auf der physischen Ebene manifestieren. Darüber hinaus war Murugan für Arunagiri nicht nur seine persönliche Gottesvorstellung (Ishta Devata), sondern das Höchste Wesen. Das geht sogar aus dem obigen Lied hervor. Obwohl Murugan darin als Schwiegersohn von Vishnu usw. gepriesen wird, also in seinen theologischen Aspekten, bittet Arunagiri ihn in dem Lied auf solche Weise tanzend zu kommen, dass, wenn er tanzt, alles überall tanzt einschließlich Brahma, Vishnu und Shiva[8], was bedeutet, dass Er für die Höchste Wirklichkeit steht, die selbst hinter der Trinität ist. Dies geht auch aus einem anderen Gedicht klar hervor (T-433, *"Agaramummaagi"*): „O Herr, der (der Anfang aller Dinge) wie das *Akara* oder der Buchstabe ‚A' ist, der unter den Buchstaben als erstes kommt, der der Herr aller Dinge ist, der jenseits von allem ist, der die Essenz aller Dinge ist, der *Brahma* ist, der *Vishnu* ist, der *Shiva* ist, der jenseits dieser Dreiheit ist, der alle Dinge hier ist, der jedes Ding egal wo ist und der als die Süße (die Essenz aller Dinge) kommt."

---

[8]. Brahma der Schöpfer, Vishnu der Erhalter und Shiva der Zerstörer gelten als die Trinität, über die sich Brahman, das Absolute, in der Welt manifestiert. In der shaivistischen Tradition steht Shiva für das höchste Absolute, in der Vaishna-Tradition Vishnu und bei den Anhängern von Skanda eben Skanda (Murugan)

Der Murugan, den Arunagiri manifestierte, war nicht so sehr der theologische Aspekt, sondern die Höchste Wirklichkeit, die hinter den verschiedenen Manifestationen ist. Deshalb kann nicht die Rede davon sein, dass die Devi Skanda irgendwo am Kailash (Sitz von Shiva und Skanda als seinem „Sohn") festhält. Es bedeutet jedoch nicht, dass ein Gott einem anderen überlegen oder unterlegen ist. Jede Manifestation Gottes hat verschiedene Aspekte; mindestens zwei – den absoluten und den relativen. Krishna war nicht nur der Freund und Wagenlenker von Arjuna, sondern auch der *Bhagavan*, der Höchste Gott der *Gita-Upadesa* gab und Arjuna die Vision von *Visvarupa* zeigte. Ähnlich ist es mit allen Göttern der Fall, mit Skanda, Devi usw. Gott ist alle Aspekte gleichzeitig und es ist die innere Haltung des Verehrers, mit der er Gott anruft, nämlich auf sattwige, rajasige oder tamasige Weise, auf die es ankommt. Arunagiri hatte reine Hingabe und seine Anrufung war nicht durch persönliche Ziele motiviert. Dies erklärt die spontane Manifestation von Lord Skanda bzw. das Nichterscheinen der Göttin. Gott ist ein Sklave der Liebe des Verehrers, welche Form Gottes es auch immer sein mag und wer auch immer der Verehrer sein mag. Das Ereignis beweist nur die Größe von Arunagiri und seine reine Liebe zu Gott, die auch für die Göttliche Mutter gleich groß war, wie man aus vielen seiner *Tiruppugazh* Lieder sehen kann. Nebenbei bemerkt, er hatte auch den Segen der Göttlichen Mutter.

Angesichts dessen enthüllt die Aussage, dass die Devi Murugan festgehalten habe, um ihn daran zu hindern, zu der Versammlung zu kommen, bestenfalls das eigene inadäquate Verständnis von Arunagiris Liebe zu Murugan und auch seines Konzeptes von Gott, welches Gott als spirituelle Wirklichkeit hinter allem verstand. Darum sagt Arunagiri in dem Loblied oben: „O Herr! Komm so tanzend, dass wenn Du tanzt, Shiva, Vishnu, Brahma, Kali etc. – alles tanzt!" Da das Gebet so lautete, hätte Arunagiris Gebet nicht nur Murugan allein manifestiert, sondern auch Kali, wenn Kali wirklich Murugan festgehalten hätte.

Es heißt, dass der König sein Augenlicht aufgrund des göttlichen Glanzes, den menschliche Augen nicht ertragen können, verlor, als Arunagiri Skanda manifestierte und der König Seinen *Darshan* hatte. Sofort gab ihm Arunagiri *Bhasma*, die heilige Asche und brachte so das Augenlicht des Königs zurück. Dies ist eine Version. Nach einer anderen Version holte Arunagiri die *Paarijata*-Blumen aus dem Himmel und die Sehkraft des Königs wieder her. Sie lautet:

Nachdem er in dem Wettstreit besiegt worden war, verschwand Sambandanan aus äußerster Scham und verließ das Königreich. Aber seine Feindschaft zu Arunagiri legte sich nicht. Er wollte Arunagiri irgendwie wegbekommen und

Kandar Anubhuti

so näherte er sich nach einiger Zeit dem König wieder: „O mächtiger König! Es gibt nur einen Weg, Dein Augenlicht zurück zu bekommen. Wenn die himmlischen *Paarijata*-Blumen gebracht und auf Deine Augen gelegt werden, werden sie ihr Sehvermögen zurückgewinnen. Und diese übermenschliche Handlung können nur Arunagiri und ich vollbringen. Aber ich möchte, dass Arunagiri es macht, weil es seinen Ruhm und seine Ehre schmälern würde, wenn ich die Blumen bringen würde. Bitte fordere ihn deswegen auf, die Blumen zu holen und für den Fall, dass er es ablehnt, werde ich sie Dir sofort bringen." Der König kannte Sambandandans böse Absichten nicht, wollte aber unbedingt seine Sehkraft zurückgewinnen und bat daher Arunagiri, die Blumen zu holen. Dieser stimmte bereitwillig zu. Arunagiri stieg den Tempel-Gopuram (Turm) hinauf, verließ dort seinen physischen Körper, ging in den Körper eines Papageis ein, der gerade starb und flog in die himmlischen Regionen. Man sagt, dass er dies tat, weil man nicht mit diesem *Panchabhuta-Sarira*, dem aus den fünf Elementen bestehenden Körper, in den Himmel gelangen kann. (Aber seltsamerweise ist auch der Körper des Papageis aus den gleichen fünf Elementen gemacht!) Sambandandan nahm diese Gelegenheit wahr und informierte den König, dass Arunagiri tot sei, dass sein Körper im Arunachala-Gopuram liege und dass er bald verbrannt werden sollte. Der König ordnete ohne richtige Nachforschung oder Nachdenken an, dass er verbrannt werden solle, was der übel gesinnte Sambandan unverzüglich erledigen ließ, damit Arunagiri nicht zurückkäme.

Der Arunagiri-Papagei kam mit den *Paarijata*-Blumen aus dem Himmel zurück und fand seinen Körper im Gopuram nicht mehr. Er nahm es als den Willen Gottes, ging als Papagei zum König, brachte ihm die Blumen und stellte zu seiner großen Freude sein Augenlicht wieder her. Dem König tat seine voreilige, unbedachte Handlung, dass er Arunagiris Körper hatte verbrennen lassen, extrem leid, er weinte bitterlich und bat ihn um Verzeihung. Der Arunagiri-Papagei, dessen Göttliche Mission vorüber war, flog davon und setzte sich auf die Arme des Herrn, für alle Ewigkeit. Es gibt keine authentischen Hinweise, weder dafür, dass der König sein Augenlicht verloren hat als er den *Darshan* Gottes hatte, noch für den Rest der Geschichte, die hauptsächlich auf Erzählungen beruht.

Es ist tatsächlich merkwürdig und unglaubwürdig, dass:
(a) wenn Gott extra zu dem Zweck angerufen wird zu erscheinen, um dem König *Darshan* zu geben, der König sein Augenlicht durch die Vision Gottes verlieren sollte; und dass in dieser riesigen Versammlung nur der König und sonst niemand

sein Augenlicht verloren haben sollte. Tatsächlich müsste, wenn schon jemand sein Augenlicht verliert, es Sambandandan mit seinen bösen Absichten gewesen sein und nicht der fromme, hingebungsvolle König.

(b) Arunagiri körperlich (als Papagei) zum Himmel gegangen und die Paarijata-Blumen geholt haben soll; denn für jemanden, der Gott selbst in einer offenen Versammlung durch ein reines Gebet manifestieren konnte, sollte es keine schwierige Aufgabe sein, ein paar Paarijata-Blumen zu holen.

(c) der König ohne weiteres Nachforschen die Verbrennung des Körpers von Arunagiri angeordnet haben soll, der zu seinem Wohl und in seinem Dienst auf seine Aufforderung hin gegangen war.

Als Unterstützung der Behauptung, dass Arunagiri zum Papagei wurde, wird eines seiner *Tiruppugazhs* (T-425: „*Sariyaiyaalarkkum*") zitiert, worin Arunagiri zu Gott betet, ihm den makellosen *Sayujya*-Zustand zu gewähren, den immerwährenden Zustand von Ruhm und höchster Freude (*Sukha-Svarupa*). Auf Tamil heißt das Wort für „Seligkeit", „Ananda", gleich wie für „Papagei", nämlich *Suka*. Und so wird Arunagiris „Suka-Svarupa" als *Svarupa* (Gestalt) eines Papageien interpretiert. Aber in dieser Interpretation wird der wichtige Faktor außer Acht gelassen, dass die „Suka-Svarupa", um die Arunagiri bittet, praktisch eine Erklärung des ersteren, „des makellosen Zustands von *Sayujya*" und ein wesentlicher Teil des Gebets ist. *Sayujya* ist der Zustand der Einheit mit Gott. Es ist der vierte und endgültige Zustand der Befreiung – die ersten drei sind *Salokya*, *Samipya* und *Sarupya* – und die Gestalt eines Papageis kann nicht mit *Sayujya* gleichgesetzt werden. Selbst wenn der Papagei für immer auf den Armen des Herrn sitzt, kann dies nicht der Zustand von *Sayujya* genannt werden. Die Form eines Papageien kann bestenfalls *Samipya* sein, nicht einmal *Sarupya*, geschweige denn *Sayujya*. Darum kann man „Suka" nur so verstehen, dass es den Zustand von *Ananda* bedeutet und nicht den eines Papageis. Es ist *Satchidananda*, der Zustand endloser Herrlichkeit und Höchster Seligkeit.

Darüber hinaus gibt es einen feinen Unterschied zwischen „Svarupa" und „Rupa". Während *Rupa* sich auf die „äußere Form" bezieht, bezeichnet *Svarupa* einen „Zustand" oder die „essentielle Natur" und bezieht sich auf das innerlich Erreichte, einen Bewusstseinszustand. *Sukha-Svarupa* ist ein Sanskritbegriff und weist klar auf den „Zustand des Glücks" hin, den Zustand der „endgültigen Seligkeit", der bei der Befreiung erlangt wird, obwohl man es verzerrt als die tamilische Bedeutung von „die Gestalt des Papageis" wiedergeben kann. Und darüber hinaus ist es ein Gebet für die endgültige Befreiung, nicht dafür, zum Himmel zu gehen, um die Paarijata-Blumen zu holen; und Gott hat Arunagiri auch nicht als Erhörung seines Gebetes die Gestalt eines Papageien verliehen. Es war Arunagiri selbst, der in den toten Körper eines Papageis einging.

Es scheint eine Verdrehung der ganzen Angelegenheit zu sein, wenn man versucht, die Verwandlung von Arunagiri in einen Papagei dadurch zu rechtfertigen, dass man sie mit dem göttlichen Willen ausstattet, so als habe Gott ihm aufgetragen, in den Körper des Papageis einzugehen. Als der Arunagiri-Papagei seinen Körper nicht mehr vorfand, hätte er in einen anderen menschlichen Körper eingehen können, wenn Arunagiri dies gewollt hätte. Wenn argumentiert wird, dass Arunagiri zufrieden damit war, in dem Körper des Papageis zu sein, weil „alles was einen Anfang hat auch ein Ende hat" und so sein menschlicher Körper verschwinden musste, gelten die gleichen Gesetze genauso für den Körper des (toten) Papageien, der Arunagiri nicht auf göttliche Weise verliehen wurde, sondern in den er nach seinem eigenen Willen einging. Zu behaupten, dass Gott beschloss, Arunagiri den Zustand eines Papageien (Suka-Svarupa) zu gewähren, als Antwort auf all die unzähligen Gebete Arunagiris, nur um die Legende zu rechtfertigen, dass er als Papagei zum Himmel geflogen ist, um Paarijata-Blumen zu holen – was allein deswegen notwendig wurde, weil der König als Einziger in dieser riesigen Versammlung sein Augenlicht verlor, als er die Vision des Herrn hatte – all dies scheinen nur unterhaltsame Geschichten zu sein, die weit von der Wahrheit entfernt sind.

Weder kann man sagen, dass der König alleine es verdient hätte zu erblinden, noch ist es für Arunagiri notwendig, zum Himmel zu *gehen* um Paarijata-Blumen zu holen (denn er hätte sie durch bloßes Gebet bekommen können), noch hätte der König die Verbrennung von Arunagiris Körper gedankenlos angeordnet (da er verpflichtet war, ihn bis zu seiner Rückkehr zu beschützen), noch würde der allwissende Gott Arunagiris Gebet um den Sayujya-Zustand der Glückseligkeit (*Sukha-Svarupa*) als den Zustand eines Papageien interpretieren. Tatsächlich scheint die ganze Geschichte erfunden, denn im westlichen Teil des Arunachaleshwarar Tempels in Tiruvannamalai gibt es einen Arunagiri geweihten Schrein, der als *Samadhisthana* des heiligen Arunagiri gilt, in dem sein Körper begraben wurde, als er Befreiung erlangte.

Wir können also das Leben von Arunagiri aufgrund von Hinweisen in seinen Werken, Inschriften etc. wie folgt zusammenfassen:

Arunagiri war ein Nachfahre der Familie von Gowda Brahmanen, die aus dem Norden kamen und sich in Mullandiram und anderen Dörfern niederließen. Er war von Jugend an mit Tamil und Sanskrit wohl vertraut. Er hatte eine gute

Bildung und Erziehung. Er war ein verheirateter Mann und hatte Frau, Kinder, Schwäger und andere Verwandte. Seine Eltern zogen wahrscheinlich zum Wohle seiner Ausbildung nach Tiruvannamalai. Obwohl er verheiratet war, wurde er, weil es das Schicksal so wollte, ein Opfer der Kurtisanen von Tiruvannamalai, verlor all seinen Besitz und zog sich unheilbare Krankheiten zu, dererwegen er sich nicht nur vor sich selber schämte, sondern wegen derer sich auch seine Verwandten über ihn lustig machten und ihn auslachten.

Um dieses elende Leben zu beenden, stieg er auf den Turm des Arunachala Tempels (*Gopuram*) und stürzte sich hinunter, um Selbstmord zu begehen. Der mitfühlende Lord Skanda, für den er Liebe in seinem Herzen hatte, hielt ihn in seinen Armen, schrieb mit seinem *Vel* das heilige Mantra auf seine Zunge, gab ihm eine Japa-Mala und befahl ihm, seinen Ruhm zu besingen, indem er ihm die erste Zeile des Loblieds gab, um damit seinen heiligen Auftrag zu beginnen. Der Sünder wurde in einem Augenblick zum Heiligen von höchster Verwirklichung, hatte verschiedene göttliche Erfahrungen und wurde außerdem von all seinen Krankheiten geheilt. Er wurde ein *Sannyasin*, ein Entsagter, im wahrsten Sinne des Wortes. Er sang 16000 Tiruppugazh Lieder (Loblieder) und komponierte viele andere Werke, besiegte Villuputturar in einem literarischen Wettstreit und ließ Lord Murugan sich manifestieren, um König Pravuda Deva in einem Wettstreit mit Sambandandan seinen *Darshan* zu geben.

Schließlich erlangte er den höchsten Zustand von *Sayujya*, die advaitische Verwirklichung, eins mit LordcSkanda bzw. *Parabrahman* zu sein. So lebte Arunagiri ein ruhmreiches Leben des Gottesbewusstseins, vollbrachte viele übermenschliche Taten, erhob Menschen aus dem Sumpf von *Samsara* (dem Rad von Geburt und Tod) und verpflanzte sie fest in das Bewusstsein Gottes; und der Heilige führt weiter suchende Seelen zur Vollkommenheit und verleiht ihnen selbst heute die notwendige Unterstützung. Möge die Gnade des heiligen Arunagiri immer mit uns allen sein!

Arunagiris Werke
(1) *Tiruppugazh*: Da Arunagiri von Lord Murugan angewiesen wurde, Seine Herrlichkeit zu besingen, sind die Tiruppugazh Lieder das Hauptwerk des Heiligen. *Tiru* heißt Gott oder Göttlich und *Pugazh* Herrlichkeit. Entsprechend dem Titel wird daher in diesen Versen, 160000 an der Zahl, in erster Linie der Ruhm Gottes besungen. Heute sind nur noch etwa 1300 erhalten. Selbst aus diesen kann man die außergewöhnliche Fähigkeit des Heiligen erahnen.

Die Tiruppugazh handeln von verschiedenen Themen wie Religion, Kunst, Musik und Literatur; die verschiedenen Yoga-Systeme wie Bhakti, Jnana, Raja, Kundalini, Hatha etc. Obwohl Lord Murugan der einzige Gegenstand der Lobpreisungen ist und jedes Tiruppugazh an Ihn gerichtet ist und mit „Perumale" usw. endet, bringt Arunagiri sehr geschickt alle anderen Gottheiten wie Vishnu, Brahma, Shiva, Vinayaka, Lakshmi, Saraswati, Parvati, Kali, Rama, Krishna entsprechend ihrer Beziehung zu Skanda als dies oder das herein und verherrlicht sie so alle. Dadurch bezieht Arunagiri unzählige Anekdoten aus dem Ramayana, Mahabharata, Srimad-Bhagavata, Periya Puranam, Skanda-Purana usw. mit ein.

Man geht davon aus, dass Arunagiri als Avatar – abgesehen davon, die Menschen von Sinnlichkeit zu Religion und Hingabe zu lenken – eine neue Ära religiöser Einheit, Toleranz und des Verständnisses zwischen den *Vaishnavas* und *Shaivas* eingeleitet hat durch seine Tiruppugazh-Lieder. Denn indem sie Skanda verherrlichen und ihn als den Sohn von Shiva und Uma Devi preisen sowie auch als Schwiegersohn von Vishnu und Lakshmi, stellen sie eine Verbindung zwischen den beiden Richtungen her. Und das ist wahrhaftig keine geringe Leistung. Alle Aspekte des Göttlichen gleichermaßen zu preisen ist eines der herausragenden Merkmale von Arunagiris Tiruppugazh-Liedern. Ähnliches findet man kaum in den Werken irgendeines anderen tamilischen Heiligen oder Poeten.

Ein weiteres hervorstechendes Merkmal ist die freie Verwendung von Sanskritwörtern, -ausdrücken und selbst ganzen Zeilen in *Tiruppugazh* und auch im *Kandar Alankaram*, was nicht nur Arunagiris Meisterschaft dieser Sprache zeigt, sondern auch seine Fähigkeit, sie mit dem Tamilischen zu verschmelzen und so zu zeigen, dass die beiden Sprachen nicht inkompatibel miteinander sind.

Die *Tiruppugazh* Lieder sind im *Santham*-Versmaß. Arunagiri ist der Pionier dieser Art von Gedichten in tamilischer Sprache.

Wenn schon die wenigen verfügbaren, vereinzelten 1300 Tiruppugazhs so viel von dem übermenschlichen Geschick Arunagiris und seinem breiten Wissen auf verschiedenen Gebieten offenbaren, dann können wir uns die Fundgrube an Information und Weisheit vorstellen, die wir hätten erben können, wenn uns alle 16000 Lieder erhalten wären. Aber gleichzeitig können wir uns auch vorstellen, was für eine riesige Verwirrung und Unsicherheit hinsichtlich seiner Lebensgeschichte daraus resultieren würde, da es schon genug Widersprüche und unterschiedliche Ansichten aus den Schlussfolgerungen der uns verfügbaren

Gedichte gibt. Wahrscheinlich würde dem Wenigen, was aus den erhaltenen Versen über sein Leben gesagt wird, völlig widersprochen und ein neues Bild von Arunagiri würde entworfen. Natürlich ist es gut möglich, dass authentischere Hinweise oder sogar eindeutige Informationen verfügbar würden.

(2) *Kandar Alankaram*: Dies ist ein Werk aus 107 Versen. Wie es der Titel nahe legt, gibt es eine großartige Beschreibung der Göttlichen Persönlichkeit von Lord Skanda von Kopf bis Fuß und seiner kühnen Taten, als auch Beschreibungen seiner Gemahlinnen, Valli und Deivayanai; Seines *Vahana* (Gefährt), dem Pfau und dem Hahn. Der Stil der Verse ist ebenfalls dramatisch; er weckt Emotionen, ruft Begeisterung hervor oder ermahnt mit aufrüttelnden Worten von durchdringender Wirkung wie bei:

„Muss man die Gedichte an Vel-Murugan, die einen von der Wiedergeburt befreien, erst im letzten Moment studieren, wenn der schreckliche *Yama* (der Totengott) von grimmiger Natur einem seine Schlinge um den Hals wirft und zuzieht?"

„Durch die Berührung des Windes, hervorgerufen von der Bewegung des Gefieders des Pfaus von Lord Murugan, wurde der Berg Meru erschüttert; durch die Schritte des Pfaus sind Berge zu Staub zerfallen; und die Meere, erfüllt von diesem Staub, wurden zu erhobenem Land."

„Aufgrund der Bewegung der Flügel des Hahns wurden die Ozeane auseinandergerissen, der Himmel brach, die Sterne fielen und die Berge stürzten ein."

„O Yama! Ich bin der Verehrer des Herrn von Tiruchchendur (Skanda). Ich habe das Schwert der Weisheit namens „Nicht-Feindseligkeit", mit dem ich Dich angreifen und mit Deinen Waffen ‚Sula' und ‚Danda' niederwerfen werde. Komm mir nahe und sieh (was Dir passiert), wenn Du das möchtest."

„O Geist, der Du die vergängliche Natur von Wohlstand kennst, wann wirst Du jenseits von Freude und Schmerz gehen? Du wiederholst nicht die Namen wie Vel-Murugan, Vel etc. Wie hoffst Du, Mukti oder Befreiung zu bekommen?"

„O Held (Muruga), der Surapadma (einen Dämonen) zerstört hat! Obwohl ich im Sex versunken sein mag, werde ich dennoch nicht Deinen *Vel* (Speer) vergessen!"

„Durch die Berührung der Füße von Murugan ist das auf meinen Kopf geschriebene Wort Brahmas (das Schicksal) ausgewischt worden!"

„Shivas Schmuck ist eine Girlande aus Schädeln, Vishnus die Tulasi-Girlande. Der Schmuck für die Füße von Murugan ist die Krone aus den Köpfen der Devas und die Kadamba-Girlande; und für den Vel der Ozean, Surapadma und der Krauncha-Berg."

„O Yama! Ich bin in der Gegenwart von Murugan. Wenn Du Dich mir entgegenstellst, werde ich Dich mit dem Shakti-Schwert in meiner Hand entzwei schneiden und Dich fortjagen. Darum ziehe Dich zurück."

„Gelehrte Menschen sagen: ‚Der Körper ist vergänglich, Wohlstand ist vorübergehend.' Aber wenn sie um eine Wohltätigkeit bittet, stehlen sie sich still davon. Diese Menschen haben keine Hingabe an Vel-Murugan (Gott). Wie wundervoll ist ihre Weisheit!"

„O Yogis! Es ist unnütz, den Körper mit Hatha Yoga zu quälen. Wenn Du weißt, was *Shiva Yoga* durch das *Upadesa* (die Unterweisung, Führung) von Murugan ist, wenn du ‚still' wirst, dann wirst Du *Mukti* (Befreiung) erreichen."

„O Yogis, die ihr harte Yoga-Praktiken übt! Wenn Ihr über die Lotus-Füße des Geliebten von Valli Devi meditiert, werdet ihr leicht Mukti erreichen."

(3) *Tiru Vaguppu*: Dies ist ein Werk mit 25 Abschnitten. Jeder ist der Beschreibung der Großartigkeit jeweils eines speziellen Aspektes Murugans gewidmet – Seinen Füßen, Seinen Verehrern, Seiner Hauptwaffe, dem *Vel*, Seiner Gefährtin Valli, Seinen zwölf Göttlichen Händen, dem gnadenvollen Blick Seiner Augen, Arunagiris Lobgesängen etc. Weil jeder Abschnitt ein besonderes Thema behandelt, wird es im Gegensatz zu seinen anderen Werken *Tiru-Vaguppu* genannt. *Vaguppu* bedeutet Abschnitt oder eine Gruppe von Versen und *Tiru* heißt göttlich oder zum Göttlichen gehörend.

Viele behaupten, nur die ersten 18 Abschnitte seien von Arunagiri und die übrigen spätere Erweiterungen. Das Besondere dieses Werkes ist, dass es keine Erwähnung von Sex und der Angst vor dem Tod gibt, während diese beiden Themen unweigerlich in allen anderen Werken von Arunagiri vorkommen. Darum sind viele der Meinung, dass dieses Werk von Arunagiri geschaffen wurde, nachdem er zum Papagei geworden war. Wie wir oben schon gesehen haben, scheint sich das Wort *Sukha* aber eher auf den Zustand der Verwirklichung (*Ananda*, Wonne) zu Beziehen, als auf einen Papagei. Daher kann man auch sagen, dass dieses Werk nachdem Arunagiri Erleuchtung erlangt hatte geschaffen wurde und deshalb gibt es keine Erwähnung von Sex oder Angst vor dem Tod.

Aber bedeutet das dann, dass er seine anderen Werke vor dem Erreichen der Erleuchtung gegeben hat? Das kann nicht sein; denn Thayumanavar sagt klar:

„*Kandar Anubhuti Petru Kandar Anubhuti Sonna*" – „Das *Kandar Anubhuti*, das nach dem Erreichen von Anubhuti, der direkten Gotteserfahrung (von Lord Skanda) geschrieben wurde." Thayumanavar bezieht sich dabei nur auf das *Kandar Anubhuti*, auf kein anderes Werk. Und seltsam genug, im *Kandar Anubhuti* werden die bemitleidenswerten Zustände wie von der Lust gequält zu sein und die Angst vor dem Tod beschrieben. Wie seltsam! Der Grund ist, wie ich es unter der Überschrift „Die Notwendigkeit für eine esoterische Bedeutung (im *Kandar Anubhuti*)" zu erklären versucht habe, dass es vom Standpunkt eines *Sadhakas* geschrieben ist, um ihm zu helfen, *Anubhuti* zu erreichen. Ähnlich können wir, ehe wir nicht den esoterischen, verborgenen Sinn hinter jedem Werk von Arunagiri gefunden haben – was eine Aufgabe der Forschung ist – nichts Endgültiges über seine Werke sagen, einschließlich der Aussage ob ein Werk entstand, bevor oder nachdem er zum Papagei wurde. Und das ganze Thema ist ohnehin hinfällig, wenn wir akzeptieren müssen, dass Arunagiri niemals zu einem Papageien wurde, was ja durchaus zweifelhaft ist und wie wir oben gesehen haben, aus vielen Gründen unhaltbar ist.

(4) *Kandar Anthaadi:* Dies ist ein Werk aus 100 Versen. Jeder Vers besteht aus vier Zeilen und fast alle Zeilen eines Verses beginnen jeweils mit denselben Worten, natürlich mit verschiedenen Bedeutungen. *Antha* bedeutet Ende und *Aadi* bedeutet Anfang. *Anthaadi* ist eine besondere Art von Werk, worin das letzte Wort oder die letzte Phrase des vorhergehenden Verses den Anfang des nächsten Verses bildet – das *Antha*, Ende eines Verses, ist das *Aadi*, der Anfang des folgenden Verses.

Man nimmt an, dass dieses Werk das Ergebnis des literarischen Wettstreits zwischen dem gelehrten aber arroganten Villiputturar und dem hingebungsvollen und göttlich inspirierten Arunagiri ist. Der Überlieferung nach war die Bedingung, dass Arunagiri *Anthadi*-Lieder komponieren und vortragen und Villiputturar sofort ihre Bedeutung erklären sollte. Wer von beiden das nicht könne, galt als besiegt. Da dieses Werk hauptsächlich zum Zwecke eines literarischen Wettstreits komponiert wurde, sind die Sprache und der Stil so schwierig, dass sie selbst belesene Gelehrte verblüffen. Man kann sich ihren Schwierigkeitsgrad insbesondere wegen der Tatsache vorstellen, dass Villiputturar, der alle tamilischen Poeten und *Pandits* (Gelehrte) seiner Zeit besiegt hatte, misslang, das 54. Lied zu deuten, dessen vier Zeilen mit 97 Zeichen nur aus den Buchstaben des *Tha-Varga* (Verbindung des Konsonanten „th" mit den Sanskritvokalen) bestehen, d.h. Tha, Thaa, Thi, Thii, Thu, Thuu etc. Nur Arunagiri konnte seine Bedeutung erklären und selbst bis zum heutigen Tag

Kandar Anubhuti

versucht niemand es zu kommentieren, außer Arunagiris eigene Wort-für-Wort-Bedeutung zu wiederholen. Weil der Zweck dieses Werkes klar ist, können wir uns seinen Schwierigkeitsgrad etc. erklären. Ebenso können wir, wenn wir den Zweck anderer Werke genauso kennen, ihre Besonderheiten richtig erklären, aber nicht vorher.

(5) *Kandar Anubhuti*: Es ist ein Werk aus 51 Versen. Es wird als *Mantra-Shastra* (Mantra-Schrift) und als krönender Gipfel von Arunagiris Werken aufgrund seines großen spirituellen Wertes und seiner Tiefe hoch geschätzt. Die Verse sind kurz, sogar die kürzesten von all seinen Werken, aber sie sind sehr erhaben. Wie es der Titel nahelegt, ist es ein Werk über (das Erreichen von) Gotteserfahrung. An dieser Stelle muss nicht viel darüber gesagt werden, da dieses Buch seiner Interpretation gewidmet ist.

Es gibt manche Ausgaben des *Kandar Anubhuti* mit 100 Versen, aber die letzten 49 werden allgemein als spätere Ergänzungen von jemand anderem und als nicht von Arunagiri stammend abgelehnt.

(6) *Vel Viruttam*: Dies ist ein Werk aus 10 Gedichten. Der *Vel* (Speer) wird von Arunagiri in all seinen Werken überall verstreut verherrlicht. Da ihm das augenscheinlich nicht genügt hat, scheint sich Arunagiri entschlossen zu haben, ein kleines Werk ausschließlich dem Singen des Lobs, Ruhms, der Größe und den tapferen Leistungen des *Vels* zu widmen.

(7) *Mayil Viruttam*: Mayil bedeutet Pfau – das *Vahana*, das Vehikel von Murugan. Dieses Werk ist, wie das Vel Viruttam dem Speer, der Verherrlichung des Pfaus gewidmet, der auch in den verschiedenen Werken Arunagiris beschrieben wurde. Es besteht auch aus 10 Gedichten.

(8) *Seval Viruttam*: *Seval* heißt Hahn; der Hahn ist das Symbol auf dem Banner von Murugan. Dieses Werk besteht aus 11 Gedichten und handelt von der Großartigkeit des Banners, das in den anderen Werken des Heiligen an verstreuten Stellen beschrieben wird.

(9) *Tiru Ezhu Kootrirukkai*: Dies ist ein nur einziges Gedicht; es fällt unter die Kategorie der *Chitra-Kavi-Gedichte*; es besteht aus eins bis sieben sich in aufsteigender und absteigender Reihenfolge wiederholender Phrasen (also z.B. 1; 1-2-1; 1-2-3-2-1; 1-2-3-4-3-2-1; usw.) Man kann es in einer Zeichnung darstellen. Es ist ein seltenes Werk, wie es nur von ganz wenigen Poeten komponiert wird.

Kandar Anubhuti

Einführung

Das *Kandar Anubhuti* ist eine tief philosophische und spirituelle Abhandlung mit einer tiefen mystischen Bedeutung des Heiligen Arunagirinathar, der unter den Shakti-Heiligen von Tamilnadu einzigartig ist. ‚Kandar' auf Tamil bedeutet ‚Skanda' auf Sanskrit; es ist einer der Namen des spirituellen Sohns von Shiva. Andere Namen für ihn sind Subrahmanya, Sharavanabhava, Shanmukha, Karttikeya, Guhan, Velayudhan, Murugan usw. Er ist der jüngere Bruder von Ganesha.

‚Anubhuti' ist eher ein Sanskritbegriff, der auch auf Tamil im gleichen Sinne verwendet wird, nämlich direkte, unmittelbare Erfahrung Gottes. Er bezeichnet die spirituelle Vereinigung der Seele mit Gott im Sinne der höchsten nondualen advaitischen[9] Verwirklichung. Es ist *Sakshatkara*, direkte Erfahrung. Daher bedeutet *Kandar Anubhuti* die unmittelbare, direkte Göttliche Erfahrung von Lord Skanda. Für Arunagiri ist Lord Skanda nicht nur eine persönliche Gottheit (*Ishta Devata*), sondern das Höchste Absolute selbst, wie er es auch in vielen Versen offenbart, besonders in den Versen 2, 13, 28 und 49. Also können wir sagen, dass ‚*Kandar Anubhuti*' schlicht und einfach „Gotteserfahrung" bedeutet.

Der heilige Arunagiri ist der Autor vieler poetischer Werke, von denen das *Kandar Anubhuti* sein Meisterwerk ist. Obwohl es ein kleines Werk aus 51 Versen, Stanzas, ist, ist es sehr reich an spiritueller Weisheit und voll tiefer Bedeutung. Es ist ein Schatz an seltenem Wissen für Wahrheitssucher und eine Goldgrube der Hingabe für Gottliebende.

Es ist ein ungewöhnliches Werk einer geheimnisvollen Synthese von *Bhakti* und *Jnana*, von Hingabe und Wissen – wobei sie sich gegenseitig überlappen; sie berühren das Herz, entzünden reine Emotionen und rufen gleichzeitig tiefe Gedanken hervor und transzendieren den Intellekt. Es mag genügen zu sagen, dass es ein *Mantra-Shastra*, eine Abhandlung über mystische Inhalte, ist und dass es auf eine Ebene mit dem bekannten Mantra-Shastra *Tiru-Mantiram* gestellt wurde – eine Abhandlung von 3000 Versen des Heiligen

---

9. Advaita = „Nicht-Zweiheit", die Vedanta-Philosophie der Einheit

Kandar Anubhuti

Tirumular, der jeweils ein ganzes Jahr in *Samadhi* versunken blieb, um danach einen einzigen Vers weiter zu geben und dann wieder in *Samadhi* versunken zu sein. Das *Tiru-Mantiram* ist das zehnte Buch des *Panniru Tirumurai* der Shaivaiten, d.h. der 12 heiligen Werke der Shaivas (Shiva-Anhänger). Entsprechend wird das *Kandar Anubhuti* als das zehnte Buch des *Murugaval Panniru Tirumurai* der Anhänger Murugans betrachtet. So kann man den Ruhm und die Großartigkeit des Werkes bis zu einem gewissen Grad verstehen, aber um es in seinem vollen Ausmaß zu erfassen, muss es in sein eigenes Wesen absorbiert und Teil der eigenen Erfahrung werden. Es heißt, dass das *Kandar Anubhuti* explizit und implizit viele Mantras enthält. Die Namen Gottes wie *Murugan, Kanda, Shanmukha, Guhan, Velava* sind selbst Mantras; und das Werk ist voll mit diesen Namen Gottes. Außerdem gibt es in vielen Versen Mantras in Form mystischer Formeln. Zum Beispiel ‚*Velum Mayilum Thunai*' in Vers 1, ‚*Naathaa Kumaraa Namah*' in Vers 36, ‚*(Naan) Iraiyoon Parivaaram*' in Vers 37, ‚*Guruvaai Varuvaai Arulvaai Guhane*' in Vers 51 – Näheres findet sich in den Erklärungen der Verse. Es gibt auch noch einen weiteren Grund, warum das *Kandar Anubhuti* als ein Mantra-Shastra betrachtet wird. ‚*Mananaat Traayate Iti Mantrah*' – das, wodurch man durch *Manana*, tiefes Nachdenken, darüber (von *Samsara*) gerettet, befreit wird, ist ein Mantra. Wahrlich, ein tiefes Nachdenken und Meditation über dieses mystische Werk und seine Inhalte befreit einen aus der Bindung.

Der *Vel* von Lord Skanda, der mit Ihm identisch ist, ist eine mystische göttliche Waffe, mit der Er die *Asuras* (Dämonen) vernichtet. Der *Vel*, der absolute Weisheit ist, zerstört auch die inneren Asuras oder Feinde, nämlich *Avidya* (Unwissenheit), *Kama* (Sinnesgelüste) und *Karma* (Schicksal; Gesetz von Ursache und Wirkung) und befreit den *Jiva* (die individuelle Seele) von der Seelenwanderung. Der *Vel* ist eine geheimnisvolle göttliche Kraft. Der heilige Arunagiri bezieht sich darauf als den *Mantra-Vel* in einem seiner *Tiruppugazh* Lieder. Und in den 51 Versen des Kandar Anubhuti wird der Vel in 25 Versen direkt angerufen. Auch aus diesem Grund wird das Werk als ein Mantra-Shastra betrachtet.

Weil es so erfüllt ist mit den Namen Gottes, die Mantras sind; weil es viele mystische Formeln (Mantras) birgt, die einen, wenn man darüber nachdenkt oder sie wiederholt vom Rad von Geburt und Tod befreien; weil es mit Anrufungen an den *Vel* erfüllt ist, der seiner Natur nach mystisch ist und *Avidya* zerstört, ist eine tägliche Rezitation dieses wundervollen Mantra-Shastra, des *Kandar Anubhuti*, in der Lage, einem das zu gewähren, was man ernsthaft sucht und genau in der Weise, in der man sucht. Darum ist das *Kandar Anubhuti* für

Skanda-Verehrer ein heiliges Buch für tägliches *Parayana* (hingebungsvolle Rezitation) und es gibt selbst heute noch Gläubige, die von ihren persönlichen Erfahrungen und dem wunderbaren Schutz berichten können, den sie von Gott erhalten haben, indem sie Zuflucht zur Wiederholung eines einzigen Verses oder selbst eines Teils eines Verses aus dem *Kandar Anubhuti* genommen haben. Ich möchte dazu am Rande zwei solche Ereignisse berichten:

(1) Ein Verehrer, der täglich das *Kandar Anubhuti* wiederholte (*Parayana*), ging auf einem Dschungelpfad von einem Dorf zu einem anderen. Da wurde er plötzlich von einem Dieb angesprochen. Der Verehrer riss den Stiel eines Betelblattes ab, das er bei sich hatte und warf ihn nach dem Dieb, wobei er den Satz „*Tholaipatturuvath Thodu Velavane*", „O Lord Velayudha, der den *Vel* schleuderte, um (das Herz des Asura Surapadma) zu durchbohren." (die letzte Zeile von Vers 4) rezitierte. Und siehe da! Der Betelstiel wirkte wie der *Vel* und tötete den Dieb sofort.

(2) Der Shaiva Siddhanta Maha-Samajam in Madras hat in tamilischer Sprache ein Buch mit dem Titel „*Kandar Anubhuti*" mit den ursprünglichen Versen, ihren jeweiligen *Yantras* (Darstellungen der Chakras) und *Mula-Mantras* (zu den Chakras gehörige Wurzel-Mantras) veröffentlicht. Sein Autor ist Sri M.P. Thyagaraja Mudaliar, B. A., der Sekretär des Samajam. Er wurde von einem *Sannyasin*, der große *Siddhis* durch sie erlangt hatte und dem die *Yantras* und *Mula*-Mantras in der Meditation offenbart wurden, in die Verse und *Yantras* eingeführt. Der Autor hat in seinem Buch ein interessantes Ereignis wie folgt beschrieben:

Es war im Jahr 1956. Ein Amerikaner, Mr. Edward James, machte Rituale zur Verehrung der Göttlichen Mutter (Devi Upasana) und stieß auf einige Hindernisse bei seinen Praktiken. Er schrieb von Amerika an Mudaliar, ob er ihm einige Mittel vorschlagen könne, um die Hindernisse zu überwinden. In seiner Antwort wies Sri Mudaliar auf die Notwendigkeit hin, Ganeshas Gnade anzurufen, um das Hindernis zu überwinden und riet ihm, den ersten Vers des Kandar Anubhuti zusammen mit dem zum Vers gehörenden Mula-Mantra und Yantra zu wiederholen (*Aadumpari Vel...*). Mr. James tat das und nach etwa drei Monaten hatte er eine mysteriöse Erfahrung. Er schrieb: „Während ich so meditierte, erschien eine Person in meinem Raum, gewandet in reine weiße Kleider und mit einem *Kamandalu* (Bettelschale) in der Hand, umgeben von Elefanten und gab mir und meiner Frau, die auch in Meditation war, aus dem *Kamandalu* ein wenig heiliges Wasser zu trinken. Dann löste sich alles in einer Masse von Licht auf. Seitdem bin ich völlig transformiert und fahre mit meinem *Devi Upasana* ohne irgendwelche Hindernisse fort."

Aus den oben beschriebenen Ereignissen können wir uns den immensen Nutzen vorstellen, den man aus einem täglichen systematischen *Parayana* des *Kandar Anubhuti* gewinnen kann. Wenn eine Zeile oder ein einziger Vers so viel bewirken können, was könnte dann durch eine Rezitation des ganzen Werkes nicht erreicht werden? Während die Wiederholung eines bestimmten Verses mit seinem Mula-Mantra und Yantra entsprechende Ergebnisse schenkt, löst eine selbstlose, tägliche Rezitation aller 51 Verse ohne konkrete Erwartung an Gott nicht nur die eigenen physischen und psychischen Krankheiten auf und beschützt vor allen Gefahren, sondern gewährt einem auch die höheren Segnungen reiner Liebe Gottes und Göttlicher Weisheit. Dies ist meine eigene Überzeugung und Erfahrung.

Meines Wissens gibt es keinen Kommentar über das *Kandar Anubhuti* auf Englisch, obwohl ich gehört habe, dass vor über 25 Jahren jemand eine reine Übersetzung auf Englisch veröffentlicht hat, aber ich konnte keine nähere Information und keine Kopie davon bekommen.

Auf Tamil gibt es natürlich viele Kommentare über dieses großartige Werk und jeder davon hat seinen spezifischen Zweck oder ist durch bestimmte Vorlieben geprägt. So gibt es z.b. Kommentare rein für Schüler, direkt und einfach, so dass sie die Bedeutung verstehen können, während sie die Verse rezitieren; andere für die Allgemeinheit, entstanden aus Vortragsreihen, die anschließend überarbeitet und veröffentlicht wurden; für Gelehrte, mit zahlreichen Zitaten aus den verschiedenen tamilischen Werken; für Verehrer, wo besonders der Ruhm und die Großartigkeit Lord Skandas betont werden, mit Anekdoten und Geschichten, um ihren Herzen Glauben einzuflößen; und so weiter. Es gibt Kommentare, die auf der Philosophie des Shaiva Siddhanta beruhen und solche, die auf der Philosophie des Vedanta beruhen.

Mein Bestreben ist es, die Verse hauptsächlich vom Standpunkt eines *Sadhakas* aus, eines Suchers nach der Wahrheit, zu interpretieren und zu erklären, mehr um ihnen bei ihrer Praxis hilfreich zu sein und weniger literarisch und akademisch. Daher habe ich mich besonders darauf konzentriert, den tieferen Sinn hinter den markanten Ausdrücken und Worten zu analysieren und zu finden, um im Suchenden die notwendige, unerschütterliche innere Überzeugung hervorzurufen, welche eine große Unterstützung für Sadhakas ist, in ihrer Praxis beständig zu bleiben und sich weiter zu bemühen, bis das Ziel erreicht ist.

Ich möchte hier erwähnen, dass das *Kandar Anubhuti* für mich eine ihrer Natur nach rein spirituelle Abhandlung ist, und darum lässt es keinerlei niedere und verstiegene Interpretationen zu, nur um den Leuten zu gefallen. Es ist ein heiliges Buch und muss deshalb mit echter Glut und Hingabe auf eine heilige Weise behandelt werden. Selbst wenn es weit hergeholt erscheinen mag, wäre es angemessen und ratsam zu versuchen, unsere Anstrengungen darauf zu lenken, den Geist des Heiligen zu verstehen und seine Absicht, warum er der Welt ein solches Werk gegeben hat und die Verse in einer göttlichen Weise erklärt, erhaben über jegliche sinnliche und weltliche Ansichten. Wie das Sprichwort sagt: „Es ist besser auf einen Löwen zu zielen und ihn zu verfehlen, als einen Schakal zu jagen und ihn zu fangen". Darum war es mein Bemühen, die Verse rein vom Gesichtspunkt eines spirituellen Suchers aus zu interpretieren und zu erklären, um im Einklang mit dem Titel des Werks zu sein und der *Absicht*, mit der der heilige Arunagiri es der Welt gab – um anderen zu helfen, auch diese Seligkeit zu erlangen, die er selbst genossen hat. Es mag daher nicht viel Gelehrtheit, Belesenheit, literarischer Wert oder grammatikalische Perfektion in diesem Buch zu finden sein, weil mehr Wert und Aufmerksamkeit darauf gelegt wurde, dass die Erklärungen von praktischem Nutzen für Sucher sind und ihnen das notwendige Verständnis und die Stärke liefern, um den täglichen Kämpfen mit ihrer niederen Natur zu begegnen, sie schrittweise zu überwinden und schließlich das Ziel der Gotteserfahrung zu erreichen. Meine Bemühungen wären reichlich belohnt, wenn auch nur einem Sucher ein wenig auf seinem inneren Marsch zum Ziel geholfen würde. Natürlich versteht es sich von selbst, dass ich den größten Nutzen davon hatte, diesen Kommentar zu schreiben, da sich mir viele großartige Wahrheiten und Geheimnisse im Verlauf meiner Arbeit enthüllt haben.

Möge die Gnade von Lord Skanda unseren Pfad erleuchten und unsere Bemühungen mit Erfolg krönen, ist mein aufrichtiges Gebet.

Kandar Anubhuti

KAAPPU

Nenjak Kanakallu Negizhndu Urugat
Thanjattharul Shanmuganukku Iyalser
Senchor Punaimaalai Siranditave
Panjak Karavaanai Padam Panivaam

*Selbst das steinharte Herz schmilzt und zerfließt
Durch die Gnade, die Shanmukha demjenigen gewährt, der Zuflucht nimmt;
Möge diese süße Wortgirlande für Ihn glorreich sein
Lasst uns zu Füßen des fünfarmigen Herrn uns verneigen.*

„Lasst uns vor den Lotus-Füßen des fünfarmigen Herrn (Vigneshvara = Ganesha) uns verneigen, zum Ruhm dieser Girlande (Kandar Anubhuti) für Shanmukha, die in der schönen Sprache Tamil geknüpft ist, der Seine Gnade, die selbst ein verhärtetes, versteinertes Herz erweicht und schmilzt, über jeden regnen lässt, der seine Zuflucht bei ihm nimmt."

Erklärung

Kaappu, die Anrufung ist ein Gebet für die Entfernung von Hindernissen. Es ist üblich, den Segen von Lord Ganesha für den Erfolg einer Unternehmung anzurufen. Auch Arunagiri schmückt sein Werk *Kandar Anubhuti* mit einem *Kaappu*. Selbst in diesem Gedicht, worin er sich vor dem fünfarmigen Gott (Vighneshvara = Ganesha) verneigt und Seine Gnade für den erfolgreichen Abschluss dieses Werkes anruft, glorifiziert er auf exquisite Weise Lord Skanda, da seine Liebe für ihn am größten war.

Dieses Anrufungslied soll den Segen von Ganesha erwirken, so dass die Arbeit erfolgreich abgeschlossen werden kann, ohne irgendwelche Hindernisse, und auch zum Ruhm dieses Werks. Dieses Werk wird denen Ruhm bringen, die es singen, schreiben, hören oder lesen, weil sie die Gnade des Herrn genießen werden. Es wird auch dem Heiligen selbst zur Ehre gereichen, der tamilischen Sprache und Gott.

Zum Ruhme des *Kandar Anubhuti* wollen wir uns vor Ganesha mit den fünf Armen verneigen. Die tamilischen Schriften beschreiben die Funktionen der fünf Arme sehr anschaulich: Die Hand mit dem Stift verrichtet die Arbeit der Schöpfung; die mit dem *Modaka*, der süßen Kugel, Erhaltung; die mit dem Ankusa, dem Treibstock, Zerstörung; die mit dem Paasa, der Schnur, Verhüllung und der Rüssel, der fünfte Arm, gewährt Gnade.

Dieses Werk ist eine Girlande, aus schönem, süßem Tamil. Blumengirlanden verwelken bei Gebrauch in ein paar Stunden oder höchstens in ein paar Tagen. Aber diese Wortgirlande verbreitet immer mehr Duft je mehr die Tage vergehen, weil mehr und mehr Menschen sie kennen, sie singen oder lesen und Nutzen von ihr haben werden. Darum sind solche Wortgirlanden dem Herrn lieber als Blumengirlanden. In Vers 29 sagt der Heilige darum, dass Gott immer seine Girlande aus Worten trägt.

Gott segnet jene, die Zuflucht bei ihm nehmen, genau wie die Sonne diejenigen wärmt, die sich ihr aussetzen. Es ist die Natur der Sonne, Wärme zu geben; so ist es auch das *Svabhava*, die spontane Natur Gottes, die von Wünschen verhärteten Herzen der Verehrer zu schmelzen, die zu seinen Füßen Schutz suchen, ihre schlechten Taten der Vergangenheit bereuen und sich vollständig ergeben, weil sie ihre Hilflosigkeit und die Größe Gottes erkennen.

Skanda Avatara
Die *Puranas* (ind. Göttergeschichten) erzählen vom Kampf, der ständig zwischen den *Devas* (Engelswesen) und den *Asuras* (Dämonen) stattfindet. Die *Devas* haben die *Asuras* wiederholt besiegt. Die *Asuras* Surapadma, Simhamukha und Taraka, die Dämonin Surasa, die diese von dem Weisen Kashyapa durch eine hinterlistige Heirat bekommen hatte, verrichteten strenges *Tapas* (Askese), verehrten Shiva und bekamen von ihm viele Segnungen, durch deren Kraft sie in *Devaloka* (den Himmel) eindrangen, ihn eroberten und die Devas großen Erniedrigungen unterwarfen. Surapadma zwang sie zu Knechtarbeiten und wie die Tage vergingen, nahmen seine Übeltaten zu. Da sie die Qualen nicht mehr ertragen konnten, kamen die Devas unter der Leitung von Indra, Vishnu und Brahma zu Shiva auf den Berg Kailash und baten um Hilfe. Sie ergaben sich ihm und flehten um sofortigen Schutz. Voller Mitgefühl sicherte ihnen Shiva seine Hilfe zu. Weil Shiva jedoch wieder in Meditation versunken war, ersuchten die Devas *Kamadeva* (Cupid, den Liebesgott) ihn aus seinem *Samadhi* (überbewusster Zustand) aufzuwecken. Unwillig aus Angst vor Shiva und doch von den Devas gezwungen, störte Kama ihn mit seinen Blumenpfeilen. So in der Meditation gestört, blitzte *Tejas* (Feuer) aus Shivas drittem Auge und verbrannte Manmatha (den Liebesgott). Die *Devas* warfen sich sofort zu den Füßen des Herrn nieder und beteten um unverzügliche Hilfe.

Da die Asuras Kräfte von Shiva erhalten hatten, konnte er sie nicht in seiner Gestalt als Shiva töten. Er nahm darum seine ursprüngliche Gestalt mit sechs Gesichtern an und aus dem dritten Auge jedes Gesichts ging Licht (*Tejas*) hervor, das den ganzen Raum erfüllte. Die Devas, verblüfft über dieses unerwartete Geschehen, zitterten vor Angst, aber der Herr versprach ihnen Sicherheit und zog das Licht wieder in seine Hände zurück. Er gab dieses Licht an *Vayu* (Windgott) und *Agni* (Feuergott) weiter und befahl ihnen, es zur Ganga (Fluss Ganges) zu tragen. Als sie wegen seiner mächtigen Kraft zögerten es zu nehmen, gewährte Shiva ihnen besondere Kräfte. Vayu trug es dank der durch Shiva gewährten Kraft mit großen Schwierigkeiten irgendwie ein Stück weit und gab es dann, unfähig es noch weiter zu tragen, an Agni, der sich beeilte und es in den Ganges warf. Ganga war auch nicht in der Lage, die Kraft des Lichtes zu ertragen und so trug sie es zu einem kleinen Weiher, der von Shara-Büschen umgeben war und Sharavanappoigai genannt wurde.

Und siehe da! Dem Weiher geschah nichts und ein Wunder fand statt. Sofort als es den Weiher erreichte, nahm das Licht die Gestalt von sechs schönen Babies von himmlischer Pracht an, die auf sechs Lotussen schliefen. Vishnu, Brahma und all die Götter versammelten sich dort, um Zeuge dieser Herabkunft (*Avatara*) von Subrahmanya zu sein. Sie baten die sechs *Kirttika Devis* (6 Sterne des Sternbilds Karttik), die sechs Babys zu säugen und zu füttern, was sie auch taten. In der Zwischenzeit kamen Shiva und Parvati dort an, und als Parvati die Babys nahm, verbanden sie sich zu einem einzigen Körper mit sechs Gesichtern und zwölf Händen. Dies ist *Shanmukha* oder der Herr mit sechs Gesichtern, dessen Natur es ist, diejenigen zu segnen, die Zuflucht bei ihm suchen, weil dies der Zweck seines Erscheinens ist.

Er heißt Skanda[10], „der Verbundene", da sich die sechs Babys verbanden und eine einzige Form annahmen; Er wird *Karttikeya* genannt, weil er von den Karttika Devis (die dritte Konstellation der 27 Sterne) gepflegt wurde; er wird *Sharavanabhava* genannt, weil er im Weiher der Shara-Pflanze geboren wurde (Sharavanappoigai). Er hat auch viele andere Namen. Da er aus dem dritten Auge (Auge der Weisheit) von Shiva geboren wurde, steht er für göttliches Wissen und ist eine Inkarnation des reinen Bewusstseins. Uns an diese Hintergründe zu erinnern, wird uns in unseren Studien des Werkes *Kandar Anubhuti* viel helfen.

Kacchiyappa Sivachariar (ungefähr 9. Jhd. n. Chr.), der von Lord Shanmukha den Auftrag bekam, das Werk *Skanda Purana* in Tamil zu verfassen, indem er ihm die erste Zeile für sein Werk vorgab, beschreibt seine Herabkunft genau und schön in zwei Versen:

---

10. „Skanda" bedeutet auch „einer, der ausgeworfen wurde" oder „einer, der hinausgesprungen ist" und bezieht sich offensichtlich auf die Weise, wie er aus Shiva hervorgegangen ist.

„Diese Masse von Bewusstsein (Licht), die das Höchste Brahman (Absolute) genannt wird, die formlos ist, mit Form, anfanglos, das Eine und auch das Viele – diese nahm eine Gestalt mit sechs gnadenspendenden Gesichtern und zwölf Händen an und nahm Gestalt an als göttliche Inkarnation, als Murugan, zur Erlösung der Welt."

„Jener ewig reine, allgegenwärtige und ganz erfüllte Shiva, der nicht durch die Sprache, den Geist und nicht einmal durch die Veden verstanden werden kann, nahm die Gestalt von sechs süßen Babys an, die anmutig auf sechs Lotussen im Sharavanappoigai saßen."

Die sechs Gesichter repräsentieren den Geist und die fünf Elemente, deren Herr er ist. Das Tejas, das den Raum (Äther) erfüllte, wurde von Vayu (Luft) und Agni (Feuer) getragen, in die Ganga (Wasser) geworfen und in den Weiher (Erde) geschoben.

Die sechs Gesichter blicken in die Richtungen Osten, Westen, Norden, Süden, oben und unten – was zeigt, dass Seine Sicht überall ist, dass er alldurchdringend und allwissend ist.

Die sechs Gesichter repräsentieren die sechs Eigenschaften Gottes (*Bhagavan*) – *Jnana* (Weisheit), *Vairagya* (Verhaftungslosigkeit), *Kirti* (Ruhm), *Aishvarya* (Reichtum), *Sri* (Erfolg) und *Bala* (Stärke).

Die sechs Gesichter repräsentieren auch die sechs *Chakras*, die Plexus oder Zentren spiritueller Energie im Astralkörper. Jedes Gesicht ist von der Gestalt der Gottheit, die dem jeweiligen Chakra vorsteht, nämlich Ganesha, Brahma, Vishnu, Rudra, Maheshwara und Sadashiva.

Der Ruhm der sechs Gesichter ist unbeschreiblich; davon wird in den tamilischen Schriften sehr detailliert berichtet.

Um den Zweck seiner Herabkunft zu erfüllen, übernahm Skanda, nachdem er viele *Bala-Lilas* (göttliche Spiele in seiner Kindheit) vollführt hatte, die Führung (Senapati) der Devas, griff die Asuras an und tötete sie alle mit seinem *Vel* (Speer), der *Jnana Shakti* (die Kraft des Wissens) repräsentiert. Er befreite die Devas und setzte sie wieder im Himmel ein. Indra bot ihm seine Tochter *Deivayanai* zur Heirat an. Deivayanai steht für *Kriya Shakti* (die Kraft des Handelns). Er heiratete dann auch *Valli-Devi*, die *Iccha Shakti* (die Willenskraft) repräsentiert. Also ist Lord Skanda der Herr der Shaktis (Energien, Kräfte) und überträgt alle Segnungen. Er residiert in der Höhle des Herzens seiner Verehrer und wird daher auch *Guha* („Höhle") genannt.

Lord Skanda ist nicht nur der Hauptanführer der Armee der Devas und Vernichter der Asuras, sondern er ist das Höchste Wesen selbst, das sich zu einem bestimmten Zweck als Avatar inkarnierte; genauso wie Krishna nicht nur der Sohn von Yashoda, der Überwinder von Kamsa oder der Wagenlenker von Arjuna ist, sondern Bhagavan (Gott) selbst, wie es in der Bhagavad Gita enthüllt wird. Tatsächlich dauert dieser *Skandavatara* in der Schöpfung und im eigenen Leben fort. Wann immer und wo immer es die Notwendigkeit gibt, dass Gott eingreift, um die Dinge in Ordnung zu bringen, manifestiert er sich auf der Stelle in der notwendigen Weise, um die Situation anzugehen. Er kam als kleiner Junge (Vamana) und nicht als schrecklicher Parasurama oder als Rama oder Krishna, um Bali zu zerstören.

Wo ein bestimmter göttlicher Aspekt ausreicht, um einer bestimmten Situation zu begegnen, wird er sich nicht mehr als notwendig manifestieren, obgleich er voller Tapferkeit ist. Er geht höchst ökonomisch vor, nicht mehr und nicht weniger als was gerade gebraucht wird. Daher hilft er oft den Verehrern mit der nötigen physischen Stärke, intellektuellem Verstehen und selbst mit materieller Hilfe von außen, aber manifestiert sich nicht selbst und erscheint nicht vor ihnen, obwohl sie es wünschen, weil es nicht notwendig ist. Er erscheint in verschiedenen Gestalten, um verschiedene Zwecke zu erfüllen —von unserem Standpunkt aus — aber Er ist was Er ist, gleichgültig als was Er uns erscheint oder was wir verstehen, was Er ist.

ஆடும் பரிவேல் அணிசேவல் எனப்
பாடும் பணியே பணியாய் அருள்வாய்
தேடும் கயமா முகனைச் செருவில்
சாடும் தனியானை சகோதரனே.

VERS 1

Aadum pari Vel Aniseval Enap
Paadum Paniye Paniyaai Arulvaai
Thedum Kayamaa Muganaich Cheruvil
Saadum Thaniyaanai Sagodarane

*„Der tanzende Pfau, der Vel und der schöne Hahn",
So zu singen, gewähre mir diesen Dienst als meine heilige Aufgabe;
O Bruder des unvergleichlichen Vinayaka! Der in der Schlacht tötet,
Den suchenden Asura Gajamukha mit dem Elefantengesicht.*

„O Subrahmanya, der (jüngere) Bruder des unvergleichlichen Ganesha, der in der Schlacht den Asura Gajamukha tötet, der immer (nach den Devas, die sich ihm in der Schlacht stellen) sucht! Gewähre mir als meine heilige Aufgabe das himmlische *Seva*, Dein Lob zu singen in Form von „der tanzende Pfau, der Vel und der schöne Hahn".

Erklärung:
Das *Kandar Anubhuti* beginnt mit diesem Vers. Der Vers beginnt mit dem Wort *„Aadum"* das das *Akara* (A), *Ukara* (U) und *Makara* (M) enthält, was „OM" bedeutet. Also beginnt das Werk mit OM oder Pranava, dem heiligen Mantra. Die erste Zeile des Anubhuti *„Aadum Pari Vel Aniseval"* enthält noch einmal das große Mantra auf Tamil *„Velum Mayilum Tunai"*, was bedeutet „Der *Vel* und der Pfau sind (mein) Schutz oder (meine) Unterstützung. Arunagiri bittet also um die Segnung, beständig dieses große Mantra *„Om Velum Mayilum Tunai"* zu wiederholen.

Der Pfau symbolisiert in seiner tanzenden Haltung „Om". Der *Vel* steht für reines Wissen. Der Hahn kündigt in den frühen Morgenstunden die Ankunft des Lichtes oder der Sonne an und der himmlische Hahn auf dem Banner des Herrn weist auf die Ankunft der Weisheit, *Jnana-Surya*, hin.

In diesem munteren Zustand des Krähens sieht der Hahn noch schöner aus als sonst; darum sagt Arunagiri „der schöne Hahn". Es ist interessant zu bemerken, dass der Heilige dem Pfau und dem Hahn die Adjektive „tanzend" und „schön" beigefügt hat, aber dem *Vel* nichts, weil der Vel, der reines Wissen und mit Gott selbst identisch ist, keiner weiteren Adjektive bedarf; es gibt allem Wert und nichts kann seinen Ruhm erhöhen.

In einigen Versen bezieht er sich auf den Vel als „scharfer Vel", „unvergleichlicher Vel", „Sieges-Vel" usw., aber dies sind keine Adjektive für den Vel; sie bezeichnen nur diesen besonderen Aspekt des Vel, der gemäß dem Kontext in dem jeweiligen Vers angerufen wird.

Gajamukha war ein Asura mit einem Elefantengesicht, dem von Shiva das Geschenk gewährt wurde, nicht getötet werden zu können. Seine einzige Tätigkeit war es, die Devas im Himmel zu plagen. Die Devas beklagten ihren Zustand vor Shiva. Einmal betraten Shiva und Parvati Devi das *Mantra-Mandapa* (das Haus der Mantras, worin 70 Millionen Mantras sind) auf dem Berg Kailash und betrachteten gnadenvoll die Samashti und Vyashti Pranavas (Pranava = das Mantra Om). Bei diesem Blick umarmten sich die beiden Pranavas und daraus entstand der himmlische Avatar von Ganesha, der Gestalt des Pranava. Ganesha kämpfte unter der Anleitung von Shiva mit dem Asura Gajamukha. Da er die Gabe bekommen hatte, durch keine *Astra* (Waffe) oder *Shastra* zerstört werden zu können, brach Ganesha einen seiner beiden Stoßzähne ab und schleuderte ihn auf den Asura. Als ihn der Stoßzahn spaltete, nahm er, weil er aufgrund seiner Gaben nicht getötet werden konnte, die Gestalt einer Ratte an und griff Vigneshvara (Ganesha) weiter an, der ihn durch seinen gnadenvollen Blick zu seinem *Vahana*, seinem Reittier, machte. Vigneshvara wird deshalb als unvergleichlich bezeichnet, weil er eine Handlung vollbrachte, die sonst niemand hätte tun können.

Den Ruhm Gottes zu singen, Nama-Sankirtana, ist eine sehr effektive Art des Sadhana. Es reinigt das Herz schnell. Der heilige Arunagiri ist selbst ein Beweis dafür, was man erlangen kann, indem man die Namen Gottes und seinen Ruhm singt. Er hat den Segen von Nama-Sankirtana gekostet und betet zu Gott, ihm diese einzige Gabe, Seine Namen immer zu wiederholen, zu gewähren, als Anleitung für uns.

*

Vers 1

Dies ist ein Werk über *Anubhuti* oder direkte spirituelle Erfahrung. Es ist von Anfang an rein praxisbezogen, da bloßes Philosophieren den Sadhaka nirgends hinführen wird. Darum wird gleich im ersten Vers das praktische Sadhana von Nama Japa oder Nama- Sankirtana (Wiederholen der Namen Gottes und seinen Ruhm singen) hervorgehoben, indem nur um diese einzige Gabe gebeten wird. Unaufhörliche Erinnerung an Gott, durch Nama-Japa, Nama-Sankirtana usw. ist der Anfang des Sadhana. Darauf wird in diesem Vers hingewiesen.

உல்லாச நிராகுல யோக விதச்
சல்லாப விநோதனும் நீ அலையோ
எல்லாமற என்னை இழந்த நலம்
சொல்லாய் முருகா சுரபூ பதியே.

VERS 2

Ullaasa Niraagula Yoga Vidach
Challaaba Vinodanum Nee Yalaiyo
Ellaamara Ennai Izhanda Nalam
Sollaai Murugaa Surabhoo Pathiye

*Bist Du nicht, o Herr! Seligkeit, schmerzfrei und Yoga,
der Wohlwollende, Gutsprechende und auch der Ausübende des Lila?
Jenes von allem loslösende und mich-verlierende Gute - Moksha,
Ich bete, lehre mich, O Muruga! Oh Herr von Devaloka!*

„Gott, bist Du nicht (der Herr von) Seligkeit, Freiheit von Schmerz und Yoga, der das Gute will und (zu allen) das Gute spricht und die Dinge als himmlisches Spiel (Lila) tut? Dieses „Gute", von allem abzulassen (äußeren Verhaftungen) und mich selbst zu verlieren (im Inneren, in Dir) – lehre mich dies, O Lord Muruga! O Herr des Himmels (Devaloka)!"

Erklärung:
„Muruga, Du bist der Herr mit den sechs Eigenschaften; ich bitte Dich, lehre mich jenes ‚Gute' der Freiheit von Anhaftung und Egoismus." Es sind nicht die traditionellen sechs göttlichen Eigenschaften, die man normalerweise mit dem Begriff *Bhagavan* verbindet, auf die der Heilige sich hier bezieht, sondern ganz andere. Welche sind dies?

Gott ist Seligkeit. Er ist Glück. Er ist Freude. Seligkeit ist *Satchidananda* (Sein-Wissen-Glückseligkeit). Es ist das *Ananda* (Wonne) des Bewusstseins von unbegrenzter Existenz. Gott ist unendliche Existenz, die mit dem absoluten Bewusstsein identisch ist. Deshalb ist Er *Ananda*. Es ist Wonne aus sich selbst heraus und nicht Glück, das von etwas anderem als ihm selbst kommt. Wir sind manchmal auch glücklich und fröhlich, aber unser Glück ist mit Schmerz vermischt. Selbst wenn wir über etwas glücklich sind, quält uns etwas anderes von innen heraus. Und unser Glück vergeht auch schnell und gibt dem Schmerz und der Trauer Raum. Aber Gott ist nicht so. Um das zu bekräftigen, heißt es bei der zweiten Eigenschaft, dass er auch frei von Schmerzen ist. Und woher stammt dieses Glück und diese Freiheit von Schmerz? Er ist der Herr des Yoga, immer in einem Zustand von Yoga, der Einheit mit allen. Er ist eins mit allem und überall, untrennbar von allem. Nichts ist von ihm getrennt oder außerhalb von Ihm. Darum gibt es für Ihn keinen Schmerz, weil Schmerz durch Trennung von geliebten Dingen verursacht wird oder durch das Nichterlangen geliebter Dinge, welche Frage im Falle Gottes nicht entsteht. Er ist in „Yoga" mit allen Dingen.

Aber was bedeutet es jetzt für uns, wenn Gott Seligkeit ist, frei von Schmerz und überall? Er ist nicht nur dies. Er ist auch der Herr des Yoga. Er strebt immer das Gute für uns an. Er meint es gut mit uns und darum spricht Er, was gut für uns ist, und dafür bringt Arunagirinathar sein Gebet dar. Gott kommt als unser Guru und gibt uns *Upadesa* (Unterweisung). Wir wissen in unserer Unwissenheit nicht, was gut für uns ist und beten oft um Dinge, die uns schaden. Gott will Gutes für uns, spricht was gut ist und tut auch was gut für uns ist. Er erscheint als die weite Schöpfung durch Sein spielerisches *Lila*; und liefert das benötigte Feld, damit die *Jivas* (individuelle Seelen) vielfältige Erfahrungen haben können und dann erlöst er sie aus seiner *Maya* (Illusion) als einen Gnadenakt.

So ist Gott Seligkeit, Freiheit von Schmerzen und Yoga. Das ist Seine essentielle Natur, wie Er in sich selbst ist. Gott will auch Gutes, spricht Gutes und tut Gutes. So ist Er in Beziehung zu uns. Er erscheint als diese weite Schöpfung, kommt als unser Guru, gibt uns *Upadesa*, enthüllt Sich uns und nimmt uns in Sich auf. Wie er als der Kosmos etc. erscheint, ist ein Wunder und wir können nur sagen, dass es Sein *Lila* (göttliches Spiel), sein *Vinodam* (Aufsplitterung) ist. So will, spricht und tut der Wonnevolle, von Leiden freie Herr des Yoga, was „gut" für uns ist.

Unter den unzähligen Orten, wo Muruga verehrt wird, sind sechs am wichtigsten; sie werden *Aarupadai Veedu* genannt. Diese sind Tirupparankundram (3 Meilen von Madurai), Tiruchchendur (im Süden, am Meer), Tiruvavinankuti oder Palani (in der Nähe von Dindugal), Tiruveragam oder Swamimalai (bei Kumbakonam), Kundruthoradal oder Tiruttani (bei Arakonam) und Pazhamutirsolai (bei Madurai). Man sagt, dass diese sechs Orte die sechs Eigenschaften von Murugan repräsentieren. Weiterhin heißt es von diesen sechs Orten auch, dass sie die sechs *Chakras*, Nervengeflechte, im Körper repräsentieren, was bedeutet, dass Subrahmanya der Herr der sechs Chakras ist. Und wiederum ist Shanmukha der Gott mit sechs Gesichtern und jedes Gesicht verleiht seinen Verehrern je ein Attribut, das in diesem Vers erwähnt wird. (Das bedeutet jedoch nicht, dass die sechs Gesichter unabhängig voneinander sind oder getrennt handeln.)

„O Gott, bist Du nicht der Herr dieser sechs Eigenschaften? (Ja.) Darum sage mir das ‚Gute'." Und was ist dieses Gute? Es ist ein zweifacher Segen – einmal von allem in der Welt Abstand zu bekommen und zum anderen sich in Gott zu verlieren. Dies ist das „Gute", sagt der Heilige.

Alle Dinge sollten aufhören. Dies ist die erste Stufe des Segens. Es gibt hunderte und aberhunderte Dinge in der Welt. Können wir ihnen allen ein Ende machen? Ist das möglich? Nein. Aber wie können wir dann damit aufhören? Der einzige Weg ist, dass wir uns von ihnen zurückziehen. Also ist der erste Schritt im Yoga *Yama*, Selbstkontrolle, die aus *Ahimsa* (Nichtverletzen), *Satya* (Wahrhaftigkeit), *Brahmacharya* (umfassende Sinneskontrolle), *Asteya* (Nicht-Begehrlichkeit) und *Aparagriha* (Nichtannehmen von Dingen, die nicht existenznotwendig sind) besteht.

Wenn vollständige Sinnesbeherrschung erreicht ist, was auch die Beherrschung des Geistes umfasst, bleibt das Ego-Prinzip oder das „Ich" übrig. Auch dieses sollte wegfallen. Aber wohin? Das Ego ist das Universelle, das sich als ein Besonderes behauptet, gerade so wie der Wellenkamm oder die Welle das Meerwasser ist, das sich an einem bestimmten Ort erhebt. So wie die Welle wieder im Ozean versinkt, so verliert sich das Ich-Bewusstsein im Gottes-Bewusstsein. So deckt das Alles-Vergessen und Mich-Verlieren den gesamten Verlauf des *Sadhana* ab, den Rückzug von der Äußerlichkeit und die Absorption in Gott, was das „Gute" ist, sagt Arunagirinathar.

Man mag fälschlicherweise meinen, das Aufhören aller äußeren Aktivitäten und das Sich-Selbst-Verlieren bedeute einen negativen Schlafzustand, Ohnmacht oder Leere, worin diese auch fehlen. Nein, sagt der Heilige. Dieser Zustand wird deshalb als „gut" betont. Schlaf, Ohnmacht usw. sind nicht „gute" Zustände, weil sie nicht zur Einheit mit Gott führen, sondern einen in den gleichen unglücklichen Zustand zurückfallen lassen, in dem man war, bevor man in diese Zustände gekommen ist. Es geht also um Absorption in Gott, nicht ums Einschlafen.

Das einzige Gute ist Gott; alles andere was wir als gut betrachten sind nur „Güter". Deshalb ist es gut, sich selbst in Gott zu verlieren, nicht sich selbst in der Welt zu verlieren, weil die Welt eine Quelle von Schmerz und Unglück ist; und Gott ist die Quelle von Seligkeit, von Freiheit von Schmerz und von Yoga.

Wenn einer dieses Gute erreicht, wird er ein Heiliger; und Heilige besitzen auch die sechs Eigenschaften Gottes, die in diesem Vers erwähnt werden. Sie sind immer voller Seligkeit, sie sind immer frei von Schmerz und immer in Yoga absorbiert; sie beabsichtigen das Gute für die Welt und sprechen zu den Menschen, was gut für sie ist. Sie tun ihnen auf unterschiedliche Weise Gutes, als Teilnehmer am göttlichen *Lila*. Dies ist so, weil Heilige Stellvertreter Gottes auf der Erde sind; in und durch sie arbeitet Gott hier.

*

Jetzt hat das *Sadhana* (die spirituelle Praxis) begonnen. Aber zwei Dinge sind wesentlich und müssen dem Geist von Anfang an klar sein, nämlich das Ziel, das erreicht werden soll und seine Natur. Darum erwähnt der Heilige sie im zweiten Vers– das „Gute", die Verwirklichung Gottes, *Moksha* (Befreiung) ist das Ziel. Und was ist die Natur dieses „Guten"? Er macht auch dies klar durch die sechs Eigenschaften des Herrn. Dass Gott das Ziel ist und dass es Seligkeit usw. ist, worum wir beten und uns bemühen sollten, soll dem Geist des Aspiranten eingeprägt werden, damit er nicht abgelenkt oder zu etwas anderem hingezogen wird, wie Name und Ruhm, *Siddhis* etc.; dies ist die Lehre dieses Verses.

வானோ புனல்பார் கனல் மாருதமோ
ஞானோ தயமோ நவில்நான் மறையோ
யானோ மனமோ எனையாண்ட இடம்
தானோ பொருளாவது ஷண்முகனே.

Vers 3

Vaano Punal Paar Kanal Maarudhamo
Jnaano Dhayamo Navilnaan Maraiyo
Yaano Manamo Yenaiyaanda Yidam
Thaano Porulaavadhu Shanmugane

Ist es Erde, Wasser, Feuer, Äther oder Luft?
Ist es Sinnes-Wissen oder die vier überlieferten Veden?
Ist es das Ich-Prinzip, der Geist oder das Land
Wo ich angenommen wurde, O Shanmukha! Was ist Wirklichkeit?

„Oh Lord Shanmukha! Was ist es, das die Ewige Wahrheit genannt werden kann? Ist es Erde, Wasser, Feuer, Luft oder Äther; oder der Zustand in dem Wissen (durch Sinne vermittelt) entsteht; oder die vier Veden, die gesprochen werden (durch den Mund); oder das Ich-Prinzip; oder der Geist; oder der Ort wo Du (mir als mein Guru erschienen bist und) mich akzeptiert hast?"

Erklärung:
Ein Gedanken anregender Vers! Was ist Wirklichkeit? Die offensichtliche Wirklichkeit (für die Sinne) ist die Welt draußen, die aus den *Maha Bhutas*, den fünf Hauptelementen, nämlich Erde, Wasser, Feuer, Luft und Äther besteht. Sind diese Elemente die Wirklichkeit? Nein; denn sie sind von wechselhaftem Charakter, während die höhere Wirklichkeit unveränderlich und ewig ist. Oder ist es das Wissen, das man von der Welt bekommt? Nein. Hier bezieht sich Wissen auf Sinneswahrnehmung. Sind es die vier Veden, die der Guru dem Schüler lehrt? Nein. Selbst die Veden sind nicht fähig, die Wirklichkeit zu erreichen. Ist es das Ego, das sich in allem überall behauptet? Nein. Und noch viel weniger ist es der Geist (das instinktive Denken), der nach den Sinnesmeldungen handelt. Keines davon ist die Wirklichkeit, weil sie alle Modifikationen der *Prakriti* (Urnatur) sind, deren wahre Natur ständige Veränderung ist.

Vers 3

Was ist dann die Wirklichkeit? „Sie ist der Ort", sagt der heilige Arunagiri, „wo ich angenommen wurde." Das „Ich", auf das sich der Heilige bezieht, mag sich entweder auf ihn selbst oder das Ego-Prinzip „Ich" beziehen. Als Arunagiri sich selbst vom Tempelturm stürzte, erschien Muruga als sein Guru und nahm ihn an. Dies geschah in Tiruvannamalai in Südindien, das jetzt durch den berühmten Bhagavan Ramana Maharshi bekannt wurde. Tiruvannamalai ist der Ort, wo den Egos von Brahma und Vishnu durch Shiva ein Ende gesetzt wurde. Also bedeutet „wo ich angenommen wurde", dass dort, wo das Ego seine Niederlage oder seine Unfähigkeit, das Wirkliche zu erkennen, akzeptiert, die Wirklichkeit offenbart wird.

Vishnu und Brahma hatten einmal einen Streit. Jeder von ihnen schrieb sich selbst die höchste Herrschaft zu, kamen aber zu keinem Ergebnis. Schließlich, weil sie keine andere Möglichkeit fanden, beschlossen sie die Frage durch einen Kampf zu klären – der Gewinner würde als der Höchste angesehen werden. Der Kampf begann und dauerte mehrere Jahre und schien kein Ende zu finden. Da erschien Shiva, der ihrem Kampf ein Ende machen wollte, als eine riesige Lichtsäule, die sie verblüffte. Neugierig zu erfahren, was das sei, hielten sie in ihrem Kampf inne. Dann ertönte eine Stimme: „Warum streitet ihr vergeblich über eure Überlegenheit? Shiva alleine kennt eure Stärke. Derjenige, der entweder den Ursprung oder das Ende dieser Lichtsäule findet, ist der Höchste Herr." Sofort nahm Vishnu die Gestalt eines riesigen Ebers an und ging in die Erde, um den Fuß der Lichtsäule zu finden; und Brahma nahm die Gestalt eines riesigen Schwans an und stieg hinauf in den Himmel, um die Spitze der Lichtsäule zu sehen. Je mehr sie suchten, desto weiter war das Licht entfernt. Sie waren erschöpft und gaben auf. Da erschien das Licht als Shiva vor ihnen. Als sie sahen, wer ihr Ego besiegt hatte, erkannten sie Shiva als den höchsten Herrn an. Shiva verschwand wieder und nur die riesige Lichtsäule, die sich langsam zu einem Berg verdichtete, blieb zurück. Dies ist der *Arunachala* Berg in Tiruvannamalai, wo der heilige Arunagiri von Murugan angenommen wurde. Der Überlieferung nach geschah dies an *Mahashivaratri* („heilige Nacht Shivas", Festtag).

Dem Ego gelingt es nicht zu erkennen, was die Wirklichkeit ist. Wo das Ego endet, dort offenbart sich die Wirklichkeit selbst. Das Ego ist aktiv und funktioniert bei seiner Suche nach der Wirklichkeit in der äußeren Welt, in Sinneswissen, in den mentalen Funktionen, auch im intellektuellen Verstehen, wenn auch in immer feineren Abstufungen. Aber wenn es in den innersten Winkel des Herzens zurücktritt, dann schmilzt es und löst sich in seiner Quelle auf, wie eine Salzpuppe, die in den Ozean geht und versucht, seine Tiefe zu ergründen. Die Wirklichkeit wohnt im Kern unseres Herzens, wo das Ego keinen Zutritt hat. Die Mahanarayanopanishad sagt: „Im Zentrum unseres Körpers ist der sündenlose (egolose) Lotus des Herzens, der Wohnort des Höchsten Wesens. Und noch weiter darin ist der sorgenfreie Äther (Wirklichkeit)."

Das Ende des Egos ist die Offenbarung der Wirklichkeit. Den Kenner zu kennen ist Erkenntnis.

„O Lord Shanmukha, offenbare mir, was Wirklichkeit ist", bittet der Heilige. Er spricht Gott als Shanmukha an, d.h. den Herrn mit den sechs Gesichtern. Es ist interessant, was der Heilige in einem seiner *Thiruppugazh* Lieder über die sechs Gesichter gesagt hat:

„Er reitet auf dem Pfau und treibt mit einem Gesicht göttliche Spiele;
Ein Gesicht spricht Worte der Weisheit mit Shiva;
Ein Gesicht vernichtet die *Karmas* von betenden Gottesverehrern;
Ein Gesicht wirft den *Vel*, um den Berg zu durchbohren;
Ein Gesicht zerstörte Surapadma, der verschiedene Gestalten annahm;
Ein Gesicht kam, um Valli Devi als Gemahlin anzunehmen.
Enthülle, das solltest Du, die geheime Bedeutung,
warum Du sechs Gesichter angenommen hast,
O Herr, dessen Schrein in Arunachala steht, altertümlich und alt."

Auch hier, nachdem er die Bedeutung und den Zweck der sechs Gesichter bereits angegeben hat, bittet der Heilige Gott immer noch, ihm die wahre Bedeutung seiner sechs Gesichter zu offenbaren. Dies richtet er an den Herrn in Arunachala oder Tiruvannamalai, das, wie wir gesehen haben, der Ort ist, an dem die Egos von Vishnu und Brahma besiegt wurden. Dadurch möchte der Heilige zeigen, dass unser Verständnis der sechs Gesichter so weit es reicht in Ordnung ist; aber die wahre Bedeutung wird nur offenbart, wenn und wo das Ego vergeht. Darum hat er dieses Lied Shanmukha von Arunachala gewidmet und nicht dem Gott eines anderen Ortes.

Wenn also der Heilige die Wahrheit über irgendetwas wissen möchte, bezieht er sich auf Arunachala, um zu zeigen, dass diese nur in diesem egolosen Zustand erkannt oder offenbart werden kann.

*

Man kann sagen, dass das tiefsinnige Gebet um das „alles beendende, michverlierende Gute" aus Vers 2 in diesem Vers noch detaillierter ausgeweitet wird, wobei dem Sadhaka (spiritueller Aspirant) auch der Prozess der rationalen Erforschung der Natur der Wirklichkeit gezeigt wird und wo diese erkannt werden muss. Die Wirklichkeit erstrahlt immer im Inneren als das Selbst, und kann erkannt werden, wenn das Ego aufgegeben wird. Das ist die Anweisung dieses Verses für den Aspiranten.

Es ist interessant zu beobachten, dass im gesamten Werk des Kandar Anubhuti der Heilige Herz und Kopf zusammenbringt: Betende Stimmung und forschende oder untersuchende Natur, Bhakti und Jnana, als wirksame Formen des Sadhana. Darum wird das Gebet eines Bhakta aus dem vorigen Vers direkt durch intellektuelle Erforschung gestärkt.

வளைபட்டகைம் மாதொடு மக்களெனும்
தளைபட்டழியத் தகுமோ தகுமோ
கிளைபட்டெழு சூருரமும் கிரியும்
தொளைபட்டுருவத் தொடு வேலவனே.

Vers 4

Valaipatta Kaim Maadhodu Makkalenum
Thalaipat Tazhiyath Thagumo Thagumo
Kilaipat Tezhusoor Uramum Giriyum
Tholaipat Turuvath Thodu Velavane

Gefangen in dieser Fessel von Frau und Familie,
Muss ich so verderben? O Herr, ist es gerecht, schickt es sich?
Den Berg und Suras Herz, die mit ihrem Gefolge aufstiegen,
Deinen Vel, Velayudha, hast Du geworfen, der diese durchstoßen hat.

„Oh Herr Velayudha! Du hast Deinen (*Shakti*) *Vel* geworfen, um das Herz des *Asura* Surapadma zu durchstoßen, der sich mit seinen Verwandten in der Schlacht gegen Dich erhoben hat, ebenso wie den Berg. (Weil es so ist) muss ich vollkommen untergehen, gefangen in Verstrickungen des Familienlebens mit einer Frau mit Armreifen (Ehefrau) und Kindern (d.h. die Bindung des Haushalts)? Ist es gerecht, O Herr, ist es gerecht?"

Erklärung:
Surapadma, der mächtige Asura, der viele Geschenke von Shiva erhalten hatte, führte mit Hilfe seiner gesamten Sippe Krieg gegen Lord Skanda. Als alle überwunden waren und nur der Asura alleine übrig geblieben war, kämpfte er, indem er verschiedene Formen annahm, von denen eine ein riesiger Mangobaum mit hervorschießenden Ästen war. Lord Skanda spaltete den Baum mit seinem *Vel*.

Subrahmanya durchbohrte also den Asura in der Schlacht, als ob es ein Spiel wäre, indem er seine göttliche Waffe, den *Vel*, warf. Darauf bezieht sich der Heilige mit „O Herr, der den Vel wirft, um Sura zu durchbohren, der sich mit seinem Gefolge erhob (mit vielen Ästen wie ein Baum)".

_____ *Vers 4*

Krauncha war einer der Befehlshaber des Dämonen Taaraka, dem jüngeren Bruder von Surapadma. Krauncha nahm oft die Form eines Berges an, mit vielen Pfaden, die durch ihn führten. Wenn Passanten (besonders weise und fromme Menschen) den Berg durch diese Pfade betraten, schloss sich der Berg (der Asura) von allen Seiten und tötete sie. Das war sein Zeitvertreib. Einmal wanderte der Weise Agastya aufgrund einer Anweisung Shivas vom Himalaya nach Süden. Dieser Asura spielte den gleichen Trick mit dem Weisen, der ihn dank seiner Intuition rechtzeitig durchschaute und ihn verfluchte, er müsse in der Gestalt des Berges bleiben, bis er durch den *Vel* von Lord Skanda getötet würde, wenn die Zeit gekommen wäre. Skanda traf auf diesen Krauncha-Berg, als er die Streitkräfte der Devas südwärts führte, um Surapadma anzugreifen und tötete den Dämonen durch einen Wurf seines *Vel*.

Mit dem Berg, auf den sich dieser Vers bezieht, kann auch der *Ezhugiri*, der siebenfältige Berg, gemeint sein, der Surapadma immer folgte und ihm auf vielfältige Weise half und der auch von Skandas Vel durchbohrt wurde.

Der Berg repräsentiert *Karma* und Surapadma das Ego (*Avidya*, Unwissenheit). So wie der Berg und der Asura nur durch den *Vel* von Lord Skanda getötet werden konnten, genauso kann Jnana, die Erkenntnis, *Karma* und *Avidya* zerstören. Darum fleht der Heilige: „O Herr, Du hast den Berg und den Asura zerstört. Zerstöre auf ähnliche Weise meine Bindung des *Karma* und *Avidya*."

Durch gewöhnliche menschliche Anstrengung kann die Fessel des *Samsara* (Kreislauf von Geburt und Tod) nicht zerbrochen werden. Die Anhaftung an Frau und Kinder ist so stark, dass nichts außer göttlicher Gnade sie zerbrechen kann. In diesem Vers weint Arunagiri praktisch vor dem Herrn über seine Hilflosigkeit und ruft seine Gnade an, die Fesseln des Samsara zu zerbrechen.

Es ist nicht so, dass Arunagiri wirklich durch Frau und Kinder gebunden war. Er hatte bereits die höchste Gnade von Lord Skanda erhalten und das gesamte *Kandar Anubhuti* ist ein ekstatischer Ausfluss seiner hohen spirituellen Erleuchtung. Wir müssen deshalb verstehen, dass er sich selbst in den bedauerlichen Zustand gewöhnlicher Menschen hineinversetzt und betet.

Die Schönheit der Abhandlung ist, dass Arunagiri die Verse in der ersten Person gesungen hat, so dass sie unser Gebet zu Gott werden, wenn wir sie singen. Wir sind so unwissend, dass wir nicht einmal wissen, wie wir beten sollen. Auf uns selbst gestellt würden wir um Dinge beten und bitten, die sich als schädlich für uns erweisen würden. Darum versetzt sich Arunagiri selbst in eine alltägliche

Situation und betet, als ob wir beten würden, so dass wir es nur wiederholen müssen. Dieser Vers ist so formuliert, dass man bei seiner Wiederholung nicht anders kann, als zu Tränen gerührt zu sein. Allein die Rezitation treibt einem Tränen in die Augen und berührt auch den mitfühlenden Gott. Und die Gnade Gottes wird die Fesseln von Samsara zerbrechen. Nichts als göttliche Gnade kann dabei helfen und nichts als ein herzbewegtes, vor Tränen überfließendes, weinendes, anrufendes Gebet kann die Gnade des Herrn anziehen. Also betet Arunagiri:

„ O Lord Muruga! Der starke Krauncha und der mächtige Surapadma wurden von Dir durch einen Wurf Deines Vels getötet. Scheint es Dir gerecht, dass ich unter der Bindung an Frau und Kinder (d.h. die alltäglichen Verpflichtungen in Beruf und Familie) verderbe? Und ist es eine große Sache für Dich, diese Fessel zu zerbrechen und mich zu befreien?"

*

In den vorhergehenden Versen hat Arunagiri das zu erreichende Ziel klar gemacht, seine Natur und die Methode es zu erreichen. Hier betont er die Hindernisse, die dem *Sadhaka* im Wege stehen, von denen das erste und vorderste die Bindung an die Familie ist, deren Erhaltung und Fürsorge einem alle Zeit und Energie wegnimmt. Der Aspirant, der sein *Sadhana* begonnen hat und eine klare Vorstellung von dem zu erreichenden Ziel gewonnen hat, erkennt jetzt, dass Familie ein direktes Hindernis* ist in dem Sinne, dass sie grob und äußerlich ist und bittet um ihre Überwindung.
Äußerlich bildet die Familie die Bindung eines Menschen, während subjektiv *Karma* und *Avidya* die Seele an *Samsara*, die relative Existenz, binden; all dem kann durch die Gnade Gottes ein Ende gesetzt werden.

---

* Anmerkung des Herausgebers: Hier spricht der Autor vom Weg der Entsagung, wenn jemand nur noch den Wunsch nach Befreiung hat und sein Leben darauf ausrichtet. In diesem Sinn stehen „Frau und Kinder" resp. „Mann und Kinder" beispielhaft für die alltäglichen Existenzkämpfe. Daneben gibt es aber auch den Weg der natürlichen Lebensstufen, wo man den Alltag auch in Beruf und Familie spiritualisieren kann. Und es heißt natürlich auch nicht, dass man seine Pflichten gegenüber der Familie vernachlässigt. Gemeint ist auch nicht die Liebe zur Familie, sondern die Identifikation damit.

மகமாயை களைந்திட வல்லபிரான்
முகமாறு மொழிந்தும் ஒழிந்திலனே
அகமாடை மடந்தையர் என்றயரும்
ஜகமாயையுள் நின்று தயங்குவதே.

Vers 5

Magamaayai Kalaindhida Vallapiraan
Mugamaaru Mozhindhum Ozhindhilane
Agamaadai Madandhaiyar Enrayarum
Jagamaayaiyul Ninru Thayanguvadhe

Die Mahamaya, die Gott zerstören kann,
Obwohl ich Seinen Namen „Shanmukha, so ausgesprochen habe,
Denke ich immer noch sehnlich an Heim, Wohlstand und Frauen,
Befreit bin ich nicht vom Leiden dieser lästigen Maya!

„Gott ist in der Lage, die *Mahamaya* („große Täuschung") zu zerstören. Obwohl ich Seine Namen oft als „Shanmukha", „Shanmukha" wiederholt habe (also sein Mantra wiederholt zu ihm gebetet habe) – leider! – denke ich immer noch an Heim, Wohlstand und Frauen und bin nicht von dem Leiden dieser Welttäuschung befreit, das so störend ist."

Erklärung:
Die Essenz der Maya, dieser Welttäuschung, ist Heim, Wohlstand und Frau/Mann. Sie sind so ermüdend und schmerzvoll. Obwohl man Mantras wiederholen mag, bestehen die Gedanken an diese doch weiterhin fort. Das wird *Maya*, die unvernünftige Täuschung genannt, weil der Geist, obwohl sie Leid verursachen, immer noch nach ihnen strebt und nicht in Gott bleibt, der einen selbst von der *Mahamaya* befreien und dem Verehrer Freude und Weisheit schenken kann. Gott ist in der Lage, die Welttäuschung zu zerstören. Aber selbst wenn man seine Namen wiederholt, zu ihm betet, ist man immer noch nicht von der Bindung an Frau/Mann, Wohlstand und Heim befreit. Dies soll uns zeigen, dass die Macht der Maya so groß ist, dass es nicht genügt, den Namen Gottes eine Weile zu wiederholen, sondern dass man die Praxis geduldig bis zur Dämmerung seiner Gnade fortführen sollte. Der Heilige legt daher große Betonung auf kontinuierliche Praxis mit Liebe und Hingabe über lange Zeit, bis zur Erreichung des Ziels, was auch Maharshi Patanjali in seinen Yoga-Sutras betont.

Warum hat die Welttäuschung uns nicht verlassen, obwohl wir Seinen Namen wiederholt haben? Der Grund ist einfach. Der Mund spricht den Namen Gottes, aber der Geist ist nach wie vor auf die geliebten Dinge gerichtet. Insgeheim bleibt der Wunsch nach ihnen im Herzen bestehen. Darum bringt Japa nicht die gewünschten Ergebnisse. Darum ist reines Japa nicht genug; das Herz muss dabei auch bei Gott sein. Wenn gleichzeitig mit der Mantrawiederholung (Japa) auch der Geist an Gott denkt ohne, einen zweiten Gedanken, und das Herz Gott fühlt, dann manifestiert sich Seine Gnade, die die *Maya* zerstört. Darum betet der Heilige in Vers 15: „O Herr, wann wirst Du mich damit segnen, dass, wenn ich „Murugan, Kumaran, Guhan" wiederhole, mein Herz schmilzt und das Herz Dich *fühlt* oder erfährt..." Während er in diesem Vers 5 nur von „Sprechen des Mantras" spricht, fügt Arunagiri in Vers 15 auch die Wörter „schmelzen" und „fühlen" hinzu. Rein mechanisches Sprechen ist nicht genug; es muss *Bhava* (Hingabe) dabei sein. Aber dies ist der Weg, der Anfang. Wenn die Praxis fortgeführt wird, wird im Laufe der Zeit die *Mantra-Shakti*, Kraft des Sadhana, den Geist schmelzen lassen und das Herz Gott im Inneren fühlen lassen.

Wie schön Arunagiri Dinge beschreibt! Es ist wahr, dass Gott mächtig genug ist, die *Mahamaya* zu zerstören und es ist auch wahr, dass wir Japa seiner Namen machen. Aber es trifft noch mehr zu, dass wir nicht von Maya befreit sind. Wie seltsam? Aber dies ist die Erfahrung von jedem, der tatsächlich Sadhana praktiziert. Theoretisch heißt es, dass eine einzige Wiederholung des Namens Gottes die gesamte eigene Täuschung zerstören „kann", und das mag stimmen. Oder man kann auch sagen, dass die *Maya* uns nicht verlassen hat, weil wir Seine Namen nicht wiederholt und zu Ihm gebetet haben. Nun, dies mag auch stimmen. Aber wie verhält es sich wirklich? Sind alle, die die Namen Gottes ausgesprochen haben, von Maya befreit worden? Nein; nicht bis sich die Gnade Gottes manifestiert, wofür das Herz schmelzen und fühlen muss. Dieser Vers ist der Schrei eines Aspiranten, der damit begonnen hat, etwas spirituelle Praxis zu üben. Arunagiri ist kein verträumter Theoretiker. Er beschreibt Tatsachen lebendig und berührend, und für diese Kunst wird er hoch geschätzt. Der heilige Taiyumanavar, der sich über diese Fähigkeit Arunagiris wunderte, sagt: „O Arunagiri, mein Meister und (spiritueller) Vater! Gibt es irgendjemanden, der Tatsachen so lebendig beschrieben hat wie Du?..."

Arunagiri möchte die Notwendigkeit von *Sadhana* betonen. Man mag das Glück haben, von einem Guru oder Gott eingeweiht zu werden, aber das ist nicht genug. Der Guru oder Gott geben zusammen mit der Einweihung die nötige Stärke. Aber danach braucht es lange anhaltende eigene spirituelle Praxis, um Seine

Gnade zu erlangen. Die alten *Samskaras* sind so tief im Unterbewusstsein eingebettet, dass sie nicht so einfach ausgerottet werden können. Die drei *Eshanas* sind zu machtvoll, um einfach so überwunden zu werden. Sie bestehen fort und weigern sich, ausgewischt zu werden. Eine große Anstrengung ist notwendig. Eine langanhaltende Praxis wird erforderlich. Obwohl nur die Gnade Gottes sie zerstören kann, ist das *Sadhana* wesentlich, um die Gnade anzuziehen.

Der Vers wird auch interpretiert als:
1. „Gott ist in der Lage, die Mahamaya zu entfernen. Aber leider habe ich Seinen Namen „Shanmukha, Shanmukha" nicht wiederholt! Ist es mein Schicksal, in dem ermüdenden *Samsara* eingetaucht zu bleiben, indem ich an Frau/Mann, Wohlstand und Heim denke!"
2. „Gott ist in der Lage, die *Mahamaya* zu zerstören. Obwohl er mir *Upadesha* (spirituelle Unterweisung (nicht nur mit einem, sondern) mit allen seinen sechs Gesichtern gab, denke ich immer noch an mein Zuhause, Wohlstand und Frauen und bin nicht von dem Leiden dieser Welttäuschung befreit, die so ermüdend ist."

Was auch immer die Interpretation sei, es ist klar, dass Gott in der Lage ist, die *Mahamaya* zu entfernen und dass die Welttäuschung uns nicht losgelassen hat, weil wir nicht mit ganzem Herzen Zuflucht bei Ihm gesucht haben. Also ist der Weg zur Freiheit von *Samsara* die aufrichtige Hingabe, eine Hinwendung mit dem ganzen Herzen und ein sich Gott vollständig Darbringen bis zur Dämmerung seiner Gnade.

Es ist die Erfahrung jedes *Sadhakas* in den Anfangsstufen des *Sadhanas*, dass die lästige Maya ihn, trotz seiner besten Anstrengungen den Geist zu kontrollieren (der der Same der Maya ist), nicht verlässt. Es mag auch so erscheinen, als hätten all die Anstrengungen letztlich keinen Wert. Oft werden Sucher in diesem Stadium entmutigt, verlieren sogar ihren Glauben an Gott, und manche geben sogar ihre Übungen als nutzlos auf. Aber nein, betont der Heilige in diesem Vers. Man muss mit ganzem Herzen und ganzer Seele und mit fester Entschlossenheit ausharren, wie das tamilische Sprichwort sagt: „Selbst wenn ich ausgelöscht werde (aus diesem Leben), werde ich nicht (die Übung) aufgeben."

*

Trotz des Gebets im vorhergehenden Vers verlässt die Jagan-Maya (die Weltentäuschung) den Sucher nicht. Er erkennt, dass dies nicht deshalb so ist, weil Gott unfähig wäre, sondern weil sein Sadhana unzureichend ist, um die göttliche Gnade herbeizurufen, was weiterer Anstrengung bedarf.

திணியான மனோசிலை மீது உனதாள்
அணியார் அரவிந்தம் அரும்புமதோ
பணியாளன வள்ளிபதம் பணியும்
தணியா அதிமோக தயாபரனே.

VERS 6

Thiniyaana Manosilaimeedhu Unathaal
Aniyaar Aravindham Arumbhumadho
Paniyaa Yena Valli Padham Paniyum
Thaniyaa Adhimoga Dhayaaparane

Auf dem verhärteten steinigen Tablett meines Herzens,
Werden sich Deine schönen Lotus-Füße dort manifestieren?
Nach Dienst fragend beugst Du Dich zu Vallis Füßen,
O Herr der nie verlöschenden Liebe! O Verkörperung der Gnade!

„O Herr der nie verlöschenden Liebe zu Valli, zu deren Füßen Du Dich verneigst, um nach ihren Befehlen zu fragen! O Heimstatt unendlichen Mitgefühls! Wird der schöne Lotus Deiner Füße in diesem meinem verhärteten Herzen aus Stein erblühen?"

Erklärung:
Amritavalli und Sundaravalli waren die beiden Töchter von Vishnu. Einmal gingen sie zum *Kailash*, dem Wohnort von Shiva, wo sie zufällig Skanda trafen. Bezaubert von seiner Schönheit, wollten sie seine Gemahlinnen werden und sagten ihm ihren Wunsch. Der Herr, eine Heimstatt des Mitgefühls, nahm ihren Vorschlag an und befahl, dass die erstere als Deivayanai, die Tochter Indras, geboren werden sollte und die letztere als Valli, Tochter von Nambirajan, einem König des Jägervolkes.

Aufgrund eines Fluches des *Rishi* (Seher) Kanva irrten Vishnu und Lakshmi als Shivamuni (ein stummer Heiliger) und eine Hirschkuh in einem Wald umher. Als Shivamuni einmal zufällig die Hirschkuh sah, fühlte er sich merkwürdigerweise zu ihr hingezogen und auch sie erwiderte diese Liebe. Durch die gegenseitigen Liebesblicke gebar die Hirschkuh ein weibliches Kind. Da das Kind so ganz anders war als sie, ließ es die Hirschkuh in einer Grube in der

Vers 6

Nähe eines Gebüschs aus Schlingpflanzen, die *Vallikkodi* genannt werden, zurück. Nambirajan, der König der Jäger fand das Kind und war überglücklich, weil er keine Kinder hatte. Es wurde Valli genannt. Von Kindheit an entwickelte Valli eine große Liebe für Muruga und war entschlossen, niemand anderen als ihn zu heiraten. Als sie älter wurde, wurde ihre Hingabe an Gott intensiver und ihr einziger Gedanke war immer an Gott. Devarishi Narada berichtete Muruga davon und Muruga wusste auch, dass die Zeit gekommen sei, sie anzunehmen. Wie es bei den Jägern Sitte war, bewachte sie das Getreide auf den Feldern, indem sie Vögel verjagte. Skanda ging, verkleidet als Jäger und als alter Mann, von sich aus auf der Suche nach ihr zu den Kornfeldern, prüfte ihre Hingabe und enthüllte schließlich seine Identität. Später heiratete Er sie.

„Nicht nur ging der Herr zu Valli", sagt Arunagiri, „er fragte sie auch, welchen Dienst er ihr erweisen könne." Gott vereinigt nicht nur seine Verehrer mit sich selbst, sondern er kümmert sich auch persönlich um ihre Bedürfnisse. So groß ist das Mitgefühl Gottes. Krishna sagt in der Bhagavad Gita: *„Yogakshemam Vahamyaham"* – „Ich sorge für meine Verehrer in *Yoga* und *Kshema*."

Valli repräsentiert die Universelle Mutter, die immer um das Wohlergehen der *Jivas* (Individuen) bemüht ist. Sie kennt ihren jeweiligen Zustand der Reinheit und ihren Entwicklungsstand und empfiehlt Gott jene reifen Seelen, die geeignet sind zur Befreiung von *Samsara*, was der Herr mit Freude tut. Darum sagt man, dass Gott sich zu Vallis Füßen verneigt und sie um diesen Dienst bittet.

Arunagiri zitiert das in diesem Vers, um zu zeigen, dass die Liebe Gottes zu seinem Verehrer so groß ist, dass, selbst wenn der Gläubige nicht das richtige Sadhana kennt oder ausführt, sondern Gott nur wirklich liebt und Gott will, er aus eigenem Willen zu ihm kommt und ihn annimmt. Valli ist der *Jivatman* (individuelle Seele), der nach der Vereinigung mit dem *Paramatman* (höchstes Selbst; Höchste Seele) strebt. Obwohl sie entschlossen war, Gott zu heiraten, wusste Valli nicht, wo Er war und wie sie Ihn erreichen sollte. Ebenso kann der *Jivatman* Gott nicht durch eigene Anstrengung finden, aus dem einfachen Grund, dass er kein wahres Wissen von Gott hat; er ist unwissend, ein Produkt von *Avidya*. Aber wenn er ernsthaft nach Gott strebt, offenbart Er sich selbst, wenn die richtige Zeit dafür gekommen ist als der Guru, trainiert den Schüler und prüft ihn auch, und nimmt schließlich den *Jiva* in sich selbst auf, wie Er es mit Valli getan hat.

Wenn der *Jiva* in seinem Streben ernsthaft ist, wird ihn Gott in Gestalt des Guru richtig führen und dafür sorgen, dass er Ihn erreicht. Gott ist unendliche Gnade und Mitgefühl. Er ist „*Dayaaparan*" – eine Verkörperung von Mitgefühl und Gnade.

Die Füße Gottes werden mit Lotusblumen verglichen. Gemeint ist hier, dass unser Herz in Liebe zu Gott schmelzen und wie weiche Erde werden sollte, eine notwendige Voraussetzung, für das Blühen des Lotus.

Arunagiri beschwört Gott: „O Herr, Du kamst aus freiem Willen dorthin, wo Valli war (denn, obwohl sie Dich liebte und wollte, wusste sie nicht, wo Du warst und wie sie Dich treffen konnte) und hast sie angenommen. Ebenso manifestiere bitte Deine Lotus-Füße (Dich selbst) in meinem Herzen, das aufgrund endloser Wünsche hart wie ein Stein ist und segne mich."

Wenn also die Gnade Gottes im Gebet aus tiefstem Herzensgrund angerufen wird, indem man sich eher an seinen Aspekt der Verkörperung von Gnade wendet, als an den philosophischen, der die Maya zerstört, ist Er schnell erfreut und kommt als Guru.

Das Wort „*Thaniyaa*" bedeutet auch „Skanda, dessen Schrein in *Tiruttani* ist".

*

Der Aspirant erkennt weiterhin, dass sein Herz hart wie Stein ist, weshalb sich die Lotus-Füße Gottes nicht manifestieren. Er ruft den Gnadenaspekt Gottes an.

கெடுவாய் மனனே கதிகேள் கரவாது
இடுவாய் வடிவேல் இறைதாள் நினைவாய்
சுடுவாய் நெடுவேதனை தூள்படவே
விடுவாய் விடுவாய் வினையாவையுமே.

VERS 7

Keduvaai Manane Gadhikel Karavaadhu
Iduvaai Vadivel Iraithaal Ninaivaai
Suduvaai Neduvedhanai Thool Padave
Viduvaai Viduvaai Vinai Yaavaiyume

Die Mittel zur Befreiung höre, o elendiger Geist!
Gib uneingeschränkt, denke an die Füße von Vel-Murugan;
So zerschlage dieses langgezogene Elend in Stücke,
Und werde bald von allen Karmas befreit.

„O Geist, du musst leiden (weil du die unwirklichen, flüchtigen Dinge der Welt für wirklich hältst)! Jetzt höre diese Mittel, um Befreiung zu erlangen: Gib wohltätig, ohne etwas zurückzuhalten; (und) meditiere über die Lotus-Füße Gottes, der den scharfen Vel hat! (Indem du dies tust) verbrenne das lang bestehende Unglück von Geburt und Tod zu Asche; und werde bald von allen Karmas befreit."

Erklärung:
Der Geist ist die Ursache von Bindung und Befreiung. Eine richtige Belehrung hierüber ist darum notwendig. Darum die Anweisung an den Geist.

Der unwissende Geist hält die flüchtigen Gegenstände der Welt für etwas Wirkliches, rennt ihnen hinterher, verstrickt sich in ihnen und leidet am Schluss elendiglich. Dies ist *Vishaya-Chintana*, das Denken an Gegenstände, was die Ursache der Bindung ist. Die Bhagavad Gita warnt uns vor der zerstörerischen Wirkung des Denkens an äußere Objekte. Denken führt zur Anhaftung an Gegenstände, aus Anhaftung entsteht Begierde, aus Begierde entsteht Zorn, aus Zorn Täuschung, aus Täuschung Gedächtnisverlust und aus Gedächtnisverlust Zerstörung der Unterscheidungsfähigkeit und schließlich geht das Individuum mit dem Verlust der Unterscheidungsfähigkeit unter. Also muss die Krankheit an der Wurzel selbst geheilt werden. Es sollte dem

Geist nicht erlaubt werden, bei den Gegenständen zu verweilen. Es wird darum geraten, wohltätig alles wegzugeben, was man besitzt. Und wie soll es gegeben werden? Nicht mit einem Gefühl von Reue oder Groll, sondern mit Liebe zu Gott, d.h. indem man nicht an den weggegebenen Gegenstand denkt, sondern an Gott. Das heißt *Bhagavat-Chintana, Atma-Chintana* oder *Brahma-Chintana* und ist ein Gegengift für *Vishaya-Chintana*. Wenn alles wohltätig verschenkt wird, sollte es keinen Gedanken an den gegebenen Gegenstand geben, sondern man sollte an Gott denken. Wie? Man sollte an Gott als den Geber, die Gabe, den Empfangenden und selbst den Akt des Gebens denken. Alles ist Gott und alles gehört Gott. Derjenige, der gibt und das, was gegeben wird, sind genauso Schöpfungen Gottes wie derjenige, der empfängt. Alle sind Glieder des einen universellen Wesens Gottes. Eine Übung, um sich darin zu festigen, ist „*Brahma-Karma-Samadhi*", wie es in Vers 24 des 4. Kapitels der Bhagavad Gita erklärt wird. Das ist das Feuer des Wissens, das den endlosen Prozess von Geburt und Tod zu Asche verbrennt. Wo kann es eine individualistische Existenz (*Jivatava*) geben, wenn alles als Gott, Brahman, das Absolute, wahrgenommen wird, als ein ungeteilter Ozean der Existenz, in dem der Geber und das Gegebene nichts als Wellen sind, die für sich keine vom Ozean unabhängige Existenz haben.

Karmas, sagt Arunagiri, sind die Ursache unseres gegenwärtigen Leidens und auch der niemals endenden Kette des *Samsara*, wovon unser gegenwärtiges Leben nur ein Glied ist. Er verschreibt auch das Heilmittel hierfür, nämlich Wohltätigkeit und Meditation über Gott – Wohltätigkeit um die Karmas wegzuwaschen und Meditation, um Geburt und Tod zu beenden. „Wohltätigkeit überdeckt eine Vielzahl von Sünden", sagt Jesus Christus. Wir begehen Sünden aufgrund von Wünschen, Gier usw., die unser Herz einengen. Wohltätigkeit ist ein Gegenmittel für diese Krankheit. Sie weitet das Herz und füllt es mit Mitgefühl und Liebe für den Leidenden. Ein Mensch von wohltätiger Natur hat ein großes Herz. Er kann die Leiden anderer *fühlen*. Wohltätigkeit macht daher das Herz feucht und weich, bereit für das Erblühen der Lotus-Füße Gottes im eigenen Herzen, worum im vorigen Vers gebetet wurde. So reinigt Wohltätigkeit das Herz und bereitet es vor. Dabei an Gott zu denken ermöglicht das Einpflanzen seiner Lotus-Füße in das bestellte, kultivierte Herz. Wohltätigkeit und Meditation führen so zur Befreiung.

Wohltätigkeit ist ein breiter Begriff. Es heißt nicht nur, ein wenig des eigenen Wohlstands mit anderen zu teilen oder ihnen zu geben. Man kann (und muss) in seinen Gedanken und Gefühlen wohltätig sein, in seinen Ansichten und Haltungen. Man kann seinen Reichtum, Wissen, Fähigkeiten oder Weisheit verschenken. Weisheit zu geben, *Jnana-Dana*, wird als die höchste Form der Wohltätigkeit betrachtet, denn während die Wirkung anderer Formen von Wohltätigkeit nicht lange anhält, führt *Jnana-Dana* zu dauerhaftem Guten. Jede Form von Wohltätigkeit beinhaltet jedoch die Aufgabe von eigenem Vergnügen – mag es physisch, psychologisch oder egozentrisch sein. Ist dieses Element des Opfers nicht darin enthalten, verliert die Wohltätigkeit ihre ganze Bedeutung. Die verschiedenen Arten von Wohltätigkeit oder Opfer sind dafür gedacht, als Mittel und Vorbereitung für das letzte Opfer, das Opfer der Meditation über Gott, zu dienen, worin die eigene Individualität der Universalität geopfert wird. Darum soll man alles was man hat in Wohltätigkeit hingeben – seinen Wohlstand, seine Fähigkeiten und Talente, das Ego und schließlich sich selbst an Gott – so weit, dass nichts übrig bleibt, was das Eigene oder man selbst genannt werden kann. Es ist ein Geben ohne Rückhalt. Kein Besitz bleibt übrig, und auch die Individualität bleibt nicht übrig.

Darum gab sich Arunagiri nicht damit zufrieden zu sagen „gib in Wohltätigkeit", sondern hat ausdrücklich „ohne Rückhalt" hinzugefügt. Nichts darf zurückgehalten oder übrig gelassen werden. Wenn also alle Besitztümer in Wohltätigkeit weggegeben werden und mit dem Meisterstreich der Meditation auf Gott die eigene Individualität der Universalen Existenz Gottes geopfert wird, dann zerbrechen die Fesseln des Karma und der Prozess des Samsara kommt zu einem Ende. Arunagiri empfiehlt daher Wohltätigkeit und Meditation als Mittel, um Karmas zu zerstören und das Leben die Seelenwanderung zu transzendieren. Wohltätigkeit ist (materiell) äußerliches Opfer und Meditation (spirituell) ist inneres Opfer, wobei Erstere zu Letzterem führt und darauf vorbereitet. Dies ist eine praktische Anweisung, um das „alles beendende und mich verlierende Gute" zu erreichen, auf das sich Vers 2 bezog. Dort ist es ein Gott dargebrachtes Gebet, und hier ist es eine dem Geist gegebene Anweisung; dort das Ziel, hier die Mittel. Wie schön werden Wahrheiten von dem Heiligen dargelegt!

*

Zusätzlich dazu, die Gnade Gottes wie im vorherigen Vers anzurufen, weist der Aspirant nun seinen Geist an, in Wohltätigkeit zu geben und über die Füße Gottes zu meditieren – Wohltätigkeit, damit das harte Herz weich wird und Meditation für das Erblühen der Lotus-Füße im Herzen, das so weich geworden ist – die kombinierte Anwendung von beidem wird die göttliche Gnade anziehen.

அமரும்பதி கேள் அகமாம் எனுமிப்
பிமரங்கெட மெய்ப்பொருள் பேசியவா
குமரன் கிரிராச குமாரி மகன்
சமரம்பொரு தானவ நாசகனே.

VERS 8

Amarum Padhikel Agamaam Enumip
Pimarangkeda Meipporul Pesiyavaa
Kumaran Giriraasa Kumaari Magan
Samaramporu Dhaanava Naasagane

Den bewohnten Körper und die Verwandten als Ich zu betrachten
Um diese Täuschung zu vertreiben, hast Du von der Höchsten Wirklichkeit gesprochen.
O Kumara, Sohn von Parvati, der Tochter von Himavan!
O Zerstörer von Asuras, die sich erhoben, um zu kämpfen und zu siegen!

„O Kumara! O Sohn von Himavans (König des Himalaya) Tochter! O Zerstörer von Asuras, die gegen Dich kämpften! Es ist tatsächlich ein Wunder, O Gott, dass Du mir *Upadesa* (spirituelle Unterweisung) über die Höchste Wirklichkeit gegeben hast, so dass die Unwissenheit, die einen glauben lässt, dass der Körper, in dem der *Atman* (das höhere Selbst) wohnt und die Verwandten Ich (und mein) sind, zerstört wurde."

Erklärung:
Kumara bedeutet einer, der ewige Jugend hat, der immer der Gleiche ist, der keine Veränderung kennt – das Absolute. *Kumara* bedeutet außerdem derjenige, der das Übel zerstört. Unwissenheit ist das größte Übel, die ursprüngliche Sünde und ist die Ursache des *Jivatva* (der Individualität). Aufgrund von Unwissenheit hält man sich selbst für den Körper, seine Frau, Kinder und Heim als wirklich, als geliebt und als zu einem gehörig. Gott zerstört diese Täuschung, indem er der ursprünglichen Ursache ein Ende macht, nämlich der Unwissenheit, durch sein *Upadesa* (Belehrung) über die eigene wirkliche Natur oder Identität.

Uma Devi, die göttliche Gefährtin Shivas, war ursprünglich die Tochter von Daksha und hieß Dakshayini. Nach der Schande, die sie durch Daksha (ihren

Vers 8

Vater) bei dem berühmten *Daksha-Yajna*[11] traf, wobei Dakshas Ego von Shiva bezwungen wurde, schämte sie sich dafür, Dakshayini genannt zu werden und bat Shiva, ihren Namen zu ändern. Shiva gewährte ihr ihren Wunsch und bestimmte, dass sie als Tochter des Himalaya (des Königs der Berge) geboren werden sollte, der zu dieser Zeit Buße tat, um ein Kind zu bekommen. Dementsprechend lag Dakshayini als Kind im Himalaya, wo der König sie fand und liebevoll aufzog. Sie hieß Parvati– die Tochter von Parvataraja, dem Bergkönig des Himalaya. Von Kindheit an war sie Shiva hingegeben und sie begleitete gewöhnlich ihren Vater und half ihm bei Verehrungsritualen. Im Laufe der Zeit, als sie ins heiratsfähige Alter kam, war auch ihr Geist fest auf Shiva gerichtet. Eines Tages als sie Shiva verehrte, baten ihn die Devas, die von dem Dämonen Surapadma und anderen unterdrückt wurden, Parvati Devi zu heiraten und ihnen einen mächtigen Anführer zu geben, der alleine, so waren sie überzeugt, die Asuras töten könnte. Shiva willigte ein und nahm Parvati zur Frau. Dann wurde Parvati *Prasnat-Stani*, d.h. eine Mutter, aus deren Brüsten Milch fließt durch das *Tejas* (Feuer), das aus dem dritten Auge Shivas hervorging, aus dem Lord Skanda im *Saravanappoigai*-Teich geboren wurde, wie es eingangs im Anrufungsvers erklärt wird. Als sie mit Shiva kam und die Babys nahm, nahmen diese einen einzigen Körper mit sechs Gesichtern und zwölf Händen an. Dies ist Skanda, der Sohn von Parvati, der Tochter des Himavan. Später kämpfte Lord Skanda mit den Asuras und zerstörte Surapadma und sein Gefolge. Er vernichtet auch die Dämonen der Unwissenheit, Lust, Gier usw. in der inneren Schlacht des Suchers. Darum spricht man von ihm als dem Zerstörer der Asuras.

Wie Arunagiri den Herrn in der zweiten Hälfte des Verses in drei verschiedenen Aspekten anspricht, hat eine große spirituelle Bedeutung: Gott ist (1) *Kumara* (der Ewigkeitsaspekt, weil er immer ist); (2) der *Sohn von Parvati* (der Avatara-Aspekt, d.h. die Materialisation des reinen Geistes auf der relativen Ebene zum „Wohle" der Welt); und (3) der *Zerstörer der Asuras* (der Guru-Aspekt, der durch sein *Upadesa* die Asuras der Unwissenheit usw. zerstört). Er erklärt somit die Wahrheit, dass sich die Ewige *Wirklichkeit* als *Avatara* manifestiert und auch als der persönliche *Guru* kommt; und dennoch ist es die immer gleiche Wirklichkeit.

Gott, der also das Absolute und der Guru ist, gab Arunagiri spirituelle Unterweisung, was seine Täuschung zerstörte. Aufgrund von Unwissenheit wird der Körper mit dem Selbst oder „Ich" verwechselt und umgekehrt; und als Folge

---

11. Daksha veranstaltete ein großes Opferfeuer (Yajna), lud aber seine Tochter und ihren Gemahl Shiva nicht dazu ein, was ein großer Affront gegen sie war.

davon die Menschen, die mit ihm zu tun haben als „mein". Aber der Körper ist *Jada*, unbelebt, weil er weder sich selbst noch andere Dinge kennen kann. Er scheint bewusst zu sein aufgrund des *Atmans* (Bewusstsein), der ihn zeitweilig belebt. Daher ist der Körper nicht das Selbst, sondern nur ein Wohnort davon. Auch der Geist und der Intellekt sind letztendlich nicht empfindungsfähig, weil sie Produkte der *Prakriti* (Natur, alle äußeren Erscheinungen) sind, die selbst ohne Bewusstsein ist. Das Selbst ist das einzige bewusste Prinzip, demgegenüber diese alle Objekte sind. Es ist das wirkliche „Ich". Aber aufgrund von Unwissenheit, deren Natur unbeschreiblich ist, ist das Selbst dazu gekommen, sich als den Körper usw. zu betrachten. Dies heißt auf Sanskrit *Bhrama*, was sich in diesem Vers in „*Pimara*" verwandelt hat, um mit der poetischen Grammatik überein zu stimmen. Das *Upadesa* des Guru vertreibt diese Unwissenheit. Der Guru bringt durch spirituelle Einweihung eine bestimmte Umwandlung im Bewusstsein hervor, durch die man plötzlich seine essentielle Natur erkennt und von den Fesseln der Modifikationen der *Prakriti* frei wird, mit denen man sich fälschlicherweise die ganze Zeit über identifiziert hat.

Arunagiri sagt nicht direkt, welches *Upadesa* ihm von Gott gegeben wurde. Wahrscheinlich ist es nicht dafür gedacht, enthüllt zu werden. Aber die Wirkung wird benannt – die Zerstörung der falschen Identifikation mit dem Körper und seinen Verbindungen, *Ahamkara* und *Mamakara*. Durch dieses *Upadesa* über die Natur des Selbst, des *Atman*, erkannte Arunagiri auf einmal, dass er *Satchidananda* (reines Sein, Wissen und Wonne) ist und mit dieser Erkenntnis verging seine Täuschung. Über diese besondere Gunst, die ihm gewährt wurde, bricht der Heilige in Freude aus und sagt: „Ein großes Wunder ist es tatsächlich, O Herr, dass Dein Upadesa über die Höchste Wirklichkeit meine Unwissenheit sofort zerstört hat."

Die erste Zeile dieses Verses wird gewöhnlich interpretiert als: „...die Täuschung, aufgrund derer man fälschlicherweise denkt, dass dies mein geliebter Geburtsort ist, (dies meine) geliebten Verwandten (sind) und (dies mein) geliebtes Haus (ist), wurde zerstört."

Wenn der Geist durch Wohltätigkeit und Kontemplation in einem gewissen Ausmaß gereinigt wurde, erscheint Gott als Guru. Der Guru ist Gott, der sich in menschlicher Gestalt manifestiert. Der Guru und Inkarnationen Gottes sollten deshalb nicht als rein menschliche Persönlichkeiten betrachtet werden, ein Fehler, den ein Schüler im Allgemeinen begeht. Krishna sagt: „Narren missachten mich, in menschliche Gestalt gekleidet, weil sie nicht mein höheres Wesen als den großen Herrn aller Wesen erkennen" (Gita II-11). Der Neuling auf dem spirituellen Pfad kann nicht plötzlich auf einmal die höchste Wirklichkeit erkennen. Der Geist braucht auf den Anfangsstufen eine konkretere Form, die er wahrnehmen, bewundern, der er dienen, bei der er sein und über die er meditieren kann. Also kommt Gott als der Guru; und der Guru sollte als solcher betrachtet werden. Die Höchste Wirklichkeit nimmt Gestalt als Avatar an und kommt auch in einer menschlichen Gestalt als Guru um das Absolute zu lehren, denn nur das Absolute kann das Absolute lehren. Er kommt jedoch in menschlicher Gestalt auf die Ebene, auf der wir sind, um uns auf seine Ebene zu bringen.

Die vereinte Bemühung von Wohltätigkeit und göttlicher Kontemplation (Vers 7) zieht göttliche Gnade an, die in menschlicher Gestalt als der Guru kommt, der den Schüler über die (Natur der) Wirklichkeit belehrt. Durch den Rat des Gurus erkennt der Sucher, dass er nicht der Körper ist, sondern das, was darin wohnt. Diese Belehrung führt nicht zur tatsächlichen Zerstörung seiner Unwissenheit, sondern gibt ihm nur ein intellektuelles Verständnis, dass er das Selbst und nicht der Körper ist usw. Dies ist der erste Rat, der vom Guru gegeben wird, und es ist ein äußerlicher, d.h. eine verbale Anweisung.

Dass die Gnade Gottes in Gestalt des Gurus gekommen ist und ihm die Belehrung gegeben hat, weiß der Schüler jedoch nicht; es wird ihm erst später, in Vers 13, klar. Die Gnade Gottes als Guru kann auch in der Gestalt von Werken verwirklichter Seelen erscheinen, auf die der Schüler vielleicht stößt und aus deren Studium er erfährt, dass er in Wirklichkeit das Selbst und nicht der Körper ist. Wahrlich große Seelen „sprechen" durch ihre Schriften. „Wenn Du durch die Lehren eines Heiligen beeinflusst wirst", sagt Swami Sivananda, „dann ist er Dein Guru."

*

Im Falle von Arunagiri war es tatsächlich so, dass das Upadesa Gottes seine Unwissenheit sofort zerstört hat und er die Selbstverwirklichung hatte. Aber so gesegnet wie er ist nicht jeder, besonders nicht der gewöhnliche Sadhaka, der Upadesa von einem Guru bekommt.

Normalerweise erhebt die Unterweisung des Gurus den Geist des Sadhakas zeitweilig zu solchen Höhen, dass er fühlen mag, von der Maya befreit zu sein. Das geschieht aufgrund der mächtigen spirituellen Gegenwart des Guru und der Kraft, die von ihm auf den Schüler übertragen wird, selbst wenn der Guru

Gott selbst ist. Aber der Schüler kehrt bald wieder in seinen alten Zustand zurück, natürlich mit einem Wissen über die Existenz und Natur höherer Wirklichkeiten, und um diese zu erreichen muss Sadhana ausgeübt werden. Ein offensichtliches Beispiel ist Arjuna, dem durch keinen Geringeren als Yogeshvara Krishna selbst, auf dem Schlachtfeld von Kurukshetra das höchste Evangelium gegeben wurde, das die Weisheit des gesamten Universums enthält. Arjuna schien in diesem Zeitpunkt alles klar zu sein und er erklärte auch, seine Unwissenheit sei verschwunden. Aber wie war sein Zustand nach dem Mahabharata-Krieg? Er war wieder der gleiche alte Arjuna! Dies ist so, weil die universelle Vision und die Weisheit nicht als Ergebnis seiner spirituellen Praxis erworben, sondern zeitweilig durch Gott, durch seine göttliche Kraft, als eine Ermutigung, „gegeben" wurden.

Es ist daher klar, dass selbst nach der Belehrung des Guru die Maya nicht vollständig ihren Einfluss verliert, obwohl der Sadhaka jetzt ein klares Verständnis davon hat. Das bedeutet also im Falle des Aspiranten, dass der Guru Upadesa über die Natur der Wirklichkeit gibt, was im Laufe der Zeit seine Täuschung zerstören kann, weil es ihm das intellektuelle Wissen gegeben hat, dass er das Selbst und nicht der Körper ist usw. – ein Wissen, das er vorher nicht besessen hat und das von da an die Grundlage seines Sadhana bildet.

Die erste Instruktion durch den Guru ist wie ein Stein, der in ein Wasserbecken geworfen wird, dessen Wasser vollständig von Algen bedeckt ist. Die Kraft des Steinwurfes trennt die Algen für eine Weile und das Wasser wird vorübergehend für einen Moment lang sichtbar, aber es wird gleich wieder von den Algen bedeckt. Dies jedoch hat ein Wissen darüber gegeben, dass es Wasser unter den Algen gibt, was man vorher nicht einmal gewusst hat. So ist es auch mit der machtvollen Belehrung des Guru über die Wirklichkeit, die den Schüler fühlen lässt, zumindest für den Augenblick, dass er das Selbst ist.

Beim ersten Kontakt gibt der Guru *Hitopadesa*, d.h. er spricht einige Worte der Weisheit, die dem Aspiranten gewaltigen Trost geben. Der Guru „spricht" nur über die Natur der Wirklichkeit. Er gibt nicht sofort tatsächliche „Einweihung", was *Upadesa* im wahren Sinne des Wortes ist und was er erst nach rechter Vorbereitung tut. (Vers 20) So verwendet der Heilige passenderweise das Wort „sprechen" (Meipporul „Pesudhal") in diesem Vers 8 und in Vers 11 und das Wort „initiieren" (Upadesam „Unarthudhal") in Vers 20.

மட்டூர்குழல் மங்கையர் மையல்வலைப்
பட்டுசல்படும் பரிசென்று ஒழிவேன்
தட்டூடறவேல் சயிலத்து எறியும்
நிட்டூர நிராகுல நிர்ப்பயனே.

VERS 9

Mattoorkuzhal Mangaiyar Maiyal Valaip
Pattoosal Padum Parisenru Ozhiven
Thattoodara Vel Sayilat Theriyum
Nittoora Niraagula Nirbbayane

Gefangen im betörenden Netz von duftend gekleideten Frauen,
Und dadurch umhergeworfen – wann wird diese Notlage aufhören?
O Herr, Der den Vel schleudert, um den Berg zu durchbohren;
Der grimmig und frei von Leid ist, kühn und großartig!

„O Herr, der grimmig, frei von Leid und furchtlos ist! Der den *Vel* so geworfen hat, dass er die Mitte des Krauncha Berges durchbohrt hat (ohne irgendwelche Hindernisse)! Wann werde ich von dieser Misere loskommen, herumgeschleudert zu werden (in meinen Gedanken), weil ich im Netz der Vernarrtheit nach duftend gekleideten Frauen gefangen bin?"

Erklärung:
Shanmukha zerstörte mit einem Wurf seines Vel den Krauncha-Berg, d.h. den Dämonen, der vom Weisen Agastya verflucht worden war, Berg zu bleiben, bis er von Skanda getötet würde (Vers 4).

Gott ist grimmig. Er ist nicht nur grimmig gegenüber seinen Feinden in der Schlacht, sondern er verbrennt auch die inneren Feinde seiner Verehrer wie Lust, Gier, Ärger, Egoismus usw., die nur durch göttliche Gnade ausgelöscht werden können.

Gott ist frei von Leid. Er ist frei von Sorgen jeder Art, aufgrund des Fehlens von Begrenzungen jeder Art. Er ist voller Seligkeit, *Anandamaya*.

Gott ist furchtlos. Dem schrecklichen Surapadma und den anderen *Asuras* eine Schlacht zu liefern, war ein reines Spiel für ihn.

Arunagiri ruft die spezielle Gnade Gottes an, indem er sagt: „O Du Grimmiger, rette mich", weil diese Täuschung wie die Tücken von Sex schwer durch gewöhnliche menschliche Anstrengungen überwunden werden können. Kein Ratschlag, keine Ermahnung wird hier wirken. Es scheint, dass Gott hier grimmige Mittel benutzen muss, um einen von dieser schrecklichen Krankheit zu heilen. Arunagiri hatte in seinen früheren Tagen viel an dieser Verrücktheit gelitten. Er fiel in die Hände von Frauen mit schlechtem Ruf. Seine Vorliebe für Sex war so übermäßig, dass er sein ganzes Geld dafür ausgab und mittellos wurde. Und doch verließ die Begierde ihn nicht. Eine Version seiner Lebensgeschichte erzählt [12]:

Arunagiri wurde in einer *Vesya* (Prostituierte) Familie geboren und hatte eine Schwester, die alles für ihn und sein Treiben tat, um ihr Versprechen zu erfüllen, das sie ihrer Mutter an deren Totenbett gegeben hatte. In seiner Jugend führte er ein so ausschweifendes Leben, dass er bald krank vor lauter Infektionen wurde. Er hatte all seinen Wohlstand eingebüßt und selbst alles verprasst, was seine Schwester verdient hatte und hatte so auch sie mittellos gemacht. In diesem Zustand verlangte er eines Tages Geld von ihr für seine Sinnesbefriedigung. Sie hatte nichts, was sie ihm geben konnte, aber er wollte nicht hören. Ihr Ratschlag traf auf taube Ohren. Sie verzweifelte und sagte: „Bruder, Deine Vorliebe für die Vergnügungen der Frauen ist so heftig und stark, dass Du sie trotzdem immer noch brauchst. Jetzt hast Du all meine Mittel verbraucht, und ich habe keinen Penny mehr. Darum sehe ich keine andere Möglichkeit, als mich Dir selbst für Dein Vergnügen anzubieten. Hier bin ich, mit mir kannst Du das Vergnügen finden, das Du suchst." Und siehe da! Ein Wunder geschah. Diese Worte seiner Schwester flossen in Arunagiris Ohren wie geschmolzenes Blei und er war bis aufs Mark erschüttert, so grundlegend erschüttert, dass er in einem Moment der Reue beschloss, sein Leben zu beenden. Er stieg auf den Tempelturm und stürzte sich von dort hinunter. Aber Gott erschien dort, rettete und segnete ihn. Von da an wurde Arunagiri ein Heiliger.

Also wusste Arunagiri sehr wohl, was es heißt, an Leidenschaft zu leiden und er hatte auch gelernt, dass nichts außer der Gnade Gottes einem helfen kann, die Begierde zu überwinden. Arunagiri spricht Gott in diesem Vers als „grimmig" an, weil seine Gnade oft durch schwierige Lebenssituationen kommt. Die

---

12. Siehe „Lord Shanmukha and His Worship" von Swami Sivananda

durchdringenden Worte seiner Schwester waren die unergründliche, grimmige Art, wie Gott wirkt. Sie erschütterten ihn nicht nur, machten ihn reumütig und dazu entschlossen, niemals wieder Vergnügen zu suchen, sondern sie brachten ihn auch dazu, als Sühnemaßnahme (*Prayaschitta*) sein Leben zu beenden, indem er sich vom Turm stürzte. Die Medizin muss genauso stark, wenn nicht noch stärker sein, wie die Krankheit selbst. Darum wendet Gott gewaltsame Mittel an, um einen aus akuten Situationen zu befreien.

Der Zustand, in dem der Geist hin und her gerissen wird, ist eine Erfahrung, die jedem Sucher bekannt ist. Er hat ein Ideal, worauf er seinen Geist konzentriert, einen *Ishta Devata* (Aspekt Gottes), über den er meditieren möchte. Aber die äußeren Dinge, zu denen man sich hingezogen fühlt, erlauben dies nicht und der Geist wird von dem Ideal geradezu gewaltsam weggezogen. Mit großer Schwierigkeit versucht er, den Geist von ihnen abzuziehen und ihn auf Gott zu richten, nur um festzustellen, dass er innerhalb eines Moments wieder zu den Gegenständen des Vergnügens gewandert ist. Das Schwingen des Geistes zwischen seinem Ideal (dem Selbst oder Gott) im Inneren und den geliebten Gegenständen draußen, zwischen der Anstrengung zur Konzentration und dem Sog der Sinnesobjekte, ist sehr ermüdend. Diese schmerzhafte Notlage des Umherwirbelns des Geistes kann man nur durch die Gnade Gottes überwinden, wofür das Gebet in diesem Vers ist.

Verblendete Liebe wird mit einem Netz verglichen, denn wer sich darin verfangen hat, kann sich nicht leicht daraus befreien, genauso wie diejenigen, die den Krauncha-Berg betraten, sich darin verirrten und nicht mehr herausfanden. Und genauso wie nur der *Vel* alleine den Berg durchbohren konnte, kann nur die Gnade Gottes einen aus dem Netz von *Moha* (Täuschung) befreien. Darum das Gebet: „O Gott! Du hast den *Vel* gegen den Berg geworfen; warum lässt Du nicht Deine Gnade auf mich ergießen?"

Dieser Vers ist keine Verdammung von Frauen, sondern weist auf die Kraft unmäßiger Liebe zu Sex hin, die Menschen leiden lässt und einen dazu bringt, Zuflucht bei Gott zu suchen, um davon befreit zu werden.

Arunagiri weint zu Gott um seine Gnade und sein Mitleid, um von dem zügellosen Verlangen nach Sex befreit zu werden. Obwohl er schon befreit ist, macht er dies zum Wohl der Menschen, indem er sich in ihre missliche Lage versetzt, so dass sie nur den Vers wiederholen müssen und die Gnade Gottes wird sie retten.

*

Obwohl die Belehrung des Gurus dem Aspiranten ein intellektuelles Verständnis davon gegeben hat, dass er nicht der Körper usw. ist, ist er noch nicht frei von den sinnlichen Anziehungen, deren stärkste die nach Sex ist. Er versucht seine Sinne zu beherrschen und über das Selbst zu meditieren, aber sein Geist wird hin und her gezerrt zwischen seinem *Ideal* und der *Wirklichkeit*, zwischen dem *inneren* Selbst und den *äußeren* Gegenständen, zwischen seinem intellektuellen Verstehen und den praktischen Versuchungen im täglichen Leben.

காா்மாமிசை காலன்வரில் கலபத்து
ஏா்மாமிசை வந்தெதிரப் படுவாய்
தாா்மாா்ப வலாரிதலாரி எனும்
சூா்மாமடியத் தொடு வேலவனே.

VERS 10

Kaarmaamisai Kaalan Varir Kalabattu
Yermaamisai Vandhedhirap Paduvaai
Thaarmaarba Valaari Thalaari Enum
Soormaa Madiyat Thodu Velavane

Wenn, auf einem schwarzen Büffel sitzend, Yama sich mir nähert,
Erscheine auf Deinem schön gefiederten Pfau und segne mich;
Dessen Brust mit Girlanden geschmückt ist! O Werfer des Vel, der schön gespalten hat
Den Sura-Baum – des Valan-Töter, Indras Feind!

„O Herr, dessen Brust immer mit Siegesgirlanden geschmückt ist! Der Du den Vel geworfen hast, um den Mangobaum-Surapadma zu spalten, der der Feind des Königreichs von Indra war, der den Asura namens Vala getötet hat! Wenn (durch einen Fehler) Yama (der Todesgott) auf seinem schwarzen Büffel kommt (um mein Leben zu nehmen), schenke mir Deine Vision, erscheine auf Deinem schön gefiederten himmlischen Reittier, dem Pfau."

Erklärung:
Vala war ein Asura. Er verehrte Shiva und bekam als Gabe von ihm, dass sein Körper bei seinem Tod zu neun Edelsteinen werden sollte.

Einmal besiegte er Indra in der Schlacht. In Anerkennung seiner Tapferkeit bot Indra ihm an, er solle sich etwas wünschen. Der Asura lachte und erwiderte: „Du wurdest besiegt und willst mir einen Wunsch gewähren! Ich werde Dir ein Geschenk geben, wähle." Indra ergriff die Gelegenheit und wünschte, dass er seine Opferkuh werden solle; und als dies geschah, tötete Indra ihn. Als der Asura starb, wurde sein Körper aufgrund der Gabe Shivas zu neun Edelsteinen, nämlich: Blut – Karfunkel; Zähne – Perlen; Haare – Lapis Lazuli; Knochen – Diamant; Galle- Smaragd; Fett – Sardonyx; Fleisch – Koralle; Augen – Saphir und Schleim – Topas. Weil er unfaire Mittel verwendet hatte, als er Vala tötete und wegen vieler anderer Schreckenstaten die er begangen hatte, musste Indra durch die Hand Surapadmas, der sein Königreich Indraloka überfiel und es sogar verbrannte, unsägliche Qualen erleiden. Surapadma wird deshalb auch als der Feind des Königreichs des Valan-Töters, Indra, bezeichnet.

Surapadma lieferte Gott Skanda mit seiner gesamten Armee eine heldenhafte Schlacht. Skanda zerstörte seine Armee, seinen Streitwagen und alles, bis nur noch der Asura allein übrig blieb. Und dennoch verließ ihn das Ego nicht, dessen Personifizierung er war! Die Zeit seines Verhängnisses war gekommen. Aber der Asura hatte großes *Tapas* geübt und den Segen Shivas erlangt, der jetzt in der Form von Skanda gekommen war, was er aber nicht wusste. Weil er an seinen früheren Bußübungen und seiner jetzigen heldenhaften Standhaftigkeit Gefallen fand, zeigte ihm Gott aus Mitgefühl sein *Visvarupa* (seine Kosmische Gestalt). So hatte Surapadma das Glück einer Vision der kosmischen Form, bei deren Wahrnehmung er sich demutsvoll vor Gott verbeugte und seine Göttlichkeit erkannte. Aber siehe da! Die Kraft des Egos ist so groß, dass der Asura sich wieder bewaffnet zum Kampf rüstete und die Vision vergaß, sobald Gott seine kosmische Form wieder zurückzog. Und jetzt, da er ganz allein war, benutzte Surapadma all seine Maya-Tricks im Kampf. Er nahm in schneller Abfolge unterschiedliche Gestalten an und kämpfte mit Gott, der sie alle tötete. Schließlich nahm er die Gestalt eines Mangobaums an. Dieser unvorstellbar große Baum stand mit tief reichenden Wurzeln und Ästen bis in den Himmel mitten im Ozean, erschütterte die Erde und den Himmel und verursachte den Devas Angst und Schrecken. Es schien als ob die Erde und der Himmel zu Staub zerfallen würden. Jetzt warf Skanda seinen *Vel*, der den Baum in zwei Hälften spaltete und den Asura ins Meer stürzte.

Dem Herrn, der Surapadma mit seinem Vel zerstört hat und dessen Brust immer mit Siegesgirlanden geschmückt ist, bringt Arunagiri dieses Gebet dar: „O Herr, wenn Yama kommt, um mein Leben wegzunehmen, komme zu mir und rette mich."

Dieser Vers ist ein wirksames Gebet gegen die Angst vor dem Tode. Yama nähert sich nur weltlichen Menschen, nicht den Gottesverehrern, und noch viel weniger einem Heiligen vom Range eines Arunagiri. Und dennoch bringt er dieses Gebet dar, um den Herzen der Gläubigen das Vertrauen einzuflößen, dass Gott kommen und sie beschützen wird, sollte Yama sich ihnen nähern. Denn wenn sich durch irgendein Versehen Yama einem Gottesverehrer nähert, könnte ihm Yamas Gestalt mit seinem schwarzen Büffel Schrecken einjagen;

aber die gleichzeitige Vision Gottes mit seiner bezaubernden Gestalt und der mit Girlanden geschmückten Brust auf dem schönen Pfau wird das Herz des Verehrers beruhigen und seine Seele trösten. Darum das Gebet. Was für ein schöner Gegensatz zwischen dem schwarzen büffelreitenden schrecklichen Yama und dem schönen pfaureitenden bezaubernden Skanda!

Arunagiri hatte keinen Zweifel, dass Yama sich ihm nicht nähern könne, da er von Lord Shanmukha besonders gesegnet worden war. Und tatsächlich näherte sich ihm Yama nicht; denn als seine Mission vorüber war, erlangte Arunagiri die glückselige Vereinigung mit Gott.

*

Todesangst kann den *Sadhaka* erfassen. Dies mag daran liegen, dass sein Körper von den inneren psychologischen Kämpfen verzehrt wird (Vers 9) und dem daraus folgenden mentalen Unglücklichsein oder aufgrund seines *Tapascharya* (Askesepraxis) oder aufgrund fortschreitenden Alters. Der Sucher bittet darum Gott um Schutz, d.h. ihm im Fall seines Todes beizustehen, weil er nicht sterben möchte, bevor er Gotteserfahrung erreicht hat.

Todesangst ist auch ein großer Faktor im *Sadhana*, der den Sucher antreibt, mit größerer Hingabe Zuflucht bei Gott zu suchen.

கூகாென என்கிளை கூடி அழப்
போகாவகை மெய்ப்பொருள் பேசியவா
நாகாசல வேலவ நாலுகவி
த்யாகா சுரலோக சிகாமணியே.

Vers 11

Kuugaa Enaen Kilaikoodi Azhap
Poogaavagai Meipporul Pesiyavaa
Naagaasala Velava Naalukavith
Thyaagaa Suraloga Sigaamaniye

Dass sich meine Verwandten versammeln und klagen „kuu-kaa",
lass mich so nicht sterben –höre! Du gabst mir Upadesa der Höchsten Wahrheit;
O Dichter der vier Arten! O Velayudha!
O Herr in Nagasala! O Kronjuwel von Devaloka!

„O Herr, dessen Schrein (auf dem Hügel) in Nagasala steht! O Velayudha! O Gewährer der Kraft, die vier Arten von Poesie zu komponieren! O Kronjuwel von Devaloka! Was für ein Wunder: Du gabst mir *Upadesa* der Höchsten Wirklichkeit, was meinen Tod vermieden hat sowie die Gelegenheit für meine Verwandten sich zu versammeln und mit „kuu-kaa" über meinem toten Körper zu klagen!"

Erklärung:
Nagasala ist ein anderer Name für Thiruchchenkodu. Thiruchchenkodu ist in der Nähe von Salem in Südindien und hat einen wunderschönen Hügel, mit einem Skanda-Tempel. Dies ist einer der wichtigen Orte, die von dem Heiligen besucht wurden und die er ins Herz geschlossen hatte. Das bezaubernde Bildnis Skandas und der Zauber des Tempels und dieses Ortes zogen den Heiligen so sehr an, dass er in einem Vers seines anderen Werkes *Kandar Alankaaram* sagt: „Oh wie schade, dass Brahma mich nicht mit viertausend Augen geschaffen hat, um Gott in Thiruchchenkodu zu sehen." Arunagiri hat viele *Tiruppugazh*-Lieder dem Lobe des Herrn dieses Ortes gewidmet, und hat hier von Gott die besondere Gabe bekommen, dass, wo immer er auch sei, wenn er „Kanda" sagen und Ihn rufen würde, er vor ihm erschiene. So großartig ist der Ruhm des Herrn von Thiruchchenkodu.

Vers 11

Hätte Gott ihn nicht mit seinen Händen gehalten, als sich Arunagiri zur Sühne seiner Fehler vom Tempelturm stürzte, um Selbstmord zu begehen und hätte er ihm nicht *Upadesa* über die höchste Wahrheit gegeben (was wir in Vers 12 sehen werden) und ihn angewiesen, seinen Ruhm zu besingen, wäre Arunagiri wie jeder Sterbliche gestorben, was zur Versammlung der Öffentlichkeit und seiner Verwandten um seinen toten Körper geführt hätte, die ihn betrauert hätten. Gott hat ihn nicht nur davor bewahrt, sondern hat ihm auch die Fähigkeit geschenkt, Lieder zu seinem Lob zu komponieren und schließlich in seiner Essenz von *Sat Chit Ananda* zu ruhen. Darum sagt Arunagiri, dass Gott, der die Gabe gewährt, die vier Arten von Gedichten zu komponieren (die Arunagiri in verschiedenen Werken alle komponiert hat), ihm das höchste Geheimnis offenbart hat und auch die übliche Prozedur in Todesfällen abgewendet hat. Diese außergewöhnliche Begünstigung, die ihm von Gott geschenkt wurde, besingt Arunagiri voll Freude!

Aasu Kavi, Madhura Kavi, Chitthira Kavi und *Visthaara Kavi* sind die vier Arten von Poesie in der tamilischen Sprache. *Aasu Kavi* bedeutet, Gedichte sofort zu einem bestimmten Thema zu improvisieren. Verse voll süßer Musik zu singen, ist *Madhura Kavi*. Verse zu komponieren, die durch Zeichnungen ausgedrückt werden können, ist *Chitthira Kavi*. *Visthaara Kavi* sind kunstvolle lange poetische Werke (epische Gedichte). Murugan gilt als der Gott des Tamil, der die tamilische Sprache gegeben hat. Darum hat er die Macht, jemandem die Fähigkeit zu verleihen, alle vier Gedichtarten zu singen.

*

Das ist die weitere Anweisung des Guru an den Sucher. Obwohl ihm das *Hitopadesa* (Vers 8) des Guru unmittelbaren Trost gegeben hat, leidet der Aspirant unter der Anziehung der Sinnesobjekte und der Angst vor dem Tod (Verse 9 und 10). Angesichts dieses gestörten Geisteszustandes des Schülers gibt ihm der Guru nochmals Unterweisung über die höchste Wirklichkeit (d.h. das Selbst), wodurch er überzeugt wird, dass er jenseits des Todes geführt werden und dass dies die übliche Todesszene verhindern wird. Es ist nicht so, dass er den Tod überwunden hätte, aber die Anweisung des Gurus ist so machtvoll und überzeugend, dass er vorhersieht, dass er nicht wie ein gewöhnlicher Sterblicher verscheiden wird.

செம்மான் மகளைத் திருடும் திருடன்
பெம்மான் முருகன் பிறவான் இறவான்
சும்மாஇரு சொல்லற என்றலுமே
அம்மா பொருளொன்றும் அறிந்திலனே.

Vers 12

Semmaan Magalaith Thirudum Thirudan
Pemmaan Murugan Piravaan Iravaan
Summaa Iru Sollara Enralume
Ammaa Porul Onrum Arindhilane

Der Dieb, der Valli geraubt hat, die von einer Hirschkuh Geborene;
Dieser glorreiche Murugan, todlos und ungeboren –
Als er mich, ohne Sprache, anwies „sei still",
Was für ein Wunder! Nicht eines einzigen Gegenstandes war ich mir bewusst.

„Was für ein Wunder! Als Lord Murugan – der Dieb, der Valli entführte, die von (Lakshmi in der Gestalt) einer Hirschkuh geboren wurde, der glorreiche Eine, ohne Geburt und ohne Tod – mich durch Stille unterwies (*Upadesa* ohne Sprache) still zu sein, siehe! Ich kannte keinen Gegenstand der Welt."

Erklärung:
Gott ist der glorreiche Eine. Seine Glorie ist jenseits menschlichen Verstehens. Er ist unsterblich, geburtlos und todlos. Weder wird er geboren noch stirbt er wie wir, gezwungen durch die Karmas, sondern Er erscheint in einer menschlichen Gestalt aus seinem freien Willen heraus zum Wohle seiner Verehrer, was *Avatara* genannt wird, die Herabkunft Gottes zur Rettung der Menschheit. Gott, der sich auf der relativen Ebene manifestiert, ist ein Avatar. Es ist, im höheren Sinne, der Abstieg des Gottesbewusstseins für den Aufstieg des Jiva-Bewusstseins zu ihm.

In Vers 6 haben wir schon die Geburt von Valli durch die Hirschkuh gesehen. Valli entwickelte von Geburt an eine intensive Liebe zu Gott und diese wurde im Laufe der Jahre immer stärker. Weil er dies wusste, kam Murugan eines Tages verkleidet zu dem Kornfeld, wo Valli war und prüfte ihre Hingabe. Zufrieden mit der Standhaftigkeit ihrer wahren Hingabe, offenbarte Er seine

Identität und versicherte ihr, dass er bald zu ihr nach Hause kommen und sie zur Frau nehmen würde. So erwartete Valli Tag und Nacht sehnsüchtig sein Kommen. Mitten in der Nacht kam Er dann, als alle anderen fest schliefen, nahm sie ohne das Wissen von irgendjemandem mit und machte sie zu seiner göttlichen Gefährtin. Darum bezeichnet man ihn auch als den „Dieb von Valli".

Tatsächlich ist Gott der größte und wirkliche Dieb, weil er die Herzen der Menschen gefangen nimmt. Die Entführung von Valli um Mitternacht hat auch eine spirituelle Bedeutung. Valli ist der *Jivatman*, die Seele, die sich nach Vereinigung mit Gott sehnt. Wenn der *Jiva* entschlossen ist, Gott zu erreichen und ernsthaft Sadhana übt, prüft Gott den *Jiva* auf unterschiedliche Weise und gibt ihm schließlich durch innere spirituelle Erfahrung und Überzeugung die Zusicherung, dass er die Seele annimmt, wie er es im Fall von Valli getan hat. Die Seele erwartet nun den gesegneten Moment und ist immer wachsam; und Gott erscheint mitten in der Nacht, wenn alle schlafen und alles still ist. Wenn es ganz Nacht für die Sinne, den Geist und den Verstand ist, d.h. wenn sie aufhören zu funktionieren, weil ihre Kräfte im Feuer des Strebens des *Jiva* nach Gott verbrannt wurden, nimmt Gott die Seele gefangen – das höhere spirituelle Bewusstsein nimmt Besitz von der individuellen Seele. Hier wird das Geheimnis enthüllt, dass das Erwachen des höheren spirituellen Bewusstseins (was das Erscheinen Gottes ist) nur möglich ist, wenn die nach außen gehenden Tendenzen der Sinne, die veräußerlichende Natur des Geistes und der objektifizierende Charakter des Bewusstseins zurückgezogen und im Herzen gesammelt werden, welches die Wohnstätte des Selbst ist.

Im vorhergehenden Vers sagte Arunagiri, dass Gott ihm *Upadesa* über die höchste Wirklichkeit gegeben hat, aber er sagte nicht, worin diese Unterweisung bestand. In diesem Vers tut er es. „Sei still" war das Upadesa.

Es gibt drei Arten von Stille, *Mauna* – physisch, verbal und mental. Körperlich fest und bewegungslos in einer Haltung zu bleiben, ist physische Stille, *Kashtha-Mauna*. Nicht zu sprechen ist *Vang-Mauna*. Dann gibt es noch die Stille des Geistes aufgrund der Auslöschung der *Vasanas*, der Wünsche, was *Mano-Mauna* ist. Es mag in *Kashtha-Mauna* keine mentale Stille geben und in *Vang-Mauna* können Körper und Geist aktiv sein. Aber in *Mano-Mauna* stellen sich physische und verbale Stille automatisch ein. Darum ist mentale Stille am schwierigsten zu erreichen und ist den beiden anderen übergeordnet. All drei Arten von *Mauna* sind nur mit bewusster Anstrengung auszuüben und zu erreichen.

Aber es gibt noch eine andere Art von *Mauna*, das spirituelle *Mauna*, das insgesamt von einer anderen Natur ist, das die drei Arten einschließt und transzendiert und nur durch Gottes Gnade erfahren werden kann. Spirituelles *Mauna* ist die Stille der Seele, das Ruhen des *Jiva* in Gottes-bewusstheit, wobei der Geist automatisch in Stille ruht, der Mund nicht spricht und der Körper sich nicht bewegt. Wenn Gott dieses spirituelle *Mauna*, das sprachlose Upadesa, verleiht, das die Manifestation des Gottesbewusstseins ist, wird der Jiva „still", sieht nichts von dieser Welt, verliert sich in Gott und wird eins mit allem. Dies ist wahrlich eine seltene Erfahrung, die nur ein paar wenigen Auserwählten gegeben wird.

Das *Upadesa* „sei still" ist die letzte Anweisung auf dem spirituellen Pfad. Und es ist unnötig zu sagen, dass sie durch Stille gegeben wird. Was ist dieses sprachlose *Upadesa*? Oder wie lehrt man, ohne zu sprechen? Ja, Sprache ist das Mittel der Belehrung, aber jeder Aspekt des menschlichen Wesens hat eine eigene Sprache, speziell nur für ihn.

Es gibt verschiedene Arten von Sprache, die die verschiedenen Aspekte der Persönlichkeit verstehen. Wir sprechen nicht mit Tieren und sagen ihnen nicht, sie sollen etwas tun; sie verstehen unsere Sprache nicht. Darum nehmen wir Zuflucht zur „Sprache des Stocks", um sie zu erziehen. Es gibt eigensinnige Kinder, die ihren Eltern nicht zuhören wollen. Eine ordentliche Tracht Prügel ist die Belehrungsmethode, die sie sofort verstehen. Das könnte man „physische Sprache" nennen. Die normale „verbale Sprache" verstehen im Allgemeinen alle. Emotionen wie Liebe, Mitgefühl und selbst Ärger werden durch die „Sprache der Augen" ausgedrückt. Der Liebhaber und die Geliebte sprechen in dieser Sprache miteinander. Dann gibt es die „Sprache des Herzens"; ein Verehrer spricht in dieser Sprache zu Gott und umgekehrt durch Gefühle. Und schließlich gibt es die „Sprache des Geistes", in der Gott zu einer reifen Seele spricht. Dies ist die „Sprache der Stille", die ein *Jnani* (Weiser) versteht. Göttliche Weisheit wird durch Stille übermittelt. Jede folgende Sprache ist der vorhergehenden überlegen. Daher das Sprichwort: „Die Sprache der Stille ist mächtiger als die Sprache des Redens." Man kann in einer Sprache verstehen oder lehren, die dem Level entspricht, auf dem man sich befindet. Darum kann Gott, der das Absolute ist, durch Stille sprechen, durch seine Allwissenheit, die sprachloses *Upadesa* ist.

Als die vier *Kumaras* zu Shiva (Dakshinamurti) kamen, um Belehrung zu bekommen, erklärte Shiva die niedrigeren Stufen des Yoga; als die letzte Stufe von Samadhi gelehrt werden sollte, blieb er in Stille (Samadhi) und ließ auch sie in Samadhi eingehen. Er enthüllte ihnen diesen Zustand nicht durch irgendeine Anweisung, sondern durch Sein. Samadhi ist die höchste Stille und er gab die Belehrung über Samadhi (d.h. still zu sein), indem er selbst still war. Dies ist das Mysterium der Offenbarung des Avatara, der Gotteserfahrung. Darum sagt die Bhagavad Gita: „Wer das Selbst sieht, vom Selbst spricht und hört, ist ein wunderbarer Mensch. Er ist einer unter Tausenden. Denn das Selbst ist sehr schwer zu erkennen" (II, 29). Daher ruft der Heilige auch: „Was für ein Wunder, ich habe diese seltene Segnung bekommen!"

Der Guru oder Gott steht nicht außerhalb und belehrt den Schüler. Physisch mag es so erscheinen, aber er manifestiert sich als das Bewusstsein des Schülers und lehrt so in Stille. Gottesbewusstsein tritt ins Jiva-Bewusstsein ein, der Lehrer und der Belehrte werden eins. Also ist das Hinzukommen des Gottesbewusstsein selbst das sprachlose Upadesa, wie auch die Anweisung, still zu sein.

Deshalb sagt Arunagiri, diese Anweisung, „still zu sein", erfolgte nicht durch gesprochene Worte. Es ist keine Unterweisung durch Aktivität oder äußere Demonstration, keine verbale Anleitung, nicht einmal eine Gedankenübertragung. Es ist ein geheimnisvolles „Geschehen" – ein Prozess des Geistes, vom Geist, durch den Geist. Gott oder das höhere Selbst offenbart sich als das eigene Selbst. Es ist ein spirituelles Bewusstsein, das nur durch die Gnade Gottes gewährt wird und nicht durch rein menschliche Anstrengung erlangt werden kann. Darauf beziehen sich die Upanishaden mit: „Er offenbart sich dem, den Er erwählt." Siehe da! In dieser höchsten spirituellen Bewusstheit hört die Welt auf zu existieren – die Welt wie sie jetzt wahrgenommen wird, als eine Entität, die außerhalb und unabhängig vom Wahrnehmenden besteht, abgeschnitten von der universalen Existenz Gottes. Den *Jiva* gibt es nicht mehr und auch die Welt hört auf zu sein; Gott alleine existiert.

Es ist sehr interessant und wichtig, dass in dem Moment, als Gott das *Upadesa* gab, still zu sein, Arunagiri nichts von der Welt wusste. Es war nicht so, dass er die Anweisung in die Praxis umsetzen und dann die Erfahrung haben musste. Nein, so war es nicht. Gott lehrte, und er machte die Erfahrung, das ist alles. Dies geht ganz offensichtlich aus dem Vers hervor, worin der Heilige sagt: „Als Er mich lehrte, sei still – da wusste ich nichts anderes mehr." Das Wort ‚Enralume' ist eindeutig. Es lässt keinen Raum zu sagen, dass die Erfahrung nach einiger Übung kam, sondern weist mit Bestimmtheit darauf hin, dass sie in diesem Moment da war. Nach der Unterweisung war es nicht notwendig, bewegungslos zu sitzen, verbales Mauna zu beachten, den Geist zu beruhigen oder irgendetwas in dieser Art zu tun, um in diesen Zustand zu kommen. Es war kein Prozess daran beteiligt; es war ein gleichzeitiges Geschehen. Das *Upadesa* Gottes und die Erfahrung des Heiligen folgten nicht aufeinander, sondern waren gleichzeitig. Die beiden waren eins. Wir haben auch gesehen, wie die nonverbale Unterweisung und das Upadesa, still zu sein, ebenfalls gleichzeitig waren. Also waren die drei – das nonverbale Upadesa, die Anweisung, still zu sein und die Erfahrung der Stille bzw. nichts mehr von der Welt zu wissen – nicht verschieden, sondern alles geschah gleichzeitig auf einen Schlag.

Im Wesentlichen bedeutet also die Entführung von Valli im spirituellen Sinn: Gott offenbart sich im Herzen als höchste Stille oder das Selbst und ist „sprachloses Upadesa" (*Sollara Upadesam*); die gleichzeitige Absorption des Jiva-Bewusstseins ist „still zu sein" (*Summa Iruththal*); und das daraus folgende Nicht-Bewusstsein der Welt ist „nichts zu wissen" (*Porul Onrum Aridhal Illaamai*) – die alle gleichzeitig auftreten. Darum sagt Arunagiri: „Der Herr, der Valli von ihrer Familie geraubt hat und sie zu seiner Gefährtin machte, stahl auch mich von diesem Weltbewusstsein und ließ mich „stille sein", aufgegangen im Bewusstsein Gottes.

Warum ist „sei still" ein großartiges Upadesa? Gott ist allgegenwärtig, alldurchdringend. Daraus entsteht die Frage, warum wir Gott nicht fühlen oder erfahren? Aber die Antwort ist leicht – wir sind nicht „still". Wir machen den Fehler ihn zu „suchen". Er ist überall. Wo gibt es dann die Notwendigkeit, nach Ihm zu suchen? Aber das ist der Fehler, den wir begehen! Es ist ein Fehler, denn zu suchen, heißt Gott zu lokalisieren oder zu externalisieren. Und Gott, der alldurchdringend, universal ist, kann man nicht lokalisieren. Das Universale schließt die Veräußerlichung von Raum und Zeit aus. Darum die Notwendigkeit, mit dieser Suche aufzuhören. Dieses „Aufhören" heißt „still zu sein". Das Bewusstsein, alle Aktivitäten durch den Geist und die Sinne zu beenden und in sich selbst zu ruhen, ist „still sein". Dann ist man sich natürlicherweise nichts Äußerem mehr bewusst.

*

Da eine Unterweisung allein dem Schüler nicht viel hilft (Verse 8 bis 10), gibt ihm der Guru diesmal zusätzlich zum Upadesa (Vers 11) einen vorübergehenden Zustand höheren Bewusstseins durch seine spirituelle Kraft. Auf einmal vergehen alle Objektivitäten, er sieht nichts von der Welt und hat einen kurzen Schimmer dieser verblüffenden Erfahrung des nichtdualen Bewusstseins. Dieser vorübergehende Zustand gibt dem Aspiranten auch eine Einsicht in die Natur Gottes und des Gurus, die er nach seiner Rückkehr zum normalen Bewusstsein mitteilt (im nächsten Vers).

Der Lehrer gibt den spirituellen Bewusstseinszustand nicht durch verbale Anweisung, sondern durch Stille – vielleicht durch eine Berührung, einen Blick oder sogar durch eine Geste.

Obwohl es im Falle von Arunagiri tatsächlich Verwirklichung des Absoluten bedeutete, ist es im Falle des *Sadhaka* nur ein vorübergehender Zustand, vom Guru gegeben, um ihn von der Existenz höherer spiritueller Erfahrungen und von seinen übernatürlichen Kräften zu überzeugen, um dem gestörten Geist des Suchers Vertrauen in die Fähigkeit des Gurus, ihn zur Gotteserfahrung zu führen, einzuflößen. Sri Ramakrishna Paramahansa ließ Vivekananda durch eine Berührung in eine Ekstase spirituellen Bewusstseins fliegen, und in diesem Zustand sah er nichts als Bewusstsein überall. Aber es ist nicht das Erreichen des Ziels. Der Sucher kehrt in seinen normalen Zustand zurück und muss sich anstrengen, um diese Erfahrung selbst zu verwirklichen.

முருகன் தனிவேல்முனி நம்குருவென்று
அருள்கொண்டு அறியார் அறியுந் தரமோ
உருவன்று அருவன்று உளதன்று இலதன்று
இருளன்று ஒளியன்று என நின்றதுவே.

VERS 13

Murugan Thanivel Muninam Guruvenru
Arulkondu Ariyaar Ariyum Tharamoo
Uruvanru Aruvanru Ulathanru Ilathanru
Irulanru Oliyanru Enanindra Adhuve

(Dies ist) Murugan, der unvergleichliche Herr des Vel und unser Lehrer –
Kann dies anders erkannt werden außer durch Gnade?
Nicht mit Form, noch ohne; nicht Existenz, noch anderweitig,
Nicht Dunkelheit, noch Licht; – So ist das Absolute.

„Dieses (Höchste Wesen oder das Absolute) von dem man weder sagen kann es sei mit Form noch ohne Form, weder Existenz noch Nicht-Existenz, weder Dunkelheit noch Licht, ist Murugan (an sich), ist Gott (an sich) mit dem unvergleichlichen *Vel*, ist (selbst) unser höchster Lehrer (*Parama Guru*) - kann dies erkannt werden außer von denjenigen, die es durch (göttliche) Gnade erkennen? (D.h. außer jenen, die dies durch göttliche Gnade erkennen, kann niemand dieses Geheimnis erkennen.)

Erklärung:
Im vorhergehenden Vers haben wir gesehen, dass, als Gott sich als höchste Stille offenbarte, Arunagiri still wurde und nichts mehr von dieser Welt wusste. Aber was wusste er dann in diesem Zustand? Etwas, was der normalen sterblichen Sicht unbekannt ist, wurde ihm enthüllt! Diese Erfahrung strömt in diesem Vers aus, nach seiner Rückkehr aus dieser Erfahrung. Natürlich verliert sie in der Übersetzung etwas von ihrem ursprünglichen Reiz. In diesem Zustand hat er intuitiv erfasst: (1) die Natur des Absoluten, (2) dass das Absolute Murugan ist, der unvergleichliche Herr mit dem Vel, unser Guru und (3) dass göttliche Gnade das einzige Mittel ist, um dies zu erkennen.

Die Natur der Wirklichkeit

(i) Was ist die Natur des Absoluten? Das Absolute ist unbeschreibbar. Aber der menschliche Geist, der selbst transzendente Dinge durch sein begrenztes Verstehen erkennen will, akzeptiert das nicht so einfach. Er versucht sein Bestes, um auch das Absolute zu definieren und zu verstehen. Darum gibt der Heilige eine Reihe verneinender Definitionen, so dass die Versuche des Intellekts, es zu verstehen, zunichte werden und er von seinen Anstrengungen ablässt, was eine notwendige Bedingung ist, damit sich die Wirklichkeit offenbaren kann. Das heißt, er versucht den Intellekt „verstehen" zu lassen, dass die Wirklichkeit jenseits des Verstehens ist. Wenn der Intellekt seine Begrenzungen kennt und „still wird", indem er von seinen Anstrengungen ablässt, wird die Wirklichkeit „erkannt".

Das Absolute ist nicht mit Form, noch formlos, nicht Existenz, noch Nichtexistenz, nicht Dunkelheit, noch Licht. Solcherart ist die höchste Wirklichkeit, sagt Arunagiri.

Form und formlos: Die Wirklichkeit ist das, was ewig ist, und keiner Veränderung oder Zerstörung unterliegt. Darum kann es keine Form haben, weil alles, was eine Form hat, der Veränderung und Zerstörung unterliegt. Form gehört zur Natur der Objekte und nicht zur (höchsten) Wirklichkeit. Können wir dann sagen, dass die Wirklichkeit ohne Form ist? Nein, denn was immer wir sehen, ist nichts anderes als eine Manifestation von Jenem alleine. Denn es gibt kein Zweites außer Diesem. Der gesamte Kosmos, sagt der *Veda*, ist nichts als ein Bruchteil Seines Seins. Darum kann, was auch immer mit Form gesehen wird, nicht von der Wirklichkeit ausgeschlossen werden. Darum kann weder gesagt werden, Es sei mit Form, noch es sei ohne Form, weil Form und Formlosigkeit Konzepte des menschlichen Geistes sind. Sie erreichen nicht das Reich der Wirklichkeit. Es ist das, was *ist*, sagte ein großer Heiliger – es ist das, was *ist*, ohne Form und auch das, was mit Form *ist*. Darum haben wir, wenn wir sagen, dass Es ist, alles darüber gesagt. Es ist mit Form, es ist ohne Form und Es *ist* jenseits von Form und Formlosigkeit. Die Wirklichkeit *ist*.

Existenz und Nichtexistenz: Man sagt von der Wirklichkeit, sie sei weder Existenz noch Nichtexistenz. Sie ist nicht Existenz wie die Existenz von Gegenständen. Gegenstände existieren jetzt in einem Zustand und dann in einem anderen. Sie verändern sich von einem Zustand in den anderen, weil sie den Gesetzen und Begrenzungen von Raum, Zeit und Ursache unterliegen. Aber die Wirklichkeit ist nicht so. Sie ist nicht wie die Existenz eines Gegenstandes, der durch Raum und Zeit bedingt ist, weil diese die Wirklichkeit nicht erreichen. Sie sind Ihr nachgeordnet. Sie ist auch nicht Nichtexistenz, weil sie das Substrat für alles ist, was existiert. Angenommen sie wäre Nichtexistenz, wer würde sie erkennen? Es muss jemanden geben, der selbst diese Nichtexistenz erkennt. Dieser „jemand" ist die Wirklichkeit.

Sie ist nicht Existenz noch Nichtexistenz wie es vom menschlichen Verstand wahrgenommen wird; sie ist Existenz als solches, die sowohl der Existenz, als auch der Nichtexistenz Existenz verleiht. Selbst Nichtexistenz existiert oder *ist*; und das ist die Wirklichkeit. Was war da vor der Schöpfung? Keiner weiß es, weil wir, die es zu wissen versuchen, alle die Wirkungen der Schöpfung sind, d.h. wir kamen, nachdem die Schöpfung begonnen hat. Wer könnte daher wissen, was vor der Schöpfung war? Etwas *war*, von dem man weder sagen kann, es sei existent, noch nichtexistent. Wenn es also heißt, die Wirklichkeit sei weder Existenz noch Nichtexistenz, muss man sie als das verstehen, was Existenz und Nichtsexistenz ist und auch als das, was jenseits von Existenz und Nichtexistenz ist.

Dunkelheit und Licht: Die Wirklichkeit wird in dem Vers auch als weder Dunkelheit noch Licht definiert. Sie ist nicht Dunkelheit, weil durch ihr Licht alles andere scheint. Aber sie ist auch nicht Licht im gewöhnlichen Sinne des Wortes, weil es nicht von den Sinnen wahrgenommen werden kann. Es ist das Licht, durch das die Sinne die Kraft haben wahrzunehmen, der Geist zu denken und der Intellekt zu verstehen. Wer sollte dieses Licht sehen, wenn Es der Sehende selbst ist? Darum ist die Wirklichkeit sowohl Dunkelheit (für die Sinne), als auch (die Quelle von allem) Licht und jenseits von Dunkelheit und Licht.

Die negativen Affirmationen sollen nur zeigen, dass die höchste Wirklichkeit jenseits aller Definitionen ist, obwohl sie nichts ausschließt. Sie ist gleichzeitig immanent und transzendent – immanent weil sie, da sie universal ist, in allem ist und transzendent, weil nichts sie begrenzen oder übersteigen kann. Solcherart ist die Natur der Wirklichkeit.

Diese Wirklichkeit ist Murugan. Sie ist Gott mit dem unvergleichlichen *Vel.* Sie ist unser höchster Guru. Kann man diese höchste Wahrheit verstehen, außer durch Seine Gnade? Nein, ist die Erfahrung des Heiligen.

Es ist nicht so, dass die Wirklichkeit eine Sache ist und Murugan eine andere, der Vel noch einmal eine andere und der Guru eine vierte. Die Eine Wirklichkeit erscheint als all dies auf verschiedenen Stufen der Evolution der Seele.

(ii) Die Wirklichkeit gehört nicht entweder zum Wachen oder Träumen oder zum Tiefschlaf, sondern transzendiert all diese Zustände.

Alles was wir im Wachzustand fühlen oder wahrnehmen, ist entweder mit oder ohne Form. Die unzähligen Gegenstände, die wir sehen, haben Formen. Farbe, Geschmack, Klang und Berührung haben keine Formen. Darum ist der gesamte Wachzustand entweder durch Formhaftigkeit oder Formlosigkeit charakterisiert. Aber, sagt Arunagiri, die Wirklichkeit ist weder mit noch ohne Form, was bedeutet, dass sie jenseits des Wachzustandes, also der phänomenalen Welt, ist, dass sie nicht auf die letztere begrenzt ist, obwohl diese nicht von ihr ausgeschlossen ist.

Die Traumerfahrung ist sowohl durch Existenz als auch durch Nichtexistenz charakterisiert. Die Traumwelt existiert so lange, wie man im Traum ist; für den Träumer ist sie wirklich und darum kann man nicht sagen sie sei nichtexistent. Aber sobald man aufwacht, wird sie transzendiert und wird so nichtexistent. Aber die Wirklichkeit ist weder Existenz noch Nichtexistenz, was bedeutet, dass sie jenseits des Traumzustandes ist und nicht darauf beschränkt ist, obwohl dieser nicht außerhalb der Wirklichkeit ist.

Der Zustand des Tiefschlafs wird sowohl durch Dunkelheit als auch Licht charakterisiert. Im Tiefschlaf arbeiten die Sinne nicht und es gibt keine Traumerfahrung. Es ist alles Dunkelheit und es gibt keine Wahrnehmung, kein Nachdenken etc. Es ist so als wäre alles tot; Dunkelheit überall. Und dennoch gibt es ein Licht, ein Bewusstsein das „weiß", dass nichts gewusst wird. Wenn man aus dem Tiefschlaf aufwacht, sagt man: „Ich hatte einen tiefen Schlaf. Ich *wusste* von nichts." Es gab etwas (das Bewusstsein), das nichts *wusste*. Also ist die Wirklichkeit weder Dunkelheit noch Licht, das heißt, sie ist auch jenseits des Tiefschlafs und ist nicht durch diesen begrenzt, obwohl dieser nicht aus ihr ausgeschlossen ist.

„Weder mit Form noch ohne Form" negiert also den Wachzustand, „weder existent noch nichtexistent" negiert den Traumzustand und „weder Dunkelheit noch Licht" negiert den Zustand des Tiefschlafs; und „das, was so steht" bezieht sich auf den *Atman*, das Selbst, der von keinem dieser drei Zustände wirklich erschöpfend erklärt werden kann, der diese drei Zustände transzendiert, der der Zeuge und das Substrat dieser drei Zustände ist. Dieser Atman ist Murugan, Gott mit dem unvergleichlichen Vel, ist der Guru und wird von dem erkannt, der durch Seine Gnade erkennt. Die *Guru-Gita* beschreibt dies auf schöne Weise: „Verneigung vor Dakshinamurti, der in der dreifältigen

Form von Gott, Guru und dem Selbst (Atman) erscheint, der alles mit Seiner Form durchdringt wie der Himmel."

(iii) Das Absolute wird definiert als weder mit noch ohne Form usw., weil es das Absolute ist, kein Teilhaftes. Für den *Jiva*, der scheinbar von Gott getrennt ist, nützen die Konzepte von formhaft und formlos usw. etwas, weil es etwas außerhalb von ihm gibt, etwas anderes als ihn, das entweder mit oder ohne Form sein kann, entweder existent oder nichtexistent, entweder Dunkelheit oder Licht. Wo es Dualität gibt, ist Raum für solche dualistischen Konzepte. Aber wenn der *Jiva* im Absoluten aufgeht, wie es Arunagiri geschah als Gott ihn „still sein" ließ, dann existiert nur noch das Absolute alleine ohne ein zweites. Dualität reicht nicht dorthin. In diesem Zustand der Absolutheit entstehen natürlicherweise die relativen, dualistischen Konzepte von Form oder Formlosigkeit usw. gar nicht. Dies ist das Wesen des Absoluten, das Arunagiri dank der höchsten Gnade Gottes erfuhr, als Er ihn ohne Worte anleitete, still zu sein.

Kurz gesagt, die höchste Wirklichkeit kann nicht als dies oder das beschrieben werden. Wie auch immer man sie definiert, die Definition wird sie nicht erfassen. Wenn es als „dies" definiert wird, wird es den „nicht dies" - Aspekt davon ausschließen. Ähnlich, wenn es als „das" betrachtet wird, wird es nicht den „nicht-das" - Aspekt umfassen. Darum wird eine negative Definition gegeben, die nur als ein Hinweis dient, um es zu erreichen. Die Aussage, es sei weder mit Form noch ohne Form geschieht nur, um zu zeigen, dass es sowohl das Geformte als auch das Formlose ist und dass es jenseits von Form und Formlosigkeit ist, die nichts als Phasen dieser einen Wirklichkeit sind. Genauso bedeutet es, wenn man sagt, es sei weder Existenz noch Nicht-Existenz, dass es sowohl Existenz als auch Nicht-Existenz und jenseits von beiden ist, die nur Aspekte davon sind. Auf ähnliche Weise ist es sowohl Dunkelheit als auch Licht, und das, was jenseits von beiden ist und als Substrat für beide dient, die nur Phasen davon sind. Das Universale umschließt alle in sich und transzendiert sie, wird nicht von ihnen begrenzt.

Das Universale ist das Universale, die Wirklichkeit ist die Wirklichkeit und in der menschlichen Sprache kann man es nicht definieren. Aber es ist in der inneren Erfahrung zu erkennen, als Murugan (oder als andere Form Gottes), als der Herr mit dem Vel, als der eigene Guru, wenn Er sich aus reiner Gnade offenbaren will.

Vers 13

Wenn man versucht, die Wirklichkeit zu *verstehen*, ist sie weder Existenz noch Nicht-Existenz usw.; aber wenn man die Wirklichkeit *erfährt*, ist sie Murugan, eine Verkörperung von Weisheit (*Vel*) und der eigene Guru. Wenn der Intellekt die Wirklichkeit nicht verstehen kann und aufgibt, dann offenbart sich die Wirklichkeit selbst als Murugan, als „Ich bin Er, Ich bin" oder als Verkörperung der Weisheit, die sagt „Ich bin Das ich bin" oder als der Guru, der sagt „Ich bin, der Ich bin".

Das Absolute, das weder mit noch ohne Form usw. ist, ist gleichzeitig Murugan, ist der unvergleichliche *Vel*, ist der Guru. Das bedeutet, dass auch diese weder mit Form usw. sind. Die wirkliche Natur Gottes, des *Vel* und des Gurus ist formlos, ist reines Bewusstsein. Aber für die hingebungsvolle Meditation und die Hingabe der suchenden Seele erscheinen sie mit Form. Sie haben darum zwei Aspekte – den physischen und den rein spirituellen.

Gott, *Vel* und Guru haben Formen vom Standpunkt der physischen Wahrnehmung aus. Aber wenn der Geist durch Hingabe und Göttliche Gnade rein wird, wird ihre spirituelle Natur enthüllt, wenn Form der Formlosigkeit den Platz räumt. Auf ähnliche Weise haben sie Existenz im Sinne der begrenzten Form, in der sie erscheinen. Aber dies weicht der Unbegrenztheit oder Nichtexistenz, wenn ihre höhere Natur enthüllt wird. Des Weiteren sind sie Dunkelheit, d.h. ihre wahre Natur bleibt unbekannt, bis sie offenbart wird, wenn sie dem Licht Raum gibt, wenn die begrenzte Existenz der Form als das Unendliche erstrahlt, als unbedingtes Licht des Bewusstseins.

Der menschliche Geist ist anfangs aufgrund von Unreinheiten unfähig, die Wirklichkeit als solche wahrzunehmen. Er braucht eine Stütze, eine Unterstützung, eine Form, auf die er sich konzentrieren kann. Darum erscheint Gott, der jenseits aller Formen ist, als ein persönlicher Gott, mit verschiedenen Göttlichen Waffen, und erscheint auch in einer menschlichen Form als Guru. Indem man seinem Guru dient und seinen Anweisungen folgt, indem man Gott hingegeben ist, wird der Geist des Schülers schrittweise gereinigt und wird bereit, die höhere Natur in sich zu verstehen. Schließlich enthüllt sich als Meisterstreich seine höchste (göttliche) Natur durch dieses einmalige *Upadesa* von „*Summaa Iru*" „seit still", während er selbst in Stille ist. Bei dieser Erfahrung verschwindet die Welt aus seiner Wahrnehmung, sowohl Form als auch Formlosigkeit verschwinden zusammen, sowohl Existenz als auch Nichtexistenz verschwinden zusammen und sowohl Dunkelheit als auch Licht hören auf. Was bleibt dann übrig? „*Summaa Iruththal*", Reines Sein –

Gottes reine Existenz, in die der Jiva und die Welt transformiert wurden und in Ihm aufgegangen sind. Es ist *Kevala Asti*, reine Existenz oder „*Verum Thaan*" mit den Worten von Vers 28.

Dieses Absolute, sagt Arunagiri, ist Murugan, ist der unvergleichliche *Vel*, ist unser Guru; und dies kann nur durch Gnade erkannt werden. Er sagt jedoch nicht, durch wessen Gnade dies erkannt wird. Offensichtlich ist das nicht notwendig. Denn weil die Drei Eines sind, kann es durch Gnade von jedem der Drei erkannt werden. Und selbst diese Wahrheit wird nur durch die Gnade alleine enthüllt. Was für ein Wunder! Dies ist der geheimnisvolle Kreis der Gnade – Gnade, die durch Gnade enthüllt wird, die durch Gnade erkannt wird und als Gnade erkannt wird, wo alles Gnade ist und nichts als Gnade. Es gibt da keinen Platz für den Intellekt oder Verstehen. Diese Gnade ist das Absolute; das ist Murugan; das ist der unvergleichliche Herr des *Vel*; das ist der Guru, das ist auch Arunagiri, der soviel Weisheit und noch mehr in einen einzigen Vers gepackt hat.

Der Vers wird auch so interpretiert:

(1) „Diese höchste Wirklichkeit, von der man weder sagen kann, sie sei mit noch ohne Form, weder Existenz noch Nichtexistenz, weder Dunkelheit noch Licht – kann dies erkannt werden, außer von jenen, die seine Gnade erlangen und es durch Erfahrung wissen, indem sie über „Murugan, den Herr mit dem unvergleichlichen Vel, ist unser Guru" meditieren.

(2) „Ist és möglich, diese Wirklichkeit zu erkennen, außer für einen, der, indem er Murugans Gnade erlangt, erkennt, dass Murugan mit dem unvergleichlichen Vel der eigene Guru ist; diese Wirklichkeit von der man weder sagen kann, sie sei mit noch ohne Form, weder Existenz noch Nichtexistenz, weder Dunkelheit noch Licht?"

*

In diesem vorübergehenden Zustand des Göttlichen Bewusstseins, der durch den Guru „gegeben" wird (Vers 12), dämmert dem Aspiranten die große Offenbarung, dass die Erfahrung des Absoluten unbeschreibbar ist, dass Sie selbst Gott ist, der als Guru gekommen ist, und dass diese Göttliche Gnade das einzige Mittel ist, um diese Wahrheiten zu erkennen.

Es ist interessant, die Abfolge und die Bedeutung der Beinamen „*Murugan – Thani Vel Muni – Nam Guru*" aus diesem Vers mit „*Kumaran – Giriraasa Kumaari*

Magan – Samaramporu Dhaanava Nasagan" aus Vers 8 zu vergleichen. Wenn wir es genauer untersuchen, sehen wir, dass das, was in diesem Vers enthüllt wird, schon in Vers 8 enthalten ist. Die Tatsache, dass Gott als Guru erschien, wird in Vers 8 nicht ausgesprochen; sie ist nur impliziert und muss von uns erschlossen werden – das legt nahe, dass der Sucher auf dieser Stufe noch nicht reif ist für diese Erkenntnis. Aber hier im Vers 13 wird es klar und explizit gesagt – das heißt, was bis dahin ein Geheimnis war, wird ihm jetzt offenbart.

Als Folge dieser großen Offenbarung macht der Sucher keine Unterscheidung mehr zwischen Guru und Gott. Er erkennt die vollkommene Identität zwischen ihnen. Er sieht den Guru nicht als Mensch, nicht einmal als einen spirituell entwickelten, sondern tatsächlich als Gott selbst, als das eigene Selbst, als das Absolute.

Diese Erfahrung flößt dem Sucher natürlich eine unerschütterliche Überzeugung und das Vertrauen ein, dass sein Guru ihn zweifellos zum großartigen Ziel der Gotteserfahrung führen wird.

கைவாய் கதிர்வேல் முருகன் கழல்பெற்று
உய்வாய் மனனே ஒழிவாய் ஒழிவாய்
மெய்வாய்விழி நாசியொடும் செவியாம்
ஐவாய்வழி செல்லும் அவாவினையே.

Vers 14

Kaivaai KadhirVel Murugan Kazhalpetru
Uivaai Manane Ozhivaai Ozhivaai
Meivaai Vizhinaasi Yodum Seviyaam
Aivaai Vazhi Sellum Avaavinaiye

*Murugan mit dem strahlenden Vel in der Hand – Seine Füsse erreiche
Und sei gerettet, o Geist! Gib auf, gib bald auf
Die Begierden, die durch die vier und einen Sinne laufen:
Der Körper, Mund, Augen, Nase und Ohr, zusätzlich.*

„O Geist! Gib auf, gib auf die Begierden, die sich durch die fünf Sinnesorgane des Körpers (Haut), Mund, Augen, Nase und Ohren (zum Genuss der Gegenstände der Welt) projizieren; Erlange die Lotus-Füße Murugans mit dem strahlenden Vel in der Hand und sei gerettet (d.h. erlange Erlösung).

Erklärung:
Wünsche, sagt Arunagiri, stehen dem Erlangen von *Anubhuti* (Gottesverwirklichung), spiritueller Erfahrung, im Wege. Sie zerstreuen die Persönlichkeit in verschiedene Richtungen und zerstören inneren Frieden und Glück. Wünsche sind das größte Hindernis auf dem Weg zur Befreiung. Darum die Ermahnung an den Geist, Begierden aufzugeben. Die Notwendigkeit dafür ist so groß, dass Arunagiri zweimal wiederholt „Gib auf, o Geist, gib auf Begierden, die sich durch die Sinne projizieren." Die Begründung, warum Wünsche Hindernisse sind und aufgegeben werden müssen, ist in dem Vers so verdeckt angedeutet, dass sie kaum wahrgenommen wird. Wünsche aktivieren die Sinne und regen diese an, projizieren sich durch die Sinne und externalisieren somit das Bewusstsein. Das ist das Verderben für die spirituelle Suche. Die Tendenz der Wünsche, die innere Persönlichkeit (das Bewusstsein) zu externalisieren, um Kontakt mit der Welt draußen zu haben und nicht zuzulassen, dass sie in

sich selbst ruht, ist die Ursache unseres Unglücks. Das Ruhen des Bewusstseins, heißt es, ist in sich selbst wahres Glück, was jeder von uns andeutungsweise täglich im Tiefschlaf erfährt. Im Tiefschlaf gibt es keine Gegenstände, keinen Kontakt mit ihnen, kein sinnliches oder mentales Funktionieren und doch ist man so glücklich. Man sehnt sich nach Schlaf aufgrund des Glücks, das er gibt. Man mag körperliche Leiden oder mentale Sorgen haben, sie verschwinden im Schlaf. Schlaf gibt das nötige Glück und den Trost, die man von keiner anderen Quelle bekommen kann. Woher kommt das? Jenseits des Körpers, jenseits der Sinne, jenseits des Denkens ist das Selbst, reines Bewusstsein (Atman oder Gott), das eine Verkörperung von Glückseligkeit ist. Wenn sich der Geist durch die Sinne projiziert, geht er von seiner Quelle weg und wird so des Glücks beraubt. Wenn er zu seiner Quelle zurückkehrt, genießt er den Segen des Selbst. Im Schlaf gibt es einen dünnen Schleier der Unwissenheit, der das Verschmelzen des Geistes mit dem Selbst verhindert und darum erfährt man den Segen passiv und kehrt wieder in das alte Unglück zurück. Aber in spiritueller Vereinigung oder Verwirklichung wird der Schleier ein für allemal zerrissen, man erfährt wirkliches Glück, das Ziel allen Sadhanas, worauf dieser Vers den Geist lenkt.

Warum sollten Wünsche aufgegeben werden, um spirituelle Erfahrungen zu suchen? Warum sollte man nicht die Wonne des Selbst und auch Sinnesfreuden haben? Nun, es ist nichts Schlechtes dabei! Aber die Frage ist, ob es möglich ist. Nein. Die beiden können aus offensichtlichen Gründen nicht zusammenkommen. Sie sind diametral entgegengesetzt und können nicht koexistieren, so wie Dunkelheit und Licht oder Tag und Nacht nicht gleichzeitig sein können.

Wenn wir nicht beides haben können, können wir dann nicht die Erfüllung unserer Wünsche haben und zufrieden sein? Nein; es geht nicht, weil Wünsche nie wirklich erfüllt werden können. Das ist die einheitliche Aussage der Schriften und auch die Erfahrung aller Menschen. Sinnesgenuss verstärkt den Wunsch nach weiterem Genuss, wie *Ghee* (geschmolzene Butter), das ins Feuer gegossen wird, dieses aufflammen und nach mehr verlangen lässt. Es gibt niemanden, dessen Wünsche durch Genuss erfüllt wurden und der sagen könnte, dass er keine weiteren Wünsche mehr hat. Man strebt nach immer neuer Erfüllung von Begierden, verbunden mit Mängeln und unrechtem Handeln. Also können die Wünsche weder erfüllt werden, noch ist diese Erfüllung begehrenswert. Noch können diese Wünsche lange unterdrückt werden. Das wäre so, als wollte man eine mächtige Quelle unter Kontrolle halten, die sofort in ihre ursprüngliche Position zurückkommen würde, in dem Moment wo der Druck ein wenig nachgelassen wird, und wir wissen, dass nicht immer Druck ausgeübt werden kann, aufgrund unserer eigenen Schwäche. Eine Kraft kann nicht kontrolliert werden, ohne dass sie anderswo eingesetzt wird. Wenn das Wasser eines Flusses durch einen großen Damm aufgestaut wird, muss es in andere Richtungen aufgeteilt und genutzt werden, ansonsten wird der Damm schnell von der Kraft des Wassers fortgewaschen werden. Darum können Begierden weder endgültig erfüllt noch für immer kontrolliert werden. Sie müssen entweder aufgegeben oder sublimiert werden.

Aber obwohl man das alles weiß, sind Wünsche nicht leicht loszuwerden. Sie verlassen uns nicht einfach so, nur weil wir sagen „geht weg". Sie schreien nach Befriedigung. Warum? Eine kleine Untersuchung der Natur von Wünschen ist notwendig, um dies zu verstehen. Wir müssen ein wenig tiefer gehen und den Grund für die Existenz von Wünschen herausfinden, was ein Wunsch ist oder warum es überhaupt Wünsche gibt. Eine tiefere Analyse zeigt, dass Wünsche nicht vom Körper kommen oder von den Sinnen oder selbst vom Geist, sondern diese sind alle nur Ausdruckskanäle einer Kraft, die Begierde genannt wird. Diese Kraft stammt letztendlich vom *Atman*, der dem Körper innewohnt. Der *Jivatman*, der sich sozusagen selbst von Gott abgetrennt hat, sehnt sich nach der Wiedervereinigung mit seiner Quelle. Obwohl dieses ruhelose Streben des *Jiva* sich mit Gott zu vereinigen echt und lobenswert ist, drückt es sich als Wünsche aus, wenn es fehlgeleitet wird, durch eine nach außen gerichtete Tendenz, mit den äußeren Objekten durch den Geist und die Sinne in Kontakt zu kommen. Es braucht daher nur eine Neuausrichtung, eine Hinwendung nach innen. Wie ein Mensch, der sich vom Zentrum wegbewegt hat und dorthin zurückgelangen will, nur seine Schritte zurückverfolgen muss und nicht weitergehen darf, muss sich die Seelenkraft (Wunsch genannt, wenn sie sich durch die Sinne ausdrückt) von ihren Wanderungen in der Sinneswelt abwenden und sich in die Quelle, den Atman, zurückziehen; dieser Prozess wird Sublimation der Wünsche genannt. Sie darf nicht weiter durch die veräußerlichende Aktivität durch die Sinne nach außen streben. Darum die Anweisung an den Geist, auf das Projizieren der Wünsche durch die Sinne zu verzichten.

Die Wünsche, die sich über die fünf Straßen (der Sinne) nach außen projizieren, müssen aufgegeben werden, das ist die Anweisung des Heiligen. Arunagiris Anweisung ist umfassend. Es ist nicht nur die Beherrschung eines Sinnes. Die Beherrschung von diesem oder jenem Sinn alleine ist nicht ausreichend, denn wenn ein Sinn kontrolliert wird, dringt die Energie durch einen anderen nach außen dringen, weil Wünsche, wie wir vorhin gesehen haben, eine Kraft sind, die versuchen, sich wo immer es möglich ist auszudrücken – durch diesen Sinn, wenn das nicht möglich ist durch einen zweiten, einen dritten usw. Darum wird eine umfassende Bewahrung der Energie empfohlen. Wenn ein Sinn unbeherrscht bleibt, wird er einen Riesenlärm machen und dauernd Chaos verursachen. Nur wenn die Energie vollständig bewahrt wird, kann sie für den höheren Zweck der Meditation auf Gott verwendet werden.

Arunagiri begnügt sich nicht damit zu sagen: „O Geist, gib die Begierden auf", sondern zeigt ihm auch, wie er sich retten kann, nämlich indem er die Füße Gottes erreicht. Dies ist wiederum eine vollständige Anweisung. Der Geist, der die Wünsche aufgeben will, muss etwas anderes haben, an das er sich halten kann. Wenn der Geist einen Gegenstand loslässt, wird er an einen anderen denken, weil es seine natürliche Tendenz, sein Dharma, seine Aufgabe ist. Zu denken ist die Funktion des Geistes. Wenn also der Geist dazu gebracht wird, den Wunsch nach einer Art von Gegenständen aufzugeben, wird er Anhaftung an eine andere Art haben, weil er nicht anders kann als zu denken, was ebenso schlecht ist. Wenn also der Geist alle Wünsche nach allen Objekten aufgeben soll, muss er an etwas anderes denken, dessen Charakter dem der Gegenstände unähnlich ist. Es wird ihm darum geraten, an Gott zu denken. Wie unterscheidet sich jetzt der Gedanke an Gott von dem an ein Objekt? Gott ist kein Objekt. Während Objekte partikularisierte Existenz sind, ist Gott universale Existenz. An Gott zu denken heißt darum, an das Universale zu denken, was sofort allem Denken an Teile ein Ende setzt, weil es für das Universale nichts Äußeres gibt. Das Universale schließt alle Teile mit ein und transzendiert sie. Der Gedanke an Gott ist daher ein Gegenmittel für die Gedanken an Objekte; ersterer wird *Bhagavat-Chintana* genannt und letzterer *Vishaya-Chintana*; der erstere führt zu Befreiung, der letztere zu Bindung und Unglück. Nicht nur, dass der Geist nicht anders kann als zu denken, er kann auch nicht an mehr als eine Sache gleichzeitig denken. Dieses Geheimnis müssen Suchende verstehen und richtig anwenden. Der Geist kann entweder an Gott denken und so gerettet werden oder er kann an Gegenstände denken und in endlosem Unglück landen. Darum gilt der Geist als Ursache sowohl von Befreiung wie auch von Bindung.

Der Geist ist seiner Natur nach unstet. Er kann nicht lange Zeit konzentriert bei einer Sache bleiben; selbst nicht einmal eine Minute lang kann er sich ganz auf ein Ding fixieren. So unstet ist der Geist, und der einzige Weg ihn zu festigen, ist, ihn dazu zu bringen, an Gott zu denken. Um den Geist davon zu entwöhnen, bei den Gegenständen zu weilen, muss man ihm etwas Attraktiveres, Angenehmeres und Absorbierenderes geben; das Beste ist Gott selbst.

Darum rät der Heilige dem Geist, Zuflucht zu den Lotus-Füßen von Lord Murugan zu nehmen, der den strahlenden *Vel* in der Hand hält. Er spricht vom *Vel* als dem strahlenden *Vel*. Er ist das Symbol des reinen Bewusstseins und in den höheren Stufen der Meditation auf Skanda bleibt, so sagen Menschen mit Erfahrung, nur der *Vel* zurück, der Weisheit und reine Intelligenz repräsentiert. Intelligenz muss vom Intellekt unterschieden werden, der ein endliches Instrument ist, ein Mittel des Ausdrucks der Intelligenz. Der *Vel* ist Intelligenz selbst und wird auch als *Shakti-Vel* und *Jnana-Vel* bezeichnet. Der *Vel* wird oft mit Murugan identifiziert. Darum ist Denken an oder Meditation auf Murugan gleichbedeutend mit Meditation auf den *Vel*, reine Intelligenz, das innerste Selbst, die alle reines Bewusstsein sind. Die Sinnesenergien, die nach innen gezogen werden, indem man die Wünsche aufgibt, liefern die benötigte Energie, damit sich der Geist auf das innere Selbst (Murugan) konzentrieren kann. Und das ist der Weg der Erlösung, die Arunagiri dem Geist empfiehlt.

*

Nach seiner Rückkehr zu seinem ursprünglichen Bewusstseinszustand von diesem zeitlich begrenzten spirituellen Bewusstsein, das ihm vom Guru „gegeben" wurde, strebt der *Sadhaka* jetzt danach, diese Erfahrung durch Sadhana zu „erreichen". Darum die Anweisung an den Geist alle Wünsche aufzugeben und Zuflucht bei Gott zu suchen.

Hier geht es nicht um Wünsche nach diesem oder jenem Gegenstand noch nach bestimmten Dingen, sondern um den Wunsch an sich; d.h. der Geist sehnt sich danach, sich irgendwie durch einen Sinneskanal zu projizieren und mit Objekten in Kontakt zu kommen. Deshalb die Anweisung, alle fünf Sinne zu beherrschen und alle Wünsche aufzugeben, weil sie versuchen, sich durch den Sinn zu veräußerlichen, der vielleicht schwach ist. Der Geist muss dann auf Gott, das innere Selbst, fixiert werden. Wenn man dann die Füße Gottes erlangt, nimmt die *Maya* Reißaus.

முருகன் குமரன் குகன்என்று மொழிந்து
உருகும் செயல்தந்து உணர்வென்று அருள்வாய்
பொருபுங்கவரும் புவியும் பரவும்
குருபுங்கவ எண்குண பஞ்சரனே.

Vers 15

Murugan Kumaran Guhanenru Mozhindhu
Urugum Seyalthandhu Unarvenru Arulvaai
Poru Pungavarum Puviyum Paravum
Gurupungava Enguna Panjarane

*„Murugan, Kumaran, Guhan" – auszusprechen und zu schmelzen
Und die Göttliche Erfahrung zu haben, wann wirst Du solches gewähren?
O Höchster Guru! Der von den Devas andächtig verehrt wird
Und ebenso von den Sterblichen! O Heimstatt der acht Tugenden!*

„O Höchster Guru, der von den kämpfenden Devas verehrt wird und von (den Menschen) der Welt, der eine Heimstatt der acht Eigenschaften ist! Da Du mir den Zustand des Schmelzens (des Herzens) durch das Wiederholen von „Murugan, Kumaran, Guhan" gewährst, wann wirst Du mich mit innerem Bewusstsein (göttlicher Erfahrung) segnen?"

Erklärung:
Murugan wird sowohl von den Engelswesen im Himmel als auch von den Sterblichen auf der Erde gleichermaßen verehrt. Die Devas wurden aus dem Himmel vertrieben und von Surapadma und seinen Brüdern unsäglichen Erniedrigungen unterworfen, durch die Kraft der außergewöhnlichen Gaben, die sie von Shiva bekommen hatten. Skanda tötete die Asuras in der Schlacht, rettete die Devas vor ihren Grausamkeiten und setzte sie wieder an ihrem rechtmäßigen Platz im Himmel ein. Darum bringen die Devas Lord Skanda immer hingebungsvolle Verehrung dar.

Die Menschen auf der Erde nähern sich Gott aus verschiedenen Gründen – für die Erfüllung ihrer Wünsche, um Unheil abzuwenden, um Gottesverwirklichung zu erreichen, usw. – für alles, was sie brauchen und was Gott auch alles gewährt. Daher singen auch die Menschen auf dieser Erde das Lob und nehmen mit all ihren Bedürfnissen Zuflucht bei ihm.

Skanda gab Shiva die geheime Erklärung über *Pranava, Omkara* (den Laut Om). Er gab auch dem Heiligen Agastya und den sechs Söhnen von Parasara Muni *Jnana-Upadesa* (Erklärung des Wissens). Darum bezeichnet Arunagiri Skanda als Höchsten Guru und Meister.

Die achtfachen Eigenschaften Gottes sind gemäß den tamilischen Schriften: (1) Eigenständigkeit, (2) makelloser Körper, (3) natürliches Verstehen, (4) Allwissenheit, (5) natürliche Freiheit von Anhaftungen, (6) unbeschränkte Gnade, (7) Allmacht, (8) unbegrenzte Wonne. Diese Eigenschaften sind auf *Sat-Chit-Ananda* (Sein, Wissen, Glückseligkeit) reduzierbar, was *Brahman* ist.

Den Geist von der Veräußerlichung zurückzuziehen, von den durch die Wünsche getriebenen Sinnesaktivitäten und die Lotus-Füße des Herrn zu suchen, das war die Anweisung des vorhergehenden Verses. In diesem Vers gibt Arunagiri nun eine der Methoden an, wie wir das erreichen können. Menschliche Anstrengung, den Geist auf Gott zu fixieren reicht nicht aus. Gottes Gnade muss uns zu Hilfe kommen und sie muss durch Gebet und Wiederholung des Namens Gottes angerufen werden.

Der Name Gottes ist voll unendlicher Kraft. Er reinigt alles. Man hält den Namen sogar für noch mächtiger als Gott selbst; denn während Gott nur einige wenige gerettet hat, hat sein Name viele befreit. Der Name ist eine Schwingung, eine mächtige Schwingung, die alle anderen weniger mächtigen Schwingungen (Gedanken) an Objekte absorbiert. Die Wiederholung des Namen Gottes erzeugt eine so harmonische Schwingung im Geist und im System, dass es sich leicht auf Gott einstimmt, der sozusagen eine kosmische Schwingung ist. Der Geist wird durch längere und öftere Wiederholung feiner und feiner, so dass eine Zeit kommt, wo der Geist in Gott aufgeht und Gott alleine übrig bleibt. Darum betet Arunagiri, Gott möge ihm die Segnung gewähren, seine Namen wie „Murugan, Kumaran, Guhan" zu wiederholen und durch dieses Wiederholen das Herz zu schmelzen und Gott im Inneren zu erfahren.

Am Anfang des *Sadhana* mag *Japa*, das Wiederholen des heiligen Namens, einfach ein lautes Singen oder Sprechen sein; es wird vielleicht noch nicht vom erforderlichen Gefühl im Herzen begleitet. Die Lippen mögen das Mantra wiederholen, aber das Herz mag immer noch trocken sein und der Geist an etwas anderes denken. Aber nach und nach bringt die Wiederholung das gewünschte Ergebnis. Es sollte nicht bei der rein verbalen Wiederholung bleiben, sondern es sollte langsam zu einem Herzensgefühl führen. Darauf weist der Heilige hin.

Es ist nicht leicht, dass das Japa tatsächlich von einem Herzensgefühl begleitet wird, weil das Herz voller Unreinheiten ist und es eine ganze Weile dauert, bis das Herz gereinigt ist und schmilzt. Aber der Name Gottes ist mächtig genug, dies zu bewirken, vorausgesetzt man macht es mit Glauben und über lange Zeit. Reicht dies alleine aus? Nein. Sadhana endet nicht mit der Reinigung des Herzens. Wenn man den Namen Gottes wiederholt, sollte das Herz schmelzen und das sollte weiter führen zur inneren Vereinigung mit Gott. Es sollte in spirituellem Bewusstsein enden, einem Bewusstsein des eigenen wahren Wesens oder Gottes. Gottesbewusstsein oder Göttliche Erfahrung ist das Ziel allen spirituellen Sadhanas.

Wenn wir den Namen Gottes rezitieren, sollte der Geist schmelzen und das Herz sollte Gott fühlen. Es ist die Ein-Stimmung von Sprache, Geist und Herz – unserer ganzen Persönlichkeit – auf Gott, die die Gotteserfahrung bringen kann. Anderenfalls bleiben wir in der Täuschung der weltlichen Erfahrung und befinden uns in diesem Zustand, der von dem Heiligen so berührend in Vers 5 beschrieben wurde. Aber man sollte das Vertrauen nicht verlieren. Beständiges Wiederholen des Namen Gottes wird im Laufe der Zeit das Herz zum Schmelzen bringen und uns Gott fühlen lassen, durch beständige Praxis mit Liebe und Hingabe zu Seinen Füßen.

Im ersten Vers hat Arunagiri darum gebetet, dass er mit der einzigen Aufgabe gesegnet sein möge, den Ruhm Gottes zu besingen. Aber er erwähnte nicht, warum, was er jetzt enthüllt. Es geht nicht um eine äußerliche Show, was für ein großer *Bhakta* (Gottesverehrer) man ist, sondern um die innere Vereinigung mit Gott. Wie? Die Mantrawiederholung führt zum Schmelzen des Herzens (das aufgrund zahlloser Wünsche verhärtet ist) und schließlich zum Bewusstsein Gottes. Das Wiederholen des Namens, das Schmelzen des Herzens und Gottes-Erfahrung – dies ist der Prozess des *Bhakti*-Yoga; vergleichbar mit den drei Schritten des vedantischen Sadhana, nämlich *Vasanakshaya*, *Manonasa* und *Tattva Jnana*.

Vasana ist ein feinstofflicher Wunsch und der Geist ist nichts als ein Bündel solcher Wünsche. Es gibt nichts, was man den Geist nennen könnte, wenn es keine *Vasanas* gibt, genauso wie es kein Tuch gibt ohne die Fäden, die es bilden. Wenn wir jetzt an ein Objekt denken, entsteht im Geist ein Wunsch danach, was eine Unruhe im Geist verursacht. Genauso wie der Gedanke an einen Gegenstand Unruhe im Geist verursachen kann, nämlich Wünsche, kann ein Gedanke an Gott Harmonie und Gleichgewicht im Geist bringen, was dem Aufhören der Wünsche entspricht. Dieses Auslöschen der Wünsche bzw. der Prozess, bei dem man die Fäden der *Vasanas* aus dem Geist zieht, ist *Vasanakshaya*, was im Bhakti Yoga durch die Wiederholung des Göttlichen Namens bewirkt wird. Das ist der Unterschied zwischen dem Gedanken an Gott und dem Gedanken an Gegenstände, zwischen Gedanken an das Spezielle und Gedanken an das Universale.

Genauso wie es kein Tuch gibt, wenn die es bildenden Fäden einer nach dem anderen herausgezogen werden, gibt es keinen Geist wenn die *Vasanas*, die ihn ausmachen, schrittweise eliminiert werden. *Vasanakshaya* führt daher zu *Manonasa*, dem Aufhören des Geistes, was dem Schmelzen des Geistes als Folge der Mantrawiederholung entspricht. Wenn der Geist so ausgeschaltet wurde, strahlt der *Atman*, der aus sich selbst strahlt, in seiner ursprünglichen Pracht, genauso wie die Sonne scheint, wenn die sie verhüllenden Wolken sich auflösen. Die Sonne ist immer da und sie scheint immer; wir erschaffen nicht die Sonne oder bringen ihr Licht; nur die Wolken, die eine Ansammlung von Wasserteilchen sind und sie verhüllen, werden zerstreut. Auf ähnliche Weise wird der Atman enthüllt und erfahren, wenn der Geist, ein Bündel von Wünschen, ausgeschaltet wird, was im Jnana Yoga *Tattva Jnana* genannt wird.

So führt *Vasanakshaya* zu *Manonasa* und *Manonasa* zu *Tattva Jnana* – das Wiederholen des Namen Gottes zum Schmelzen des Geistes und letzteres zur Erfahrung Gottes. Solche großartigen vedantischen Wahrheiten sind in einfachen Begriffen in diesem Vers zusammengefasst. Man kann sagen, dass *Tattva Jnana* von Arunagiri als „*Unarvu*", dem tamilischen Wort für Bewusstsein, Erfahrung oder Gefühl, bezeichnet wurde.

Japa Sadhana wird deshalb als ein in sich vollständiges Sadhana betrachtet, das zur Gottesverwirklichung führen kann. Japa führt zu Meditation und Meditation zu Verwirklichung.

*

Dem Geist wurde die Anweisung gegeben, Wünsche aufzugeben und Zuflucht bei Gott zu suchen (Vers 14). Wie man das erreicht, wird jetzt beschrieben – die Methode besteht darin, den Namen Gottes zu wiederholen, das Herz zu schmelzen und Gott in seinem Herzen zu spüren, und dafür wird die Gnade des Gurus angerufen. Der Sucher hat schon gelernt, dass göttliche Gnade die menschliche Anstrengung auf jeder Stufe unterstützen muss, wenn irgendetwas von Wert erlangt werden soll. Darum die Anrufung.

Wünsche aufzugeben und Zuflucht bei Gott zu suchen sind nicht zwei unabhängige Sadhanas, die getrennt praktiziert werden, eines nach dem anderen. Das eine impliziert das andere.

In dem Maß, in dem Wünsche aufgegeben werden, sind wir Gott näher. Um einen alten rostigen Nagel aus einem Brett zu entfernen und ihn durch einen neuen zu ersetzen, gibt es einen einzigen Vorgang, wo der neue Nagel statt des alten eingeschlagen wird, wobei beides in einer Aktion erreicht wird. Genauso führt eine ernsthafte Wiederholung des Namen Gottes zur Zerstörung der Wünsche und richtet auch den Geist nach innen, was schrittweise zum Schmelzen des Herzens und zur tatsächlichen Verwirklichung Gottes im Inneren führt.

பேராசையெனும் பிணியில் பிணிபட்டு
ஓராவினையேன் உழலத் தகுமோ
வீரா முதுதூர்பட வேல் எறியும்
சூரா சுரலோக துரந்தரனே.

Vers 16

Peeraasai Enum Piniyil Pinipattu
Oraa Vinaiyeen Uzhalath Thagumoo
Veeraa Mudhusoor PadaVel Eriyum
Sooraa Suralooga Thurandharane

Befallen von der tödlichen Krankheit unstillbarer Wünsche,
Ist es gerecht, dass ich wegen übler Handlungen und mangelnder
Unterscheidungskraft leide?
O Du Tapferer! O unerschrockener Werfer des Vel
Um den uralten Sura zu töten! O Beschützer von Devaloka!

„O Herr, der Du eine Verkörperung von Mut bist! O Du Unerschrockener, der den Vel geworfen hat, um den uralten Surapadma zu zerstören! O Du, der Du die Verantwortung Devaloka zu beschützen, übernommen hast! Soll ich, mit solch üblen Karmas, dass ich nicht unterscheiden kann, herumgeschleudert werden, befallen von der Krankheit übermäßiger Wünsche! Ist das gerecht, o Herr?"

Erklärung:
Selbst die Übung den göttlichen Namen zu wiederholen, wofür im vorhergehenden Vers gebetet wurde, ist für Menschen aufgrund von Wünschen schwer zu erreichen. Es ist kein Wunder, dass die Leute oft denken, es sei eine reine Zeitverschwendung, sich hinzusetzen und den Namen Gottes zu sprechen. Ihr übermäßiger Wunsch nach Wohlstand und Genuss erlaubt es ihnen nicht einmal für ein paar Minuten still zu sitzen, an Gott zu denken und inneren Frieden zu genießen. Was für eine Kraft diese Wünsche haben! Sie erschüttern die ganze Persönlichkeit, wühlen den Geist und die Sinne auf und erlauben es dem Menschen nicht, friedvoll zu sein. Der Mensch wird durch seine Wünsche genarrt, die ihn sich nach außen bewegen lassen, ihn nach Wohlstand und

Vergnügungen streben lassen, die doch nicht andauern und in der Folge Schmerz nach sich ziehen. Die Menschen werden von ihren Wünschen hilflos hin- und hergeschleudert. Armer Mensch! Er weiß nicht, dass er eine Puppe ist, die von Wünschen gesteuert wird. Wie treffend fragte Arjuna Sri Krishna: „Wodurch gezwungen, o Gott, begeht der Mensch Sünden gegen seinen Willen, als ob er mit Gewalt dazu gezwungen würde?" Und Krishna offenbarte das Geheimnis der Geheimnisse: Begierde und Zorn sind die Ursache aller schlechten Taten, die den Menschen zu unrechten Handlungen veranlassen, oft gegen seinen Willen. Gier und Zorn (Zorn ist nur eine andere Form von Gier) sind die Ursachen menschlichen Leidens. Letztlich gehen alle Sünden auf diese beiden gewaltigen Kräfte zurück. Die Weltenshow wird durch Wünsche aufrecht erhalten.

Wünsche sind nicht zu stillen. Je mehr wir ihnen geben, desto mehr wollen sie. Es ist als ob man *Ghee* ins Feuer gießt, das heller brennt und mehr haben will. Jede Befriedigung stärkt den Wunsch, der nach weiterer Befriedigung hungert. Wenn irgendetwas der Wunscherfüllung im Wege steht, verursacht es Zorn; und wir kennen die zerstörerischen Folgen von Zorn. Der Mensch verliert sein Gleichgewicht und wird tatsächlich zur Bestie. So viel zu den Wünschen.

So führen Wünsche zu nicht erstrebenswerten Ergebnissen, während die Übung des Göttlichen Namens süß und beruhigend ist, schon während man ihn ausspricht, dem Herzen Trost bringt und am Ende der Seele Befreiung schenkt. Und dennoch treiben die starken Wünsche den Menschen dazu an, nach den vergänglichen Dingen der Welt zu streben, die ihn immer leiden lassen. Er dreht sich, gefangen in diesem Rad der Wünsche – jetzt nach diesem und dann nach jenem. Der Mensch ist nichts als ein Werkzeug in der Hand der Wünsche.

Arunagiri führt die Ursache dieser Krankheit der Wünsche auf die Nichtunterscheidung zurück. Darin fasst er das gesamte menschliche Leben zusammen, sein Leiden und seine Ursache. Das menschliche Leben ist durch Leid charakterisiert. Es gibt kein wirkliches Glück in diesem verkörperten Leben. Selbst sogenanntes Vergnügen gilt einem Menschen mit Weisheit nur als Schmerz, weil das Vergnügen, abgesehen davon, dass es nur vorübergehend und unecht ist, in Schmerz endet, in Hunger nach weiteren Vergnügungen, Ruhelosigkeit, Sorge und Fehlern. Was ist die Ursache dieses Unglücks? Der Körper. Der Zustand der verkörperten Existenz ist die Ursache unseres Leidens. Und die Verkörperung erfolgt aufgrund von Karmas. Karmas bringen uns in die Existenz in dieser sterblichen Welt. Warum schaffen wir Karmas? Aufgrund von Liebe und Hass – Zu- und Abneigung – handeln wir; und Anhaftung ist die Ursache von Liebe oder Hass. Anhaftung an bestimmte Personen und Dinge bringt notwendigerweise Abneigung gegenüber anderen Digen und Personen mit sich, und dies ist so aufgrund fehlender Unterscheidung. Da alles die Schöpfung Gottes ist, ein Glied des Universalen Wesens, weil Gott zu all dem geworden ist, weil Gott in allen Dingen wohnt, weil alles vergeht, gibt es keinen Grund, bestimmte Dinge zu lieben und andere zu hassen. Wenn wir das aber tun, ist es Nicht-Unterscheidung (*Aviveka*), was die Ursache all unseres Leidens und unseres Unglücks ist. Obwohl Unwissenheit (*Ajnana*) die Ursache von *Aviveka* ist, können wir für alle praktischen Zwecke die mangelnde Unterscheidung selbst als die letztendliche Ursache der Krankheit der Wünsche, der Verkörperung und des Leidens betrachten.

Wünsche sind die Ursache wiederholter Geburten und Tode und so bezeichnet Arunagiri starke Wünsche als eine Krankheit. Tatsächlich ist das die wirkliche Krankheit. Körperliche Beschwerden und Krankheiten sind nicht wirkliche Krankheiten, weil sie uns nur kurze Zeit plagen und danach geheilt sind. Selbst geistige Krankheiten können geheilt oder unter Kontrolle gehalten werden. Selbst wenn eine Krankheit chronisch ist, unheilbar, dauert sie nur so lange, wie der Körper besteht und wenn der Körper stirbt, stirbt sie mit dem Körper. Sie verursacht keine Wiedergeburt, noch folgt sie einem in die nächste Geburt. Aber diese starken Wünsche verlassen den Menschen nicht einmal in den nachfolgenden Geburten. Unerfüllte Begierden plagen einen Menschen während des gesamten gegenwärtigen Lebens, verursachen Wiedergeburt und plagen ihn während vieler zukünftiger Leben.

Wie wir vorhin gesehen haben, verursachen Wünsche, weil sie niemals erfüllt werden können, endlose Geburten, bis sie sublimiert oder durch spirituelles Sadhana gepaart mit göttlicher Gnade verflüchtigt werden. Diese Sublimierung ist nur durch ein unterscheidendes Verstehen der Natur der Wünsche möglich, ihrer Ursache und der Methoden ihrer Sublimation (siehe auch Vers 14). Arunagiri klagt in unserem Namen, dass er ohne Unterscheidungsfähigkeit ist, weswegen er hin- und hergerissen wird und von der Krankheit starker Wünsche geplagt wird und er ruft Gott um seine Gnade und Barmherzigkeit an. Welchen Gott ruft er an? Den Gott, der Surapadma getötet hat – eine Verkörperung übermäßiger Gier, der, weil er nicht mit der Herrschaft über die ganze Erde über Zeitalter hinweg zufrieden war, selbst die Himmel eroberte und die Devas unterwarf.

Shiva verkörperte sich selbst als Lord Skanda, um den Devas zu helfen gegen die *Asuras* (Dämonen) zu kämpfen. Lord Skanda war eine Verkörperung von Mut und ein unerschrockener Krieger von Kindheit an. Er vollführte viele *Bala-Lilas* (göttliche Spiele als Kind). Er entwurzelte die Berge, versteckte sie im Ozean und ähnliche Kunststücke. Die *Devas* im Himmel hatten von seinem Ruhm gehört, ihn aber noch nicht gesehen. Einmal dachten sie, das sei irgendein kleiner Junge, der da so viel Unfug trieb. Weil sie nicht wussten, dass es Lord Skanda war, bewarfen sie ihn mit ihren Waffen und es entstand ein großer Kampf zwischen all den Devas auf der einen Seite und dem Jungen (Skanda) auf der anderen. All ihre Waffen fielen als Blumen auf ihn und zerbrachen. Schließlich schoss der Junge seinen Pfeil und alle Devas fielen ihm zum Opfer. Brihaspati, der Guru der Devas, der von Narada darüber unterrichtet wurde, bat bei Lord Skanda um Gnade für die Devas und Lord Skanda brachte sie nur zu gern zum Leben zurück. Die Götter warfen sich vor Lord Skanda nieder und baten um Vergebung. Er wollte ihnen seine Göttlichkeit offenbaren und sagte: „Ihr dachtet, ich sei ein kleiner Junge. Jetzt habt ihr erkannt, wer ich bin. Ich werde Euch weiterhin meine Macht zeigen." Dabei zeigte der Er ihnen sein *Visvarupa*, seine kosmische Gestalt. Aber sie waren nicht in der Lage, die volle Majestät der kosmischen Gestalt wahrzunehmen. Auf ihre Bitte hin gewährte Lord Skanda ihnen die Göttliche Sicht, mit der sie den ganzen Glanz und die Majestät der *Visvarupa* sehen konnten.

Diese Geschichte zeigt, dass er selbst als ein kleiner Junge mutig und tapfer genug war, sich jeder Situation zu stellen. Darum war es für ihn ein reines Spiel, Surapadma und seine ganze Armee zu zerstören. Ein Wurf des *Vels* besiegte Surapadma, obwohl Lord Skanda ihn sechs Tage lang kämpfen ließ. Darum bezeichnet man Lord Skanda auch als den Tapferen, den Besieger des uralten Asuras und den Beschützer von *Deva-Loka* (Wohnstätte der Devas, der Engelswesen).

Wünsche können nur durch die Gnade Gottes zerstört werden, genauso wie der Asura Surapadma durch den *Shakti-Vel* von Murugan getötet wurde. Arunagiri ruft darum die Göttliche Gnade von Lord Skanda an, um seine Wünsche zu zerstören und ihm und auch uns unterscheidendes Verstehen und Weisheit zu gewähren. Er betet: „O Herr, Du hast den uralten Asura mit einem Wurf Deines *Vels* zerstört und die Devas gerettet. Es gibt einen noch größeren Asura in mir, die unstillbaren Wünsche. Ist es gerecht, dass ich endlos in den Händen dieser Wünsche leiden soll und dabei all meine unterscheidende Kraft verliere? Lass Deinen *Vel*, Deine Göttliche Gnade, diese andauernde Krankheit der Wünsche töten und rette mich."

Und noch einmal: „O Herr, Du hast es unternommen, *Deva-Loka* zu beschützen. Kannst Du mich nicht beschützen? Ist das eine große Sache für Dich? Hab Gnade mit mir und rette mich."

*

Obwohl der *Sadhaka* die Namen Gottes weinen mag, stellt sich das Schmelzen des Herzens nicht einfach ein, noch viel weniger das Gefühl für Gott, wegen der Begierden die im Herzen lauern, die das Herz steinern halten. Die grobstofflichen Begierden, die sich durch die Straßen der Sinne projizieren (Vers 14), mag man beherrschen, aber die subtilen Wurzeln der Wünsche quälen den *Sadhaka* immer noch. Er erkennt, dass die Ursache die fehlende Unterscheidung ist und betet zu Gott, ihm die notwendige Unterscheidungskraft zu geben.

யாமோதிய கல்வியும் எம்மறிவும்
தாமேபெற வேலவர் தந்ததனால்
பூமேல் மயல்போய் அறமெய்ப் புணர்வீர்
நாமேல் நடவீர் நடவீர் இனியே.

VERS 17

Yaamoodhiya Kalviyum Emmarivum
Thaameepera Veelavar Thandhadhanaal
Poomeel Mayalpooi Arameippunarveer
Naameel Nadaveer Nadaveer Iniyee

Die Bildung, die wir hatten und auch unser inneres Verständnis,
Wie sie Gott Velayudha, aus freien Stücken, uns verliehen hat,
Lass Deine Welttäuschung los und halte fest an der Wahrheit,
Singe, mit Deiner Zunge, singe seine Glorie fortan.

„Was wir gelernt haben und unser Verständnis wurde uns direkt von Gott Velayudha aus freien Stücken gegeben; darum sei, indem Du Deine Täuschung über die Welt beiseite wirfst (oder überwindest) in der Wirklichkeit verwurzelt und singe mit Deiner Zunge von nun an immer seinen Ruhm."

Erklärung:
Die Bücher, die wir studiert haben, die Lehrer, unter deren Obhut wir gelernt haben, das Verständnis dessen, was wir gelernt haben – all das wird uns direkt von Gott selbst gegeben. Es gibt hunderte und aberhunderte Bücher in der Welt, aber die Bücher, die wir studieren sollen (die unser bisheriges Wissen, das er uns schon in früheren Leben und im jetzigen Leben gegeben hat, fördern) werden uns in gewisser Weise von Gott in die Hände gelegt. Nicht jeder Sucher liest jedes Buch. Jeder bekommt das Buch, das er braucht, oft auf mysteriöse Weise! Gott arrangiert es so, obwohl er uns das Geheimnis nicht ohne weiteres enthüllt.

Und jeder geht zu einem anderen Lehrer, obwohl sie mit demselben Buch arbeiten mögen. Unser Verständnis eines Textes hängt von der Vermittlung durch den Lehrer ab. Und vor allem erhalten wir ein richtiges Verstehen dessen, was wir lernen (von innen) von Gott. Wenn zwei das gleiche Buch beim gleichen Lehrer studieren, unterscheidet sich dennoch ihr Verständnis. Der Grund ist, dass man nur soviel versteht, wie einem von Gott enthüllt wird. Wenn wir ein klares Verständnis der höheren Wahrheiten haben, dann sicherlich aufgrund Seiner Gnade. Wenn wir auf gute Bücher stoßen, wenn wir Führung von ernsthaften, liebevollen Lehrern bekommen (die ein vollkommenes Verständnis der Schriften und direkte spirituelle Verwirklichung haben) und wenn wir Weisheit oder eine klare innere Wahrnehmung der Wahrheit haben, dann zweifellos aufgrund Seiner Gnade. Er allein lässt uns zu den Büchern kommen, die wir studieren sollen; Er ist es, der uns in Kontakt mit unserem Guru bringt; und wenn wir die Bücher gelesen haben und den Anweisungen des Gurus gefolgt sind, dann ist es schließlich Er, der sich in uns als höchste Weisheit enthüllt. Es ist die Erfahrung von Suchern, dass Wahrheiten oft in der Meditation aufblitzen – Wahrheiten, die sie nicht von ihren Lehrern gehört oder in Büchern gelesen haben, sondern Wahrheiten aus einer ganz anderen Quelle. Woher kommen sie? Gott oder der Guru im Inneren enthüllt mehr Geheimnisse, als was man von außen hört oder liest. So kommt er zu uns auf jeder Stufe unseres Sadhana, von Anfang an, bis wir den Gipfel der Erkenntnis, die Vollkommenheit, erreichen.

Er kommt als das Buch, als der Guru und als Weisheit. Das Buch ist *Jada*, ein lebloses Objekt mit darin enthaltenem Wissen. Es ist Wissen in theoretischer Form. Wissen „existiert" in Büchern. Es ist der *Sat*-Aspekt. Der Guru ist ein lebendiges, bewusstes Wesen, eine Verkörperung des Wissens, in dem Weisheit im praktischen Leben „gesehen" wird. Dies ist der *Chit*-Aspekt. Aber in der eigenen inneren Weisheit wird man zum Wissen selbst. Hier ist das Wissen untrennbar vom eigenen Leben. Es ist Weisheit, die Freiheit und Seligkeit ist. Dies ist der *Ananda*-Aspekt. Das scheinen fortschreitende Stufen des Wissenserwerbs zu sein – Wissen in Büchern (potentiell), Wissen im Lehrer (aktiv, lebendig) und Wissen in einem selbst (erfasst) - Existenz von Wissen, Bewusstsein von Wissen und Seligkeit von Wissen – *Satchidananda*.

Dieser Vers vermittelt auch eine großartige Lektion. Er versucht unseren Stolz aus dem Weg zu räumen, sei es Stolz auf das Lernen oder auf spirituelle Errungenschaften. Das, was wir gelernt und was wir verstanden haben, bekommen wir von Gott; es gehört nicht uns. Darum gibt es für niemanden einen Grund, darauf stolz zu sein. Wenn es nicht uns gehört, sondern Sein ist, wie können wir dann stolz darauf sein. So ist dieser Vers auch ein Hinweis, bescheiden zu sein, indem wir uns daran erinnern, dass das, was wir besitzen, nur das ist, was uns von Gott geschenkt wird.

Vers 17

Und woraus besteht dieses Verständnis, das Gott uns geschenkt hat? Es ist kein mit dem Leben unverbundenes Bücherwissen, sondern Weisheit oder Verstehen, das das Leben *ist*. Es ist praktisches Wissen, eng mit dem Leben verbunden, so sehr, dass es in jedem Moment unseres Lebens gelebt werden muss. Was heißt das? Wir sollten die Täuschung dieser Welt (von *Nama* (Name) und *Rupa* (Form) loslassen und uns ständig an die Wahrheit halten (die *Satchidananda* ist).

Woher kommt diese Täuschung über die Welt? Die Welt besteht aus *Nama* und *Rupa*, Name und Form. Sie wird *Nama-Rupa Prapancha*, die Welt der Namen und Formen, der Objekte genannt. Dass wir Namen und Formen sehen und nicht die Essenz dahinter, ist die Ursache unserer Täuschung. Es gibt Zu- und Abneigung gegenüber den Dingen aufgrund der Wahrnehmung verschiedener Werte in ihnen, aufgrund eines Unterschieds in Name und Form. Wenn die Essenz hinter den Namen und Formen wahrgenommen würde, gäbe es keine Täuschung - keine Liebe, keinen Hass, keine Präferenzen, kein Mögen und Nichtmögen.

Ein Beispiel macht das klar. Wenn man einem Kind verschiedene Holzfiguren zeigt – alle aus demselben Holz in unterschiedlichen Formen und unterschiedlich angemalt – wie z. B. Elefant, Löwe, Pferd, Katze, Tiger, Hund, Kamel – dann mag es bestimmte und andere nicht, aus dem einfachen Grund, da es die Namen und Formen für wirklich hält und nicht weiß, dass sie alle aus demselben Holz sind. Es liebt z. B. den Hund und die Katze, nimmt sie auf den Schoß und spielt mit ihnen. Andererseits hat es Angst, den Löwen zu berühren. Es sieht verschiedene Werte in unterschiedlichen Spielzeugen. Aber für einen gereiften Geist, für einen erwachsenen Menschen, stellen sie keinen Unterschied dar, weil er eine Sichtweise hat, um die Namen und Formen zu ignorieren. Auch er sieht sie, aber er kann die Substanz hinter ihnen sehen. Er wird weder den Hund lieben noch Angst vor dem Löwen haben. So ist die Wahrnehmung von *Nama* und *Rupa* (Name und Form) die Ursache unserer Täuschung über diese Welt der Objekte, die letztlich nichts anderes sind als strukturelle Unterschiede derselben Substanz. Sind nicht alle Arten von Goldschmuck nichts anderes als reines Gold? Die unterschiedlichen Namen, die wir ihnen geben, entstehen aufgrund des Unterschieds ihrer Gestaltung und nicht ihrer Substanz. Die verschiedenen Formen und Namen von Schmuckstücken aus Gold schließen nicht die Existenz der Substanz in ihnen aus, noch sind sie Hindernisse, um die Essenz in ihnen zu erkennen. Ebenso sind die Namen und Formen der Gegenstände der Welt keine Hindernisse für die Wahrnehmung von *Satchidananda*, der Essenz in ihnen. Sie scheinen verschieden zu sein und unterschiedliche Werte zu besitzen aufgrund ihrer vielfältigen Formen und nicht wegen ihrer Essenz. Gott selbst erscheint als diese vielfältigen Gegenstände.

Dass *Satchidananda* die Essenz in allem ist sollte man bei der Wahrnehmung von Namen und Formen nicht aus dem Blick verlieren. So sollten wir mit dem Wissen, das uns Gott selbst schenkt, die Täuschung der Namen und Formen überwinden und in dem Gewahrsein der Gegenwart von *Satchidananda* verwurzelt sein. Also, sagt Arunagiri, halte dich fest an die Wahrheit und werfe die Täuschung beiseite.

Wir wollen noch etwas mehr ins Detail gehen. Man sagt, dass alles aus fünf Eigenschaften besteht – *Nama, Rupa, Astim, Bhati* und *Priya*. Die ersten beiden gehören zur äußeren Natur der Objekte, die letzteren drei sind ihre wahre Essenz. Alles in der Welt hat einen Namen und eine Form, z.B. Fluss, Berg, Süßigkeit, Mann, Frau etc. In der Welt gibt es nichts als Namen und Formen, darum heißt sie *Nama-Rupa Prapancha*, die Welt der Namen und Formen. Aber es gibt noch mehr in ihnen, zusätzlich zu Name und Form. Es gibt Existenz, Erleuchtung und die Fähigkeit, Glück zu verleihen.

Niemand möchte sterben; wir wollen überdauernde Existenz – das ist der Drang von *Asti, Sat*, Existenz. Es gibt in jedem einen Drang nach Wissen, niemand möchte ein Dummkopf genannt werden – das ist *Bhatitva, Chit*, Bewusstsein. Wir wollen immer Glück und keinen Schmerz – dies ist der Drang von *Priya, Ananda*, Wonne. Daher gibt es eine dreifache Mischung von Existenz-Bewusstsein-Wonne in uns, in allem in der Schöpfung. Diese scheint Nama und Rupa zu durchdringen.

Wenn wir äußere Dinge haben wollen, ist es tatsächlich dieses *Satchidananda*, das wir in ihnen suchen und nicht der Name oder die Form als solche. Darum lehnen wir einen Gegenstand ab, wenn er uns nicht die gesuchte Befriedigung geben kann, Freunde werden zu Feinden, geliebte Gegenstände werden gnadenlos weggeworfen. Wir wollen nicht Namen und Formen, sondern eine Befriedigung, die von ihnen kommt, eine Befriedigung, die sie uns (scheinbar) geben können. Aber bekommen wir wirklich diese Befriedigung? Nein, weil diese Methode, zu versuchen, unsere Wünsche durch Kontakt mit Gegenständen zu befriedigen, ein Irrtum ist und wir niemals bekommen, was wir wollen. Und dennoch scheinen wir eine Befriedigung von ihnen zu bekommen und darum rennen wir ihnen immer wieder hinterher. Das kommt aufgrund eines inneren Bedürfnisses in uns. Es gibt eine innere, psychologische Spannung in uns, den Wunsch, der den Sinnen über die Nerven übermittelt wird. Und wenn sich die Nervenanspannung durch den Kontakt mit äußeren Dingen löst, scheinen sie uns Glück und Befriedigung zu geben. Aber die Lösung von Spannung ist nicht die Erfüllung von Begierden, weil das, was ein inneres Bedürfnis ist, und was die Spannung verursacht hat, immer noch da ist, tief in der Persönlichkeit und es verursacht immer und immer wieder Spannungen. Darum können Wünsche nie endgültig durch den Kontakt mit Gegenständen erfüllt werden. Und nicht nur das, sie rufen auch weitere Wünsche hervor. Mehr darüber haben wir schon in Vers 14 gesehen. Dinge, die Wünsche hervorrufen und Wünsche, die versuchen, durch den Kontakt mit Dingen freigesetzt oder zufrieden gestellt zu werden – dieser Teufelskreis ist endlos. Dies ist der Kreislauf von *Samsara* (der Wiedergeburten), die tödliche Krankheit, auf die sich Vers 16 bezieht, die nie geheilt wird. Also ist *Nama-Rupa Prapancha* nicht der Weg zu *Satchidananda*; Kontakt mit Objekten kann kein wirkliches Glück bringen. Was ist dann der Weg? Yoga ist die Antwort.

Genauso wie *Satchidananda* alle Dinge durchdringt, ist es auch in uns. Daher ist der einzige Weg und die richtige Methode, es innen zu suchen, statt in den Gegenständen. Wir können aufgrund des Einflusses von Raum und Zeit *Satchidananda* nicht über äußere Objekte erfahren. Wir mögen ein Objekt besitzen und es an die Brust drücken und dennoch wird es nicht unser werden, es kann nicht in uns eingehen und wir können nicht in es eingehen; wir bleiben immer davon getrennt. Darum ist der einzige Weg, *Satchidananda* im Inneren zu suchen. Wenn die Sinneskräfte, die sich in alle Richtungen verzweigen, um mit Gegenständen in Kontakt zu kommen, sich in den Geist zurückziehen und dann der so konzentrierte Geist sich auf seine Quelle, den *Atman*, richtet, dann taucht der *Jiva* tief ins Innere und kommt mit *Satchidananda* in Kontakt. Wie Wasser, das in Wasser gegossen wird oder wie ein Fluss, der in den Ozean mündet, wird er eins mit dem Selbst, das *Satchidananda* ist. Dies ist in aller Kürze die Methode des Yoga. All das drückt Arunagiri aus, indem er sagt, werfe die Täuschung der Welt, der Namen und Formen, durch unterscheidendes Verstehen beiseite, sei im inneren Selbst verwurzelt.

Und was muss man weiterhin machen? „Fortan singe sein Lob und seinen Ruhm, wiederhole seine Namen mit Deiner Zunge", ist Arunagiris Rat. Warum? (Damit wir nicht noch einmal diese Wirklichkeit vergessen und in Namen und Formen gefangen sind!) Um Ihm unsere Dankbarkeit zu zeigen. Durch Seine

Gnade haben wir die Bücher bekommen, die wir brauchten, einen richtigen Guru, die Weisheit, die unserer Täuschung ein Ende bereitet hat und uns in den Zustand der ununterbrochenen Wahrnehmung der Wirklichkeit versetzt hat. Sollten wir ihm da nicht dankbar sein? Und was kann ein besseres Mittel sein, unsere Dankbarkeit für Ihn auszudrücken, als immer Seine Namen zu sprechen und sein Lob zu singen? Gott wieder das darzubringen, was wir von ihm bekommen haben, heißt ihm dankbar zu sein. Mit dem Verständnis das uns von Gott geschenkt wurde, müssen wir Seinen Ruhm besingen. „Was ist der Nutzen des Lernens", sagt Tiruvalluvar, „wenn der Gelehrte nicht die heiligen Füße (Gottes) verehrt."

Das Singen Seines Ruhmes kann auch ein Ausdruck der Freude des inneren unvergänglichen Bewusstseins Gottes sein. In Vers 15 hat Arunagiri um den Segen gebeten, seinen Namen zu wiederholen, um das Herz zu schmelzen und das innere Bewusstsein Gottes zu erlangen. Jetzt sagt er, wenn man in diesem inneren Bewusstsein gefestigt ist, soll man fortan Seine Namen und Seinen Ruhm besingen.

So ist Bhakti ein Mittel, um das höchste Wissen zu erlangen, wie auch eine Nachwirkung oder ein Ausdruck dieses Wissens. Dies ist das Großartige am Bhakti, der Hingabe; bei Karma Yoga (im Sinn von höchster Verwirklichung, Einheit), dem Pfad des Handelns, ist es nicht so. Krishna sagt in der Bhagavadgita, dass für einen Weisen, der Yoga erreichen will, Handlung das Mittel ist; aber für den gleichen Weisen, der Yoga erreicht hat, ist Nichthandeln das Mittel. Zu Handeln scheint nach dem Erreichen von Yoga keine Freude zu bringen, aber den Namen Gottes zu singen, bringt vor und nach der Verwirklichung Freude. Und es wird anderen als Inspiration und Führung dienen, weil die Leute gewöhnlich einer Führungsperson folgen und das tun, was sie tut. Wenn sie die Namen Gottes singt, seine Namen spricht, werden sie das auch praktizieren, was in ihrem Fall dann als Mittel zur Erreichung von Yoga dient.

Der Vers wird auch interpretiert als: „Unser Lernen und unser Verstehen wurden uns von Velayudha nur geschenkt, um wieder von ihm empfangen zu werden. Deshalb, o weltliche Menschen, solange ihr auf dieser Erde seid, gebt eure Täuschungen auf, beschäftigt euch mit wohltätigen und rechtschaffenen Handlungen (*Dharma*) und singt fortan mit eurer (von Gott gegebenen) Zunge Seinen Ruhm."

*

Vers 17

Der Sucher hat erkannt, dass ein Mangel an Unterscheidung die Ursache der Wünsche war, d.h. die Täuschung hinsichtlich der Welt; und als Antwort auf sein Gebet gewährt ihm Gott oder der Guru jetzt die benötigte *Viveka Shakti*, die Unterscheidungskraft. Mit diesem Dämmern von *Viveka* weiß er, dass er seine Täuschung aufgeben und seinen Geist auf die Essenz, das Selbst, heften sollte, und dazu ist das Singen Seines Ruhmes der Weg. Hier wird betont, wie notwendig Selbstkontrolle (*Pratyahara*) ist, bevor man mit Meditation (*Dharana* und *Dhyana*) anfängt.

Gott ist als sein Guru erschienen und hat ihm *Hitopadesa*, Unterweisung gegeben, dass er nicht der Körper ist, sondern das Selbst (Vers 7), was für ihn mehr ein theoretisches Verstehen blieb als eine innere Überzeugung. Aber jetzt kommt ein wirkliches Verstehen dieses Rates von innen. Die Anweisung von außen und die Überzeugung von innen kommen beide von Gott selbst, gemäß Seinem Willen.

உதியா மரியா உணரா மறவா
விதிமால் அறியா விமலன் புதல்வா
அதிகா அநகா அபயா அமரா
வதிகாவல சூர பயங்கரனே.

VERS 18

Udhiyaa Mariyaa Unaraa Maravaa
Vidhimaal Ariyaa Vimalan Pudhalvaa
Adhigaa Anagaa Abhayaa Amaraa
Vadhi Kaavala Soora Bhayangaranee

Ungeboren und ohne Tod, nicht denkend und nicht vergessend,
Unerkennbar durch Brahma und Vishnu – Der Sprössling des ewig Reinen!
O Großartiger! Makelloser! O Zuflucht! O Beschützer
Von Amaravati! O Schrecken und Angst von Surapadma!

„O Shanmukha! (Spiritueller) Sohn des ewig reinen Herrn (Shiva) der ohne Geburt und Tod ist, der weder denkt noch vergisst, der (selbst) von Brahma und Vishnu nicht erkannt werden kann! O großartiger Herr, Du makelloser Einer, der Geber von Zuflucht, der Beschützer von Amaravati (der Hauptstadt von Svarga, dem Wohnort der Devas), der Schrecken von Surapadma!"

Erklärung:
Im gesamten Werk des *Kandar Anubhuti* ist dies ein einmaliger Vers – der einzige, der ausschließlich dem Singen des Ruhms Gottes gewidmet ist; im Gegensatz zu den anderen, die entweder eine Aufforderung an Gott, ein Gebet, eine Anweisung an den Geist, eine Offenbarung Seiner Gnade, eine Ermahnung oder eine Beschreibung von Stufen des spirituellen Sadhana usw. enthalten.

Im höchsten Zustand des *Jnana* (des Wissens) ist man zufrieden, Gott einfach nur zu preisen. Man möchte nichts Bestimmtes von Gott, man bittet nicht um etwas, noch fühlt man das Bedürfnis, anderen oder dem eigenen Geist Anweisungen zu geben, der jetzt vollkommene Ruhe in seiner Quelle gefunden hat und sich nicht nach außen bewegen muss, selbst nicht, um über spirituelle Angelegenheiten zu sprechen. Dies ist auch der höchste Zustand der

Hingabe, indem der Verehrer nicht das Bedürfnis fühlt, um irgendetwas zu beten. Wenn Gott selbst erreicht ist, was möchte der Verehrer dann noch mehr? Seine Hingabe an Gott ist in diesem Zustand so einpünktig und seine Selbsthingabe so vollständig, dass Gott sich um ihn kümmert, was auch immer seine Bedürfnisse sein mögen, und selbst dessen ist der Verehrer sich oft nicht bewusst. Dieser Vers ist die direkte und unmittelbare Wirkung der Weisheit, die dem heiligen Arunagiri von Gott geschenkt wurde (wie im vorherigen Vers erwähnt), nämlich dass man seine Anhaftungen an die Welt aufgeben, ganz in der Wirklichkeit verwurzelt sein und im Singen des Ruhmes Gottes aufgehen sollte. Mit diesem Vers will er wahrscheinlich auch seine Dankbarkeit für die Weisheit, die ihm gewährt wurde, ausdrücken.

Hingabe ist so süß, dass man sich ganz erfüllt fühlt. Darum hat Arunagiri im allerersten Vers um diese einzige Aufgabe gebetet, seinen Ruhm zu besingen, was das Ziel selbst ist, wenn es vom Schmelzen des Herzens und innerem Gefühl begleitet wird.

Gott ist ohne Geburt- und Tod. Er hat weder einen Anfang noch ein Ende. Alles ist von Ihm gekommen, wird in und von Ihm erhalten und alles kehrt in Ihn zurück oder wird von Ihm wieder aufgenommen. Aber Er selbst kennt keine Veränderung. Er denkt oder vergisst nicht, weil es nichts Zweites neben ihm gibt. Das ist Shiva. Die Großartigkeit von Shiva kennen nicht einmal Brahma und Vishnu. Schon in der Erklärung von Vers 3 haben wir gesehen, wie Brahma und Vishnu Shiva nicht verstanden haben, als er als Licht erschien, während sie untereinander über die höchste Herrschaft stritten. Lord Skanda ist der spirituelle Sohn dieses ewig reinen Einen – Shiva. Indem er dies sagt, macht Arunagiri keine Unterscheidung zwischen Shiva und Lord Skanda, weil Lord Skanda nur eine Manifestation (eine andere Form) von Shiva für einen spezifischen Zweck ist. Shiva hatte den Asuras Gaben verliehen und darum wollte er sie nicht in seinem Shiva-Aspekt töten. Aber auch niemand anders konnte sie töten. Daher erschien Shiva selbst als Lord Skanda, um die *Asuras* zu besiegen. Darum sind Shiva und Lord Skanda eines.

Gott ist der großartige Eine, fehlerlos, und er vernichtet die Fehler seiner Anhänger. Er gibt denen Zuflucht, die Schutz zu Seinen Füßen suchen, die mit ungeteiltem Geist an ihn denken. Lord Skanda ist der Beschützer von Amaravati. Amaravati ist die Hauptstadt von *Svarga* (des Himmels), wo Indra herrscht. Surapadma ist in *Svarga* eingefallen und hat alle *Devas* aus dem Himmel vertrieben. Nur Lord Skanda konnte die *Asuras* töten und Indra wieder auf seinen Thron in Amaravati einsetzen. Lord Skanda war ein Schrecken für Surapadma, vor dem ansonsten niemand bestehen konnte. Er hatte alle Engelswesen besiegt und sie zu niedrigen Diensten gezwungen.

Shiva erschien als Lord Skanda und nur er konnte den Asura vernichten. Zuerst hielt Surapadma Skanda für einen kleinen Jungen und schickte seinen Sohn Banukopan in die Schlacht. Selbst Banukopan war für die Devas unbesiegbar; sie konnten ihm keinen Widerstand entgegensetzen. Aber für Lord Skanda war er nichts. Er tötete Banukopan sofort und diese Nachricht ereilte Surapadma wie ein Schock. Er schickte dann seine Brüder, Simhamukhan und Tarakasuran, die von Lord Skanda ohne große Anstrengung getötet wurden. Dies erzeugte Schrecken in ihm. Schließlich kam er selbst auf das Schlachtfeld. Er schleuderte die vielen unbesiegbaren *Astras* (Waffen), die ihm Shiva verliehen hatte gegen Lord Skanda. Einige davon zerstörte Er mit Gegenastras, andere fing er ruhig auf und behielt sie bei sich, während er über Shiva meditierte. Die Art, mit der Lord Skanda mit diesen mächtigen Astras umging und so einfach und gelassen mit ihnen umging, versetzte das Herz von Surapadma in Schrecken. Darum wird Lord Skanda als „Schrecken Surapadmas" bezeichnet.

Lord Skanda wird in diesem Vers als Beschützer der Devas und Schrecken Surapadmas bezeichnet. Er beschützte die Devas und vernichtete die Asuras – das heißt, er beschützt diejenigen, die *Daivi Sampatti* (göttliche Eigenschaften) besitzen und zerstört diejenigen, die von asurischer Natur (bösen Tendenzen haben) sind. Gott beschützt das Gute und vernichtet das Unrechte.

Im vorhergehenden Vers sagte Arunagiri „deshalb lasse deine Zunge Seinen Ruhm besingen". Wie man dies macht, sagt uns dieser Vers. Die Verherrlichung Gottes sollte sich auf seine höchsten Eigenschaften beziehen. Sie zu besingen bedeutet Kontemplation und Meditation über Ihn.

Wenn wir den Ruhm Gottes besingen, haben wir an den Qualitäten und Eigenschaften teil, mit denen wir Ihn verherrlichen, aufgrund des einfachen Gesetzes, dass wir das werden, was wir denken. Die Verherrlichung Gottes ist eine Art der Meditation über Ihn, genauso wie es *Svadhyaya* (Selbststudium) ist, weil sich der Geist dabei auf Gott einstellt und bei Ihm weilt. Wenn wir Seinen Ruhm besingen, denkt der Geist über Seine Tugenden nach, und weil der Geist das wird, was er denkt, wird er mit diesen göttlichen Eigenschaften, über die er kontempliert, aufgeladen. Singen ist Kontemplation und führt zur Absorption. Wenn wir also „der großartige Eine" singen, blitzen Vorstellungen von Allgegenwärtigkeit, Allmacht usw. in unserem Geist auf, und wenn wir das öfter wiederholen, führt es zu einem vollständigen Aufgehen des Geistes in diesen Vorstellungen, was den Verehrer oft zu *Bhava Samadhi* führt, einem zeitlich begrenzten Aufgehen im Göttlichen Bewusstsein.

Die Verherrlichung Gottes ist ein reines Anflehen, nicht für irgendeinen bestimmten Zweck oder weil man etwas Bestimmtes will. Es ist die Sehnsucht der Seele nach der Wiedervereinigung mit Gott. Wenn die Seele nichts Besonderes will, gibt Gott sich selbst *vollständig*. Verherrlichung Gottes heißt, Gott selbst zu wollen und nicht irgendetwas *von* ihm. Wenn Er erreicht wird, ist alles erreicht, weil es nichts Größeres als Ihn gibt, nichts jenseits von Ihm und nichts außerhalb von Ihm. Er ist der Großartige, *Bhuma*. Durch ungeteilte Hingabe an Gott und Seine Verherrlichung *fühlt* die Seele ihre Einheit mit Ihm, *fühlt* Gott als sich selbst.

Arunagiri scheint sich in diesem Vers auf das Selbst zu beziehen und auf die Meditation über das Selbst hinzuweisen. Die Eigenschaften von Shiva, die er erwähnt, entsprechen Brahman, dem Absoluten; und die von Lord Skanda als Shivas Sohn usw. dem inneren Selbst, auf das hin die Meditation praktiziert werden muss. Also beschreiben die ersten beiden Zeilen dieses Verses den Atman und die letzten beiden Zeilen zeigen die Richtung der Meditation.

Der Heilige bezeichnet bedeutsamer Weise Shiva als „*Vimalan*", was auch *Brahman* heißen kann. *Vimala* bedeutet *Nitya-Suddha*, ewig rein, unbefleckt von Weltlichkeit. Es ist *Brahman*, das auch frei von Geburt und Tod ist, ohne Denken und Vergessen, das selbst von Brahma und Vishnu nicht erkannt werden kann, weil sie die Wirkungen von Brahman sind und die Wirkung ihre Ursache nicht kennen kann. Genauso wie Lord Skanda der spirituelle Sohn von Shiva und doch kein anderer als Shiva ist; so ist das Selbst, das im Inneren wohnt, der „Sohn" von Brahman und ist davon nicht verschieden. So nimmt der Vers in der ersten Hälfte zum Zweck der Meditation Bezug auf das Selbst als nicht von Brahman verschieden, sondern im Inneren wohnend.

Wie man über das Selbst meditieren soll, steht in der zweiten Hälfte. „Der großartige Eine, der Makellose, der Furchtlose, der Herr des Herzens und der Schrecken des Ego" – so muss über das Selbst meditiert werden. Es gibt nichts Größeres als den Atman. Während der Geist größer ist als die Sinne, der Intellekt größer als der Geist und der Atman größer als der Intellekt, gibt es nichts Größeres als ihn. Das Selbst ist der „makellose Äther" im Herzen. Es ist furchtlos und aus Angst vor ihm arbeiten die anderen Fähigkeiten in uns harmonisch. Das Selbst ist der Herr (Verwalter) des Herzens (Amaravati). Die Engelswesen sind die Sinne und genauso wie die Götter im Himmel wohnen, dessen Hauptstadt Amaravati ist, so wohnen die Sinne in diesem Körper, dessen Zentrum (oder Hauptstadt) das Herz ist. Die mächtige Kraft von Lord Skanda war ein Schrecken für Surapadma; genauso ist ein Bewusstsein der universalen Existenz des Selbst ein Todesstoß für die individualistische Annahme des Ego. So wird gezeigt, wie man über das Selbst meditiert als das Große und Makellose, das Furchtlose, den Träger der Tugenden und den Zerstörer der Sünden im Sadhaka, als die höchste Wirklichkeit.

*

Mit dem Aufkommen von wahrem Verständnis, das von Gott geschenkt wird – nämlich dass er, indem er die Täuschung hinsichtlich der Welt verlässt, seinen Geist auf die Wirklichkeit oder das Selbst fixieren sollte (Vers 17) – beginnt der Sucher jetzt seine Meditation über die höhere Natur Gottes, als das Selbst in ihm. Um solch reine Meditation bemüht sich jetzt der Aspirant.

வடிவும் தனமும் மனமும் குணமும்
குடியும் குலமும் குடிபோகியவா
அடியந்தமிலா அயில்வேல் அரசே
மிடியென்று ஒருபாவி வெளிப்படினே.

VERS 19

Vadivum Dhanamum Manamum Gunamum
Kudiyum Kulamum Kudi Poogiyavaa
Adiyandham Ilaa AyilVel Arasee
Midi Enroru Paavi Velippadine

Schönheit, Wohlstand, (guter) Geist, edle Eigenschaften,
Gute Herkunft und Ansehen der Familie – alles vergeht, leider!
O König des scharfen Vels, der anfanglose und endlose Eine!
Wenn Armut, die Sünderin, sich bei jemandem manifestiert.

„O König (Herr) des scharfen Vel! O anfangloser und endloser Einer! Wenn Armut, die Sünderin, einen Menschen heimsucht, o was für ein Wunder! Seine (körperliche) Schönheit, sein Wohlstand, sein (guter) geistiger Zustand, seine (edlen) Eigenschaften, seine (gute) Herkunft und sein Familienansehen – alle verlassen ihn!"

Erklärung:
Die offensichtliche Bedeutung dieses Verses ist klar. Wenn Armut einen Menschen in Besitz nimmt, verliert er natürlich seine körperliche Schönheit aufgrund eines Mangels an richtiger Nahrung und anderen alltäglichen Bedürfnissen. Das Verschwinden seines Wohlstandes ist natürlich offensichtlich, denn was sonst ist Armut? Aufgrund des Elends, das aus der Armut entsteht, ist der geistige Zustand gestört und er verliert seinen inneren Frieden; seine guten Eigenschaften wie seine wohltätige Natur, Hilfsbereitschaft usw. finden keine Möglichkeit, sich auszudrücken. Unter der Belastung der Armut mag man sogar Handlungen begehen, die nicht der eigenen hohen Abstammung entsprechen und gegen das Familienansehen sind. Deshalb ist Armut eine Sünderin, die alles, was in einem Menschen gut ist, aufhebt – physisch, mental und spirituell.

Aber wirkliche Armut ist moralischer und spiritueller Bankrott. Moralische Armut frisst die eigene körperliche Schönheit und den Wohlstand aufgrund von zuviel Sinnesgenuss weg. Der Mensch wird von Krankheiten heimgesucht, die seine Gesundheit und seinen Wohlstand erschöpfen. Ein moralisch schwacher Mensch kann nicht im Geist stark sein. Seine Willenskraft ist schwach und sein Geist kraftlos. Seine guten Eigenschaften verlassen ihn. Seine übermäßige Gier nach Sinnesbefriedigung zwingt ihn zu Handlungen, die seiner hohen Geburt und dem Familienansehen nicht anstehen.

Spirituelle Armut ist noch schlimmer. Sie ist *Avidya*, Unwissenheit und alles was sie umfasst. Wenn ein Mensch keine guten Eigenschaften wie Hingabe an Gott, Liebe für die Mitgeschöpfe, Freundlichkeit, Achtung der höheren Lebenswerte etc. hat, dann ist er schlimmer dran als ein Bettler und ein moralisch schwacher Mensch. Wer jedes spirituellen Wohlstands beraubt ist – wie *Viveka* (Unterscheidung zwischen dem Wirklichen und dem Unwirklichen), *Vairagya* (Abneigung gegenüber den unwirklichen, vergänglichen Dingen der Welt) Glaube an und Sehnsucht nach Gott - ist ein wirklicher Bettler. Er mag gesund scheinen, schön, wohlhabend, und äußerlich lächeln, aber in den Augen Gottes ist er ein gefallener Mensch. Gottes Einschätzung des Menschen unterscheidet sich erheblich von unserer Einschätzung. Er schaut auf unsere innere Reinheit, inneres *Bhava* (Einstellung) und nicht auf die äußere Erscheinung und protzige Handlungen. Trotz äußerlicher Gesundheit, Wohlstand, angenehmem Auftreten, hoher Geburt usw. muss jemand, der spirituellen Wohlstand vermissen lässt, als ein wahrhaft armer Mensch angesehen werden, als ein Unwissender.

Materielle Armut ist schlimm, aber moralische Armut ist schlimmer und spirituelle Armut ist am schlimmsten. Materielle Armut kann man durch eigene Anstrengungen überwinden oder indem man von anderen etwas bekommt. Es ist vergleichsweise leichter, materielle Armut zu überwinden. Moralische Armut ist schwierig zu überwinden. Große Anstrengungen sind dazu notwendig. Es ist für einen moralischen Schwächling eine fast herkulische Aufgabe, ethisch stark zu werden. Dennoch kann man es durch entschiedene Anstrengung schaffen. Aber es ist fast unmöglich, spirituelle Armut zu beseitigen. Wir alle leiden seit Zeitaltern daran. Deswegen werden wir geboren und sterben. Unwissenheit, *Avidya*, ist die Ursünde, die von uns Besitz ergriffen hat, Gott weiß seit wann! Weil wir unsere universale Natur vergessen, uns selbst auf einen bestimmten Körper begrenzen, diese fließende Welt als wirklich betrachten, bestimmte Dinge lieben oder hassen, suchen wir getäuscht die

Sinnesfreuden und leiden endlos. Was kann schlimmer sein als das? Das ist wirkliche Armut – nicht zu wissen, wer wir sind, was gut für uns ist und wie wir es suchen sollen. Diese spirituelle Armut kann nur von Gott entfernt werden, der eine Verkörperung des Wissens ist, was durch den scharfen *Vel* dargestellt wird. Wie der *Vel* den Asura durchbohrte, muss der *Vel* der Weisheit diesen Asura der Unwissenheit in uns zerstören. Nur dann gibt es Rettung für uns. Darum betet Arunagiri um Freiheit von Armut – Armut jeder Art – frei von Elend zu sein, so dass man wohltätige Handlungen ausüben und Tugenden entwickeln kann, frei von moralischer Schwäche zu sein, so dass man sich selbst mit ganzem Herzen Gott hingeben kann und frei von spiritueller Armut zu sein, so dass man für immer und immer in Gott ruhen kann.

Um spirituelle Armut zu überwinden, können andere, wie bei der materiellen Armut, in keiner Weise behilflich sein. Selbst entschiedene Selbstanstrengung, wie bei der moralischen Armut, kann nicht viel bewirken. Der einzige Weg ist die Gnade des Gurus oder Gottes. Darum das Gebet zu Gott als dem König des scharfen *Vels*.

Bedeutsamerweise spricht Arunagiri Gott in diesem Vers als den „König mit dem scharfen *Vel*" an. Nur ein König kann die materielle Armut jedes Menschen beseitigen, weil ihm der ganze Wohlstand der Nation gehört, das heißt, seine Ressourcen sind unerschöpflich. Selbst ein reicher Mann kann das nicht, weil seine Ressourcen begrenzt sind. Gott ist der spirituelle König – der König der Tugenden und er alleine kann die nötige moralische Stärke geben, um die innere Schwachheit zu bekämpfen. Er ist auch der Herr mit dem scharfen *Vel*, der die Höchste Weisheit darstellt, welche die Unwissenheit zerstören kann. Gott ist eine Verkörperung aller Göttlichen Tugenden (*Daivi Sampatti*) und er schenkt seinen Anhängern Glauben, *Viveka*, *Vairagya*, Sehnsucht nach Befreiung und schließlich, als der Herr der Weisheit, den Reichtum aller Reichtümer, *Brahma Jnana* (Wissen um Brahman, das Absolute).

Weil er den Beinamen „Sünderin" (*Paavi*) und „wenn manifestiert" (*Velippadin*) auf die „Armut" anwendet, scheint Arunagiri mehr *Avidya*, Unwissenheit (spirituelle Armut) zu meinen als materielle Armut.

(1) *Avidya* wird, wie wir wissen, die „Ursünde" genannt und sie wird als Sünderin personifiziert. (2) Das Wort „Velippadin" muss man in seiner vollen Bedeutung gut verstehen. Es bedeutet „wenn es manifestiert wird" oder „wenn es sich manifestiert", was die Existenz in unmanifestierter oder schlafender Form schon voraussetzt. Das bezieht sich natürlich auf *Avidya*, das als die

ursprüngliche Ursache der Individualität tief in jedem liegt. Wir können nicht behaupten, dass Armut in jedem unmanifestiert oder latent vorhanden ist und dass sie sich selbst manifestiert. Man sagt, dass Armut die Menschen überkommt, was bedeutet, dass sie eine äußere Bedingung ist, die sich einem Menschen auferlegt. Auf ähnliche Weise kann sie durch einen äußeren Faktor entfernt werden, nämlich durch Wohlstand.

Was ist nun diese Manifestation von *Avidya*? Wir alle sind das Produkt von *Avidya*. Sie ist in jedem von uns. Aber es scheint uns gut zu gehen, so lange wir sie nicht berühren. Wir sind zu beschäftigt und durch die äußere Welt beansprucht, so dass wir niemals auf die Ebene unseres Seins gehen, wo wir *Avidya* berühren, das in der *Anandamaya Kosha* (Kausalkörper) liegt. Aber im Falle eines Suchers, der einen gewissen Fortschritt in seiner Übung gemacht hat, der sich von der äußeren Welt abgewandt hat und versucht, auf das innere Selbst zu meditieren (wie es im vorherigen Vers erwähnt wurde), versucht die Unwissenheit, die bis dahin unberührt und ungestört in ihm war, ihn anzufauchen. Sie versucht sich als verschiedene negative Kräfte zu manifestieren und seinen Fortschritt zu verhindern, indem sie seinen spirituellen Wohlstand der Unterscheidungskraft, Leidenschaftslosigkeit usw. verschwendet.

Ernsthaftes spirituelles Sadhana ist, als würde man eine schlafende Kobra berühren, deren Gegenwart man ansonsten nicht merkt, außer wenn sie einen anzischt. Man mag dann denken: Warum sie überhaupt aufwecken? Warum sie nicht einfach schlafen lassen? Nun ja! Es mag so aussehen, als sei es in Ordnung, aber es ist notwendig; denn nur weil sie schläft, bedeutet das keine Freiheit von der Gefahr, die von ihr ausgeht. Solange sie da ist, droht die Gefahr und man muss sich ihr früher oder später stellen. Bis sie getötet ist, ist man nicht von der drohenden Gefahr befreit. So ist es auch mit *Avidya*. Solange es da ist, sind wir an diese sterbliche Existenz gebunden. Um *Anubhuti* zu erlangen, muss *Avidya* früher oder später durch das notwendige Sadhana entfernt werden. Man kann es nicht ändern.

Es ist doch ein Wunder, dass der Mensch es schwierig findet, den Göttlichen Namen zu wiederholen, obwohl das Singen des Ruhmes Gottes so tröstlich für das Herz ist, die Täuschung zerstört und den Geist in der Wirklichkeit festigt. Warum? Arunagiri sucht die Ursache dieser dreifachen Armut. Ein Armer kann seinen Geist nicht einfach Gott geben, weil seine Aufmerksamkeit ständig auf die bloße Erhaltung des Körpers konzentriert ist. Auch ein moralischer Schwächling kann seinen Geist nicht Gott hingeben, weil er immer mit

Sinnesfreuden beschäftigt ist. Ein spiritueller Bankrotteur hat nicht das nötige Verständnis, um Gott zu suchen, obwohl es ihm materiell gut gehen und er moralisch gesund sein mag. Er ist mit der materiellen Welt zufrieden und kennt kein höheres Leben. Obwohl er von materiellen Nöten frei ist und aufgrund seiner moralischen Integrität einen friedlichen Geist hat, kann er die Schmerzen und das Leid der Wiedergeburten (Samsara), wie Krankheit, Verlust, Alter, Tod etc. nicht vermeiden.

Die Ursache des menschlichen Leidens ist Armut in der materiellen Welt, moralische Schwäche in der inneren geistigen Welt und spirituelle Unwissenheit im Reich der Seele. Die Entfernung der spirituellen Armut, der Unwissenheit alleine kann einen Menschen wirklich glücklich machen. Es bedeutet, in Gottes Allgegenwart zu ruhen.

Arunagiri hatte in seinen früheren Tagen sehr an Armut gelitten, sowohl gesundheitlich als auch moralisch (und natürlich ist jeder von spiritueller Armut betroffen). Er war ein moralisches Wrack, so ruiniert durch Unmäßigkeit im Sex, dass er all seinen Wohlstand verloren hatte, mittellos geworden und auch von Geschlechtskrankheiten betroffen war. Er kannte daher die grausame Natur von Armut und darum bezeichnet er sie als Sünderin. Er hatte fürchterlich unter Armut gelitten. Es war seine persönliche Erfahrung. Wer half ihm? Der Herr mit dem scharfen *Vel* erschien ihm als Guru und rettete ihn nicht nur vor materieller Not und moralischer Schwäche, sondern auch vor der spirituellen Armut, der Unkenntnis des *Atman*, indem er ihm höchste Weisheit schenkte. Er wurde spirituell unerschütterlich und konnte auch spirituellen Aspiranten die Medizin für ihre Krankheit geben. Sex hatte keine Anziehungskraft mehr für ihn, noch missachtete er die körperlichen Bedürfnisse. So groß ist die Gnade von *Velayudha*, dem Herrn mit dem scharfen *Vel*, der alle rettet, die Zuflucht bei ihm suchen.

„O Gott", sagt Arunagiri, „wenn Armut einen Menschen heimsucht, verlassen ihn diese sechs guten Eigenschaften." Darin ist eine implizite Bitte an Gott, Seine Gnade demjenigen zu gewähren, der diesen Vers wiederholt, so dass die Armut ihn nicht betreffen möge.

Dieser Vers ist ein mächtiges Gebet zur Entfernung der dreifachen Armut.

*

Aber diese innere Meditation über das Selbst (Vers 18) ist keine einfache Sache und keine noch so große Anstrengung allein wird da nützen. Es braucht die Einweihung durch einen Guru, weil richtige Meditation eine bestimmte innere Transformation voraussetzt, die durch die Einweihung durch einen kompetenten Guru herbeigeführt wird.

In Vers 16 haben wir gesehen, dass Arunagiri *Aviveka*, Nichtunterscheidung, für alle praktischen Zwecke als Ursache von Begierden ausfindig gemacht hat. Jetzt, nachdem *Aviveka* mit der Dämmerung von *Viveka* (Vers 17) entfernt wurde und wenn Meditation angestrebt wird (Vers 18), manifestiert sich die Ursache von *Aviveka*, nämlich *Avidya*, Unwissenheit. So wie in einem Krieg die niedrigeren Offiziere vorangehen und nur am Ende der General erscheint, so ist es auch bei diesem inneren Krieg.

So wie Name und Form Hindernisse für die Vereinigung mit *Satchidananda* in Gegenständen sind, sind *Avidya* und ihre Auswirkungen die Hindernisse in der Vereinigung mit *Satchidananda* im Inneren. Der Sucher erkennt dies, wenn er die Meditation anstrebt. *Avidya* manifestiert sich in ihren verschiedenen Formen, behindert seine Anstrengung zur Meditation und darum fühlt der Sucher die Notwendigkeit einer Einweihung durch seinen Guru, was im hilflosen Ruf in diesem Vers seinen Widerhall findet. Das impliziert auch, dass er seinen Guru um die entsprechende Einweihung ersucht.

அரிதாகிய மெய்ப்பொருளுக்கு அடியேன்
உரிதா உபதேசம் உணர்த்தியவா
விரிதாரண விக்ரம வேளிமையோர்
புரிதாரக நாக புரந்தரனே.

Vers 20

Aridhaagiya Meipporulukku Adiyeen
Uridhaa Upadesam Unarthiyavaa
Viridhaarana Vikrama Velimaiyoor
Purithaaraga Naaga Purandharane

Diese höchste Wirklichkeit, die am schwierigsten zu erreichen ist,
O, Dein Erfahrungs-Upadesha, ließ diesen Diener sie erlangen!
O großes Boot! O Geliebter! O mächtiger gewaltiger Gott!
O Pranava, nachdem sich die Devas sehnen! O Beschützer des Himmels!

„O Gott, der wie ein großes Boot ist (um diesen Ozean des *Samsara* zu überqueren), der großen Mut besitzt, den alle lieben, der das höchste *Pranava* (der Laut Om) ist und Gegenstand der Sehnsucht und der Meditation der Devas, der Beschützer von Devaloka! Du hast Unterweisung von innen gegeben (Initiation durch innere Erfahrung), so dass es diesen Deinen Diener zur Höchsten Wirklichkeit berechtigte, die (ansonsten) am schwierigsten zu erreichen ist. O was für ein Wunder!"

Erklärung:
Samsara, dieses Leben in der Welt der Erscheinungen, wird mit einem Ozean verglichen, weil es kein Ende hat. Ein Mensch mitten im Meer hat keine Hoffnung, die Küste zu erreichen. Der Ozean ist so groß. Die Küsten sind so weit entfernt (fast uferlos!) und das Wasser ist so tief mit vielen grausamen Tieren darinnen, dass es unmöglich ist zu hoffen, die Küste zu erreichen. Wenn er dann plötzlich ein großes Boot neben sich sieht, wie sehr würde er sich dann freuen? Dieses Rettungsboot ist Gott in diesem Ozean von Samsara. Es ist genauso schwierig, diese sterbliche Existenz zu überwinden. Es gibt zahllose Fallen, wie Gier und Gelüste, die einen verschlingen wie der Hai im Meer. Das Gesetz des Karma ist so unerbittlich, dass es eine endlose Kette von Reaktionen erschafft, die zu zerbrechen und vom transmigratorischen Leben befreit zu werden,

man niemals erhoffen kann. Gott ist die einzige Zuflucht und Hingabe an ihn ist die Methode. Arunagiri sagt, Gott ist wie ein *großes* Boot und meint damit, es gibt keinen Platzmangel darin; beliebig viele können auf einmal Zuflucht bei ihm suchen und er kann sie alle retten.

Gott besitzt großen Heldenmut. Eine seiner tapferen Taten wollen wir hier erzählen. Einmal führte der *Rishi* (Weiser, Seher) Narada mit allen Devas und *Munis* (Gelehrten) eine Opferzeremonie aus, aus der ein schrecklicher Ziegenbock hervorkam. Er richtete, große Verwüstung an, wanderte in den drei Welten umher und machte allen Angst. Narada und andere gingen zum Berg Kailash um Shiva um Hilfe zu bitten. Unterwegs trafen sie den kleinen Jungen Skanda, der sie nach ihrem Ziel fragte. Als ihm die Sache erklärt wurde, sandte Er Veerabahu Devar, seinen Chefassistenten, er solle den Ziegenbock bei den Hörnern fassen. Veerabahu Devar machte sich auf, ihn zu suchen, fand ihn schließlich in *Brahma Loka* dem Wohnort Brahmas) und brachte ihn zu Skanda. Auf allgemeinen Wunsch hin machte Skanda den Ziegenbock zu seinem *Vahana*, seinem Gefährt, segnete die Devas und sprach: „Jetzt könnt ihr zurück in die Welt gehen, mit Eurem Opferfortfahren und es ohne Störungen beenden." Das war, als er noch ein kleiner Junge war!

Die Gläubigen lieben Gott, weil er gewährt, was immer sie wollen – sowohl in dieser als auch der jenseitigen Welt. Seine Gestalt ist schön und bezaubernd. Aber nur an Ihn zu denken, ist erfreulich.

Er befreite *Devaloka* von Surapadma und setzte Indra und all die anderen Engelswesen wieder in ihre ursprünglichen Posten ein. Darum meditieren sie immer über ihn als den Höchsten Herrn, als die Essenz von Pranava oder Om.

„Solch ein großer Gott gab mir *Upadesa*, einer ganz unwürdigen Person - seinem Sklaven? Ist es nicht ein Wunder?" – ruft Arunagiri. Warum? Weil Arunagiris Leben vorher sehr ausschweifend war. Wahrscheinlich besaß er eine Spur von Liebe zu Murugan und das war für Ihn genug, sein Mitgefühl zu zeigen und Arunagiri *Upadesa* zu geben. Das ist einmalig und ohne Zweifel ein Wunder. Und auch das *Upadesa*, das er gab, war zweifelsohne einmalig.

Was für eine Art *Upadesa* wurde gegeben? Das, welches ihm den Zugang zu dieser Höchsten Wirklichkeit erlaubte, die am schwierigsten zu erreichen ist. Normalerweise wird Einweihung mündlich gegeben, indem man dem Schüler bestimmte Mantras gibt. Aber das ermöglicht einem nicht sofort den Zugang zum Höchsten. Man muss nach dieser Einweihung viel Sadhana praktizieren, um Gott zu erreichen. Es gibt auch die Einweihung durch Berührung oder sogar durch Gedankenübertragung. Aber ihnen allen muss eigenes Üben folgen, um das Ziel zu erreichen.

Die Inititation, die Arunagiri empfing, war etwas anderes – sie war Erfahrungs-*Upadesa*, *Upadesa* auf dem Weg direkter, innerer Erfahrung. Dieses Erfahrungs-*Upadesa* ist mehr als das gesprochene *Upadesa* der Verse 8 und 11; dort ist es „*Peesudhal*", was eine innere Handlung ist, hier ist es „*Unarthudal*", eine innere Erfahrung. Worin besteht dieses Erfahrungs-*Upadesa*? Gott manifestiert sich im Herzen des Verehrers als sein eigenes Selbst, was sofort die Erfahrung hervorbringt. Wenn Gott sich so manifestiert, wird das individuelle kleine Selbst transzendiert; so wie plötzliche Wassermassen in einem Fluss das lange stehende, stagnierende Teichwasser im Flussbett überfluten und verschlucken. Man mag sagen, dass das Teichwasser noch da ist, aber nicht so wie es vorher war; es ist jetzt eins mit dem Flutwasser, hat an all seinen Eigenschaften teil und verliert gleichzeitig seine früheren Eigenschaften von isolierter Existenz, Begrenztheit, Schmutz etc. Ähnlich ist es, wenn Gott sich manifestiert. Das Universale Bewusstsein überwindet dann das individuelle Bewusstsein, das wie ein Wassertropfen, der in den Ozean fällt, all seine Begrenzungen verliert und sofort das Universale erfährt. Dies ist Erfahrungs-*Upadesa*. „Dies ermöglichte mir *sofort* den Zugang zu dem Höchsten, das am schwierigsten zu erreichen ist", sagt Arunagiri. Und das ist das Besondere bei diesem *Upadesa*! Wie kann das sein? Gott ist das Höchste. Er muss erreicht werden. Aber wenn Er, der erreicht werden muss, sich im Inneren manifestiert, um Erfahrungs-*Upadesa* zu geben, dann ist Er natürlich auch erreicht. So wird das an sich Schwierigste durch dieses Erfahrungs-*Upadesa* leicht erreicht. Denn die innerliche Offenbarung Gottes zum Zweck der Einweihung ist gleichzeitig der Einweihungsakt und die Gotteserfahrung und Er ist im selben Moment erlangt – alles gleichzeitig. Ist das nicht ein Wunder?

Das Höchste ist schwierig zu erlangen, obwohl es überall ist. Es ist der Träger, das Substrat oder die Substanz von allem. Und dennoch ist es schwierig zu erreichen, aus dem einfachen Grund, dass der Geist und die Sinne ihrer Natur nach nach außen gerichtet sind und nach ihm in der äußeren Welt von Raum und Zeit suchen, als ein Objekt. Gott ist überall, aber nicht als ein durch Zeit und Raum begrenztes Objekt. Er ist eine besondere Art der Innerlichkeit, das Subjekt, und wird niemals zum Objekt. Egal wie viel wir suchen, es wird uns Gott nicht näher bringen. Man muss deshalb *Tapas* (spirituelle Disziplin) üben, Tugenden entwickeln, sich nach Gott sehnen und sich mit Meditation beschäftigen – alles um diese Innerlichkeit des Bewusstseins hervorzubringen. Darum sagt man, das Höchste sei schwierig zu erreichen.

Gott ist das Substrat auch dessen, der sucht. Gott ist der wirkliche Sucher, der einzige Kenner. Er ist das Bewusstsein, das wissen möchte. Wenn er der Kenner ist, wer kann Ihn kennen und wie kann Er das Erkannte werden? Er ist immer der Kenner und kann niemals das Erkannte werden. Darum muss man die Suche nach Gott als einem Objekt als fruchtlos erkennen. Wenn das suchende Bewusstsein alles Suchen aufgibt und in sich selbst ruht, erkennt es sich selbst als das Gesuchte. Gott muss im Inneren erfahren werden, indem man die veräußerlichenden Aktivitäten der Sinne und des Geistes stoppt. Dies alles implizierend sagt Arunagiri, dass Gott ihm *Upadesa* durch innere Erfahrung gab, im Herzenskern, wo all die zerstreuten Strahlen des Geistes gesammelt werden müssen. Das Erreichen Gottes ist das Schwierigste (nein, unmöglich), wenn man die falsche Methode anwendet, aber es wird eine einfache Angelegenheit, wenn die Methode richtig ist; darum die Notwendigkeit der Einweihung durch einen richtigen Guru. Gott wird so lange nicht erkannt, wie Er im Außen gesucht wird, noch wird Er erkannt, wenn Er äußerlich ist und Einweihung gibt. Er muss sich innerlich manifestieren – das Bewusstsein muss in sich selbst ruhen und dann wird Er erkannt. Wie dies geschieht, kann niemand sagen. Es ist ein Geheimnis, ein Wunder. Und darum der Ausruf des Heiligen: „O Herr, was für ein Wunder, Dein *Upadesa* hat mir den Zugang zum Höchsten ermöglicht." Schaue innen, suche innen, finde innen und erfahre innen – dies scheint die stille Lehre von Arunagiri zu sein.

*

Als Antwort auf sein Gebet (Vers 19) initiiert der Guru ihn jetzt in die Technik der Meditation, mittels innerer Erfahrung und Transformation des Bewusstseins, die es ihm ermöglichen wird, die Erfahrung des Absoluten zu gegebener Zeit zu machen. Diese Initiation ist mehr als die verbale Anweisung (*Hitopadesa*) der Verse 8 und 11; denn während „*Peesudhal*" (Sprechen) eine äußere Handlung ist, ist „*Unarthudhal*" eine innere Erfahrung. Jetzt ist es wirkliche Initiation durch innere Offenbarung.

Wie wir in den Versen 8 und 11 gesehen haben, ist, obwohl diese Initiation im Fall des heiligen Arunagiri zu einer sofortigen Verwirklichung des Absoluten geführt hat, dies im Falle des Suchers kein sofortiges Erreichen sondern nur eine Initiation in die Meditationstechnik, deren eifriges Üben es ihm vielleicht ermöglichen wird, Zugang zum Absoluten zu erlangen, das ansonsten höchst schwierig zu erreichen ist.

கருதா மறவா நெறிகாண எனக்கு
இருதாள் வனசந்தர என்றிசைவாய்
வரதா முருகா மயில் வாகனனே
விரதா சுரசூர விபாடணனே.

VERS 21

Karudhaa Maravaa Nerikaana Enakku
Iruthaal Vanasanthara Enru Isaivaai
Varadhaa Murugaa Mayil Vaagananee
Viradhaa Surasoora Vipaadananee

Den nicht-denkenden und nicht vergessenden Zustand, diesen zu erreichen,
Deine beiden Lotus-Füße mir verleihen, wann wirst du es gewähren?
O Gewährer von Wohltaten! O Muruga! O Reiter des Pfaus!
O Beschützer! O schrecklicher Spalter von Surapadma!

„O Herr Muruga, mit dem Pfau als Reittier, der Du der Gewährer von Wohltaten bist, der Du bekannt bist (die Verehrer zu beschützen), der Du den Asura Surapadma (mit Deinem Vel) in zwei Hälften gespalten hast! Wann wirst Du geruhen, mir Deine beiden Lotus-Füße zu gewähren, so dass ich den nichtdenkenden und nicht vergessenden Zustand (von Mukti) erreichen kann?"

Erklärung:
Der auf dem Pfau reitende Herr ist der Gewährer von Wohltaten. Er gewährt seinen Verehrern leicht Segnungen, im gleichen Maße wie sie darum bitten, wenn ihr Gebet ernsthaft ist. Kein ernsthaftes Gebet bleibt von Gott unbeantwortet. Er ist Murugan – von unvergänglicher Schönheit, ewiger Jugend. In seiner Schlacht mit Lord Skanda nahm Surapadma schließlich die Gestalt eines riesigen Mangobaumes an und Lord Skanda spaltete ihn in zwei Hälften. Sofort nahm Surapadma wieder seine ursprüngliche Gestalt an. Und wieder spaltete der *Vel* ihn entzwei und die beiden Teile fielen ins Meer. Nur der mächtige *Vel* von Murugan konnte dies erreichen. So ist er der Zerstörer des schrecklichen Surapadma.

Arunagiri betet zu Gott sich herabzulassen, ihm Seine lotusgleichen Füße zu gewähren. Warum? Um *Mukti* zu erreichen oder den Zustand, indem es weder

Denken noch Vergessen gibt. Es gibt einen yogischen Zustand, in dem es weder Denken noch Vergessen gibt, der jenseits des normalen Verstehens ist. Denken und Vergessen sind die beiden Funktionen des Geistes. Normalerweise denkt der Geist entweder an einen Gegenstand oder er denkt nicht daran. Wir wissen von keinem dritten Zustand des Geistes. Aber dieser Zustand des Nicht-Denkens und Nicht-Vergessens, um den Arunagiri betet, ist ein Besonderer, in dem der Geist selbst zu existieren aufhört. Darum kann man ihn nicht verstehen. Man muss ihn jedoch natürlich vom Tiefschlaf unterscheiden, in dem es sozusagen auch weder Denken noch Vergessen gibt. (Man muss nicht extra zu Gott beten, dass er den Schlafzustand gewährt; Er hat ihn aus Mitgefühl, allen als eine tägliche Erfahrung geschenkt.) Er ist vom Schlaf verschieden, weil im Schlaf der Geist anwesend ist, obwohl er seine Funktionen zeitweilig eingestellt hat. Aber dieser Zustand ist nicht nur das Aufhören der Funktionen des Geistes, sondern des Geistes selbst. Der Geist löst sich in seiner Quelle auf, dem *Atman*, dem Selbst, Gott. Darum ist es nicht nur ein Nichtfunktionieren des Geistes wie im Schlaf usw., sondern die Nicht-Existenz des Geistes selbst.

Man kann sagen, dass sich dieses „Nicht-Denken" und „Nicht-Vergessen" auf den *Atman* bezieht und in diesem Fall würde das Gebet so lauten: „O Herr, wann wirst Du mir diesen Zustand gewähren, in dem weder an den *Atman* gedacht wird, noch er vergessen ist?" Das heißt, er bezieht sich auf den Zustand der Verwirklichung, *Mukti*, der anders ist als der Wachzustand (und auch als der Tiefschlaf) und auch anders als der Zustand der Meditation. Dass wir im Wachzustand nicht an den *Atman* denken, muss nicht erklärt werden, weil wir mit der äußeren Welt beschäftigt sind. Darum ist es ein Zustand des Nicht-Denkens, aber nicht des Nicht-Vergessens des Geistes, weil wir das Selbst inmitten unserer Aktivität vergessen haben. In der Meditation versuchen wir an das Selbst oder Gott zu denken. Darum ist der Zustand des Nicht-Denkens und Nicht-Vergessens (eher weder denken noch vergessen) weder der Wachzustand noch der der Meditation; es ist ein Zustand tatsächlicher Verwirklichung oder des *Seins*.

Lasst uns ein wenig tiefer gehen. Wir existieren. Wie wissen wir von unserer Existenz? Denken wir darüber nach und wissen es dann? Nein. Vergessen wir unsere Existenz? Nein. Was ist das für ein Geheimnis – wir denken nicht daran und wir vergessen es nicht und dennoch wissen wir, dass wir existieren! Wie wissen wir dann von unserer Existenz? Durch ein *Bewusstsein*, einen Zustand des *Seins*, der kein Denken und Vergessen beinhaltet, weil es ein

Vers 21

Zustand ist, in dem das Bewusstsein mit unserer Existenz identisch ist. Die Frage nach dem Denken oder Vergessen von uns selbst entsteht nicht. Warum? Wir fühlen keine Notwendigkeit dafür, weil unsere Existenz und das Bewusstsein unserer Existenz ein und dasselbe sind. Sie sind nicht getrennt. Wir existieren und wir wissen auch, dass wir existieren.

Können wir existieren, ohne zu wissen, dass wir existieren? Nein; das ist nicht möglich. Wir mögen denken, dass wir im Zustand des Tiefschlafs existieren und uns unserer Existenz dennoch nicht bewusst sind. Aber so ist es nicht. Selbst in diesem Zustand gibt es ein Bewusstsein unserer Existenz, auch wenn es uns dann nicht bekannt ist; denn wenn wir aufwachen, machen wir die Aussage: „Ich habe tief geschlafen."

Im Schlaf existierten wir und es war auch Bewusstsein anwesend. Also gibt es keine Zeit, in der wir existieren und uns dennoch nicht bewusst sind, dass wir existieren, was zeigen soll, dass unsere Existenz und das Bewusstsein unserer Existenz ein und dasselbe sind. Aber im Fall von Objekten (einschließlich Gott, wie wir Ihn uns in unserem gegenwärtigen Zustand des Verstehens vorstellen) ist ihre Existenz von unserem Bewusstsein getrennt und darum gibt es Denken und Nicht-Denken an sie. Wenn also Existenz außerhalb des Bereichs des Bewusstseins ist, sind Denken und Vergessen möglich und notwendig. Aber wenn sie eins werden, wie bei unserer eigenen Existenz, gibt es weder Denken noch Vergessen, noch sind diese nötig.

Kurz gesagt, wo Existenz und Bewusstsein zusammen sind, wo *Sat Chit* wird oder *Sat Chit* ist, wird der Zustand des Denkens und des Nicht-Denkens in einen besonderen Zustand von Existenz-Bewusstsein transzendiert, in dem die Existenz selbst das Bewusstsein und das Bewusstsein die Existenz ist. Es ist nicht die Existenz *von* Bewusstsein oder das Bewusstsein von Existenz; sondern Existenz, die Bewusstsein *ist* und Bewusstsein, das Existenz ist. Selbst dieses Beispiel ist nur ein grobes, weil es hier das Bewusstsein vom Körper ist. Aber im Fall des Zustands, auf den sich dieser Vers bezieht, ist es Bewusstsein, rein und einfach, Bewusstsein, wie es in sich selbst ist und nicht in Verbindung mit irgendetwas. Es ist Moksha, Befreiung. Es ist Bewusstsein, das sich seiner selbst bewusst ist, ohne sich bewusst zu sein, dass es bewusst ist.

Dies ist der Zustand, den zu erreichen Arunagiri zu Gott betet. Wie bekommt man diesen Zustand? Dafür betet er zu Gott, damit dieser ihm seine Lotus-Füße gewähre. Die Füße Gottes bedeuten Gott selbst. Das Gewähren der Füße und das Erreichen von *Moksha*, Gottesbewusstsein, sind ein und dasselbe. Gott ist für uns ein Gegenstand der Verehrung, Gegenstand der Meditation, wie abstrakt dieser auch immer sein mag. Er ist etwas anderes als wir, von uns verschieden, getrennt von uns stehend, dem wir Verehrung anbieten oder über den wir meditieren. Er ist ein Gegenstand unserer Verehrung oder Meditation. Aber worum Arunagiri betet, ist ein davon verschiedener Zustand, in dem Gott eins mit uns werden soll, Er sich uns offenbaren soll, Er einwilligen soll, uns Seine Lotus-Füße zu gewähren, Sich selbst uns zu geben.

Wir meditieren gewöhnlich über Gott auf verschiedene Weise, z.B. dass er in unserem Herzen ist usw. Aber all dies beinhaltet Denken und das ist es nicht, was Arunagiri will; denn diese Meditation über Gott ist nicht über Seine essentielle Natur, sondern über eine Gestalt und einen Namen. Darum schenkt uns diese Meditation nicht diesen Zustand. Wie bekommen wir ihn dann? Die Meditation sollte über Gott sein, wie Er ist, als die nichtgeteilte Wirklichkeit. Gott ist das Höchste, das Absolute, allgegenwärtige Existenz. Als solches sollte man über Ihn meditieren. In dieser Meditation lässt das Absolute oder die Allgegenwärtigkeit Gottes nichts außerhalb von sich; selbst der Meditierende existiert nicht unabhängig davon.

Wenn das meditative Bewusstsein in uns versucht, über Gott als das Absolute zu meditieren und wenn diese Meditation intensiv genug wird, dann wird es, statt sich seiner Individualität bewusst zu sein, so im Bewusstsein des Absoluten aufgenommen, dass es sich im letzteren verliert, das alleine übrig bleibt. Wie eine Welle, die im Ozean versinkt und versucht seine Tiefe zu ergründen, sich im Ozean auflösen würde, weil beide nichts anderes als Wasser sind, so verschmilzt der *Jiva* mit dem Absoluten bei seiner ehrlichen Anstrengung über Gott als ungeteilte Existenz zu meditieren. Wenn das Individuelle so vom Absoluten absorbiert wird, gibt es keinen *Jiva*, der denken oder vergessen könnte! Er alleine *ist*, in Seiner ursprünglichen Herrlichkeit, als die alldurchdringende Gegenwart. Keine Individualität bleibt übrig.

Darauf bezieht sich Arunagiri als „das Gewähren der Lotus-Füße", mit dem die tamilischen Schriften den Zustand bezeichnen, in dem „Ich-heit und Mein-heit aufgehoben sind". Wenn also die Füße Gottes gewährt sind, d.h. wenn Gott sich manifestiert, dann hört das Individuelle auf zu sein, d.h. „Ich-heit" und „Mein-heit" enden. Mit dem Aufhören des Individuums werden die beiden Zustände des „Nicht-Denkens" (d.h. der Wachzustand, in dem Gott vergessen wird) und des „Nicht-Vergessens" (d.h. der Zustand der Meditation, in dem an Gott gedacht wird) transzendiert und der *Jiva* ruht in Gott, was der Zustand von

Mukti, der Befreiung ist. Darum das Gebet um das Gewähren der Lotus-Füße, um so den Zustand des Nicht-Denkens und Nicht-Vergessens zu erlangen. Um diese Segnung betet der Heilige zu Murugan, der seinen Verehrern schnell Segnungen schenkt.

*

Mit der inneren Transformation, die durch die Einweihung durch den Guru hervorgebracht wurde (Vers 20), wird das Streben des Suchers nach Verwirklichung intensiviert und die Seele sehnt sich nach dem höchsten Erreichen von *Mukti* oder dem Zustand, indem es weder Denken noch Vergessen gibt, d.h. der Festigung im Gottesbewusstsein, das durch die Offenbarung Gottes oder das Gewähren der Füße Gottes kommen kann, d.h. wenn das Gefühl von „Ich-heit" und „Mein-heit" verschwindet.

காளைக் குமரேசன் எனக் கருதித்
தாளைப் பணியத் தவம் எய்தியவா
பாளைக்குழல் வள்ளிபதம் பணியும்
வேளைச் சுரபூபதி மேருவையே.

Vers 22

Kaalaik Kumaresan Enak Karudhi
Thaalaip Paniyat Tavam Eaidhiyavaa
Paalaikkuzhal Valli Padham Paniyum
Veelai Surabhoopathi Meeruvaiye

*Über Dich zu meditieren, O Gott, als „Kumaresan, von beständiger Jugend",
Und mich zu Deinen Füßen zu verbeugen; wie habe ich dieses großartige Tapas erreicht!
O Herr, der Du Dich zu Füßen der bezaubernden Valli verbeugst!
O Muruga! O Führer der Devas! Der Du groß bist wie der Berg Meru!*

„O Muruga, Befehlshaber der Devas, der Eine, der großartig ist wie der Berg Meru, der sich zu Füßen von Valli Devi mit den schönen Haaren verbeugt hat! Was für ein Wunder, ich wurde gesegnet jenen Zustand der spirituellen Praxis (*Tapas*) zu erreichen, mich zu Deinen Lotus-Füßen zu verbeugen und über Dich als Kumaresan von ewiger Jugend zu meditieren!"

Erklärung:
Der mythologische Berg Meru gilt als der größte Berg der Erde. Man kann sich seine Höhe und Breite nicht vorstellen oder seine Größe. Er wird als die Achse der Welt angesehen. So ist auch Gott jenseits menschlichen Verstehens und Beschreibens, der Träger von allem.

Lord Skanda war der Oberkommandeur der Armee der *Devas*. Er organisierte Sie, kämpfte gegen den *Asura* Surapadma und tötete ihn und seine ganze Armee. Genauso organisiert Gott die tugendhaften Eigenschaften in seinen Verehrern, kämpft mit dem schrecklichen *Asura* Egoismus und zerstört ihn und sein Gefolge von Lust, Zorn, Gier usw. Die Überwindung der niedrigen Natur im Menschen ist notwendig, damit der Geist ruhig werden kann, was die Voraussetzung für die Meditation über Gott ist. Die niedere Natur ist extrovertiert und erlaubt es dem Geist nicht, still und gefestigt zu sein. Darum muss sie überwunden werden.

Murugan verneigte sich vor Valli Devi, seiner himmlischen Gefährtin. Gemäß den tamilischen Schriften hat Lord Skanda zwei Gemahlinnen – Valli und Deivayani. Valli repräsentiert *Iccha Shakti* (Willenskraft) und Deivayanai *Kriya Shakti* (Tatkraft). Deivayanai war die Tochter von Indra, der von Surapadma angegriffen wurde. Nachdem Lord Skanda den Asura getötet hatte, gab Indra ihm als Dank seine Tochter Deivayanai zur Frau. Die Heirat wurde mit allen vedischen Riten (*Kriyas*) in Tirupparankundram in Südindien gefeiert, in einem großen Fest mit den Devas (Engelswesen), Rishis und Menschen. Darum sagt man, dass sie *Kriya-Shakti*, die Kraft der Handlung repräsentiert. Aber Vallis Heirat mit Lord Skanda war von besonderer Natur. Sie liebte Murugan intensiv und war entschlossen, niemand anderen als ihn zu heiraten. Aber sie wusste nicht, wo Er war oder wie sie Ihn erreichen konnte. Und doch war ihre Liebe zu Ihm so groß, dass Gott selbst sich auf die Suche nach ihr machte, sie bat Ihn zu heiraten und sie heiratete, nachdem er sie in der Dunkelheit der Nacht von ihrem Zuhause entführte. Darum wird Valli als Iccha Shakti, Kraft des Wunsches bezeichnet.

Der Bezug auf Valli und dass sich Gott vor ihr verneigte, zeigt, dass Gott seinen Anhängern bereitwillig hilft, die sich oft nach ihm sehnen, aber die nicht Mittel kennen, wie sie Ihn erreichen können. Dies zeigt, dass Gott selbst zu uns kommt und uns die Methode zeigt, wie wir ihn erreichen können, wenn unsere Suche ernsthaft und ehrlich ist.

„Es ist tatsächlich ein Wunder, dass ich diese Menge an *Tapas* erlangt habe, um mich zu den Füßen eines solchen Gottes zu verneigen und richtig über ihn zu meditieren", freut sich Arunagiri. In der Lage zu sein, über Gott zu meditieren, während man sich zu seinen Füßen verneigt ist, wirklich ein großes *Tapas*, eine seltene Errungenschaft, eine schwer zu erreichende Leistung. Was für eine Art Meditation ist das, die als großes *Tapas* betrachtet wird und so schwer zu erreichen ist? Über Gott als „*Kaalai, Kumaran, Isan*" zu meditieren – *Kaalai* bedeutet ewige Jugend, was sich auf ewige Existenz, Sat bezieht. *Kumaran* bedeutet der Zerstörer der Welttentäuschung, der *Maya*. Es bezieht sich auf *Chit*, Wissen. *Isan* bedeutet der Herrscher von allem, was der Zustand des Höchsten Glücks, von Seligkeit, *Ananda* ist. Über Gott als *Satchidananda* (absolutes Sein-Wissen-Glückseligkeit) zu meditieren und sich zu Seinen Lotus-Füßen zu verneigen – ist dies nicht ein höchster Zustand von *Tapas*? „Wie ich dieses *Tapas* erlangt habe, ist tatsächlich ein Wunder! Was soll ich sagen? Es ist aufgrund Deiner Gnade!" So drückt Arunagiri seine ewige Dankbarkeit Gott gegenüber aus, der dem Heiligen diesen höchsten Zustand verliehen hat, so wie er aus seinem eigenen süßen Willen heraus Valli Devi den Status seiner Gemahlin verlieh. Wenn wir uns vor Gott verneigen, sollten wir nicht in Begriffen von Name und Form an Ihn denken, sondern als *Satchidananda*. Unser Körper sollte sich vor der Statue Bildnis oder dem Bild Gottes verneigen, aber der Geist sollte auf das Unendliche gerichtet sein. Was auch immer der (Name des) Gott sein möge – Vishnu, Shiva, Rama, Krishna, Skanda, Vinayaka, Devi, Christus etc. – essentiell sind sie dasselbe – *Satchidananda*, genauso wie verschiedene Schmuckstücke in ihrer Substanz einfach Gold sind. Diese Tatsache müssen wir im Geist behalten, wenn wir an Ihn denken, über Ihn meditieren oder uns vor Ihm verneigen. Dies scheint Arunagiri anzudeuten.

Man kann auch interpretieren, dass an Gott als *Satchidananda* zu denken und sich zu Seinen Füßen zu verneigen, sich auf *Svarupalakshana* und *Tatastha-Lakshana* bezieht. Wenn wir uns zu den Füßen verneigen, bedeutet dies, dass wir Gott in seiner manifestierten Form verehren – was auch immer die Form sein mag – das ist *Tatastha-Lakshana*. Es ist der relative Aspekt Gottes, einer Manifestation oder eines Avatar zu einem bestimmten Zweck. Es ist nicht so, dass Gott diese Form nicht wieder annehmen oder noch einmal in dieser Form erscheinen kann, um den Gläubigen seine Vision zu geben. Er kann. Aber es ist nicht Seine essentielle Natur, *Svarupa-Lakshana*. *Satchidananda*, das Absolute, unbedingtes Sein-Wissen-Glückseligkeit ist das *Svarupa-Lakshana* Gottes. Während *Tatastha-Lakshana* sich mit jeder Manifestation unterscheidet, ist das *Svarupa-Lakshana* für alle gleich.

Darum ist es tatsächlich ein Zustand besonderer Segnung, den man nur durch die Gnade des Gottes erreicht, wenn man sich vor einer beliebigen Form Gottes verneigt und dabei den Geist auf das *Svarupa-Lakshana* heftet. Denn während der menschliche Geist das *Tatastha-Lakshana* erfassen kann, kann man *Svarupa-Lakshana* nur dann im Herzen *fühlen* oder erfahren, wenn es von Gott aus Seiner Gnade heraus offenbart wird.

Der Sinn ist, dass unser Gebet, unsere Verehrung, unsere Meditation etc. nicht einfach mit *Tatastha-Lakshana* enden sollten. Der Zweck all dieser spirituellen Übungen ist es, das *Svarupa-Lakshana* zu erreichen. Das erstere nennt sich Religion, die von der Mehrheit praktiziert wird, gemäß den jeweiligen religiösen Glaubensrichtungen und Gebräuchen. Es unterscheidet sich daher von Religion zu Religion. Aber letzteres gehört zur mystischen Religion – zu den Heiligen und Weisen aus Ost oder West, alt oder modern – deren Erfahrungen gleich sind. Es gibt keine Meinungsverschiedenheiten zwischen ihnen.

Religionsstreitigkeiten und die dogmatische Bigotterie entstehen nur zwischen den Religionen. Müssen wir deshalb die populären Religionen oder die verschiedenen Arten von Gottesverehrung aufgeben? Nein, das ist weder notwendig, noch wünschenswert. Sie liefern die anfängliche Grundlage für den Neuling, seinen Geist auf etwas zu richten, von wo aus er weiter gehen kann. Es geht daher nicht darum, die verschiedenen Religionen und religiösen Praktiken abzulehnen, sondern sie in die mystische Spiritualität zu integrieren und sie zu transzendieren, genauso wie die Universitätsausbildung die Schulausbildung nicht ablehnt, sondern einschließt und transzendiert. Wir lehnen die Schule nicht ab, weil es Universitäten gibt, denn die Schule liefert die notwendige Grundausbildung, ohne die die höhere Universitätsausbildung unmöglich wäre. So ist es auch der Fall mit den Volksreligionen. Und es ist auch so, dass es sich nicht alle leisten können, zur Universität zu gehen. Und dennoch ist eine Schulbildung immer noch besser als gar keine. Zwar können nicht alle so leicht die mystische Vision Gottes erreichen, aber jemand, der einer Volksreligion folgt ist besser dran, als jemand, für den es nichts jenseits dieser Welt gibt. Wer keinen Glauben hat, wird eher der Gesetzlosigkeit und Sünde frönen, während andere eher Gottesfurcht und Respekt für die moralischen und spirituellen Werte des Lebens haben. Aber wir sollten nicht stehen bleiben. Wir sollten zumindest wissen, dass es etwas Höheres gibt jenseits der Religionen, die nur ein Wegweiser zum Höheren sind. Die populäre Religion muss uns zur mystischen Religion führen und nicht zu religiöser Bigotterie. *Tatasthana-Lakshana* (der relative Aspekt) und *Svarupa-Lakshana* (der absolute Aspekt) sind beide Gott, wobei ersteres zu letzterem führt.

Indem man an Dich als *Satchidananda* denkt, sollte man sich zu Deinen Füßen verneigen: Denken ist eine innere Haltung und Verbeugen eine äußere Handlung. Die richtige Einstellung, Bhava, sollte einer Handlung folgen, will Arunagiri damit sagen. Wir sollen die Allgegenwart Gottes spüren, während wir uns zu Seinen Füßen verneigen. Wenn die richtige innere Haltung fehlt, wird die rein äußere Handlung bedeutungslos und oft heuchlerisch. Und das ist der Punkt, wo Religionen und religiöse Zeremonien, ja sogar die weltlichen Handlungen eines Menschen trotz äußerem Pomp und äußerlicher Großartigkeit leblos werden.

Aber reicht es dann nicht, die richtige innere Einstellung der Allgegenwart Gottes zu haben, ohne eine äußere Handlung, wie z. B. sich zu verneigen, Verehrungszeremonien etc.? Nein, es reicht nicht. Obwohl Gott unser Herz will und nur auf unsere innere Haltung achtet, braucht es auch die äußere Handlung, behauptet Arunagiri: Denn die Menschen können die innere Haltung eines anderen nicht verstehen, sondern sehen nur seine Handlungen, die sie als ein Verhaltensbeispiel nehmen, dem sie folgen. Die Menschen folgen dem, was die Großen tun. Wenn also ein Heiliger still bleibt, nur sein inneres Gefühl der Allgegenwart Gottes aufrechterhält, das die Menschen nicht wahrnehmen können, dann werden sie auch keinerlei Verehrung oder Gebet verrichten; noch können sie das richtige *Bhava* in ihrem Herzen unterhalten. So haben sie weder das innere Gefühl, noch die äußere Übung und sind vollkommen verloren. Darum muss ein Heiliger auch äußerlich weiter handeln, damit die anderen ihn nachahmen können. Sie bekommen so im Laufe der Zeit durch die Gnade Gottes die richtige innere Haltung. Was für ein tiefer Vers! Arunagiri packt so viel Weisheit in ein paar Worte.

*

Die Einweihung durch den Guru (Vers 20) hat dem Schüler die richtige Technik der Meditation über Gott gegeben. Jetzt, wenn er seine Meditation mit dieser Technik und mit einer wirklichen Sehnsucht nach Befreiung (Vers 21) beginnt, scheint der Aspirant aufgrund des direkten Einflusses der Einweihung durch den Guru und der von ihm übertragenen Kraft, anfangs in seiner Meditation erfolgreich zu sein, d.h. das Absolute oder *Satchidananda* zu erfahren, das hinter den Formen ist, die er verehrt oder über die er meditiert. Dies gibt ihm große Freude und lässt ihn die unendliche Gnade Gottes laut verkünden.

அடியைக் குறியாது அறியாமையினால்
முடியக் கெடவோ முறையோ முறையோ
வடிவிக்ரம வேல் மகிபா குறமின்
கொடியைப் புணரும் குணபூதரனே.

VERS 23

Adiyaik Kuriyaadhu Ariyaamaiyinaal
Mudiyak Kedavoo Muraiyoo Muraiyoo
Vadivikkrama Vel Magipaa Kuramin
Kodiyaip Punarum Guna Bhoodharane

Nicht über Deine Lotus-Füße zu meditieren, aus Unwissenheit,
Und dadurch vollständig verderben zu müssen, ist das gerecht, ist das richtig?
O Herr mit dem Vel, scharf und tapfer! O Umarmer der Jägerin,
Die strahlende Kriechpflanze! O Berg himmlischer Tugenden!

„O Gott mit dem scharfen und tapferen Vel; O Berg (Verkörperung) von Tugenden, der die einer strahlenden Kriechpflanze gleichende Valli Devi aus der Jäger-Kaste umarmte (heiratete)! Wenn ich nicht über Deine Füße meditiere, muss ich dann aus Unwissenheit vollständig untergehen? Ist das gerecht, o Herr, ist das richtig?"

Erklärung:
Der *Vel* ist scharf und tapfer. Er ist sicher in seinem Ziel. Er durchbohrte den Krauncha Berg (den Dämonen) und tötete Surapadma und seine Brüder. Der *Vel* repräsentiert *Jnana*, Wissen, das alleine Unwissenheit zerstören kann. Unwissenheit ist das Fehlen von Wissen oder Verstehen. Die Dinge der Welt für wirklich zu halten und die Allgegenwart Gottes zu vergessen und dadurch zu leiden, ist Unwissenheit. Gott ist eine Verkörperung von Tugenden. Wenn wir über Ihn meditieren, nehmen wir alle tugendhaften Eigenschaften von Ihm auf und unsere Unwissenheit vergeht.

Gott umarmte Valli. Valli war von göttlicher Herkunft, wurde aber von Jägern aufgezogen – Waldbewohnern aus einer niedrigen Gesellschaftsschicht. Auch der *Jiva* ist von göttlichem Ursprung, aber im Körper-Geist-Netz von *Prakriti* (der Urnatur, der Schöpfung) gefangen. Dass Gott Valli umarmt, bedeutet, er nimmt die Jivas an, die über Ihn meditieren und Zuflucht bei Ihm suchen. Und dann wird Valli Devi mit einer Kriechpflanze verglichen und Gott mit einem Berg – ein schönes Gleichnis. Kriechpflanzen breiten sich aus und verbreiten sich über den Berghang, so dass dieser sie trägt. Genauso gibt Gott seine Hilfe und Gnade den *Jivas*, die bei Ihm Zuflucht nehmen oder sich auf Ihn verlassen.

„O Gott, aus Unwissenheit denke ich nicht an Deine Lotus-Füße. Ich meditiere nicht über Dich. Aber soll ich deswegen vergehen, soll mir Deine Gnade verweigert werden? Ist dies Deiner Göttlichen Natur gerecht, Deine Gnade mir vorzuenthalten? (Nein.) Hast Du Dich nicht auf die Suche nach Valli Devi gemacht, sie umarmt und sie geheiratet? Was war ihr Wert, außer dass sie Dich in ihrem Herzen geliebt hat? Also warum segnest Du nicht auch mich, der Dir Gebete darbringt? Und nicht nur das; Du bist eine Verkörperung von Tugenden und darum kannst Du nicht sagen: ‚Ich werde Dich nicht segnen. Du sollst leiden, weil Du nicht an mich gedacht hast.' Wo ist dann Deine Tugend, Deine Göttliche Natur? Wenn das Geschenk Deiner Gnade von meiner Befähigung abhängt, wo ist dann die Frage von *Gnade*? Wie kannst Du dann ein Berg von Tugenden genannt werden? O Gott, Du hast kein Recht, mir Deine Segnungen zu verweigern", so bittet Arunagiri um die Gnade Gottes und Gott hat keine Argumente oder Gründe, Seine Gnade zurückzuhalten. So pathetisch fleht der Heilige Gott an.

In diesem und ähnlichen anderen Versen ruft Arunagiri die Gnade Gottes an und klagt über seinen bedauernswerten Zustand. Er versetzt sich dabei in den Zustand, in dem wir unwissenden Menschen sind, ohne irgendein *Sadhana-Sampatti*, den Wohlstand spiritueller Praxis. Er möchte zeigen, dass wir uns durch die Praxis von Sadhana qualifizieren müssen, die uns fehlt, weshalb wir leiden und weshalb auch die Gnade Gottes nicht zu uns kommt. Er versucht indirekt über solche Verse in uns das Bedürfnis nach rechtem Sadhana zu wecken, wenn wir die Gnade Gottes anziehen wollen.

Wenn Arunagiri sagt: „Soll ich vergehen, weil ich nicht an Deine Füße gedacht habe?", meint er damit, dass wir leiden, weil wir nicht über Gott nachdenken, und damit möchte er in unserem Geist das Bedürfnis erzeugen, über Gott zu meditieren um erlöst zu werden.

Warum sollten wir leiden, wenn wir nicht an Gott denken? Es ist die Natur des Geistes, immer an etwas zu denken. Wenn er nicht an Gott denkt, muss er natürlicherweise an Dinge denken, die genau die Ursache unseres Leidens sind. Aus Unwissenheit über die wirkliche Natur der Dinge denkt der Geist, dass er Glück von ihnen bekommt und versucht, sie zu fassen, sie zu besitzen und sie zu genießen. Maßlosigkeit den Dingen gegenüber bringt Leiden unterschiedlicher Arten mit sich, wie Krankheit, Sorge usw., weil sie naturgemäß vergänglich sind, die Sinne ermüden und den Wunsch nach ihnen verstärken. Um das Leiden zu vermeiden, das durch den Kontakt mit Objekten entsteht, müssen wir aufhören, an sie zu denken, weil es das Denken ist, das den Wunsch nach ihnen erzeugt. Um aufzuhören, an die Objekte zu denken, müssen wir an die Lotus-Füße Gottes denken. *Vishaya-Chintana*, das Denken an Objekte muss durch *Bhagavat-Chintana*, das Denken an Gott, überwunden werden. Deshalb sagt Arunagiri in einfachen Worten: „Denke an Gott, gib Unwissenheit (dass Objekte Glück schenken können) auf, sei vom Leiden befreit und genieße die Gnade Gottes."

Wir leiden, weil wir Seine Gnade nicht erlangt haben, was daran liegt, dass wir nicht an Ihn denken. Dies ist so aufgrund unserer Unwissenheit, die die Dinge der Welt für wirklich hält. Indem wir Unwissenheit aufgeben, d.h. uns von den Objekten abwenden, über Gott meditieren, d.h. unsere Aufmerksamkeit nach innen lenken, Seine Gnade erlangen, d.h. in Weisheit gefestigt sind; werden wir vom Leid von Geburt und Tod gerettet. Das ist der Rat des Heiligen.

*

Obwohl der Aspirant anfangs in seiner Meditation erfolgreich zu sein schien, hat es nicht lange gedauert. Manchmal kann man sich trotz größter Anstrengungen nicht konzentrieren, weil *Avidya*, die Unwissenheit, aktiv ins Spiel kommt. Diesen Zustand schildert dieser Vers.

Anfangs konnte der Sucher sich zu den Füßen Gottes verneigen, an ihn denken und auch die Universale Wirklichkeit fühlen (Vers 22); aber jetzt ist er nicht in der Lage, an Seine Füße zu denken, weil *Avidya* eine innere Unruhe hervorruft. Dieser innere Tumult quält seinen Geist, aber er kennt das Heilmittel dafür, nämlich Zuflucht bei Gott zu suchen. Darum sein verzweifelter Ausruf in diesem Vers.

Was mit dem Begriff „*Midi*" in Vers 19 angedeutet wurde, wird jetzt explizit als „*Ariyaamai*" (Unwissenheit, Avidya) bezeichnet. Wenn der *Sadhaka* voranschreitet, werden die Dinge klarer. Es ist nicht leicht mit *Avidya* fertig zu werden; schon sich ihrer Existenz bewusst zu werden und wie sie ins Spiel kommt, ist schwierig genug. Die unbewusste Ebene unseres Wesens, wo die

Samskaras und *Vasanas*, die Eindrücke und subtilen Wünsche aus früheren Leben gespeichert sind, ist der Sitz von *Avidya*. Durch lange und tiefe Meditation stößt man bis zu dieser Ebene vor. Dann erwachen sie (die Samskaras und Vasanas) und stören die vorher so schöne Meditation. (siehe Vers 22).

Das ist der Grund, warum der Sadhaka dann nicht an die Füße Gottes denken kann. Sie bleiben jedoch immer noch auf der unbewussten Ebene. Wenn sie so aufgeweckt worden sind, drängen sie auf die unterbewusste und bewusste Ebene des Geistes, wo sie noch größeres Unheil anrichten, was im folgenden Vers dargestellt wird.

கூர்வேலவிழி மங்கையர் கொங்கையிலே
சேர்வேன் அருள்சேரவும் எண்ணுமதோ
சூர்வேரொடு குன்று தொளைத்த நெடும்
போர்வேல புரந்தர பூபதியே.

Vers 24

Koorvelvizhi Mangaiyar Kongaiyilee
Seerveen Arul Seeravum Ennumadhoo
Soorveerodu Kunru Tholaittha Nedum
Porevela Purandhara Bhoopathiye

Den Brüsten der Frauen mit durchdringenden Blicken
Folge ich; Wirst Du nicht daran denken, mir Deine Gnade folgen zu lassen?
O Velava, mit dem Speer, lang und kämpferisch,
Der den Sura und den Berg zerteilte! O König von Devaloka!

„O Herr mit dem langen, kämpferischen Vel, der Surapadma mit seinem gesamten Clan und den (Krauncha) Berg durchstieß (zerstörte)! O Herr von Indraloka! Wirst Du geruhen, daran zu denken, Deine Gnade mit mir zu teilen (mir Deine Gnade zu gewähren), der ich (so armselig bin, dass ich) an den Brüsten der Frauen mit Augen so scharf wie der Vel (durchdringenden Blicken) hänge?"

Erklärung:
Indra wurde von dem *Asura* Surapadma gequält. Er kämpfte mit dem *Asura*, konnte ihn aber nicht besiegen. Surapadma überfiel und verbrannte Indras Königreich (Devaloka, den Himmel) so gut wie ganz und machte Indra zum Gefangenen. So ähnlich ist die Lust nach Frauen, die Männer quält. Sie verbrennt ihr Herz und versklavt sie. Weil seine Versuche, den Asura zu besiegen, misslangen, nahm Indra schließlich bei Shiva Zuflucht, gab sich Ihm vollständig hin und rief Seine Gnade an. Shiva erschien als Skanda, dessen mächtiger *Vel* Surapadma vernichtete und Indra rettete. Genauso kommt Sein *Vel* (als Seine Gnade) zu Hilfe und befreit einen von Lust, wenn man trotz wiederholter vergeblicher Bemühung die Lust zu überwinden, hilflos geworden ist, Zuflucht bei Gott sucht und sich ihm hingibt. Darum sagt Arunagiri: „Ich hänge an den Brüsten von Frauen. Ich bin unfähig, die Lust zu überwinden. Ich bin nicht bereit für Deine Gnade. Ich verdiene sie nicht. Aber, o Herr, der

Du Deinen *Vel* auf Surapadma gerichtet, ihn vernichtet und so Indra gerettet hast, wirst Du nicht auch Deine Gnade über mich ausschütten, die lustvolle Natur in mir zerstören und mich retten?"

Lust nach Sex ist ein großes Hindernis bei der spirituellen Evolution des Aspiranten. Frauen sind für Männer (und Männer für Frauen) wie Wein, sagt Swami Sivanandaji. Ihre Blicke sind so durchdringend und mit einer solchen geheimnisvollen Kraft ausgestattet, dass sie das Herz jedes Mannes erschüttern können, wie willensstark er auch sein mag. Selbst große *Tapasvins* (Asketen) sind davon nicht ausgenommen. „Gibt es jemanden außer dem Weisen Narayana", sagt das Srimad Bhagavatam (indisches Epos), „der nicht mindestens einmal durch Frauen in Versuchung gebracht wurde?" Wie wahr! Man kann ein *Brahmachari* (enthaltsam lebend) sein oder ein *Sannyasin* (Entsagter, Mönch), man ist nicht von diesem Einfluss ausgenommen. Zumindest in Gedanken wird jeder ein Opfer, hilflos der pfeilähnlichen Blicke von Frauen und ihrer Brüste. Der heilige Arunagiri hatte selbst stark unter dem Einfluss von Prostituierten gelitten. Er gesteht seine Schwäche offen ein. Dieser Vers dient auch dem Nutzen anderer, weil er den bedauerlichen Zustand kennt, in dem sich alle befinden. Es gibt keinen anderen Weg als ein offenes Eingeständnis, um die Gnade Gottes anzurufen und vom Sex befreit zu werden. Darum singt Arunagiri zu unserem Nutzen: „Wirst Du nicht geruhen, o Herr, mir Deine Segnungen zu gewähren, der ich so schäbig und armselig bin, dass ich von Frauen bezaubert werde?" Sollte man sich schämen, diesen Vers zu wiederholen? Auch wenn man es öffentlich nicht zugeben mag, das Herz weiß es. Ein offenes Bekenntnis vor sich selbst und Gott ist ein sicheres Mittel der Sühne und auch, um die Gnade Gottes anzurufen.

Arunagiri weint bitterlich vor Gott über seine Hilflosigkeit, wie in Vers 9. Er bereut seine falschen Taten. Reue ist ein großes Reinigungselement; es ist das einzige Mittel, um die Wirkungen der vergangenen Fehler wegzuwaschen. Reue beinhaltet gleichzeitig eine Entscheidung, diese Handlungen nicht mehr zu wiederholen. Man erkennt die eigene Dummheit, erkennt, dass diese Handlungen fehlerhaft sind, erkennt auch die eigene Hilflosigkeit, sie trotz der besten Anstrengungen zu kontrollieren. An diesem Punkt wendet er sich an Gott um höhere Hilfe. Er weint zu Gott, gesteht seine Fehler ein, räumt die Mangelhaftigkeit rein menschlicher Anstrengung ein und ruft um Beistand. Arunagiri steht praktisch so vor Gott, stellvertretend für die Hilflosigkeit der Menschen. Das Flehen zu Gott beinhaltet deshalb das Erkennen der eigenen Fehler, die Entscheidung, sich ein für alle mal davon abzuwenden, das Eingeständnis der Beschränktheit menschlicher Anstrengung und das Bedürfnis, von der göttlichen

Gnade unterstützt zu werden. Es ist kein reines Lippenbekenntnis oder ein Show-Weinen, das die göttliche Gnade nicht anziehen kann. Dieser und der vorhergehende Vers bewegen einen zu Tränen, wenn man sie wiederholt. Sie sind so formuliert, dass sie sogar das nötige Gefühl im Herzen des Rezitierenden erzeugen können, wenn sie ein paar Mal wiederholt werden. Der Heilige geht davon aus, dass göttliche Gnade die menschliche Anstrengung unterstützen muss, damit diese erfolgreich wird. Ohne göttliche Gnade bleibt rein menschliche Anstrengung erfolglos, besonders in diesem Kampf gegen Lust und Sex. Aber Anstrengung von unserer Seite ist notwendig und ist in dem Gebet eingeschlossen. Warum sollte man um Gottes Hilfe bitten, wenn man sicher nicht vorher schon entschieden hätte, die schlechte Gewohnheit zu brechen und dann seine eigenen Anstrengungen als nicht ausreichend befunden hätte? Wenn man mit dem Vergnügen von Sex zufrieden ist und nicht das Bedürfnis hat, es zu unterlassen, wird man dann die Gnade Gottes anrufen? Nur jemand, der einst selbst dem Sex ausgeliefert war und ihn jetzt aufgeben will, aber merkt, dass sein Geist sich noch danach sehnt, sucht Gottes Gnade, um ihn von Frauen abzulenken und auf Gott zu richten. Aber wenn man zu Gott betet und gleichzeitig einen geheimen Wunsch hegt, der befriedigt werden soll, wird Seine Gnade dann herabkommen?

Wenn wir ihn richtig anrufen, lässt Gott seine Gnade auf uns herabregnen und wird uns davon befreien, an Frauen zu hängen. Ein „Hängen an" bricht das andere „Hängen an". Arunagiri vergleicht die verhexenden Blicke (besonders von Prostituierten) mit dem scharfen, durchdringenden *Vel*. Solche Blicke können die festen Vorsätze aus dem Herzen wegspülen, einen hilflos hin- und herzerren und schlechten Wegen nachgehen lassen. Und Arunagiri bezieht sich auf den *Vel* von Murugan als das einzige Mittel, das hilft, die Wirkungen der *Vel*-artig durchdringenden Blicke von Frauen zu überwinden. Ein „Folgen" bricht das andere. Ein „Vel" befreit von einem anderen. Was für ein Vergleich und was für eine Wortkomposition! „Dein *Vel* durchstieß Surapadma und den Krauncha Berg (Asura). Wird Dein Gnaden-Vel mich nicht vor den Vel-artigen, durchdringenden Blicken der Frauen und ihrer Brüste beschützen?"

Heilige können sich leicht den hilflosen Zustand der schwachen Menschen in dieser Welt vorstellen und sind voller Mitgefühl. Was können sie anderes tun, um uns zu helfen? Philosophie und Logik, Verhaltensregeln und Ermahnungen, moralische und ethische Lehren wirken hier nicht. Sie haben festgestellt, dass Zuflucht zu suchen bei den Füßen Gottes, um seine Gnade *mit offenem Herzen*, das einzige ist, was uns helfen kann. Darum spricht der heilige Arunagiri Gott so an, wie wir ihn ansprechen würden. Was für ein schöner Weg, um den Hilflosen zu helfen! Das Leiden ist dauerhaft – Generation um Generation von Menschen findet sich in diesem bedauernswerten Zustand. Dieser Vers ist ein dauerhaftes Heilmittel und wird in der ersten Person gesungen. Eine Wiederholung dieses Verses mit offenem Herzen und ehrlichem Gefühl entbindet einen sicher von den Fehlern der Vergangenheit und zieht die göttliche Gnade an. Es ist nicht so, dass Arunagiri immer noch unter der Anhaftung an Frauen leidet, denn er hat die volle Gnade Gottes erhalten. In einem seiner Verse des *Kandaralankaram* erklärt er offen, dass er durch Seine Gnade diesen Sumpf ein für alle mal überschritten hat. Er fand, dass für uns, die wir noch darunter leiden, nichts von Nutzen ist als vor Gott zu weinen. Darum dieser Vers. Die Menschheit ist Arunagiri für solche Verse besonders zu Dank verpflichtet.

Der Vers kann auch übersetzt werden als: „..... Werde ich, der ich (so schäbig bin, dass ich) den Brüsten von Frauen folge, mit Augen (die so scharf blicken) wie der *Vel*, in der Lage sein, zumindest jetzt Deine Gnade zu erlangen?"

*

Der Sucher war aufgrund des Spiels von *Avidya* nicht in der Lage, über die Füße des Gottes zu kontemplieren (Vers 23). Aber warum und wie macht ihm *Avidya* Schwierigkeiten? Wenn man ernsthaft zu meditieren beginnt, beginnt der Prozess einer inneren Reinigung. Es ist, als würde man einen Raum fegen und reinigen, der Monate und Jahre verschlossen war. Wenn man anfängt, sauber zu machen, wird der Staub aufgewirbelt und vernebelt die Sicht. Manchmal sieht man nicht einmal mehr, wo man steht. So etwas findet jetzt im Geiste des *Sadhakas* statt. Die *Kama Vasanas* und *Samsaras* – die Eindrücke früherer Genüsse und besonders von Sex – die latent im Unterbewussten liegen, werden berührt, werden durch tiefe Meditation erschüttert und kommen nach oben auf die bewusste Ebene. Natürlich vernebeln sie sein Verständnis, stochern in seinem Bewusstsein und stören seinen Geist. Diese aufgestörten *Kama-Vasanas* und ihr Einfluss auf das Bewusstsein sind manchmal so stark, dass der *Sadhaka* nicht nur nicht an Gott denken kann, sondern auch anfängt zu zweifeln, ob er überhaupt zur Gotteserfahrung geeignet ist. In diesem befindet er sich jetzt. Dies lässt ihn zu Gott rufen, dass er seine vergangenen Fehler bereut und er betet um Sühne (Vergebung) und um das Herabkommen Seiner Gnade.

Dieser Vers ist das Bekenntnis des *Sadhakas* vor Gott, was gleichzeitig eine Einstimmung auf Gott ist, die auch göttliche Gnade anzieht.

மெய்யேன வெவ்வினை வாழ்வை உகந்து
ஐயோ அடியேன் அலையத் தகுமோ
கையோ அயிலோ கழலோ முழுதும்
செய்யோய் மயிலேறிய சேவகனே.

Vers 25

Meiyeeyena Vevvinai Vaazhvai Ugandhu
Aiyyo Adiyeen Alayath Thagumo
Kaiyo Ayilo Kazhalo Muzhudhum
Seiyooy Mayileeriya Seevagane

Das Leben des unbarmherzigen Karmas für wirklich und erfreulich haltend,
Soll ich herumgeworfen und -gewirbelt werden? Ist das angemessen?
Nicht nur Deine Hände, Vel und Füße, sondern Dein ganzes Wesen
Ist von roter Farbe; O tapferer Herr, der Du den Pfau reitest!

„O Gott, der Du den Pfau reitest, dessen ganzes Wesen und nicht nur die Hände, der Vel und die Füße von roter Farbe ist! Sollte ich, Dein Diener, weil ich dieses (phänomenale) Leben aus unerbittlichem Karma für wirklich halte, genießen und darin herumgeschleudert werden? Ist das gerecht, o Gott?

Erklärung:
Die Hände Gottes sind (symbolisch) rot. Sie geben seinen Verehrern Schutz. Sie sind „*Abhaya-Karangal*", d.h. die Hände, die den Verehrern Furchtlosigkeit schenken, die alle segnen. Seine Hände sind rot geworden, weil Er immer nur gibt und gibt. Der *Vel*, Lord Skandas hauptsächliche göttliche Waffe, ist auch rot von Blut, weil er den Asura Surapadma durchbohrt hat. Seine Füße sind rot, weil er ständig von den Devas und den Gläubigen verehrt wird.

Seine Hände geben Schutz. Sein *Vel* schenkt Weisheit. Seine Füße gewähren Moksha. Nicht nur die Hände, der *Vel* und die Füße Gottes sind rot, sondern Murugan selbst ist rot. Rot steht für Aufrichtigkeit, Größe, Schönheit usw., d.h. für Vollkommenheit. „O Gott, Du bist vollkommen. Erlöse mich aus dieser unvollkommenen Welt und zeige mir einen vollkommenen Weg zur Vollkommenheit", scheint das Gebet von Arunagiri zu sein.

Das Leben auf der Erde ist unvollkommen. Dieses Leben in der Welt der Erscheinungen wird vom unerbittlichen Gesetz des Karmas regiert. Alles auf dieser Erde wird von diesem Gesetz bestimmt. Die Welt verändert sich, der Körper entsteht und vergeht, Dinge kommen zusammen und trennen sich – alles aufgrund des Wirkens des Karma-Gesetzes. Wir halten diese vergänglichen Dinge für wirklich und versuchen, Freude in ihnen zu finden. Das Ergebnis ist Leiden.

Wir unterliegen dem Gesetz des Karma, das unbarmherzig auf jeden wirkt, überall. Jede unserer Handlungen ruft eine Reaktion hervor. Die Handlungen, die wir ausüben, werden *Karmas* genannt; die Reaktionen, die ihnen folgen, werden auch *Karmas* genannt. Wir sind als Ergebnis der Reaktionen auf unsere vergangenen Handlungen geboren worden und diese beherrschen uns auch weiterhin. Und wiederum rufen die Handlungen, die wir jetzt ausführen, Reaktionen hervor und führen zu weiteren Geburten. Also sind Karmas sowohl die Ursache als auch die Wirkung unseres Lebens und wir sind vollständig vom Gesetz des Karmas beherrscht. Dies scheint eine endlose Kette zu sein. Natürlich erhebt sich die Frage, wie man davon frei werden kann. Gibt es einen Ausweg? Ja, sagt der heilige Arunagiri. Seine Lösung des Problems ist, Zuflucht bei dem vollkommenen Wesen zu suchen – bei Gott, der vollkommen ist. Wir unterliegen dem Gesetz des Karma, weil wir uns zu Dingen geflüchtet haben, die diesem Gesetz unterliegen. Aber wenn wir Zuflucht bei Gott nehmen, in dem das Gesetz nicht wirkt, werden wir von dem Gesetz befreit. Was bedeutet das?

Gott ist ein kosmisches Wesen und der Kosmos ist ein Gleichgewicht von Kräften, der immer sein Gleichgewicht behält. Wenn irgendetwas sein Gleichgewicht stört, wird er versuchen, es wieder herzustellen, wie ein Ball, den man gegen eine Wand wirft, wieder zurückkommt. Diese Reaktion des Kosmos in seinem Bemühen, wieder zurück ins Gleichgewicht zu kommen, ist das Wirken des Gesetzes des Karmas. Bei Gott Zuflucht zu nehmen heißt deshalb, in Übereinstimmung mit diesem kosmischen Gleichgewicht zu sein, was auch der Zustand von Yoga ist – *„Samatvam Yoga Uchyate"* – Yoga ist Ausgeglichenheit. Zu dieser Harmonie beizutragen, damit in Einklang zu sein und schließlich darin gefestigt zu sein, ist Yoga und heißt zu versuchen, vollkommen zu sein, heißt Zuflucht bei Gott zu suchen.

Jedes Individuum ist sozusagen ein Zentrum, das das kosmische Gleichgewicht durch seine von Wünschen ausgelösten Handlungen stört, und selbst durch

Vers 25

seine Gedanken. Auf jede unserer Handlungen (einschließlich unserer Gedanken) folgt deshalb eine Reaktion des Kosmos, denn er basiert auf einer sehr wissenschaftlichen Funktionsweise. Gute Ergebnisse folgen guten Handlungen und schlechte schlechten. Dieses Gesetz des Karma wird als unerbittlich bezeichnet, weil es keine Parteilichkeit kennt – nicht ein Karma, wie klein es auch sein mag, bleibt unbeantwortet. Dabei gibt es nicht so etwas wie einen Saldo. Angenommen man macht 10 gute und 8 schlechte Handlungen, dann werden die 8 schlechten nicht durch 8 gute ausgeglichen und nur die Wirkung der beiden Guten muss erfahren werden. Nein. Die Folgen der 10 guten und der 8 schlechten müssen entsprechend ihrer jeweiligen Intensität erlebt werden. Darum wird es unerbittlich genannt. Darum treffen wir gute Menschen, die leiden, obwohl sie in diesem Leben nichts Falsches getan haben mögen. Aus ähnlichen Gründen sehen wir, dass Übeltäter ihr Leben genießen. Tatsächlich ist das Gesetz des Karmas schrecklich und geheimnisvoll. Aber es führt gleichermaßen zu zukünftig Gutem für unser richtiges Verhalten und umgekehrt.

Gott ist die allgegenwärtige Wirklichkeit, die Universale Existenz. Unsere Handlungen rufen Reaktionen hervor, weil sie aus einem bestimmten Zentrum hervorgehen, mit einem bestimmten Motiv, was das kosmische Gleichgewicht stört. Aber Gott, das Universale Wesen, stört das Gleichgewicht des Kosmos durch seine Handlungen nicht, weil sie nicht von einem bestimmten Ziel motiviert oder gelenkt sind. Die Handlungen des Universalen Wesens sind ebenfalls universal und darum im Einklang mit dem kosmischen Gleichgewicht. Darum ist Gottes Existenz gleichbedeutend mit seiner Aktivität.

Gottes Handlungen sind spontan, nicht motiviert; und weil die Natur ein Ausdruck Gottes ist, ist sie auch spontan. Also heißt Zuflucht bei Gott zu suchen, sich der universalen Existenz Gottes zu nähern, das heißt, in den eigenen Handlungen selbstlos und motivlos zu werden. Je selbstloser eine Handlung ist, desto mehr nähert sie sich Gott; je selbstsüchtiger sie ist, desto mehr ist sie individualisiert. Weil Gott das universale Wesen ist und seine Existenz mit seiner Aktivität übereinstimmt, gehören alle Handlungen Ihm. Er ist der Handelnde und wir sind nichts als Instrumente, durch die er handelt. Wenn also das Bewusstsein der universalen Gegenwart Gottes und dass wir nur Instrumente sind, aufrecht erhalten wird, ruft die Handlung keinerlei Reaktion hervor, weil sie weder durch ein Motiv bedingt ist, noch mit der Erwartung eines besonderen Ergebnisses getan wird. Dann ist alles, was geschieht, Sein und in Ordnung.

Dieser Körper wurde uns als Ergebnis unserer vergangenen Handlungen gegeben. Unsere (angenehmen und schmerzlichen) Erfahrungen in dieser Lebensspanne sind schon durch die Wirkungen unserer vergangenen Handlungen festgelegt, die dieses Leben verursacht haben. Demzufolge werden all unsere Erfahrungen vergehen und eines Tages zu einem Ende kommen, wenn die Kraft des Impulses, der sie verursacht hat, endet. Darum sollten wir diesem irdischen Leben nicht allzu große Wichtigkeit beimessen. Wir brauchen weder überglücklich zu sein, wenn sich schöne wünschenswerte Erfahrungen einstellen, noch deprimiert oder vernichtet, wenn sich weniger wünschenswerte Erfahrungen einstellen, denn beide werden vergehen.

Das Leben ist vergänglich. Solch ein Leben sollte man überhaupt nicht für wirklich halten. Gott ist die große Wirklichkeit, das Vollkommene, „rot" in seinem gesamten Wesen. Man muss sich immer auf ihn besinnen, was auch immer gerade die eigene Befindlichkeit sein mag. Ansonsten wird man leicht durch jedes kleine Ereignis im Leben herumgeworfen wie ein trockenes Blatt, das vom Wind hin und her geweht wird. Aber wer sich Gott zugewandt hat, bleibt ruhig wie ein Berg, der nicht einmal vom stärksten Wind auch nur ein wenig erschüttert wird.

Wer sich fest an Gott hält, d.h. wessen Geist auf Gott geheftet ist, lässt sich nicht so leicht durch die vergänglichen Ereignisse im Leben erschüttern. Er weiß, dass diese Erfahrungen kommen und gehen, aber dass sie nicht seine innere, wirkliche Persönlichkeit berühren. Aber der Mensch, für den die Dinge der Welt die einzige Wirklichkeit sind, für den nichts Höheres existiert, wird leicht von jedem kleinen Vorfall im Leben davongetragen. Wenn sein Bankkonto fällt, bricht er zusammen. Wenn seine Lieben sterben, wird sein Leben sinnlos. Ereignisse sind für ihn schockierende Vorfälle, die sein schwaches Herz brechen. Aber wer Gott hingegeben ist, weiß, dass die Dinge der Welt wechselhaft sind, dass sie ihn jeden Moment verlassen können und darum wird er von ihnen nicht berührt. Nur wer sie für dauerhafte Wirklichkeiten hält, bekommt einen rauen Schock, wenn sie von ihm getrennt werden, was aufgrund des Wirkens des Karmagesetzes geschehen muss. Personen und Dinge werden durch ihre Karmas zusammengebracht und getrennt, wie Holzklötze im Wasser durch den Wind zusammengetrieben oder getrennt werden.

Das Gesetz des Karmas achtet unsere Freuden und Sorgen nicht. Es funktioniert unbarmherzig. Darum sollte man, weil man um die vergängliche Natur der Dinge dieses phänomenalen Lebens weiß, wegen des Wirkens dieses

Gesetzes Zuflucht bei dem suchen, was „rot" ist, d.h. vollkommen und dauerhaft, so dass man durch die vorübergehenden Ereignisse dieses illusorischen Lebens nicht herumgeschleudert wird, sagt Arunagiri.

Unser Leben wird durch das unbarmherzige Karmagesetz regiert, das gnadenlos ist. Aber der Gesetzgeber (Gott) ist voller Gnade. Solange man nicht Zuflucht bei Gott sucht, arbeitet das Karmagesetz unerbittlich. Wenn wir uns einmal Gott ergeben, verliert das Gesetz seine Macht über uns. Solange wir diese Welt für wirklich und uns für die Handelnden halten und mit der Erwartung von Früchten handeln, können wir dem Wirken des Gesetzes nicht entkommen. Die Vorstellung des Wirkenden oder des Handelnden und Genießers ist es, was uns zum Opfer des Wirkens des Gesetzes macht und was die Ursache unserer Bindung ist. Aber wer die Zuflucht bei Gott sucht und als sein Instrument handelt, zu seiner Freude, indem er an seinem Willen teilhat, ohne Erwartung von Belohnungen, als Verehrung Gottes, geht jenseits des Wirkens dieses harten Gesetzes. Darum ist die Hinwendung zu Gott der einzige Weg, um von dem gnadenlosen Karmagesetz befreit zu werden. Dieses Gesetz kann nur durch Hingabe an den Gesetzgeber überwunden werden, die *Maya* Gottes wird nur durch Seine Gnade transzendiert, wie Sri Krishna sagt: „Wahrlich, diese meine göttliche Täuschung, die aus den (drei) Eigenschaften (der Natur) besteht, ist schwer zu überwinden; jene, die nur bei mir Zuflucht nehmen, überqueren diese Täuschung." (Bhagavad Gita VI-14)

Das Kind bekommt nur dann Ruhe vor dem Versteckspiel, wenn es die Oma berührt, die das Spiel begonnen hat und es am Laufen hält. „O Gott, Du bist der Vollkommene. Wie lange soll ich noch gnadenlos von diesen unerbittlichen Karmas herumgetreten werden? Wie lange werde ich diese Welt genießen, indem ich sie für wirklich halte? Gewähre mir rechtes Verstehen, *Viveka*. Gewähre mir Liebe zu Deinen Füßen. Rette mich, o Vollkommener, o Pfauen-Reiter, o Glorreicher, o Tapferer! Wie kannst Du vollkommen genannt werden, wenn ich, Dein Sklave, von diesem illusorischen Leben gepeinigt werde? Passt mein Leiden zu Deiner All-Vollkommenheit? Nein. Also rette mich", ist Arunagiris Appell an Gott.

*

Im Prozess der Meditation bemüht sich der *Sadhaka*, die Welt zu vergessen und zu transzendieren. Aber wenn die innere Reinigung weitergeht und die *Vasanas* und *Samskaras* nach oben auf die bewusste Ebene kommen, versuchen sie seine vergangenen Erfahrungen wieder zu beleben und verleihen so der Welt, dem Leben, Wirklichkeit, die er zu vergessen sucht. Dies ist eine weitere Phase des inneren Kampfes des *Sadhakas*, ähnlich der im letzten Vers. Darum sein Ruf und seine Zuflucht zu dem allvollkommenen Gott, was eine entschlossene und resolute Anstrengung zu intensiverer Meditation über das Selbst bedeutet. Weil sein Guru ihn die richtige Meditationstechnik gelehrt hat (Vers 20), wird er von diesen vorübergehenden Hindernissen nicht so leicht vom Weg abgebracht, die aufgrund des Wirkens des unerbittlichen Karmagesetzes auftauchen. Er weiß, dass das Hilfsmittel für alle Hindernisse in der Meditation die Meditation selbst ist – intensiver und länger. Letztendlich wird das Positive das Negative überwinden; göttliche Gnade wird einem zur Hilfe kommen.

Mit dem Bekenntnis vor Gott und der Anrufung Seiner Gnade (Vers 24) schreitet der Sadhaka jetzt selbst inmitten seines Sturmes von *Vasanas* und *Samskaras* voran in seiner Meditation über das Selbst oder Gott, als reine Vollkommenheit.

ஆதாரம் இலேன் அருளைப் பெறவே
நீதான் ஒருசற்றும் நினைந்திலையே
வேதாகம ஞான விநோத மனோ
தீதா சுரலோக சகாமணியே.

VERS 26

Aaadhaaramileen Arulaip Perave
Neethaan Orusattrum Ninaindhilaiye
Vedhaagama Jnaana Vinodhamano
Theethaa Suraloga Sigaamaniye

Ich, der ich ohne Unterstützung bin, dass ich Deine Gnade bekommen soll,
Dem hast Du nicht auch nur einen Moment einen Gedanken geschenkt!
Vedas, Agamas, Wissen, Handlungen und selbst den Geist, -
Diese transzendierst Du, O Kronjuwel des Himmels!

„O Gott, Du Kronjuwel von Devaloka! Der Du jenseits (der Reichweite) der *Veden, Agamas* (Schriften), (intellektuellem) Wissen, (physischer) Aktivität und des Geistes bist! Ich bin ohne Unterstützung, o Gott! Du hast (dennoch) nicht daran gedacht, nicht einmal für einen Moment, dass ich Deine Gnade erhalten könnte (die Gotteserfahrung zu haben).

Erklärung:
Es gibt vier *Veden* und achtundzwanzig *Agamas*. Sie verherrlichen Gott und versuchen den Weg zu weisen, wie man ihn erreichen kann. Sie enthalten die höchste Weisheit, die mystischen Offenbarungen von Heiligen und Weisen. Aber sie kommen zu dem Schluss, dass Er jenseits ihrer Reichweite ist, weil man Gott selbst erfahren muss. Unser intellektuelles Verstehen, unsere mentalen Prozesse und körperlichen Aktivitäten können uns auch nicht Gott nahe bringen. Er ist außerhalb der Reichweite von allem, was uns in unserem jetzigen Zustand des Wissens bekannt ist. Er transzendiert alles und darum ist er nicht durch irgendeines dieser Mittel erreichbar. „Ich habe die Täuschung über die Welt, die dem Gesetz des Karmas unterliegt, hinter mir gelassen und mich Dir alleine zugewandt, der Du vollkommen bist (siehe den vorhergehenden Vers). Darum habe ich jetzt keine Unterstützung in dieser Welt. Du bist meine einzige

Unterstützung. Aber Du bist außerhalb der Reichweite des Geistes usw. Darum wird *mein* Denken an Dich und *mein* Beten zu Dir mir nicht zur Gotteserfahrung verhelfen. Du solltest jetzt an mich denken, nur für einen Moment und das wäre genug; nur das würde mir Deine Gnade und göttliche Erfahrung bringen", – ist die Anrufung von Arunagirinathar.

Bedeutet dies, dass wir überhaupt kein *Sadhana* machen müssen, sondern einfach nur die Gnade Gottes erwarten müssen? Nein. Nachdem man die Schriften studiert hat, nach einem intellektuellen Verständnis von Gott, nachdem man das, was man gelernt und verstanden hat, in die Praxis umgesetzt hat, erkennt man die Begrenztheit des Geistes und des Intellekts, aller menschlichen Anstrengung und ergibt sich Gott in höchster Hilflosigkeit, weil man ganz genau weiß, dass nichts außer Seiner Gnade uns Gott enthüllen kann. Dies scheint der Zustand zu sein, auf den Arunagiri abzielt, wenn er sagt: „Oh Gott, Du bist jenseits der Reichweite des Geistes etc. *Ich bin ohne Unterstützung. Wirst Du nicht daran denken, mir Deine Gnade zu schenken!*" Ein vollständiges Erkennen der Begrenzungen menschlichen Strebens ist die Vorbedingung für die Manifestierung der Göttlichen Gnade. Das Ego, das seine Macht behauptet, muss bescheiden werden und merken, dass es nichts ist. Wo das Ego so abflaut, offenbart sich Gott. Wo die Welle der Individualität versinkt, erhebt sich der Ozean der Universalität. Wo menschliche Anstrengungen aufhören, manifestiert sich Göttliche Gnade.

Warum ist Gott jenseits der Reichweite des Geistes, der *Veden* etc.? Gott ist unendlich, während der Geist usw. endlich sind. Kann das Endliche das Unendliche erkennen? Der Geist ist seiner Natur nach nach außen gerichtet, während das Unendliche alldurchdringend ist, d.h. es ist nicht geteilt. Je mehr der Geist versucht, Gott zu kennen, desto mehr veräußerlicht er sich und entfernt sich dadurch von Gott, der allgegenwärtigen Wirklichkeit. Darum können nach außen gerichtete Tätigkeiten wie das Lesen von Schriften, Diskussionen usw. einen Gott nicht nahe bringen. Aber sie helfen einem, diese Wahrheit zu erkennen, dass sie nicht helfen können, Gott zu erreichen. Durch diese Erkenntnis, wenn der Geist mit seiner Aktivität aufhört und keine Unterstützung mehr hat, d.h. Zuflucht bei Gott nimmt, bei der allgegenwärtigen Wirklichkeit, manifestiert sich Gottes Gnade. Der Geist muss aufhören zu funktionieren, dann manifestiert sich Gott. Der Geist kann Gott solange nicht erreichen, wie er seine Individualität aufrechterhält.

Warum helfen einem der Geist, das Studium der *Veden* usw. nicht, Gott zu erreichen? All dies gehört zur phänomenalen Welt, aber Gott ist die Absolute

Wirklichkeit. Nichts, was phänomenal ist, kann das Absolute berühren, genauso wie nichts aus einem Traum die Dinge aus der Welt des Wachseins berühren kann, weil sie zu verschiedenen Reichen gehören. Man mag in einem Traum tausend Meilen rennen, aber man kann nicht den materiellen Schatz unter dem Kopfkissen erreichen. So kann auch alles, was der Geist im Wachbewusstsein tut, niemals dabei helfen, dass er sich auf die universale Existenz Gottes einstellt. Gibt es dann keinen Ausweg? Doch, sagt Arunagiri, ohne Unterstützung zu werden und Seine Gnade zu erlangen. Aber was ist das, ohne Unterstützung werden? Lasst uns erst unsere „Stützen" untersuchen und dann sehen, was es heißt, ohne Stützen zu sein.

Wir haben verschiedene Quellen der Unterstützung – unser Körper, Verwandte, Wohlstand, Eigentum, Position etc. sind unsere physischen Stützen. Der *Jiva* hängt im Wachzustand von diesen Dingen für seine Erfahrung und Existenz ab. Im Traumzustand ist die Stütze des *Jiva* die psychische Welt oder die Traumwelt, die es ihm erlaubt, Traumerfahrungen zu haben. Der Zustand des Tiefschlafs mag ohne Unterstützung erscheinen, weil es dort keinen Körper, Geist, Sinne, Objekte, Beziehungen oder die Welt gibt. Aber er ist nicht wirklich ohne Stütze. Die latenten und tief vergrabenen Eindrücke von Wünschen, die das Unbewusste, *Ajnana* bilden, liefern die Unterstützung für den *Jiva*. Sie bringen ihn wieder zum Wachsein und wollen erfüllt werden.

Wäre es nicht wegen dieser Wünsche, so würde der *Jiva* mit *Satchidananda* verschmelzen, das er durch diesen dünnen Schleier von Avidya unbewusst genießt. Also sind die Stützen des *Jiva* in den drei Zuständen von Wachen, Träumen und Tiefschlaf der grobe, feinstoffliche und der Kausalkörper oder das Bewusste, Unterbewusste und Unbewusste. Obwohl diese die „Stützen" des *Jiva* sind, sind sie in Wirklichkeit die Hindernisse für seine Befreiung. Die Beziehung, die der *Jiva* in seinen drei Zuständen mit den entsprechenden drei Körpern hat, ist von einem Gesichtspunkt aus seine Unterstützung, aber ist wahrlich ein Hindernis für die Gotteserfahrung. Darum heißt ohne Stütze zu werden, frei von diesen „Stützen" oder Hindernissen zu werden. Jetzt stellt sich die Frage, wie man frei von Stützen wird.

Wir haben gesehen, dass nichts, was wir im Traum tun, uns helfen kann, etwas in der wachen Wachwelt zu erreichen, weil man nichts aus der Traumwelt in die Wachwelt bringen kann, da sie zu unterschiedlichen Reichen gehören. Aber, obwohl wir nichts aus der Traumwelt ins Wachsein bringen können, können „wir" vom Träumen ins Wachen gehen und dabei alles aus dem Traum hinter uns zurücklassen. Wir müssen nur aus dem Traum aufwachen und können den

Schatz haben. Genauso muss das „Ich" in uns zu dem höheren Bewusstsein Gottes erwachen, dabei alles aus dieser phänomenalen Welt verlassen und Gott erfahren, Seine Gnade genießen. Nichts aus der phänomenalen Welt kann dorthin gebracht werden, aber das „Ich" oder das „Bewusstsein" kann dorthin gehen.

Die Zustände von Wachen, Traum und Tiefschlaf sind Bewusstseinszustände in Beziehung zu bestimmten Dingen – das Wachen in Beziehung zu physischen, grobstofflichen Objekten; der Traum zu feinstofflichen; und der Tiefschlaf zu kausalen. Es ist genau dasselbe Bewusstsein in jedem dieser Zustände, je nach seiner Verbindung mit den drei Zuständen. Obwohl die Dinge eines Zustandes nicht in den anderen gebracht werden können, noch uns helfen können, in den anderen zu gehen, können „wir" oder das Bewusstsein vom Wachen in den Traum oder Schlaf gehen und umgekehrt. Wenn genau das gleiche Bewusstsein von einem Zustand in einen anderen wechseln kann, dann kann es wohl auch in einen noch anderen Zustand gehen, wo es mit gar nichts in Verbindung ist, sondern *es selbst ist*. Obwohl das, was das Bewusstsein in Verbindung mit den verschiedenen Ebenen des Geistes tut, ihm nicht helfen wird, Gott zu erreichen, kann es sich dennoch von allen Verbindungen auf jeder Ebene zurückziehen und in sich selbst ruhen, wie *es ist*.

Wenn die Zustände von Wachen, Traum und Tiefschlaf die bewussten, unterbewussten und unbewussten Zustände sind, dann ist der andere der überbewusste Zustand. Es ist Gottesbewusstsein. Selbst ein Moment dieses Überbewusstseins ist genug, um Gotteserfahrung zu bringen - nein, es *ist* Gotteserfahrung – denn die Trennung von allen drei Zuständen bedeutet das Aufhören der Individualität, was gleichzeitig die Universalisierung des Bewusstseins ist. Wenn das Bewusstsein aufgrund seiner Begrenzung auf die Zustände von Wachen, Traum und Tiefschlaf etwas außerhalb seiner selbst weiß, ist es phänomenale Erfahrung. Aber wenn das Bewusstsein in sich selbst ruht, in seiner universellen Natur und sich selbst durch sich selbst kennt, indem es *es* selbst ist, dann „weiß" es nicht im gewöhnlichen Sinne des Wortes.

Es ist Sein, das auch Wissen ist. Es ist Sein-Bewusstsein, was ein Überbewusstsein oder Gotteserfahrung ist. Dies ist das Denken Gottes, das vom menschlichen Denken verschieden ist, auch als Gottes Gnade oder das Eintreten des Gottesbewusstseins. bezeichnet Wie dies geschieht, ist ein Geheimnis. Wir können nicht sagen, ob das Aufhören der drei Zustände zur Gotteserfahrung führt oder Gotteserfahrung das Aufhören der drei Zustände herbeiführt. Etwas passiert und beides findet gleichzeitig statt. Es ist eine Gleichzeitigkeit der Erfahrung – die drei Zustände hören auf und Gotteserfahrung ist da. Darum wird sie Gottes Gnade zugeschrieben und als Gottesfreude bezeichnet, die jegliche menschliche Logik übersteigt.

Also ist der Zustand des Überbewusstseins der „stützenlose" Zustand; und Meditation ist der Weg, der dahin führt. Meditation wird deshalb auch der „stützenlose Zustand" genannt; genauso wie Yoga die Festigung in Gott ist, die unterschiedlichen Wege, die zu dieser Festigung führen aber auch Yoga genannt werden, wie Bhakti Yoga, Jnana Yoga etc.; oder so wie ein Yogi jemand ist, der Vollkommenheit erreicht hat und jene, die nach Vollkommenheit streben, auch Yogis genannt werden. Wenn man in der Meditation (Vers 25) seine Täuschung über die Welt hinter sich lässt und sich Gott zuwendet, der vollkommen ist, wird man ohne Stütze und hängt vollständig von der Göttlichen Gnade ab, die man anruft. Darum Arunagiris Appell an Gott, Seine Gnade herabregnen zu lassen: „O Gott, Du bist jenseits der Reichweite der *Veden*, des Geistes usw. und darum brauche ich jetzt Deine Gnade. Und dennoch hast Du nicht einmal einen Moment daran gedacht, mir Deine Gnade zu geben! Wie soll ich dann die Göttliche Erfahrung erreichen? Sei darum gnädig genug, mir Deine Gnade zu gewähren."

Die beiden letzten Zeilen dieses Verses werden auch interpretiert als:
(1) „O Gott, der Du der Gegenstand der (Verehrung durch die) *Veden* und *Agamas* bist, der spielt und sich erfreut, indem er Belehrungen (oder Diskussionen) über *Jnana* gibt, der jenseits der Reichweite des Geistes ist! …."

(2) „O Gott, der als Zeitvertreib die Darlegung des Wissens hat, das in den Veden und Agamas dargelegt wird, der jenseits der Reichweite des Geistes ist!…."

(3) „O Gott, der jenseits der Reichweite des Geistes ist, der als Zeitvertreib die Diskussion des Wissens der *Veden* und *Agamas* hat! …."

*

Der *Jiva*, der in der Meditation voranschreitet, ist, nachdem er die Hindernisse überwunden hat (Vers 25) in der Lage, die Welt zu vergessen und versucht ohne Stütze zu sein. Es ist jetzt ein besonderer Zustand der Innerlichkeit des Bewusstseins, von dem man nicht sagen kann, dass er in einem der drei Zustände von Wachen, Traum oder Tiefschlaf sei. Der Zustand echter Meditation ist vom Wachzustand verschieden, weil es keine Veräußerlichung des Bewusstseins gibt, d.h. es gibt kein Bewusstsein der äußeren Welt und nicht einmal des eigenen Körpers. Dass es kein Traum ist, ist natürlich offensichtlich. Es ist auch kein Tiefschlaf, weil es kein unbewusster Zustand ist. Der *Jiva* versucht in seinen höheren Bereichen der Meditation, im reinen und einfachen Zustand des *Jivatva* als solchem zu sein, unverbunden, aber mit Bewusstsein, d.h. er versucht „stützenlos" zu sein. Er ist nicht in einem wirklich stützenlosen Zustand, aber nahe an der Grenze dazu und darum fühlt er das Bedürfnis nach der Gnade Gottes. Dieser Zustand wird lebendig in diesem Vers dargestellt.

Die immer größere Hinwendung des Sadhakas an Gott bzw. seine Meditation über das Selbst, lässt ihn ohne Stütze zurück. Aber er hat noch kein substantielles Fundament in der höheren Wirklichkeit erreicht. Dies ist ein sehr kritischer Zustand, wo er die Göttliche Unterstützung mehr denn je braucht. Er merkt, dass ein Zug von „oben" hier absolut notwendig ist. Dies scheint ein Übergangszustand in der Meditation zu sein, wo das *Jiva*-Bewusstsein versucht, sich selbst zu überschreiten, d.h. über sich hinauszugehen und das universale Bewusstsein zu berühren.

Der *Jiva* hat eine größere Selbsthingabe und Sich-Verlassen auf Gott, eine Anstrengung zu noch intensiverer Meditation, um sich auf das Universale einzustimmen.

மின்னேநிகர் வாழ்வை விரும்பிய யான்
என்னே விதியின் பயன் இங்கிதுவோ
பொன்னே மணியே பொருளே அருளே
மன்னே மயிலேறிய வானவனே.

VERS 27

Minnenigar Vaazhvai Virumbiya Yaan
Enne Vidhiyin Payaningu Idhuvo
Ponne Maniye Porule Arule
Manne Mayileriya Vaanavane

Siehe! Das blitzartige Leben begehre ich eifrig!
Warum das? Ist es hier so wegen meines schlechten Schicksals?
O Gold! O Edelstein! O Wahrheit! O Verkörperung der Gnade!
O König! O großartige auf dem Pfau reitende göttliche Vorsehung!

„O Gott, der Du selten bist wie Gold, der Du wie ein Edelstein strahlst, der Du die höchste Wirklichkeit bist, der Du eine Verkörperung von Gnade und Mitgefühl bist, der (ewige) König, der großartige Eine, der auf dem Pfau reitet! Wie kommt es, dass ich eifrig dieses blitzartige vergängliche Leben umarme (weil ich es für wirklich halte)? Ist es aufgrund meines schlechten Schicksals, dass es so ist?"

Erklärung:
Arunagiri sagt, dass wir diese vergängliche Welt für wirklich halten und ihr hinterherlaufen, weil wir die wirkliche Natur Gottes nicht kennen. Was ist die Natur Gottes? Er ist das einzige würdige Objekt; die Objekte der Welt sind vergänglich. Er ist wie Gold, eine seltene Substanz, die einen Wert an sich hat, die aus sich selbst leuchtet und dauerhaft ist. Er ist aus sich selbst leuchtend, wie der Karfunkelstein. Er ist die höchste Wirklichkeit, die Quelle von allem. Vor allem ist er eine Verkörperung von Mitgefühl, eine Masse von Liebe, eine konkrete Form der Gnade. Er ist der ewige König des Universums, im Gegensatz zur endlichen Natur der Dinge der Welt. Er reitet auf dem schnellen göttlichen Pfau, um seinen Verehrern sofort seine Segnungen zu gewähren.

Dieses Leben ist vergänglich. Alles hier geht vorüber. Veränderung ist der Charakter der Welt. Wie ein Blitz kommt und geht das Leben. Ehe er wahrgenommen wird, verschwindet der Blitz. So unsicher ist das Leben. Jetzt ist es und schon verschwindet es. Und selbst dieses kurze, unsichere Leben ist auf jeder Stufe voller Schmerz, Leiden und Sorge. Wir sehen täglich vor unseren Augen, dass Menschen und Dinge vergehen und dennoch hängen wir an ihnen, in der eitlen Hoffnung, Genuss von ihnen zu bekommen. Dieser unser Körper ist selbst vergänglich und die Dinge der Welt sind auch vergänglich; entweder wir können zu jeder Zeit sterben oder die Dinge können jeden Moment verschwinden. Und dennoch verlässt uns die mit ihnen verbundene Täuschung nicht! „Warum ist das so?", fragt sich Arunagiri und fügt hinzu, dass es aufgrund unseres Schicksals so sein könnte. Seit vielen Geburten jagen wir den weltlichen Objekten nach und haben diese liebkost. Werden sie uns jetzt einfach verlassen, weil wir sagen „Ich möchte sie nicht, ich möchte nur Gott?" Nein. Die Welt hat uns im Griff und hat dies weiterhin, weil wir sie wollten und ihr nachgerannt sind, auch wenn wir es jetzt vielleicht nicht wollen.

Häufig verstehen *Sadhakas* nicht warum der Einfluss von weltlichen Objekten, Unglück und Leiden so hartnäckig ist, obwohl sie ernsthaft die weltlichen Objekte ablehnen und Gott mit wahrer Liebe suchen. Gläubige, die sich wirklich Gott hingeben, die ihn ehrlich suchen, finden sich häufig in der misslichen Lage einer inneren, unverständlichen Sehnsucht nach der Welt in Form von subtilen Wünschen. Sie wissen nicht warum. Auch Arunagiri befindet sich oder vielmehr versetzt sich in diesen Zustand und gibt einen Hinweis auf dieses seltsame Rätsel. Die Dinge, die man früher wollte und gerne hatte, kommen und machen jetzt ihren Anspruch geltend, obwohl man sie jetzt nicht will, sagt Arunagiri. Dies ist der Grund für das gegenwärtige Leiden ernsthafter Aspiranten. Aber der Heilige möchte darüber hinaus zu einem größeren Geheimnis vorstoßen. Wir wollten sie früher, darum kommen sie jetzt; ebenso werden sie uns bald in Ruhe lassen, weil wir sie jetzt nicht wollen, wenn die Kraft, die sie angezogen hat, vorüber ist. Unsere gegenwärtige Schwierigkeit sollte uns daher nicht von unserem Streben nach Gott abhalten. Genauso wie die Dinge, die wir früher wollten, jetzt kommen, wird Gott, den wir jetzt ernsthaft suchen, sicher kommen. Also gibt es eine Garantie, dass Gott kommen wird, wenn wir ihn wollen.

Und wie um uns zu überzeugen, erzählt der Heilige im nächsten Vers seine glorreiche spirituelle Erfahrung der Vision Gottes. Der anhaltende Einfluss der vergänglichen Welt auf uns, obwohl wir wirklich Gott wollen, sollte uns nicht entmutigen, sondern sollte eine Quelle der Inspiration sein, um uns zu größeren Anstrengungen zu treiben, Gott zu erreichen, dessen Erreichung durch genau das gleiche Gesetz sichergestellt ist, das fehlerlos arbeitet. Was für eine Ermutigung für entmutigte und erschöpfte Seelen!

Indem wir so die vergängliche Natur des phänomenalen Lebens erkennen, sollten wir unsere Aufmerksamkeit auf Gott richten, der das Höchste Wesen ist, die ewige Wirklichkeit, ein Ozean des Mitgefühls, immer bereit, jenen zu helfen, die bei Ihm Zuflucht suchen; und die Welt wird uns dann bald nicht mehr im Griff haben. Die einzige Hilfe, von den Fängen des Karmas frei zu werden, das uns immer und immer wieder in dieses flüchtige Leben bringt, ist, Dich Gott zuzuwenden. Darum sagt Arunagiri: „O Gott, ist es aufgrund meines (schlechten) Schicksals, dass ich jetzt leide und dieses vergängliche Leben für wirklich halte?" Solche depressiven Stimmungen kommen im Leben des Sadhakas vor, selbst nach beträchtlichem Fortschritt. Aber es gibt keinen Platz für Verzweiflung, denn „Er ist eine Verkörperung des Mitgefühls, Er ist die ewige Wirklichkeit, er ist das Unveränderliche." Was für ein gegensätzlicher Vergleich. Das Leben ist vergänglich wie der Blitz, der in einem Moment aufleuchtet und verschwindet; Gott ist ewig und gnadenvoll. Lass den sinkenden Geist daher Trost finden und mit seinem Sadhana fortfahren, in Erwartung des Tages, wo Seine Gnade dämmern wird. Das ist die Anweisung des Heiligen.

*

Wenn also der Jiva in dem „stützenlosen" Zustand unerschütterlich seine Meditation über das Selbst bzw. Gott fortführt, beginnt sich als Antwort auf seine Gebete (Vers 26) göttliche Gnade aus dem Inneren zu manifestieren und Gott wird als eine seltene Kostbarkeit wahrgenommen, als die aus sich selbst leuchtende Wirklichkeit, als Gnade, als der innere König (als Gold, Edelstein usw.). Diese Erfahrung ist selbst so einmalig und freudevoll, dass er bedauert, seine spirituelle Praxis nicht früher aufgenommen zu haben, sondern sein Leben bislang damit verschwendet zu haben, dem (flüchtigen Genuss des) phänomenalen Leben hinterherzurennen. Natürlich versöhnt er sich, indem er sagt „Dies ist wahrscheinlich so aufgrund meines Prarabdha Karmas (Schicksals, in diesem Leben wirksam gewordenes Karma)." Er fährt in der Meditation fort und vertieft sie, bis er einen flüchtigen Blick auf das Kosmische Bewusstsein bekommt, was im nächsten Vers beschrieben wird.

ஆனா அமுதே அயில்வேல் அரசே
ஞானாகரனே நவிலத் தகுமோ
யானாகிய என்னை விழுங்கி வெறும்
தானாய் நிலைநின்றது தற்பரமே.

Vers 28

Aanaa Amudhe Ayilvel Arase
Jnaanaakarane Navilath Thagumo
Yaanaagiya Ennai Vizhungi Verum
Thaanaai Nilai Ninradhu Tharparame

O unverderblicher himmlischer Nektar! O König mit dem scharfen Vel!
O Verkörperung von Weisheit! Was (gibt es) noch zu sagen?
Das was „mich" das Individuum einfach geschluckt hat,
Als reine Existenz, war die transzendente Wirklichkeit.

„O unverderblicher himmlischer Nektar! O König mit dem scharfen Vel! O Masse aus Weisheit! Kann (noch) etwas gesagt werden? (Nein! Weil) Indem (meine) Individualität geschluckt wurde, die die Ich-heit bildet, war „Das", was als „reine Existenz" war, die transzendente Wirklichkeit selbst."

Erklärung:
Dies ist ein wunderschöner Vers, indem der heilige Arunagiri die drei Erfahrungen in der letzten Stufe der Meditation offenbart, die der Erreichung des nichtdualen Zustands vorangehen, der nur erfahren, aber nicht ausgedrückt werden kann. Die drei Stufen der Erfahrung werden als „unverderblicher Nektar", „König mit dem scharfen *Vel*" und „Verkörperung der Weisheit" beschrieben.

Wenn man sich, nachdem man die Sinnesobjekte zurückgewiesen hat, weil man ihre vergängliche Natur vollständig erkannt hat, mit ganzem Herzen Gott zuwendet, kommen im Laufe der Zeit und durch die Gnade Gottes, die oben beschriebenen Erfahrungen zu dem *Sadhaka*.

Maßloses genießen von Sinnesobjekten erzeugt Ekel, trägt die Sinne hinweg und führt zu allerlei Nöten. Nicht so mit Gott. Je mehr man sich Gott hingibt, desto mehr Freude fühlt man. Es gibt keine abstoßende Reaktion von Gott wie im Falle der Objekte. Der Gedanke an Gott bringt eine spezielle Art der Freude, die man von keinem Objekt in der Welt bekommen kann. Der Geist, der an Gott denkt, geht mehr und mehr in Ihm auf und er wird als Göttlicher Nektar erfahren, der süßer und süßer wird, wenn man ihn kostet. Die Freude der Kontemplation über Gott ist so süß, dass der Verehrer ihn nicht einmal für einen Moment vergessen will. Dies ist die erste Erfahrung, wenn auch eines weit fortgeschrittenen Zustands in der Meditation. Hier wird Gott mit Nektar verglichen; wenn Du ihn einmal gekostet hast, wird er dir immer in Erinnerung bleiben und dich wieder und wieder anziehen. Ebenso ist es mit der Erfahrung Gottes, die den Geist durchdringt und ihn mehr und mehr zu sich hinzieht. Dies ist die erste Stufe.

Die zweite Stufe wird dann als „König mit dem scharfen *Vel*" beschrieben. Der *Vel* repräsentiert Weisheit und wird oft mit Gott gleichgesetzt, der eine Verkörperung von Wissen ist. Der *Vel* ist immer mit Gott verbunden – eins mit Ihm und praktisch untrennbar von Ihm – und dennoch hat er eine eigene Individualität.

Der *Vel* (Speer) hat einen langen Schaft und sein Blatt ist in der Mitte breit und scharf an der Spitze. Das meditative Bewusstsein im höheren Bereich der Meditation ist wie der *Vel* – tief im Denken, breit in der Sicht und scharf im Verstehen. Die Freude, die auf der ersten Stufe erfahren wird, zieht den Jiva mehr und mehr zum Selbst. Die Seele sehnt sich nach einer tieferen Erfahrung und kommt dem Selbst näher, so dass sie jetzt praktisch auf dem Selbst ruht. Der gesammelte, einpünktige und vollständig konzentrierte Geist geht so in der Meditation auf, dass er Nähe und Einheit mit dem Selbst fühlt; er wird fast eins mit dem Gegenstand der Meditation, obwohl seine Individualität noch da ist, genau wie der *Vel* mit Gott verbunden ist. Dies ist die zweite Stufe.

Dann kommt die dritte und höchste Stufe der Meditation, in der Gott als „Jnaanaakaran" erfahren wird, d.h. eine Verkörperung der Weisheit, ein Ozean von *Satchidananda*. Der vollkommen konzentrierte Geist, der in seiner Essenz auch Bewusstsein ist, verschmilzt aufgrund seines längeren Verweilens beim Selbst mit seiner Quelle, dem Selbst (*Atman*), dem Universalen Bewusstsein, dem Substrat aller Jivas. Wie ein Fluss sich mit dem Meer vereinigt und dabei seinen Namen und seine Form verliert, verliert das individuelle Bewusstsein (der Jiva) seine Individualität und bleibt eins mit dem Ozean – wird der Ozean selbst. Wenn das Flusswasser dabei ist, in den Ozean zu strömen, dann ruft es beim Zusammenfluss „O wie riesig ist der Ozean! Wasser und nur Wasser überall!" Aber bevor es verstehen oder versuchen konnte etwas über seine weitere Erfahrung zu sagen, verschmilzt es vollständig mit dem Ozean, hat es sich selbst verloren und kann daher nichts mehr sagen. Der Fluss ist selbst zum Ozean geworden und darum erhebt sich die Frage nicht mehr, etwas über den Ozean zu sagen. Das ist der Zustand des Jiva in dieser letzten Erfahrung, sagt Arunagiri. Der Jiva, der dem Selbst nahe ist, wenn er seine Meditation vertieft, ist wie Flusswasser im Einfluss in das Meer. Der Jiva ruft „*Jnaanaakarana*" – „O Verkörperung von Weisheit" – „O, es ist Licht überall, auf allen Seiten!" Und bevor er irgend etwas weiteres erkennen kann, ist er in dieser Masse aus Licht aufgegangen. Darum sagt Arunagiri „O Verkörperung von Weisheit" und „Kann noch etwas weiteres gesagt werden?"

Die drei fortschreitenden Zustände der Erfahrung, nämlich Nektar, Gott mit dem *Vel* und Verkörperung von Weisheit, offenbaren die Reihenfolge der Erfahrungen in der Meditation, die der göttlichen Erfahrung vorangehen. Zu Beginn der Meditation gibt es eine dualistische Haltung – der *Jiva* und das Selbst oder der Verehrer und Gott – der *Jiva* meditiert *über* das Selbst und genießt die Wonne *des* Selbst. Der Begriff des Nektars drückt das aus, der von jemand anderem genossen wird. Auf einer höheren Stufe wird die dualistische Haltung in jene des „weder eines noch zwei" transzendiert, wo der Jiva auf dem Selbst ruht, aber noch nicht mit diesem verschmolzen ist, wie der *Vel* und Gott. Die höchste Stufe ist der nonduale Zustand, worin der *Jiva* im Selbst aufgeht und das Selbst alleine ist, was als „Masse von Weisheit" bezeichnet wird. So fängt Meditation mit Dualität an, geht durch einen Zustand der Nicht-Einheit und kulminiert schließlich in der nichtdualen Erfahrung des Absoluten – *Dvaita* (Zweiheit) und *Visishtadvaita* (Einheit mit Dualität) führen zu *Advaita*; Bhakti-Yoga und Raja-Yoga kulminieren in *Jnana*-Yoga, in der Verwirklichung des Absoluten.

„Das, was als reine Existenz *ist* und dieses kleine „Ich", das *Jiva*-Bewusstsein in sich aufnimmt, ist das Absolute. Dies kann nur erfahren werden. Wie sollte man dies jemand anderem mitteilen?", sagt Arunagiri. Und dennoch hat er eine Art Eindruck davon gegeben. Während man im Tiefschlaf ist, weiß man nicht, was einem geschieht, wo man ist usw. Man ist vollständig im Schlaf versunken. Wenn man jedoch in den Wachzustand zurückkehrt, sagt man „Ich habe selig geschlafen. Ich wusste von gar nichts." Das ist nur eine vage, schwache Erinnerung an das Erfahrene; es kann nicht die volle Bedeutung der tatsächlichen Erfahrung wiedergeben. Dies ist die Aussage des Heiligen. Nachdem er aus dieser absoluten Erfahrung zurückkommt, gibt uns Arunagiri einen kurzen Blick darauf, wie die Erfahrung ist und auch auf die Erfahrungen, die ihr voran gehen, so dass die kämpfenden Seelen, wenn sie ähnliche Erfahrungen haben, wissen, dass sie sich der großen Erfahrung nähern.

In der Meditation nimmt sich das Jiva-Bewusstsein von allen nach außen gehenden Tendenzen zurück und steht „stützenlos" als eine konzentrierte Essenz und versucht, das Absolute zu ergründen, das reines Bewusstsein ist. Der Jiva kann mit einer Salzpuppe verglichen werden, die in ihrer Essenz Meerwasser ist, eine konkretisierte Form von Meersalz. Wenn die Salzpuppe die Tiefe des Ozeans ergründen will und in ihn hinein geht, was wird ihr passieren? Wenn sie ins Meer geht, beginnt sie sich im Wasser aufzulösen und schließlich bleibt nichts von der Puppe übrig, sondern es gibt nur noch Meerwasser. So ähnlich ist es mit der absoluten Erfahrung. Wenn das gesammelte *Jiva*-Bewusstsein in tiefer Meditation versucht, Gott zu erkennen, der *Satchidananda* ist, verschmilzt es schließlich mit diesem absoluten Sein-Wissen-Seligkeit, und nichts bleibt von dem *Jivatva* übrig, der dieser Erfahrung Ausdruck verleihen könnte.

Wenn das *Jiva*-Bewusstsein dahingeschmolzen ist wie die Salzpuppe, wer ist dann da, um es zu sagen? Darum sagt der Heilige, dass dieser Zustand nicht beschrieben werden kann, weil nicht nur der erfahrende Jiva nicht da ist, um ihn zu beschreiben, sondern in diesem Zustand sind auch „die anderen" nicht da, um zuzuhören. Es mag ein Zweifel entstehen, was mit den „anderen" Jivas geschieht? Im Traum sehen wir sowohl uns selbst als auch viele andere Personen. Das Traumsubjekt hat Beziehungen und Geschäfte mit den anderen Traumobjekten. Was passiert jetzt, wenn wir aufwachen? Wacht das Traumsubjekt auf und lässt die anderen Objekte des Traums zurück? Nein. Wenn ersteres aufwacht, dann vergehen auch die letzteren. So ist es auch der Fall, wenn das *Jiva*-Bewusstsein mit dem Absoluten verschmilzt – es gibt weder „diesen" *Jiva* (um es zu sagen), noch gibt es „andere" *Jivas* (um es ihnen zu erzählen). Die gesamte Erscheinung geht in der Wirklichkeit auf, wie der Traum im Wachzustand. Das ist der Zustand der absoluten Erfahrung, die er „reine Existenz" nennt. Auf Sanskrit heißt er „*Kevala Asti*". Es ist *reine* Existenz – nicht die Existenz von etwas, sondern Existenz als solche, reine und einfache Existenz.

Auf diese „reine Existenz" bezieht sich Arunagiri als „*Adhu*", was auf Tamil „Das" heißt. Es ist nicht Er oder Sie, sondern Das. Unsere üblichen Konzepte von Göttern und Göttinnen als männlich oder weiblich werden alle in dieser Erfahrung transzendiert. Also weist der Heilige darauf hin, indem er „Das" sagt. Das, was das Absolute ist, besteht als reine Existenz. Das ist alles. Mehr kann man nicht darüber sagen, sagt der Heilige.

Was ist jetzt die Natur dieser Absoluten Existenz, die so erlangt wird? Es ist nicht ein Zustand von *Jadatva*, Trägheit, des Bewusstseins beraubt. Das kann nicht sein. Es ist gleichzeitig ein Zustand von absolutem Bewusstsein und Glückseligkeit, denn Existenz ist identisch mit Bewusstsein. Nehmen wir einmal an, der Zustand absoluter Existenz wäre einer der Trägheit. Wie ist er dann bekannt? Wer kennt ihn? Weil er *Jada*, unbelebt ist, kann er sich selbst nicht kennen. Also muss es ein bewusstes Prinzip geben, das ihn kennt. Wenn es nun aber ein weiteres bewusstes Prinzip gibt, das die absolute Existenz kennt, dann muss auch dieses absolut sein, weil ein begrenztes, endliches Bewusstsein keine absolute Existenz kennen kann. Nur ein absolutes Bewusstsein kann eine absolute Existenz kennen. Aber es kann nicht zwei Absolutheiten oder Unendlichkeiten geben. Also müssen die beiden identisch sein, das heißt, die absolute Existenz ist selbst Bewusstsein. Sie muss auch Glückseligkeit sein. Da sie absolut ist, gibt es nichts Zweites, was sie begrenzen könnte und wo es keine Begrenzung irgendeiner Art gibt, gibt es Freiheit. Und Freiheit ist Seligkeit. Sie ist daher der Zustand von *Satchidananda*, absolutes Sein-Wissen-Glückseligkeit, auf die sich Arunagiri hier als den unbeschreibbaren Zustand der Erfahrung bezieht.

*

Der *Jiva*, der begann, das Selbst zu sehen und die Seligkeit der Meditation zu kosten (Vers 27) bewegt sich näher und näher zum Selbst, bis er einen Schimmer des Kosmischen Bewusstseins erfährt. Dieser Prozess und sein Erreichen werden in diesem Vers anschaulich dargestellt.

Mit der Einweihung durch den Guru (Vers 20) und dem folgenden, entschlossenen Kampf des Suchers, gepaart mit der Gnade Gottes, erlangt er jetzt einen flüchtigen Blick auf diese großartige Erfahrung, die erreicht werden soll. In diesem flüchtigen Blick auf das Gottesbewusstsein wird der *Jivatava* nicht zerstört, sondern „verschluckt", weil Avidya, die Unwissenheit, die die Wurzel des Jivatava ist, noch besteht, wie im nächsten Vers klar wird. Der Jiva kommt daher wieder hinunter ins normale Bewusstsein. Also bezieht sich dieser Vers, obwohl er die Erfahrung des Absoluten des heiligen Arunagiri berichtet, im Falle des Suchers nur auf einen flüchtigen Blick auf das Kosmische Bewusstsein.

Es ist interessant, hier zu bemerken, dass in Vers 13 „*Adhu*", „Das" Murugan, Gott mit dem Vel und unser Guru ist. Die Stufen der Erfahrung, die in diesem Vers als „*Aana Amudhe – Ayil Vel Arase Jnaanaakarane*" erwähnt werden, sind in der umgekehrten Reihenfolge wie in der Erfahrung, die in Vers 13 als „*Murugan – Thani Vel Muni – Nam Guru*" offenbart werden. Die Reihenfolge in diesen beiden Versen scheint eine große Bedeutung zu haben und bestimmte Wahrheiten zu enthüllen: (1) *Murugan* und *Jnaanaakaran* stehen für das Absolute – *Advaita*; (2) *Thani Vel Muni* und *Ayil Vel Arase* bezeichnen Einheit und doch Verschiedenheit – *Visishtadvaita*; und (3) *Nam Guru* und *Aanaa Amudhe* beziehen sich jeweils auf den Schüler und den Guru, den Verehrer und Gott – *Dvaita*. In Vers 13 ist es Gott, der auf die menschliche Ebene kommt; das Absolute manifestiert sich auf der relativen Ebene – eine absteigende Reihe. In diesem Vers ist es der Mensch, der sich auf die Ebene Gottes erhebt, das Relative, der Jiva wird zum Absoluten – eine aufsteigende Reihe. Der Begriff „*Adhu*", „Das" wird in beiden Versen verwendet; im 13. Vers wird der Guru zu „Dem" und in diesem Vers der Jiva.

Der Aspirant macht jetzt die gleiche Erfahrung, wie in den Versen 12 und 13, aber jetzt aufgrund von Sadhana, von Anstrengung auf seiner Seite. Wir können sagen, dass während die erstere „gegeben" wurde, die letztere „erlangt" wird. Die Erfahrung wurde geschenkt, um den nötigen Anreiz zu liefern, sich darum zu bemühen und es zu erlangen.

இல்லேஎனும் மாயையில் இட்டனை நீ
பொல்லேன் அறியாமை பொறுத்திலையே
மல்லேபுரி பன்னிரு வாகுவில் என்
சொல்லே புனையும் சுடர் வேலவனே.

Vers 29

Illee Enum Maayaiyil Ittanai Nee
Polleen Ariyaamai Porutthilaiye
Malleepuri Panniru Vaaguvil Yen
Sollee Punaiyum Sudar Velavane

In diese nichtexistierende Maya hast Du mich verwickelt;
Leider, die Unwissenheit dieses Taugenichts hast Du nicht verziehen!
Auf Deinen zwölf mächtigen Schultern, die tapfer zum Ringen sind,
Trägst Du meine Lieder-Girlande, O Herr des strahlenden Vels!

„O Herr mit dem strahlenden *Vel*, der Du auf Deinen zwölf mächtigen und tapferen Schultern, die bereit zum Ringkampf sind, meine Girlande aus Liedern trägst! Du hast mich in diese *Maya* verwickelt, von der man sagt, sie sei nichtexistent. Leider hast Du mich, der ich von üblen Taten bin, nicht von meiner Unwissenheit freigesprochen!"

Erklärung:
Der heilige Arunagiri hatte die höchst gesegnete Erfahrung von absolutem Sein-Wissen-Glück-seligkeit, wie im vorhergehenden Vers geschildert. Nachdem er ihm diese nonduale Erfahrung geschenkt hatte, scheint es, als habe Gott sie zu einem göttlichen Zweck wieder von Arunagiri zurückgezogen. Wäre der Heilige in Ihm aufgegangen und wäre nicht in dieses Leben der Erscheinungen zurückgekehrt, wie hätten wir dann seine wundervollen Werke bekommen können! Gott wollte, dass Arunagirinathar Seinen Ruhm besingen und seine Erfahrungen weitergeben und so den Weg zur Vollkommenheit erhellen sollte, als führendes Licht für suchende Seelen dienen sollte. Es ist nicht so, dass Gott jemandem Göttliche Erfahrung gibt und Seine göttliche Arbeit durch jemand anderen verrichten lässt. Wem etwas gegeben wird, dem werden auch Aufgaben gestellt. Dies ist sogar in dieser Welt so; wer hochbezahlt ist, hat auch große Verantwortung und Arbeit, die seinem Gehalt entspricht.

Vers 29

Es mag sogar so scheinen, als ob Gott nur um diese Liedergirlande zu tragen, Arunagiri noch einmal in dieses nicht real existierende Leben der *Maya* verwickelt hat, nachdem er ihm die großartige Erfahrung der „reinen Existenz" gegeben hatte.

Was ist *Maya*? Und warum sagt man von ihr, sie sei nichtexistent? Das Absolute ist unbedingte Existenz; es kann nichts außer ihm geben; darum kann diese Welt nicht zusätzlich zu ihm existieren. Wenn man dieser Welt der Erscheinungen eine wirkliche, unabhängige eigene Existenz zusprechen würde, würde es eine Begrenzung des Absoluten bedeuten; in diesem Falle wäre das Absolute nicht mehr absolut, was unhaltbar ist. Es kann nicht sein, dass noch etwas anderes neben dem Absoluten existiert. Also kann der Welt (den Dingen der Welt) keine wirkliche Existenz zugeschrieben werden. Sie sind nur Phasen der Wirklichkeit, wie Wellen im Ozean nur Phasen des Wassers des Ozeans sind. Die Wellen haben weder eine wirkliche eigene Existenz noch sind sie in ihrer Essenz vom Ozean verschieden. Die Welle ist Wasser, ist der Ozean. Daher wäre es reine Unwissenheit, den Wellen eine unabhängige Existenz zuzuschreiben, getrennt vom Ozean, an dessen Existenz sie teilhaben. So ist es mit diesem *Samsara* (Kreislauf von Geburt und Tod), der phänomenalen Existenz, die keine von *Satchidananda* bzw. dem Absoluten unabhängige Existenz hat. Aber wir halten die Welt für die einzige Wirklichkeit, als habe sie eine eigene Wirklichkeit und vergessen dabei die zugrunde liegende Wirklichkeit, ja wir leugnen oft sogar die Existenz dieser höheren Wirklichkeit. Wir sehen also nicht nur eine Welt, die nicht wirklich existiert, sondern wir ignorieren auch die großartige Wirklichkeit, die alleine als diese Welt erscheint.

Wie seltsam! Warum ist das so? Das wird *Maya* (Täuschung) genannt. Eine Sache wahrzunehmen, die nicht wirklich ist und nicht das zu sehen, was wirklich ist, ist *Maya*. Aber ist *Maya* etwas Substantielles? Nein. Es ist nicht so, dass *Maya* irgendeine Existenz hätte, sie ist nicht eine eigene Entität; es ist nur ein Begriff, wegen unserer Unfähigkeit in unserem gegenwärtigen Bewusstseinszustand die Beziehung zwischen dem Scheinbaren und dem Wirklichen zu verstehen, wenn es eine solche überhaupt gibt. Was nicht wirklich ist und dennoch zu sein scheint und dessen Beziehung zum Absoluten nicht befriedigend erklärt werden kann (wobei es keine wirkliche Beziehung gibt, da das Absolute keine Beziehungen hat) wird als *Maya* erklärt. Es ist nur ein anfängliches Konzept, das eingeführt wird, um das rätsellose Rätsel der phänomenalen Existenz zu erklären. Es ist wie das „X" in einer algebraischen Gleichung, das zusammen mit dem Problem verschwindet, wenn die Gleichung gelöst ist. Wenn man das

Absolute erfährt, gibt es weder die Welt noch sind wir und noch viel weniger ist „*Maya*". Darum sagt man von *Maya*, sie sei nichtexistent.

Ein unwissender Mensch hält die Welt für eine feste Wirklichkeit und all seine Handlungen gründen auf einer festen Überzeugung von der Wirklichkeit der Gegenstände der Welt. Für ihn existiert keine andere Wirklichkeit, nicht einmal Gott. Er möchte Dinge erwerben und besitzen, sie genießen und glücklich sein. Die Welt ist tatsächlich sein Gott. Darum ist für den weltlichen Menschen *Maya* (die Welt) wirklich. Aber für einen selbstverwirklichten Weisen ist *Maya* unwirklich; sie existiert überhaupt nicht, weil er im Bewusstsein Gottes oder des Selbst begründet ist, in dem die äußeren Erscheinungen transzendiert werden. Nur der schon weit entwickelte Sucher ist in einem besonderen Zustand. Für ihn ist die *Maya* weder wirklich noch unwirklich. Er weiß, dass das Absolute, Gott allein wirklich ist und dass die Welt keine wirkliche Existenz hat. Und dennoch erfährt er die Welt draußen, mit der er umgehen muss. Er ist noch nicht in der Lage, diese relative Erfahrung abzuwerfen. Er kann die Welt nicht wie ein Heiliger negieren, weil er das Absolute noch nicht verwirklicht und erfahren hat, noch kann er sie umarmen wie es ein weltlicher Mensch tut, weil er ihre wesenlose Natur verstanden hat. Dies ist der Zustand der suchenden Seele, in dem es heißt, die *Maya* sei nicht existent.

Dies ist ein weiterer Vers, in dem sich Arunagiri in die Lage einer suchenden Seele versetzt und Gott um Seine Gnade anruft. „O Gott, ich habe schlechte Taten begangen und bin voll Unwissenheit. Wo ist Raum für meine Erlösung, wenn Du mir nicht meine Unwissenheit vergibst und Deine Gnade auf mich regnen lässt?" Gott hat uns in diese *Maya* verwickelt und er alleine kann uns davon befreien. Darum das Gebet zu ihm. Wir, die wir in der *Maya* gefangen sind, können uns nicht durch unsere eigene Anstrengung davon befreien, denn weil wir ein Produkt der *Maya*, der Unwissenheit sind, sind alle unsere Anstrengungen innerhalb des Reiches von *Maya* und werden aus Unwissenheit geboren; und da die Wirkung nicht ihre Ursache überwinden kann, können wir uns nicht von *Maya* befreien. Wenn wir in einem Sumpf feststecken, können wir dann selbst herauskommen? Wenn wir versuchen, ein Bein herauszuziehen, wird das andere noch tiefer hineingedrückt. Jemand anderes muss uns zu Hilfe kommen. Genauso werden wir, je mehr wir versuchen, uns selbst aus der *Maya* herauszuziehen, uns darin verstrickt finden. Nur Göttliche Gnade kann uns retten. Darum das Gebet an Gott.

Es ist gut, sich bewusst zu werden, dass selbst die sogenannte eigene Anstrengung nur eine Weise ist, wie der Göttliche Wille oder die Allmacht

Gottes arbeitet; die Erkenntnis dessen zieht die Göttliche Gnade an. Wenn unsere eigene Anstrengung unsere Befreiung beeinflussen kann, wo bleibt dann die Allmacht Gottes? Es kann nicht sein, dass Gott allmächtig und allwissend und wir auch durch eigene Anstrengung die Dinge erreichen, die wir wünschen. Genauso wie die Dinge der Welt keine wirkliche und unabhängige eigene Existenz neben der allgegenwärtigen Existenz Gottes oder des Absoluten haben können, sondern nur seine Phasen sind, wie oben schon erklärt, kann bei genauer Analyse, eigene Anstrengung des Individuums nicht mit der Allmacht Gottes koexistieren. Die sogenannte eigene Anstrengung kann daher nur eine Art sein, wie der Wille Gottes arbeitet. Wenn menschliche Anstrengung in Übereinstimmung mit dem Willen Gottes ist, scheinen wir erfolgreich zu sein, obwohl wir in unserer Unkenntnis der Wahrheit den Erfolg unserer eigenen Anstrengung zuschreiben mögen. Und wenn unsere Anstrengung gegen den Göttlichen Willen ist, wird es ein Misserfolg sein. Indem wir dies erkennen, sollten wir demütig werden und uns Gott hingeben, so dass Seine Gnade uns durchdringen möge.

Wie können wir Seine Gnade erlangen? Indem wir Seinen Ruhm besingen, durch Gebet, durch Kontemplation, durch Hingabe. Darum preist Arunagiri Gott hier „mit zwölf starken Schultern und dem strahlenden *Vel*"! Die zwölf Arme, sagt einer der *Kandaralankaaram* Verse des Heiligen, sind unsere unfehlbare Hilfe für die Auflösung unserer vergangenen fehlerhaften Taten und der *Vel* ist der Zerstörer unserer Unwissenheit. „O Gott mit den zwölf Schultern und dem *Vel* der Weisheit, die in der Lage sind, den vergangenen Karmas und der Unwissenheit ein Ende zu bereiten! Siehe, Du hast mir nicht meine bösen Taten vergeben und meine Unwissenheit entfernt! Wie soll ich dann befreit werden? Geruhe deshalb gnädig, wenigstens jetzt Deine Gnade über mich zu ergießen", ist die herzbewegende Anrufung von Arunagiri, in unserem Namen und zu unserem Nutzen.

„Du schmückst Deine Schultern mit meinen Liedern" heißt, Gott hat Arunagiris Werke angenommen und er schmückt sich gern mit ihnen, womit der Heilige auch darauf hinweist, dass derjenige, der sie rezitiert, besonders das *Kandar Anubhuti*, Anspruch auf Seine Gnade erwirbt und von diesem Leben in der *Maya* befreit wird, wie Arunagiri selbst durch Seine Gnade befreit wurde.

Das weltliche Leben, in das Gott Arunagiri wieder stellt, um sich mit seinen Liedergirlanden zu schmücken, ist also Maya, nicht substantiell. Wir, die wir in diesem Leben der Maya sind, brauchen *Vel-Murugan* nur diese Liedergirlanden erneut darzubringen und so Seine Gnade erlangen und befreit zu werden.

*

Der Sadhaka kommt, nach seinem kurzen Blick auf das kosmische Bewusstsein in den höheren Stadien der Meditation (Vers 28) wieder zurück zum normalen Bewusstsein, weil die *Mula Avidya*, grundlegende Unwissenheit, die die Essenz der Individualität ist, noch nicht zerstört ist („*Ariyaamai Porutthilai*"). Das „*Pesaa Anubhuti*" von Vers 43 ist tatsächlich Gotteserfahrung, weil *Avidya* zuvor (in Vers 42, „*Ariyaamai Attradhu*") vollständig zerstört wurde, und dem folgt auch die Bestätigung durch das Erreichen der Lotus-Füße Gottes in Vers 44.

Die Erfahrung bei der Rückkehr in das Normalbewusstsein ist quälend für den Sadhaka aufgrund des diametralen Gegensatzes und unversöhnlichen Kontrastes zwischen diesen beiden Erfahrungen. In diesem kurzen Moment des Gottesbewusstseins war nur *Satchidananda* und diese Erfahrung überzeugte ihn davon, dass die Welt nicht wirklich existiert; aber bei der Rückkehr aus der Meditation muss er darin leben und sich damit befassen. Diese missliche Lage des *Sadhaka* wird in diesem Vers berührend dargestellt.

Wahrscheinlich veranlasst Gott den *Sadhaka* auf dieser Stufe dazu, Lieder zu komponieren, Erfahrungen aufzuschreiben oder Bücher zu verfassen, weil er jetzt die seltene Einsicht sowohl in dieses Leben wie auch in die Erfahrung von Jenem besitzt.

செவ்வான் உருவில் திகழ்வேலவன் அன்று
ஒவ்வாதது என உணர்வித்த (அ)துதான்
அவ்வாறு அறிவார் அறிகின்றது அலால்
எவ்வாறு ஒருவர்க்கு இசைவிப்பதுவே.

Vers 30

Sevvaanuruvil Thigazh Velavan Anru
Ovvaadhadhena Unarvittha Adhu Thaan
Avvaaru Arivaar Arigindradhu Alaal
Evvaaru Oruvarkku Isaivippadhuve

Der dem purpurnen Himmel ähnliche Velayudhan gab mir an diesem Tag
Diese einmalige himmlische Erfahrung; welch fröhliche Erfahrung,
Bevor man sie hatte und als solche erfahren hat, - der einzige Weg –
Wie kann man dies einem anderen erzählen? Ist es etwas, das man sagen kann?

„Diese himmlische Erfahrung, die Gott Vel-Murugan, dessen Gestalt wie der purpurne Himmel (bei Sonnenuntergang) strahlt, (mir) aus dem Inneren enthüllt hat, an diesem Tag, der mit nichts vergleichbar ist - wie kann man diese Erfahrung einem anderen vermitteln, bevor er diese Erfahrung selbst hat und als solche erfährt? (Es ist unmöglich, diese Erfahrung zu vermitteln.)"

Erklärung:
Der purpurrote Himmel im Westen bei Sonnenuntergang hat einen besonderen Zauber und eine Schönheit, die nicht in Worten ausgedrückt werden kann. Er ist mit nichts zu vergleichen. Er bewegt das Herz. Wenn dies schon bei einem Teil des Himmels so ist, wie viel mehr dann mit Murugans leuchtender Gestalt, bei der nicht nur die Hände und Füße, sondern das ganze Wesen von purpurner Farbe ist (Vers 25)? Er ist eine Verkörperung der Schönheit. Er ist die personifizierte Anmut. Der nächste denkbare Vergleich ist der mit dem Himmel bei Sonnenuntergang, der selbst unvergleichlich ist. Der Ruhm und die Schönheit des Unbekannten und Unsichtbaren wird so durch das Bekannte und Sichtbare zugänglich gemacht und dennoch ist es nur erfahrbar und nicht mitteilbar, die Schönheit unserer täglichen Erfahrung, die nur eine Widerspiegelung des Unsichtbaren ist.

Purpur oder Röte weist auf Vollkommenheit hin. Gott, der ganz „rot" ist, symbolisiert Vollkommenheit. Dieser Murugan, der wie der rote Himmel leuchtet, offenbarte an diesem Tag dem heiligen Arunagiri eine Erfahrung. Es war eine Erfahrung, die von Gott nicht durch Worte gegeben wurde, sondern durch direkte innere Offenbarung. Wie kann es etwas geben, das dieser Erfahrung gleicht? Gott hat kein Gleiches, kein Vergleichbares – Er ist das Absolute, das Höchste, das Ganze, das Vollkommene. Gotteserfahrung ist also unvergleichlich und darum gibt es keine Frage nach etwas, das ihr gleicht; Gott und Gotteserfahrung sind ein und dasselbe. Gotteserfahrung ist nicht wie Sinneserfahrung mit Gegenständen. In der Sinneserfahrung bleibt das Objekt eine von uns getrennte Sache. Es gibt den Genießenden und das Genossene. Aber in der Gotteserfahrung behalten wir nicht unsere individuelle Existenz oder erfahren Gott so, wie wir ein Objekt erfahren. Gott ist das Absolute und Göttliche Erfahrung stellt sich nur ein, wenn unsere Individualität sich darin aufgelöst hat*. Das Individuelle oder Endliche kann das Unendliche nicht erfahren, solange es ein Endliches ist. Es muss sich selbst im Unendlichen auflösen und dazu werden, ja das Unendliche *sein*, wo die Erfahrung dem Sein entspricht. Darum heißt Gotteserfahrung zu haben, Gott zu werden oder Gott zu sein. Darum ist diese Erfahrung einmalig, von einer besonderen, dem Sterblichen unbekannten Art.

Wann wurde Arunagiri diese Erfahrung gegeben? „An diesem Tag", sagt der Heilige. An welchem Tag? An dem Tag, an dem Arunagiri die Vergänglichkeit der Welt erkannte und sich in wirklicher Reue seiner Fehler vom Tempelturm stürzte, als einen Akt der Sühne, im Gedenken an Gott; als Gott ihm erschien, ihn aufhob, ihn vom Tod rettete und ihm Erfahrungs-*Upadesha* gab; als ein Sünder, ein völlig sinnlicher Mensch in einem Moment zu einem Heiligen wurde, gemäß den Worten von Krishna in der *Bhagavad Gita*: „Selbst wenn der größte Sünder mich mit ausschließlicher Hingabe verehrt, muss er als ein Weiser betrachtet werden, weil er sich richtig entschieden hat." (IX-30)

Was erforderlich ist, ist eine Umwandlung der inneren Persönlichkeit. Das ist wirklicher Tod – Tod der Individualität – der die Gotteserfahrung hervorbringt. Der Tod des Körpers ist kein wirklicher Tod, weil die Individualität – deren Essenz Vasanas, Samskaras und unerfüllte Wünsche sind – nicht damit sterben, sondern fortbestehen und einen anderen Körper zu ihrem Ausdruck

---

* Anmerkung: Natürlich gibt es Stufen in der göttlichen Erfahrung, die der endgültigen Ein-Stimmung vorangehen und die alle auch in unterschiedlicher Intensität göttlich sind.

und ihrer Erfüllung annehmen. Als Mensch zu sterben und als Mensch oder in irgendeinem anderen Schoß wiedergeboren zu werden, ist kein Tod. Wenn das Tier und der Mensch in uns stirbt, um im Selbst oder in Gott geboren zu werden, als Heiliger oder Gottesmensch, das ist der wirkliche Tod (dieser relativen Existenz), weil wir nicht mehr wiedergeboren werden.

Was ist das für eine Erfahrung, die Gott Arunagiri an diesem Tage gegeben hat? Diese Erfahrung hat nicht nur keinen Vergleich, sondern sie kann auch niemand anderem mitgeteilt werden, sagt Arunagiri. Warum? Weil ihm diese Erfahrung nicht durch gesprochene Worte gegeben wurde. Es war eine Offenbarungserfahrung. Gott offenbarte sich ihm. Wie kann diese Erfahrung, die nicht durch Worte erfolgte, durch Worte vermittelt werden? Darum sagt der Heilige, dass diese Erfahrung nicht anders erfassbar ist, als bis man sie als solche als innere Offenbarung hat wie er sie von Murugan hatte. Es gibt keinen anderen Weg, sie zu erreichen außer durch persönliche Erfahrung, genauso wie man die Schönheit des purpurnen Himmels selbst sehen und genießen muss. Man kann sie anderen nicht erklären. Was soll man dann erst von den höheren spirituellen Erfahrungen sagen.

Wir mögen uns fragen, was es nützt, wenn Arunagiri sagt, dass seine Erfahrung einmalig war, aber dass sie anderen nicht vermittelt werden kann? Dies geschieht, um den Geschmack in uns zu wecken, um uns eine Sehnsucht nach dieser Erfahrung einzuflößen. Obwohl die Schönheit des purpurnen Himmels nicht ausgedrückt werden kann, kann man erzählen, dass man diese Schönheit genossen und dadurch im anderen den Wunsch erzeugt hat, sie zu genießen, ihn dazu zu bringen bei Sonnenuntergang aus seiner Wohnung herauszukommen, den Sonnenuntergang zu beobachten und ihn selbst zu erleben. Arunagiri möchte Menschen, die in die Sinneserfahrung herabgesunken sind und nichts darüber hinaus kennen, zu dieser großartigen Erfahrung hinführen, indem er ihnen durch solche Verse den Wunsch nach den höheren Werten des Lebens nahe bringt.

Wenn die Seele so erweckt wurde, gibt das Werk *Kandar Anubhuti* die nötige Führung, damit sie die Gotteserfahrung machen kann. Dies ist in der Tat einer der besonders kostbaren Verse des gesamten *Kandar Anubhuti*. Große Gurus können, obwohl sie ihre Erfahrung ihren Schülern nicht mitteilen können, sie angemessen führen und sie die Erfahrung selbst machen lassen. Obwohl wir die Süße von Kandiszucker nicht erklären können, können wir jemand anderen seinen Mund öffnen lassen, ein Stück in den Mund legen und es ihn schmecken und erfahren lassen. Das ist die besondere Kraft der Meister-Seelen, der Großen, die von Gott besonders bevollmächtigt wurden und von denen der heilige Arunagiri eine seltene Seele ist.

Nicht nur muss man Kandiszucker selbst kosten, sondern die Erfahrung muss von jedem auf die gleiche Art gemacht werden, d.h. seine Süße kann man nicht schmecken, indem man ihn sieht oder riecht, sondern nur, indem man ihn in den Mund nimmt. Darum sagt Arunagiri, dass diese Erfahrung nicht auf andere Art erfahren werden kann und noch viel weniger erklärt werden kann, bis man sie auf die gleiche Weise hat wie er sie hatte, d.h. als innere Offenbarung. Gott muss gewillt sein, sie uns zu offenbaren und nur dann können wir *wissen*, was es ist.

*

Obwohl die Rückkehr zum Weltbewusstsein etwas belastend und unvereinbar war (Vers 29), erfüllt die Erinnerung an diesen flüchtigen Schimmer des Gottesbewusstseins (von Vers 28) den Sadhaka mit einer inneren Freude, die ihn ein Gefühl von Dankbarkeit seinem Guru und Gott gegenüber empfinden lässt, der ihm die Unterweisung durch innere Erfahrung gab (siehe Vers 20), die ihn zu diesem flüchtigen Schimmer führte, wenn auch nur für einen Moment. Was für eine Transformation der Guru im Inneren bewirkt hat, ruft der Schüler, kann keinem anderen mitgeteilt werden; man muss sie als solche haben und als solche selbst erfahren.

Es ist interessant zu bemerken, dass „*Anru*", „an diesem Tag", sich im Falle des Sadhaka auf den Tag bezieht, als er das Erfahrungs-*Upadesa* von seinem Guru erhielt (Vers 20), das ihm den flüchtigen Blick auf das Gottesbewusstsein brachte (Vers 28), wofür er jetzt seine Dankbarkeit ausdrückt. Das Wort „*Unarvittha Adhu*" aus diesem Vers bezieht sich auf „*Upadesam Unarthiyavaa*" aus Vers 20.

பாழ்வாழ்வு எனுமிப் படுமாயையிலே
வீழ்வாய்என என்னை விதித்தனையே
தாழ்வானவை செய்தனதாம் உளவோ
வாழ்வாய் இனிநீ மயில்வாகனனே.

VERS 31

Paazhvaazhvu Enum Ippadu Maayaiyile
Veezhvaai Ena Ennai Vidhiththanaiye
Thaazhvaanavai Seithanathaam Ulavo
Vaazhvaai Ininee Mayilvaaganane

In dieses vergängliche Leben der unbeständigen Maya
Hast Du mir bestimmt zu fallen und zu rollen, leider!
Gibt es von mir getane niedrige und sündvolle Handlungen?
O pfaureitender Herr! Mögest Du wohl leben!

„O Reiter des Pfaus! Du hast mir bestimmt, in dieses vergängliche, phänomenale Leben der veränderlichen Maya zu fallen und darin zu leiden! O Gott, gibt es falsche und unangebrachte Taten, die ich in der Vergangenheit getan habe (als Ursache dafür)? Mögest Du lange leben!"

Erklärung:
Das Leben auf der Erde ist nicht dauerhaft. Es kommt und geht. Dieses Leben ist so vergänglich wie ein Traum. Die Dinge vergehen schnell und hinterlassen keine Spur ihrer Existenz, wie in einem Traum. Darum wird die Welt der Erscheinungen *Maya* genannt. *Maya* selbst ist vergänglich, d.h. sie ist nichts Substantielles. Man sagt von ihr, sie habe keinen Anfang, aber ein Ende; sie endet, wenn man Gott erreicht. Arunagiri bezieht sich deshalb auf *Maya* als „*Padu*", vergänglich. Wie vergänglich muss dann eine Welt sein, die von dieser *Maya* heraufbeschworen wird? Und dennoch wird sie von genauen, wissenschaftlichen Gesetzen regiert, von denen das unerbittlichste das Gesetz des Karma ist. Wir ernten unvermeidlich die Früchte unserer vergangenen Handlungen; wir sind verantwortlich für unser Glück und unser Leiden. Es nützt nichts, Gott oder irgendjemand anderen für unseren gegenwärtigen Zustand zu beschuldigen. Wenn wir dieses Unglück des Lebens in einer

Sinnenwelt erleiden, dann deshalb, weil wir sie für wirklich hielten, sie wollten und umarmten, ihre täuschende Natur nicht erkannten und auch Gott und seine Größe vergessen haben.

Gott stellt einen nicht mutwillig aus Hass oder Vorurteil heraus in dieses *Samsara*. Weder liebt noch hasst er irgendjemanden. Er ist zu allen gleich. Aber Sein göttliches Gesetz arbeitet so präzise, dass wir die Früchte unserer Handlungen ernten. Gott ist der Spender von Gerechtigkeit und er bestimmt jeden dazu in solche Verhältnisse hineingeboren zu werden, wie sie für die Ausarbeitung des jeweiligen vergangenen Karmas dienlich sind. So bereitet er den Pfad für die Evolution, da keine Rettung möglich ist, bis die Karmas ausgearbeitet sind. Sollten wir Gott nicht dafür dankbar sein, dass er uns den Boden in Form dieser „vergänglichen Welt" liefert, so dass wir unser Karma ausarbeiten und Seinen Ewigen Wohnort erreichen können? Gott hat eine vergängliche Welt erschaffen, trotzdem sollten wir mit ihr zufrieden sein, selbst wenn sie voller Schmerz und Leiden ist.

Die Gita sagt, dass diese Welt *Anityam* und *Asukham* ist; sie ist nicht nur leidvoll, sie ist auch nicht dauerhaft. Angenommen sie wäre ewig, könnten wir vielleicht eine Anhaftung an sie entwickeln, obwohl sie voller Leiden ist und würden dauerhaft hier leben! Wenn jemand davon träumt, einen großen Schatz zu haben, vielleicht würde er den Traum aufrechterhalten und reich sein, mit all den begleitenden Schmerzen und Ängsten. Darum sind Träume so erschaffen, dass sie nur eine Weile dauern; sie sind *Anitya* (nicht ewig) im Vergleich zum Wachen. Und dieses Leben der *Maya* ist genauso verglichen mit dem Wachen des Gottesbewusstseins.

Gott hat also eine vergängliche Welt erschaffen, die von seiner *Maya* heraufbeschworen wird, die nicht dauerhaft ist und zwar zu unserem Wohle. In unserer Unwissenheit haben wir uns daran gewöhnt, Gott für unsere Geburt und unser Leiden in dieser Welt die Schuld zu geben, indem wir sagen „O Gott, wie schade, Du hast mich dazu bestimmt, in dieser Welt geboren zu werden und zu leiden!" Aber dann kommt eine Zeit, wo wir erkennen, dass nicht Gott sondern wir dafür verantwortlich sind und dass es vergangene Taten von uns gibt, aufgrund derer Gott uns hier hat geboren werden lassen, was zu unserem letztlichen Wohl ist. Dann beginnen wir die Großartigkeit, Gnade und das Mitgefühl Gottes zu erkennen, wenn wir nicht anders können als ihm dankbar zu sein und ihn aus dem Innersten unseres Seins loben: „Gott, wie mitfühlend bist Du! Mögest Du lange leben!" All dies übermittelt Arunagiri berührend in diesem Vers.

Vers 31

Das ist ein weiterer Vers, in dem sich Arunagiri in unsere Lage versetzt und zu Gott betet – ähnlich wie in den Versen 25 und 27. Wir leiden aufgrund unserer vergangenen Taten. Wenn wir Zuflucht bei Ihm nehmen, indem wir Sein Lob und Seine Verehrung singen, überwinden wir dieses Gesetz und werden von *Samsara* befreit. Die Weltenshow wird oft mit einem Versteckspiel verglichen. Die Großmutter beginnt das Spiel und die Kinder unterliegen den Regeln des Spiels nur solange, wie ihnen das Spiel Spaß macht und sie seiner nicht müde werden. Aber in dem Moment, in dem ein Kind zurück kommt und die Großmutter berührt, ist es sofort vom Spiel und seinen Regeln befreit. So lange man das Leben für wirklich hält und es genießt, ist man darin verwickelt. Was kann Gott dafür? Aber wenn man dieses Lebens der *Maya* müde wird, wenn man seine Wesenlosigkeit erkennt und dann Zuflucht bei Gott sucht, endet das Leiden. Gott zu loben, Seinen Ruhm zu singen, Japa, Verehrungsrituale, Meditation etc. sind die Mittel wie man zu Gott Zuflucht nehmen kann, um vom *Samsara* befreit zu werden. „Aufgrund meiner vergangenen Taten hast Du mich in dieses *Samsara* gestellt. Aber hiernach werde ich mich nur ganz Deiner Verherrlichung hingeben, oh Pfauenreiter. Mögest Du lange leben!"

Dieser Vers wird auch als „Nindastuti", Lob durch scheinbaren Tadel, bezeichnet. Als ob er enttäuscht von Gott sei, weil Er ihn gnadenlos in dieses Leben der *Maya* geworfen hat, sagt Arunagiri: „O Gott, obwohl ich Zuflucht bei Dir gesucht habe und keine andere Unterstützung habe, hast Du mich dennoch dazu bestimmt, in diesem schmutzigen Leben zu sein. Du hast Dir diese ungerechte Behandlung für jemanden ausgedacht, der bei Dir Zuflucht gesucht hat. Wie auch immer, mögest Du lange leben, obwohl ich im *Samsara* leide!" Obwohl es wie ein *Ninda*, Tadel Gottes scheinen mag, ist es in Wahrheit Liebe zu Gott, die von großen Verehrern ausgedrückt wird, die eine solche Nähe zu ihm spüren, dass sie sich die Freiheit herausnehmen, Ihn scheinbar zu tadeln. Diese Art von *Ninda-Stuti* Liedern ist typisch für eine bestimmte Art von Verehrern, die die Einheit mit Gott fühlen.

*

Obwohl der Sucher direkt nach seiner Rückkehr in das normale Weltbewusstsein den kurzen Blick auf das Kosmische Bewusstsein und diese Welterfahrung nicht in Einklang bringen konnte (Vers 29), sind ihm die Dinge jetzt klar geworden. Er erkennt jetzt den Grund, nämlich dass es noch ein Ungleichgewicht im *Prarabdha Karma* (in diesem Leben wirksames Karma) gibt, das ausgearbeitet werden muss und dass er aus diesem Grund wieder zurück gestoßen wurde. Dieser kurze Blick zusammen mit diesem Verständnis gleicht die Dinge aus und er spürt eine innere Freude, die nicht durch äußere Ereignisse gestört werden kann, die aufgrund seines *Prarabdha Karmas* passieren und darum fühlt er: „Ich sorge mich nicht; lass diesen Körper das *Prarabdha* erleiden. Ich bin glückselig, damit den Ruhm Gottes zu singen (über Gott zu meditieren).

„O Gott! Du bist *Satchidananda*, und das reicht mir; meine kleine, vergängliche Welterfahrung ist nichts." – Dieses Gefühl spürt man in dem Vers pulsieren. Solche Stimmungen kann man nur auf etwas fortgeschrittenen Stufen haben und aufrechterhalten. Dies ist ein besonderer Zustand, in dem der Sucher die körperlichen Leiden durchlebt, die sein Karma mit sich bringt, aber im Inneren glücklich bleibt, indem er das meditative Bewusstsein aufrechterhält oder durch innere Einstimmung auf Gott durch stille Verherrlichung.)

கலையே பதறிக் கதறித் தலையூடு
அலையே படுமாறு அதுவாய் விடவோ
கொலையேபுரி வேடர்குலப் பிடிதோய்
மலையே மலைகூறிடு வாகையனே.

Vers 32

Kalaiye Patharik Katharit Thalaiyuudu
Alaiye Padumaaru Adhuvaai Vidavo
Kolaiyepuri Vedarkulap Pidithoi
Malaiye Malaikooridu Vaagaiyane

Aufgeregt die Schriften zitierend und im Intellekt
Wellen der Verwirrung jagend, soll ich das werden?
O Umarmer des weiblichen Elefanten aus der Jäger-Kaste!
O bergspaltender tapferer Herr! O Skanda, der Großartige!

„O Skanda, der Du großartig wie ein Berg bist, der den weiblichen Elefanten (Valli Devi) aus der grausamen Jäger-Sippe umarmt hat, der den Krauncha-Berg (mit Deinem Vel) gespalten hat und der Du die Siegesgirlanden trägst! Die Schriften mit (fieberhafter) Aufregung schreiend, in meinem Kopf (d.h. Gehirn oder Intellekt) Wellen (der Verwirrung) jagend, soll ich dazu werden? (O Gott, lass es nicht geschehen.)"

Erklärung:
Lernen soll Kultur und Weisheit bringen, und aus Weisheit muss Demut entstehen. Lernen soll nicht dazu führen, dass man von Stolz aufgeblasen wird. Die Schriften versuchen, diese Wahrheiten auf viele Arten verständlich zu machen. Sie bringen Beispiele von Menschen, die wegen ihrer Eitelkeit auf ihr Lernen leiden mussten. Sie zitieren auch Beispiele großer Menschen, die demütig waren. Sie legen Verhaltenskodexe fest, Mittel für die Entwicklung von Tugenden, Methoden von *Upasana* und Kontemplation über das höchste Sein und sie enthüllen auch die Erfahrungen der Verwirklichung. Man muss die Schriften genau studieren, in ihrer wirklichen Bedeutung verstehen und ihren Anweisungen sorgfältig folgen, damit man Gott erreicht. Studium muss in Praxis enden und Praxis in Erfahrung. Der Zweck des Lernens ist es, das Leben wirklich zu

leben, das Leben zu verstehen und Gotteserfahrung zu erlangen. Lernen muss im täglichen Leben in die Praxis umgesetzt werden. Man lernt, um das Leben zu leben und man lebt, um zu lernen. Kurz gesagt, Lernen ist Leben und Leben ist Lernen. Gott zu erlangen, Gotteserfahrung, zu haben ist der Zweck des Lebens, was auch der Zweck des Lernens ist. Der große tamilische Heilige Tiruvalluvar sagt: „Was nützt das Lernen, wenn der gelehrte Intellektuelle nicht die Lotus-Füße Gottes verehrt (und Gott erreicht)?"

Unser Lernen sollte nicht isoliert von unserem Leben bleiben. Sie müssen zusammen gehen. Wenn das Lernen unserem Leben umgesetzt wird und Teil unseres Wesens wird, dann werden wir demütig und erkennen die Größe Gottes; und dann haben wir ein wirkliches Verständnis von dem, was die Schriften durch ihre zahlreichen Lehren vermitteln wollen. Aber wenn es nicht ein Teil von uns wird, sondern nur in den Büchern und in unserem Gehirn bleibt, dann werden wir stolz und egoistisch und finden es schwierig, den Einklang zwischen den scheinbar widersprüchlichen Anweisungen zu finden. Dann beginnen wir zu streiten und führen hitzige Debatten mit ähnlichen anderen. Und was geschieht in religiösen Debatten und Streitgesprächen? Der Mensch verliert seinen Anstand. Er schreit und brüllt und bringt die Ansichten der anderen in Verruf. Er wird fassungslos, bestürzt, fiebrig aufgeregt. Sein Gehirn wird verwirrt und durcheinander. Das sieht man gewöhnlich zwischen den Hochgelehrten, bei denen das Gelernte nicht ins Herz gedrungen sondern nur in ihrem Verstand geblieben ist. Ihr ganzes Leben vergeht, während sie die Schriften, im Hinblick darauf, Fehler darin zu finden studieren, um in Kontroversen mit anderen zu gehen und ihre Eitelkeit darzustellen. Sie verfangen sich in der Komplexität der Schriften, indem sie hitzige Streitgespräche beginnen und ihr Gelehrtsein wird zu einer Fessel; sie verlieren den Zweck des Lernens und auch das Ziel des Lebens. Deshalb bringt Arunagiri Gott ein Gebet dar, dass solch ein Los ihn nicht treffen möge, was eine Warnung und eine Ermahnung für uns ist. „Muss ich hitzige Debatten führen, aufgeregt werden, den Gegner anschreien, meinen Verstand verwirren und so in meinem Lernen und meinen Argumenten verloren sein? Gott, lass dies nicht geschehen. Lass mich nicht vergessen, dass es der Zweck des Lernens ist, *Anubhuti* zu erreichen. Segne mich, auf dass ich durch mein Lernen nicht zerstreut und abgelenkt sein möge."

Lernen soll nicht nur nicht zu Debatten und Diskussionen führen, sondern es ist auch nicht dazu gedacht, den Lebensunterhalt zu verdienen, was unglücklicherweise das Ziel der heutigen Bildung zu sein scheint. Die heutige Bildung stattet einen nicht mit dem nötigen Wissen für das Leben aus – das Wissen, das die Stärke gibt, sich dem Leben zu stellen, klar zu bleiben bei allen Problemen im Leben und das Ziel des Lebens zu erreichen. Wenn jemand die Schule oder das College verlässt, ist er verwirrt und weiß nicht, was er als nächstes machen soll. Er hat kein Ziel im Leben, weil seine Bildung ihm das nicht gegeben hat und er schwankt hier- und dorthin bei der Suche nach Arbeit. Das ist sein ganzes Ziel! Die Bildung, die er bekam, hat ihn nicht darauf vorbereitet, die Herausforderungen des Lebens anzunehmen, obwohl sie es ihm vielleicht ermöglicht hat, sich eine Arbeit zu sichern. Aber einfach eine Arbeit zu bekommen, ist nicht Ziel von Bildung und Lernen. Der Heilige Tiruvalluvar sagt: „Lerne das gut, was zu lernen ist und dann lebe es entsprechend." „Weisheit heißt, die Wahrheit in der eigenen Erfahrung zu erfahren, von welcher Quelle auch immer man es gehört oder gelernt hat." Also ist weder eine lukrative Arbeit noch das Verschwenden des Lebens mit reinem Lesen und Debattieren der Zweck, für den das Leben bestimmt ist.

Valli Devi wurde vom Jägerkönig Nambirajan gefunden und unter Jägern aufgezogen. Jäger leben davon, dass sie Tiere töten. Sie sind ihrer Natur nach grausam. Obwohl Valli unter ihnen lebte, war sie von göttlicher Natur; sie war sanft wie Elefanten, die weich gehen, ohne ein Geräusch zu machen.

Valli ist der *Jivatman*, die Seele und die grausamen Jäger, in deren Mitte sie lebte, sind der Geist und die Sinne. Die Natur des *Jivatman* unterscheidet sich erheblich von Geist und Sinnen. Während diese immer mit den wilden Spielen der Sinnenfreuden beschäftigt sind, hängt der *Jiva* von Gott ab, weil er zu Gott gehört. Valli wird mit einem Elefanten verglichen und Gott mit einem Berg. Berge und Bergwälder sind die Wohnorte von Elefanten. So ist Gott das wirkliche Zuhause der *Jivas*, nicht die Jäger oder der Geist und die Sinne (der Körper).

Velayudhan trägt Siegesgirlanden, die über seiner Brust baumeln, wegen seines Sieges über Surapadma und die anderen *Asuras*. Er hat seinen *Vel*, den *Sieges-Vel*. Sein *Vel* hat den *Asura* Kraunchan getötet, der von dem Heiligen Agastya dazu verflucht wurde, in Gestalt eines Berges zu bleiben, bis er von Lord Skanda zerstört würde.

Die Hände Gottes, die die *Asuras* getötet haben, haben auch Valli Devi umarmt. Gott ist ein Schrecken für die Bösen und ein Geliebter für die Hingegebenen. Er ist gleichzeitig Gesetz und Liebe.

Kandar Anubhuti

Zu diesem Velayudhan betet der heilige Arunagiri: „Oh Gott! Du hast die Asuras getötet und den Krauncha-Berg und trägst Siegesgirlanden. Du hast Valli in Deine göttliche Familie aufgenommen. Ich bete, lass nicht mein Gelehrtsein (das von Dir gegeben wird, Vers 17) zu Eitelkeit und Debatten führen; lass es mir Anubhuti, Gotteserfahrung bringen."

*

Nach der notwendigen Versöhnung und der daraus resultierenden Freude (Vers 31) sieht sich der Sadhaka jetzt einer neuen Gefahr gegenüber – zweifach in ihrer Natur – die er sehr vorsichtig vermeiden sollte. Der Aspirant könnte aufgrund dieses kurzen Blicks auf das Gottesbewusstsein (Vers 28) das Gefühl haben, dass er etwas erreicht hat und sich versucht fühlen, sein Wissen vor anderen darzustellen, indem er Streitgespräche über die Schriften mit anderen beginnt; oder Gelehrte (*Pandits*), die erfahren haben, dass er etwas erreicht hat, könnten sich ihm nähern, um mit ihm Debatten über die Schriften zu führen – beides würde ihn von seinem *Sadhana* und dem Ziel abhalten.

Hier ist deshalb das Gebet des *Sadhakas* an Gott – ein ernster Kampf – nicht in hitzige Diskussionen mit Leuten über die Schriften verwickelt zu werden, die unpassend sind und die scheinbar widersprüchliche Aussagen und Anweisungen beinhalten; und so nicht seine Zeit zu verschwenden, sondern vorsichtig mit seinem *Sadhana* voranzuschreiten und dabei an das große Ziel zu denken. „O Gott, muss ich mich in Diskussionen verwickeln und so meine Zeit verschwenden! Ich bete, rette mich davor."

சிந்தாகுல இல்லொடு செல்வமெனும்
விந்தாடவி என்று விடப்பெறுவேன்
மந்தாகினி தந்த வரோதயனே
கந்தா முருகா கருணாகரனே.

VERS 33

Sinthaakula Illodu Selvamenum
Vinthaadavi Enru Vidapperuveen
Mandhaakini Thandha Varodhayane
Kandaa Murugaa Karunaakarane

Die den Geist in Unruhe bringende Familie, Reichtümer und Gold,
Aus diesem dichten Wald, wann werde ich befreit werden?
O von Mandakini geschenkte Inkarnation, glücksverheißend und heilig!
O Skanda, o Muruga, o Verkörperung des Mitgefühls!

„O Skanda! O Muruga! O Verkörperung des Mitgefühls! O Inkarnation des Guten, geboren von Mandakini! Wann soll ich aus diesem Vindhya-Wald wie (dem Samsara von) Familie und Wohlstand befreit werden, die den Geist bedrängen?"

Erklärung:
Samsara ist voller Schmerz und Leiden. Die Probleme des Lebens als Familienvater/mutter sind zahllos. Haus, Frau, Mann, Kinder und Wohlstand sind Quellen von Sorgen. Und dennoch sind sie sehr anziehend und man wird leicht in sie hineingezogen. Sie scheinen angenehm und wünschenswert zu sein; sie wirken angenehm, so lange sie entfernt und nicht erreicht sind. Der Mensch müht sich ab, um sie zu bekommen und ist ruhelos, bis er sie besitzt. Aber in dem Moment, wenn er sie hat, verlieren sie ihren Zauber und werden zu Quellen von Ärger und geistiger Qual. Sie rauben ihm den inneren Frieden und machen ihn ruhelos. Die Leiden und Sorgen des Familienlebens, besonders heutzutage, sind zu gut bekannt als dass sie beschrieben werden müssten. Jetzt, nachdem er in sie verwickelt ist, will der Mensch sie wieder loswerden, aber er kann es nicht. Selbst wenn er sie verlassen möchte, werden sie ihn nicht verlassen. So verstrickt, stirbt er unglücklich. So quälend, so unentwirrbar,

Kandar Anubhuti

voller Sorge, so aufreibend sind Familie und Wohlstand, dass der Heilige sie mit den Wäldern der Vindhyaberge in Zentralindien vergleicht. Der immergrüne Vindhya-Wald ist bezaubernd und anziehend. Wer ihn von seiner Schönheit angezogen betritt, vergisst sich selbst, während er seinen Zauber genießt, bis er tief hineingegangen ist. Aber er ist so dicht, dass es schwierig für ihn ist, wieder heraus zu finden und er wird schließlich von den wilden Tieren des Waldes gefressen. So ist dieses Leben mit Frau, Mann, Kindern und äußeren Gütern. Es ist anziehend, aber es schafft Problem um Problem und zieht einen Menschen in immer mehr Verwicklungen hinein, so dass er sich in ihnen verliert. Seine ganze Zeit vergeht, während er versucht, die Probleme zu lösen und sich von den Verwicklungen zu befreien. So hat er keine Zeit und Energie mehr übrig, sich Gott hinzugeben. Heim und Wohlstand stören den Frieden des Geistes und sind große Hindernisse für den spirituellen Fortschritt, behauptet Arunagiri.

Obwohl nichts falsch ist an einem Familienleben und Gott natürlich auch von Familienvätern/-müttern erreicht werden kann und erreicht wurde, ist die tatsächliche Situation, in der der Mensch sich normalerweise befindet, etwas anders. Er wird von allen Seiten gepeinigt. Arunagiri ist ein praktischer Heiliger. Er kann sich die Lage der Menschen vorstellen. Er ist begabt mit dieser besonderen Kunst, Wahrheiten auszudrücken wie sie sind – nicht nur die höchsten spirituellen Erfahrungen in einer mystischen Sprache, sondern auch das Elend des weltlichen Lebens in treffenden, lebendigen Worten. Weil das *Kandar Anubhuti* eine Abhandlung über „Anubhuti", Gotteserfahrung ist, muss der Heilige die Dinge so benennen, wie sie sind – ob es uns gefällt oder nicht – und wir müssen dies im richtigen Geist annehmen.

Ein Mann wird fast unwillkürlich zu Frauen und Geld hingezogen. Wenn er dann seine Torheit bemerkt und versucht sie loszuwerden, findet er dies unmöglich. Er ist bereit, sie zu verlassen, aber sie sind es nicht. Er verwickelt sich so sehr, dass er sich nicht von ihnen entwirren kann, genauso, wie man aus dem Vindhya-Wald nicht mehr herausfindet. Arunagiri sagt deshalb sehr bedeutsam: „Wann soll ich befreit werden?" Man kann sich nicht durch eigene Anstrengung selbst von ihnen befreien. Je mehr man versucht, sie loszuwerden, desto mehr hängen sie sich an einen. Der einzige Weg ist, seinen Geist auf Gott zu heften. Um dich von anderen Verhaftungen zu lösen, entwickle diese Verhaftung – die Verhaftung an Seine Lotus-Füße (Gottes), der unverhaftet ist, sagt Tiruvalluvar. Nur Gott kann uns aus der Umklammerung von Beziehungen und Geld befreien. Darum betet Arunagiri darum „befreit zu werden" und nicht „wegzugehen". Er sagt nicht „wann werde ich gehen" sondern „wann werde ich befreit werden". Gottes Gnade ist das Mittel, um diesen *Samsara* (Kreislauf) loszuwerden. Der Gott voller Erbarmen und Mitgefühl, an den das Gebet dieses Verses gerichtet ist, muss seine Gnade auf uns regnen lassen.

Lord Skanda ist eine Inkarnation aufgrund einer Gabe an die *Devas*. Shiva schenkte ihn den *Devas* als Gabe. Die *Devas* konnten nicht gegen den *Asura* Surapadma kämpfen. Sie wurden von ihm besiegt und aus dem Himmel geworfen. Sie kamen zu Shiva und beteten um seine Hilfe, um die göttliche Geburt (Avatar) von Lord Skanda. Aus seinem Mitgefühl über ihre Niederlage heraus nahm Shiva seine ursprüngliche Gestalt mit sechs Gesichtern an und blickte lächelnd zu Parvati, die an seiner Seite saß. Auf einmal blitzte aus dem dritten Auge (dem Auge der Weisheit) jeden Gesichtes ein Licht (*Tejas*) von außergewöhnlichem Glanz. Es erfüllte den ganzen Raum von Ewigkeit zu Ewigkeit. Shiva zog es dann wieder zurück, übergab es dem Windgott und dem Feuergott und befahl ihnen, es in den Fluss Ganges (auch Mandakani genannt) zu werfen. Als Ganga es empfing, legte sie es in einen Teich, der *Saravanappoigai* genannt wurde, wo das Licht die Gestalt von sechs schönen Babys auf sechs Lotusblüten annahm. Dies ist der „Mandakani-Geschenkte" und „als Gabe Geborene" Avatar von Lord Skanda.

Der Skanda-Avatar symbolisiert die Manifestation des Absoluten auf der relativen Ebene der fünf Elemente von Äther (Raum), Luft, Feuer, Wasser (Ganga) und Erde, wie oben beschrieben. Er bezieht sich auf das Erwachen des spirituellen Bewusstseins in dem an die Elemente gebundenen Geist des Suchers, der von Familienbanden und Geldangelegenheiten gequält und in Beschlag genommen wird. Im Gebet dieses Verses wird darum gebeten, davon befreit zu werden. Ein anderer Name für Lord Skanda ist Murugan, was „Einer von ewiger Jugend, Schönheit und Göttlicher Natur" bedeutet. Er ist die Schönheit der Schönheiten und die Göttlichkeit oder der wahre Wert hinter allen Dingen. Die Schönheit und der Wert, die in Gegenständen gesehen werden, sind nichts als Seine Widerspiegelung. Unser Wunsch nach Heim, Familie und Wohlstand muss in höheres Streben nach Gott umgewandelt werden, indem wir Zuflucht bei Murugan nehmen. Egal ob der „Mandakini-Gegebene", der „als Gabe Geborene" Skanda oder Murugan, er ist eine Verkörperung und eine Folge von Mitgefühl. Zu diesem Gott betet Arunagiri: „O Skanda, die *Devas* konnten nicht selbst gegen den Dämonen Surapadma kämpfen. Sie beteten zu Shiva und Du wurdest als Gabe an sie geboren. Auch ich bin in einem ähnlichen Zustand, unfähig, die Verwicklungen des Alltags zu überwinden. Sei gnädig, werde in mir „geboren" und befreie mich davon, O Ozean des Mitgefühls!"

Der heilige Arunagiri ist schon lange vorher davon befreit worden, an „diesem Tag" selbst (Vers 30). Aus Mitgefühl, indem er sich unseren kläglichen Zustand vorstellt, hat er uns diesen Vers gegeben – ein unfehlbarer Vers, um das Mitgefühl Gottes anzurufen. Allein die Rezitation dieses Verses ist herzbewegend und zieht Gnade an.

*

Obwohl der Aspirant sich nicht auf eitle Diskussionen einlassen möchte (Vers 32), wird ihm das nicht gestattet. Gelehrte Menschen werden sich ihm nähern und ihm Probleme machen. Um diese Gefahr zu vermeiden, fühlt er die Notwendigkeit, seinem Zuhause und seinem Eigentum zu entsagen und in die Abgeschiedenheit zu gehen – d.h. wahrscheinlich an die Ufer der Mandakini, des Ganges, der nördlich der Vindhyaberge liegt – weil Zuhause und Eigentum, abgesehen davon, dass sie mentales Leiden verursachen, ihn an diesen Ort binden, wo Menschen ihn leicht finden und stören können. Aber wenn er ein Leben in Abgeschiedenheit beginnt, kann er sie vermeiden und lange ungestört meditieren, was auf dieser Stufe notwendig ist, um Gott zu erreichen.

Er sehnt sich jetzt ernsthaft danach, dem weltlichen Leben zu entsagen, um Gott zu erreichen, und betet genau dafür zu Gott.

சிங்கார மடந்தையர் தீநெறிபோய்
மங்காமல் எனக்கு வரம்தருவாய்
சங்க்ராம சிகாவல ஷண்முகனே
கங்காநதி பால க்ருபாகரனே.

VERS 34

Singaara Madanthaiyar Theeneri Poi
Mangaamal Enakku Varam Tharuvaai
Sankraama Sikhaavala Shanmugane
Gangaanadhi Baala Kripaakarane

Sich nicht zu verlieren auf den fehlgeleiteten Wegen romantischer Frauen
Und ruiniert zu werden; - gewähre mir diese Gnaden.
O Herr Shanmukha, der mit dem Pfau und grimmig in die Schlacht zieht!
O himmlischer Sohn des Flusses Ganga! O Verkörperung der Gnade!

„O Shanmukha mit dem in die Schlacht ziehenden Pfau! O Sohn des Flusses Ganga! O Verkörperung der Gnade! Gewähre mir diesen Segen, dass ich nicht (im Geist) verdunkelt werde, indem ich auf den üblen Wegen von bezaubernden, romantischen (sich verkaufenden) Frauen gehe."

Erklärung:
Sex und das Ego bestehen bis zum Ende fort, bis man Gottesverwirklichung erreicht. Besonders wenn man dem Zuhause und dem Wohlstand entsagt und in Abgeschiedenheit lebt, besteht die Möglichkeit, dass man sich in das Netz bezaubernder Frauen/Männer verirren kann. Hier ist deshalb ein Appell an Shanmukha um einen Segen, vor solchen Fallen gerettet zu werden. Das ist ein direktes und einfaches Gebet, was die Besonderheit dieses Verses ist. In den meisten Versen ist Arunagiris Gebet nicht so direkt wie in diesem. „Wann wirst Du es gewähren? Soll ich leiden? Wie lange?" - lauten die pathetischen Appelle in den anderen Versen; aber hier eine direkte Forderung: „Gewähre mir Deinen Segen". Dies ist sehr bedeutsam. Es zeigt, dass man auch wenn man keine sexuellen Gelüste hat oder von Frauen angezogen und bezaubert sein mag, sich doch nie sicher fühlen kann, die Lust überwunden zu haben oder nicht doch ein Opfer des Sexualtriebs wird. Darum das Gebet zu Gott um

seinen Segen, als Schutzmassnahme gegen etwaige Möglichkeiten auf die Wege sexueller Beziehungen zu geraten, weil man das auf keiner Stufe ausschließen kann.

Es wird um „Segen" gebeten. Ein Segen ist ein göttliches Geschenk, so dass das Leiden für immer geheilt wird, anders als bei der menschlichen Anstrengung, wo die Gefahr immer da ist. Und von wem wird dieser Segen erbeten? Von „Kripaakaran", d.h. einer Verkörperung der Gnade. „Gnade" und „Segen gewähren" gehören zusammen. Das Gewähren geschieht *ex-gratia*. Es ist ein Geben, selbst wenn der andere noch nicht bereit dazu ist. Es ist ein reiner Akt der Gnade oder des Gebens aus Mitgefühl heraus. Solch ein gnadenvolles Geben ist ein Segen. Und darum betet Arunagiri. Der Sexualtrieb ist so stark, dass er durch keine noch so große Anstrengung vollständig ausgerottet werden kann. Persönliche Anstrengung nützt dabei nicht viel. Nur wer die besondere Gnade Gottes hat, wird von diesem Leiden vollständig befreit. Nichts außer göttlicher Gnade kann einen von sexueller Lust befreien. Darum bringt der Heilige in diesem Vers Gott ein direktes Gebet dar und bittet um einen *Segen* von der *Verkörperung der Gnade*. Lord Skanda wird auch als Sohn des Flusses Ganga angesprochen.

Wir haben im vorherigen Vers gesehen, dass Er als ein Segen den Devas gegeben wurde und vom Fluss Mandakini geboren wurde. Ganga und Mandakini sind dasselbe. Der „Mandakini-Geborene" oder „Sohn der Ganga" ist auch der Herr mit den sechs Gesichtern und die einzige Funktion eines der Gesichter ist es, die Bitten seiner Verehrer zu gewähren. Er wird deswegen als Shanmukha (6 Gesichter) angesprochen. „O Shanmukha, Sohn der Ganga! Du wurdest den Devas als ein Segen gegeben! Gewähre mir jetzt einen Segen – dass ich kein Opfer des Sexualtriebes werde und so verloren gehe", ist das Gebet von Arunagiri.

Es scheint eine Bedeutung darin zu liegen, dass Arunagiri sich auf Lord Skanda erst als „Mandakini-Gegebener" (Vers 33) und dann als „Sohn der Ganga" (Vers 34) bezieht. Die ewigen Schneegipfel des Himalaya sind die Quelle vieler unversiegbarer Flüsse, zu denen z.B. *Bhagirathi*, *Mandakini* und *Alakananda* gehören. Diese drei Flüsse bilden zusammen die heilige Ganga und darum werden sie oft selbst Ganges genannt und mit ihr gleichgesetzt.

Es gibt vier Pilgerorte im Herzen der Himalayas, die dem gläubigen Hindu sehr heilig sind, die sogenannten *Char-Dam*. Das sind *Gangotri* (3170 Meter) *Yamunotri* (3290 Meter), *Kedarnath* (3580 Meter) und *Badrinath* (3155 Meter), von denen die Flüsse Bhagirathi, Yamuna, Mandakini und Alakananda entspringen*.

Die Mandakini fließt von Kedarnath durch die Orte Gauri Kund, Gupta Kasi und Agastya Muni und erreicht Rudraprayag, wo sie sich der Alakananda anschließt, die von Badrinath kommt, durch Joshi Muth, Chamoli und Karnaprayag. Der vereinte Mandakini- Alakananda (die Alakananda heißt) fließt weiter hinab nach Devaprayag, wo sie auf die Bhaghirati trifft, die via Uttar Kasi, Dharasu und Tehri aus Gangotri kommt. Von Devprayag aus heißt diese kombinierte Mandakini-Alakananda-Bhagirathi Ganga (Ganges), fließt durch Rishikesh nach Haridwar und betritt dann die Ebene. Die Yamuna aus Yamunotri mündet in Allahabad in den Ganges, was als Prayag bekannt ist, und der Ganges erreicht schließlich in Gangasagar in der Nähe von Kalkutta den Ozean.

Die Mandakini-Region ist sehr eng mit Lord Skanda verbunden. Wenn man von Rudraprayag nach Kedarnath entlang der Ufer der Mandakini hinaufwandert, kommt man unterwegs durch die Orte Agastya Muni, Gupta Kasi, Triyugi Narayan und Gowri Kund. Agastya Muni ist ein kleiner Ort am Ufer der Mandakini, wo der Weise Agastya Askeseübungen (Tapas) vollzogen hat. Dort gibt es einen Tempel, der ihm geweiht ist. Auf einem Gipfel in der Nähe, ein paar Meilen von Agastya Muni entfernt, gibt es einen Schrein für Kartikeya/Skanda, der von dem Weisen Agastya verehrt wurde.

Agastya ist, wie wir wissen, der erste Verehrer von Lord Skanda und der erste der beiden, die als einzige *Pranaya Upadesa* (Erklärung des Om) von Lord Skanda persönlich bekommen haben. Der andere ist der Heilige Arunagirinathar. Triyugi Narayan ist der Ort, wo die Hochzeit von Parvati (auch Gauri genannt) mit Shiva stattfand – auf die Bitten der Devas, ihnen Lord Skanda zu geben. Sie wurde von Brahma und Vishnu durchgeführt und das bei dieser Gelegenheit entzündete Opferfeuer brennt noch heute. Gauri Kund liegt ungefähr 7 Meilen unterhalb von Kedarnath, wo es eine natürliche heiße Quelle gibt, die Parvatis Badestätte war, weswegen die Quelle nach Parvati benannt wurde. Kedarnath, die Wohnstatt von Shiva, liegt am Fuße des Kedar-Gipfels, der auch Kailasha genannt wird. Der riesige Shiva-Lingam im Tempel von Kedarnath ist vielleicht der größte der Welt. Wenn man hinter dem Kedarnath-Tempel steht und sich umschaut, ist man von Ehrfurcht erfüllt aufgrund der schneebedeckten, den Himmel berührenden Spitzen des Kedar,

---

* Diese vier Orte sind jeweils 156, 140, 130 und 185 Meilen von Rishikesh entfernt.

die den Geist zu göttlicher Ekstase erheben. Der windungsreiche Lauf der Mandakini vom Fuß dieser Schneegipfel sieht aus, als würde der Ganges aus den Himmeln auf diese sterbliche Ebene herabsteigen. An der Quelle der Mandakini am Fuße der Schneegipfel, etwa drei Meilen oberhalb von Kedarnath gibt es einen bezaubernden, himmlisch anmutenden See, dessen Anblick das Bewusstsein zu göttlichen Höhen trägt. Dieser See ist aller Wahrscheinlichkeit nach der, in dem der Avatar von Lord Skanda sich manifestierte, als das *Tejas* Shivas vom Feuergott und vom Windgott zur Ganga (Mandakini) getragen und in einen Teich gebettet wurde. Man fühlt dies fast intuitiv, wenn man auf die Schneegipfel und die Quelle hinter Kedarnath sieht.

Der Weise Agastya, der Lord Skanda verehrte und ihm einen Tempel in der Nähe von Agastya Muni gewidmet hat, die Heirat von Shiva und Parvati zum Zwecke des Skanda Avatars in Triyugi Narayan, Gauri Kund als Badeplatz von Parvati und Kedarnath als Wohnstätte Shivas, d.h. die ewigen schneebedeckten Gipfel des Kedars, die Lage des Sees an der Quelle der Mandakini – all dies legt nahe, dass die Göttliche Geburt von Lord Skanda hier stattgefunden haben könnte. Darum hat Arunagiri es vorgezogen, sich auf Lord Skanda erst als den „Mandakini-Gegeben" zu beziehen (Vers 33) und dann als „Sohn der Ganga" (Vers 34), weil Mandakini ihr besonderer Name und Ganga der allgemeine Name ist, in dem Sinne, dass auch die Mandakini Ganga genannt wird, weil sie einer der drei Flüße ist, die die Ganga bilden. Später, in Vers 50, bezieht sich Arunagiri auf Gott als den „Sohn des Flusses" (*Nadi Putra*), was ein noch allgemeinerer Ausdruck ist. Dieser Bezug auf Mandakini, Ganga und Fluss in dieser Reihenfolge scheint darauf hinzuweisen, dass die Geburt Lord Skandas tatsächlich am Ufer der Mandakini stattfand, die auch Ganga heißt und auch ein Fluss ist.

Dies ist ein in seiner Einfachheit sehr machtvoller Vers, um die Gnade Gottes anzurufen, um den Seximpuls zu überwinden. Wie mitfühlend ist dieser Heilige, dass er solch einen Vers verfasst! Er fleht zum Gott der Gnade um einen Segen. Gott ist immer bereit, seine Gnade herabregnen zu lassen. Aber wir müssen es wollen! Selbst wie man bittet, zeigt er in diesem Vers. Es sieht so aus, als habe Gott selbst diesen Vers durch Arunagiri gesungen, aus seinem Mitgefühl für die hilflosen Jivas heraus. Ein einfacher, direkter Vers mit machtvollen Worten, die einen Strahl der Gnade aus der Masse der Gnade herab bringen werden, der ausreicht, unser ganzes Wesen zu transformieren.

*

Der Sadhaka wurde in den Anfangsstufen von Lust gepeinigt, weil er im Netz von Familie und Kindern gefangen war (Verse 4 und 5); später, infolge der Unterweisung durch seinen Guru, wurde nur sein Geist von dem Gedanken an oder durch die Gegenwart von Frauen durcheinander gebracht (Vers 9); in den fortgeschrittenen Stadien der Meditation, nach richtiger Einweihung in ihre Technik, störten ihn nur noch die Eindrücke von vergangenen Vergnügungen, die aus dem Unterbewussten und unbewussten Ebenen des Geistes aufstiegen (Vers 24). Nach dem kurzen Blick auf das kosmische Bewusstsein (Vers 28) ist er ziemlich zuversichtlich, dass er nicht mehr durch den Sexualtrieb gestört werden wird. Er ruft jedoch die spezielle Gnade Gottes an, um nicht wieder auf Abwege zu geraten, weil diese Gefahr besteht, bis man Befreiung erlangt hat. Es ist interessant festzustellen, dass es in diesem Gebet nicht um Freiheit von Sex geht wie in den vorhergehenden Versen, sondern es nur ein allgemeines, einfaches Gebet zur Sicherheit ist, bevor er das Leben der Entsagung aufnimmt. Der Bezug auf den „Sohn der Ganga" legt nahe, dass er sein Zuhause verlassen und Zuflucht am Ufer des Ganges gesucht hat.

In diesem Vers wird das Bedürfnis nach Göttlicher Gnade und ewiger Wachsamkeit betont, um zu zeigen, dass man es sich auf keiner Stufe erlauben kann, unachtsam zu sein.

விதிகாணும் உடம்பை விடா வினையேன்
கதிகாண மலர்க்கழல் என்று அருள்வாய்
மதிவாணுதல் வள்ளியை அல்லது பின்
துதியா விரதா சுரபூபதியே.

Vers 35

Vidhikaanum Udambai Vidaa Vinaiyeen
Gadhikaana Malarkkazhal Enru Arulvaai
Madhivaanudhal Valliyai Alladhupin
Thudhiyaa Viradhaa Surabhoopathiye

Von solchen Handlungen bin ich, dass ich nicht diesen Karma-erfahrenden Körper aufgebe,
Um Mukti zu erlangen, wann wirst Du mir Deine Lotus-Füße gewähren?
Außer Valli, mit einem Gesicht, das wie der Mond strahlt,
Niemanden sonst zu preisen ist Dein Gelübde, O Herr des Himmels!

„O Herr von Devaloka! O Skanda, dessen Schwur (göttliches Versprechen) es ist, niemand außer Valli zu preisen, deren Stirn wie der Mond leuchtet! Ich bin von solchen Karmas, dass ich nicht (die Verhaftung an) diesen Karma erfahrenden Körper loslasse. Wann wirst Du mir Deine Lotus-Füße gewähren, damit ich Befreiung erlangen kann?"

Erklärung:
Karmas werden in drei Gruppen eingeteilt: *Sanchita*, *Prarabdha* und *Agami*. Die akkumulierten Wirkungen der Handlungen aller vergangenen Leben sind das *Sanchita Karma*, das der *Jiva* von Geburt zu Geburt trägt. Bis das *Sanchita Karma* vollständig erschöpft ist, gibt es kein Heil für den *Jiva*. Ein Teil des *Sanchita Karmas* wird herausgenommen und in einer bestimmten Inkarnation des *Jivas* ausgearbeitet. Dieser Teil wird dann *Prarabdha Karma* genannt. Während der *Jiva* so sein *Prarabdha Karma* durch einen bestimmten Körper ausarbeitet, führt er neue Handlungen aus, die *Agami Karma* genannt werden und die der Waagschale seines *Sanchita Karmas* hinzugefügt werden. Das *Sanchita Karma* eines Individuums kann man mit einem Girokonto vergleichen, von dem das *Prarabdha Karma* abgezogen und das *Agami Karma* eingezahlt wird. Während der gegenwärtige Körper eine bestimmte Menge des

Vers 35

Sanchita Karmas ausarbeitet, fügt es ihm auch wieder etwas hinzu. Dieser Körper ist gleichzeitig ein Produkt von *Prarabdha* und eine Ursache für *Agami*. Es scheint deshalb unmöglich, vom Kreislauf der Wiedergeburten befreit zu werden, weil das *Sanchita* sich niemals erschöpft. Natürlich erhebt sich die Frage: „Gibt es keinen Ausweg?" Normalerweise ist es für den Menschen nicht möglich, aus diesem Teufelskreis herauszukommen. Darum sagt Arunagiri: „Ich habe solche Karmas, dass ich meine Anhaftung an den Körper nicht aufgeben kann."

Der Körper ist dazu da, die Erfahrungen zu durchleben, die aus früherem Karma resultieren und so das *Sanchita* allmählich aufzubrauchen. Es sollten keine frischen Karmas hinzugefügt werden, obwohl es normalerweise unmöglich ist, das zu vermeiden, wegen der Identifikation des *Jivas* mit dem Körper und der daraus folgenden Vorstellung, der Handelnde und der Genießende zu sein. Als Gegenmittel wird Karma-Yoga empfohlen. Als Instrument in den Händen Gottes zu arbeiten, ohne Erwartung der Früchte seiner Arbeit, ist die Essenz des Karma-Yoga.

Echtes Karma-Yoga, was an sich für einen Menschen schon schwierig genug ist, stellt sicher, dass die jetzigen Handlungen keine Reaktionen (in Form künftiger Karmas) hervorrufen. Aber selbst wenn es einem gelänge dies erfolgreich zu machen, würde man damit nur das vergangene Karma ausarbeiten, ohne dem Speicher des *Sanchita* frisches Karma hinzuzufügen. Selbst dann hätte man noch soviel *Sanchita Karma*, dass es zu weiteren Geburten führt. Aber die Schriften und Heiligen werden niemals müde zu betonen, dass es der Zweck des menschlichen Lebens ist, Gottesverwirklichung zu erlangen, nicht in einem zukünftigen Leben, sondern jetzt in diesem Leben. Swami Sivanandaji sagt: „Das Ziel des Lebens ist Gottesverwirklichung. Erreiche dies in diesem Leben, nein, in dieser Sekunde!" Wie soll man das machen, ist die Frage. Es gibt nur einen Weg. Gott muss „seine Lotus-Füße gewähren", sagt Arunagiri. Gott, Gottes Lotus-Füße, Gnade, Göttliches Bewusstsein, Selbst, Weisheit – das bedeutet alles dasselbe. Das Gewähren der Lotus-Füße ist eine äußere Handlung, die symbolisch für eine innere Transformation in unserem Bewusstsein steht. Sie ist die Dämmerung der Weisheit, das Feuer des Wissens, das Karmas zu Asche verbrennt.

Der *Jiva* ist eine eigenartige Mischung aus zwei Elementen – *Purusha* und *Prakriti*; das Licht des Bewusstseins, der Geist, die Sinne usw. *Purusha* ist reines Bewusstsein ohne Aktivität und *Prakriti* ist Aktivität ohne Bewusstsein.

Im *Jiva* gibt es eine gegenseitige Übertragung von Eigenschaften des einen auf das andere und als Folge davon empfindet sich das Bewusstsein, der, als der Handelnde und der Genießende, während Gemüt und Körper mit Bewusstsein ausgestattet scheinen. Das *Jiva*-Bewusstsein kann sich mit dem Geist und dem Körper identifizieren und sich als den Erfahrenden vergangenen Karmas und den Schöpfer neuen Karmas betrachten; oder es kann sich mit dem reinen Bewusstsein, dem höheren Selbst identifizieren und von den drei Arten von Karma unberührt bleiben. Der *Jiva* hat sich viele Geburten lang mit dem Körper identifiziert, so dass diese falsche Identifikation fast natürlich für ihn geworden ist und er seine wirkliche Identität vergessen hat. Wenn die Füße Gottes gewährt werden, wenn Weisheit dämmert, wenn der *Jiva* zu seinem ursprünglichen Zustand reinen Bewusstseins erweckt wird, wenn Gottes Gnade herabsteigt, dann identifiziert sich der *Purusha* nicht länger mit *Prakriti* und der Mensch ist aus der Umklammerung des Karmas befreit. Wann und wie dies geschieht, ist natürlich ein Geheimnis. Gottes Gnade ist der einzige Weg. Eine inbrünstige Sehnsucht, ernsthaftes Gebet, Hingabe an Gott mit ganzer Seele ist der Weg. Darum dieses Gebet von Arunagiri an Gott, seine Lotus-Füße zu gewähren, um Befreiung zu erlangen.

Die Frage ist jetzt, was passiert mit dem *Prarabdha Karma*, das schon begonnen hat zu wirken? Normalerweise arbeitet der Körper das *Prarabdha* aus und gleichzeitig häuft er *Agami Karma* an; der Kreislauf von Geburt und Tod ist endlos. Der Karma-Yogi erschöpft sein *Prarabdha*, er schafft kein *Agami*, aber lässt sein Sanchita unberührt. Er muss noch öfter wiedergeboren werden, um sein *Sanchita* zu leeren und Befreiung zu erlangen. Aber der *Jnani*, der sich mit dem reinen Bewusstsein identifiziert hat, bleibt von den drei Arten von Karmas unberührt. Für den Betrachter mag es so aussehen, als würde er sein *Prarabdha Karma* erleiden, aber nicht für ihn selbst.

Wer als reines Bewusstsein verbleibt, welchen Körper kann er als seinen eigenen betrachten und welchen als den von anderen? Dieser Körper, den die Betrachter für seinen halten, ist für ihn so gut wie jeder andere Körper. Tatsächlich gibt es für ihn überhaupt keine Körper oder Materie, sondern nur Bewusstsein, das überall fließt, da er zu einem anderen Reich der Wirklichkeit gehört. Genauso wie wenn man aus einem Traum erwacht, sich die Traum-Bank, der Traum-Kontostand, Kredit, Schulden und die vielfältigen Transaktionen des Traumes zusammen mit dem Traumsubjekt auflösen und in das einheitliche Wachbewusstsein transzendiert werden, so wird das gesamte phänomenale Spiel der Karmas und des Subjektes, das die Karmas erfährt, in

Gottesbewusstsein transzendiert. Sie gehören zu zwei unterschiedlichen Ebenen der Wirklichkeit und die Gesetze des einen Bereichs sind in dem anderen nicht gültig.

Lord Skanda tötete Surapadma, befreite die *Devas* von seiner Tyrannei und setzte sie wieder in ihren ursprünglichen Positionen in Devaloka ein. Darum ist er der Herr der *Devas* und von Indraloka.

Valli Devi leuchtet mit einer strahlenden Stirn aufgrund ihrer einpünktigen Hingabe an Gott. Von Kindheit an hatte sie intensive Liebe für Murugan und dachte immer an Ihn, Seine göttlichen *Lilas*, Seinen Ruhm etc. Ihr Geist war immer in Gott aufgegangen und sie war entschlossen, nur Lord Skanda zu heiraten. Erfreut über ihre ernsthafte Sehnsucht, ihn zu erreichen, ging Murugan zu den Feldern, wo Valli war. Er lobte sie, testete ihre Hingabe und nahm sie schließlich als Seine Gemahlin an. Er pries Valli aufgrund ihrer vollständigen Hingabe an ihn. Dies ist Sein *Vrata* (Gelübde), Seine Grundhaltung.

Valli Devi repräsentiert den *Jiva*, der sich nach Vereinigung mit Gott sehnt. Die Haltung Gottes, niemanden sonst außer Valli zu preisen, heißt, er versucht ernsthaft strebenden Seelen zu helfen, die alles Äußere ablehnen und sich ausschließlich Gott hingeben. An diesen Skanda geht Arunagiris Gebet, ihm Seine Lotus-Füße zu gewähren.

*

Der *Sadhaka* möchte jetzt selbst das wenige *Prarabdha Karma* loswerden, das ihn von jener höchsten Erfahrung zurück zur normalen Welterfahrung gebracht hat (Vers 31), ebenso wie sein *Sanchita* und *Agami Karma*, die ihm weitere Wiedergeburten bringen könnten. Er betet daher zu Gott, ihm Seine Lotus-Füße, also Befreiung zu gewähren. Dass er Gott anruft, dessen einziges *Vrata* (Gelübde) es ist, sehnsüchtige Seelen anzunehmen, wie im Falle von Valli Devi, zeigt, dass sein Streben nach Befreiung vom *Samsara* sehr intensiv ist.

நாதா குமரா நமவென்று அரனார்
ஓதாய் என ஓதியது எப்பொருள் தான்
வேதாமுதல் விண்ணவர் சூடுமலர்ப்
பாதா குறமின் பதசேகரனே.

Vers 36

Naathaa Kumaraa Namaenru Aranaar
Oodhaai Yena Oodhiyadhu Epporulthaan
Vedhaamudhal Vinnavar Soodumalarap
Paadhaa Kuramin Padhasekharane

„Ich verneige mich vor Dir, O Kumara" – sagte Shiva, der Großartige, als er Dich um Upadesa bat. Welches Geheimnis lehrtest Du? Brahma und die Götter tragen Deine Lotus-Füße auf ihren Köpfen! O Gott, Deinen Kopf schmückst Du mit den Füßen der Jägerin!

„O Gott, mit dessen Lotus-Füßen Brahma und andere Götter ihre Köpfe schmücken, der auf Seinen Kopf die himmlischen Füße der strahlenden Jägerin (Valli Devi) stellt! Als Shiva sich vor Dir verneigte und sagte: „O Gott, Kumaraya Namah" und um *Upadesa* bat, was ist das *Upadesa*, (geheime Lehre) das Du ihm gegeben hast?"

Erklärung:
Shiva verneigte sich vor Lord Skanda und bekam *Upadesa* über *Pranava* (das Mantra Om). Und Arunagiri betet zu Lord Skanda, ihm dieses geheime *Upadesa* zu offenbaren, das er Shiva gab. Die Geschichte über die Belehrung Shivas wird wie folgt in der *Skanda Purana* (Schrift über Lord Skanda) erzählt:

Einmal ging Brahma zusammen mit den anderen Göttern zum Berg Kailasa, um Shiva zu huldigen. Nachdem sie Shiva gehuldigt und wieder verlassen hatten, kamen sie auf dem Rückweg an Lord Skandas Wohnstätte vorbei. Lord Skanda war noch ein kleiner Junge und spielte mit anderen Jungen. Brahma, stolz darauf der Schöpfer zu sein, schenkte ihm keine Beachtung und ging an ihm vorbei. Lord Skanda wollte ihm eine Lektion erteilen und rief ihn zu sich. Brahma kam, verneigte sich vor Lord Skanda und blieb mit gefalteten Händen vor ihm stehen.

„Was ist Deine Aufgabe?", fragte Skanda.
„Schöpfung", antwortete Brahma.
„Wie verrichtest Du die Aufgabe der Schöpfung?"
„Mit Hilfe der Veden."
„Kennst Du die Veden?"
„Ja."
„Dann rezitiere sie", sagte Skanda.

Brahma begann den Rig-Veda zu rezitieren, der mit „OM" beginnt. „Stop", sagte Skanda, „kennst Du die Bedeutung von OM?" Brahma versuchte Om zu erklären, was ihm aber nicht zufriedenstellend gelang. Skanda befahl daher, Brahma einzusperren und übernahm selbst die Aufgabe der Schöpfung mit der Begründung, dass jemand, der die volle Bedeutung von *Pranava* (Om) nicht gut kennt, nicht geeignet ist, für die Schöpfungstätigkeit. Die Götter, die Brahma begleitet hatten, gingen zu Shiva, berichteten die Sache und baten um die Freilassung Brahmas aus seiner Gefangenschaft. Shiva kam zu Lord Skanda und befahl ihm, Brahma freizulassen. Widerstrebend ließ Lord Skanda Brahma frei, um dem Wunsch seines Vaters zu gehorchen. Als Brahma und die anderen Devas die Größe von Lord Skanda erkannten, setzten sie Seine Füße auf ihre Köpfe und mit Seiner Erlaubnis gingen sie zu ihren jeweiligen Wohnstätten zurück.

Zufällig fragte Shiva, während er Lord Skanda auf dem Schoß hielt, ob er die Bedeutung von Om kenne und wenn ja, ob er sie ihm offenbaren würde. Lord Skanda sagte, dass das Geheimnis von *Pranava* nicht öffentlich mitgeteilt, sondern nur im Geheimen offenbart werden dürfe, wenn man sich mit der Haltung eines Schülers nähert. Obwohl Er selbst das *Svarupa*, die Essenz von Om ist und auch Lord Skanda nichts anderes als Er selbst in einer anderen Gestalt, nahm Shiva dennoch, weil er gern die Darlegung von Om von den kindlichen Lippen seines Sohns hören wollte, die Haltung eines Schülers an, verneigte sich vor ihm und sagte: *„Natha! Kumara! Namah!"* (Ich verneige mich vor Dir, o Gott, o Kumara) und bat um *Upadesa*. Lord Skanda flüsterte das *Upadesa* über die Bedeutung von Pranava in Shivas Ohr. Shiva war sehr damit zufrieden, die geheime Darlegung von Lord Skanda zu hören, weil er es genauso erklärte, wie Shiva es ihm früher offenbart hatte. Shiva sagte bewundernd: „Ja, du hast recht. Die Bedeutung von *Pranava* ist genau das. So wie die Veden mit „Subrahmanyom" und „Sadashivom" schließen, sind beide die Bedeutung von *Pranava*. Wer seine Bedeutung so versteht, wird Mir gleich, d.h. erreicht mich. Die Bedeutung von *Pranava* zu kennen, ist das wichtigste *Sadhana*, um Brahman zu erreichen für versierte *Sadhus* (Mönche), die in ihrem Verständnis gefestigt sind und für *Sannyasins*, die von *Shuddha*-Sattva (Reinheit) erfüllt sind. Wie kann Brahma, der voller Stolz über seine Position ist, die Bedeutung kennen? Selbst Yogis, die sich in der Meditation von ihren Fehlern gereinigt haben, kennen sie nicht; nur meine Verehrer kennen sie aus Meiner Gnade heraus. Liebes Kind, da Du wahrlich Ich bist, kennst Du dieses geheimnisvolle *Pranava*. Von allen Yogis ist keiner außer dem Weisen Agastya in der Lage, das *Pranava* zu verstehen. Deshalb gib das *Upadesa* über Om an Agastya, der Dein erster Schüler werden wird. Lass diese *Parampara* (Überlieferung der Lehre vom Lehrer zum Schüler) so weitergehen."

Aus der Geschichte ist ersichtlich, dass Shiva das *Upadesa* über Om von Lord Skanda nicht deshalb erhielt, weil Er es nicht wusste, sondern um der Welt zu offenbaren, dass Lord Skanda in jeder Hinsicht nichts anderes ist als Er selbst. Die Geschichte zeigt uns auch, wie man sich einem Guru nähert und von ihm spirituelle Weisheit empfängt. Und wenn Shiva die Erklärung nicht von Lord Skanda bekommen hätte, könnten Menschen daran zweifeln, dass Lord Skanda die Bedeutung von Pranava überhaupt kannte. Also birgt das *Pranava-Upadesa*-Ereignis viele Geheimnisse in sich.

Arunagiri bittet Gott, ihm zu enthüllen, was Lord Skanda Shiva offenbart hat. Und Gott hat es Arunagiri offenbart, aber natürlich auf die gleiche Weise, wie bei Shiva, nämlich geheim!

Arunagiri sagt nun nicht, was ihm offenbart wurde, sondern überlässt es uns, zu Gott zu beten, wie er es getan hat und es von Ihm direkt und geheim offenbart zu bekommen, wie im Falle von Shiva und ihm selbst. Da dies eine Abhandlung über *Anubhuti*, Gotteserfahrung ist, überlässt es uns der Heilige, es selbst zu erfahren. Aber in seinen anderen Werken berichtet er, was Gott ihm offenbart hat. Er sagt, dass dort, wo *Dvaita*, das dualistische Bewusstsein von „Ich" und „mein" vergeht, wirkliches Wissen dämmert. Dieses Wissen zu kennen heißt, das Geheimnis von Om oder Pranava zu kennen. Denjenigen, der weiß, zu kennen, ist wahres Wissen. Manche sagen auch, der Heilige gebe einen Hinweis darauf in der anderen Hälfte des gleichen Verses, wenn er sagt, dass, obwohl Skanda der Herr ist, dessen Füße den Kopf von Brahma und anderen Göttern schmücken, er dennoch seinen Kopf mit Vallis Füßen schmückt. Valli hat soviel Askese praktiziert, das sie „Ich-heit" und „Mein-heit" überwand und darum stellte Gott ihre Füße auf Seinen Kopf, was bedeutet, dass dort, wo Individualität beseitigt wird, die Universalität sich selbst enthüllt oder zugänglich wird. Es heißt deshalb, dies sei die Unterweisung von Lord Skanda an Shiva gewesen: Wo man sich selbst verliert, kann Gott erfahren werden. Das *Pranava Upadesa* offenbart das Geheimnis der Identität, der Einheit von allem.

Eine kurze Studie über Om ist hier nicht fehl am Platze. Pranava, Om ist tatsächlich das Absolute, Brahman und es ist auch alles, was sichtbar ist. Es ist „dies" und „das", die sichtbare Manifestation und die transzendente Wirklichkeit. Es hat zwei Aspekte – den relativen und den absoluten. Om besteht aus den drei Lauten „A", „U" und „M", welche den relativen Aspekt repräsentieren; Om als Ganzes in seiner transzendenten Natur ist das Absolute. „A" repräsentiert den Wachzustand im Individuum, der *Vishva* genannt wird, dem auf kosmischer Ebene das physische Universum (*Virat*) entspricht. Es ist das Bewusstsein, das den Wachzustand im Mikrokosmos und das physische Universum belebt. „U" repräsentiert den Traumzustand (*Taijasa*) im Individuum und kosmisch ist es der feinstoffliche Kosmos (*Hiranyagarbha*). Es ist dasselbe Bewusstsein, das den Traumzustand und den feinstofflichen Kosmos belebt. „M" repräsentiert den Zustand des Tiefschlafs (*Prajna*) im Individuum und kosmisch ist es das Universale Kausale. Auch hier belebt dasselbe Bewusstsein den Tiefschlaf und den kausalen Kosmos.

Es ist nicht so, dass sie drei verschiedene Bewusstseins-Entitäten wären, sondern ein und dasselbe Bewusstsein belebt die unterschiedlichen Ebenen der Manifestation. Im Individuellen sind es *Visva, Taijasa* und *Prajna* und *Virat, Hiranyagarbha* und *Ishvara* auf der kosmischen Ebene. Aber all diese sind bereits Manifestationen der Schöpfung. Es muss jedoch einen Zustand geben, der nicht mit der Schöpfung verbunden ist, der noch vor der Schöpfung ist.

Was gab es vor der Schöpfung? Es ist reines Om, reine Bewusstseins-Existenz. Aber niemand kann dies kennen, weil alle erst nach der Schöpfung gekommen sind und wir können diesen Zustand vor der Schöpfung nicht kennen. Dieser Zustand ist die Absolute, transzendente Wirklichkeit, Om. Wie ist dann die Schöpfung entstanden? In diesem reinen Existenz-Bewusstsein entstand die kosmische Schwingung Om. (Wie und warum können wir nicht erklären, weil wir alle danach gekommen sind. Die Autorität in dieser Hinsicht sind nur die Schriften, die die Offenbarungen von verwirklichten Heiligen sind.) Om wird deshalb auch Shabda-Brahman (die Urschwingung) genannt. Daraus gingen *Ishwara* (auf der Kausalebene), *Hiranyagarbha* (auf der feinstofflichen Ebene) und *Virat* (auf der physischen Ebene) hervor. Diese sind auch kosmische Seinszustände. Om ist eine kosmische Schwingung, die immer gegenwärtig ist. Es gab Om als reines Bewusstsein vor der Schöpfung; daraus entstand die kosmische Schwingung Om und dieses ganze sichtbare Universum. Also sind das Absolute und das Relative beide Om.

Wie soll uns jetzt dieses Wissen über „Om" helfen? Wenn wir Om sagen, ist es nicht bloß ein gesprochener Klang, sondern es erzeugt eine bestimmte Schwingung in uns. Wenn wir Om sagen, wollen wir also eine Schwingung in uns erzeugen, die uns hilft, uns auf die immer existierende kosmische Schwingung von Om einzustimmen. Eine korrekte Rezitation von Om mit dem richtigen *Bhava* (innere Haltung) und dem richtigen Verständnis, versetzt uns in die Lage, die Individualität schrittweise zu transzendieren, uns auf die verschiedenen kosmischen Ebenen von *Virat, Hiranyagarbha, Ishvara* und schließlich auf das reine Bewusstsein an sich einzustellen. So kommen wir (und alles) von Om, haben unser Sein in Om und müssen wieder in Om aufgehen.

„*Natha Kumara Nama*" scheint eine tamilische Version des heiligen *Shadakshara* (6silbigen) Sanskrit-Mantras „*Kumaraya Namah*" zu sein. Dieses Mantra gilt als ebenso heilig wie „*Om Sharavanabhavaya Namah*" (Anrufung der Energie von Sharavanabhava = Skanda), weil Shiva es ausgesprochen hat, dessen Mantra das *Panchakshara* (5silbige) ist.

Dass solch ein großartiger Gott, der Om selbst ist, der Shiva das Geheimnis von Pranava offenbarte, die Füsse von Valli Devi auf seinem Kopf trägt, soll die Einfachheit und Güte von Lord Skanda zeigen, dass er bereitwillig versucht, wirklichen Verehrern zu helfen. Valli machte strenge Askeseübungen, um Gott zu erreichen. Von ihrer Kindheit an war sie entschlossen, Ihn „zu heiraten" und dachte immer an ihn; nichts anderes im Leben interessierte sie. Und selbst dann prüfte Gott ihre Hingabe gründlich, bevor er sie annahm. Aber als er wirklich von der Echtheit ihrer Liebe überzeugt war, freute er sich sogar, ihre Füße auf Seinen Kopf zu stellen. Gott wird buchstäblich zum Sklaven Seiner wahren Verehrer. Er gibt sich vollständig denen, die sich ihm rückhaltlos geben. So groß ist die Gnade und Einfachheit Gottes.

*

Die Verse 33 bis 35 beschreiben die ernsthafte Sehnsucht und spirituelle Unrast des *Sadhakas*, der nach vollständiger Freiheit von allen Karmas und den Fesseln des *Samsara* strebt.

Um die Verwirklichung zu erreichen und vom Samsara befreit zu werden, fühlt er deshalb das Bedürfnis nach Einweihung in die höchste mystische Meditation. So wie sich Shiva verbeugt hat und *Pranava Upadesa* bei Skanda gesucht hat, so sucht der *Sadhaka*, indem er sich vor seinem Guru verneigt, Unterweisung in das Geheimnis von *Pranava*, die höchste Art der Nirguna Meditation (abstrakte Meditation).

Weil reines *Pranava*, also Meditation über Om, als das Mantra für *Sannyasins* (Entsagte) gilt, muss man daraus schließen, dass der *Sadhaka* Einweihung in *Sannyasa* sucht, wenn er um Initiation in *Pranava* bittet.

கிரிவாய்விடு விக்ரம வேல் இறையோன்
பரிவாரம் எனும் பதம் மேவலையே
புரிவாய் மனனே பொறையாம் அறிவால்
அரிவாய் அடியோடும் அகந்தையையே.

Vers 37

Girivaai Vidu Vikrama Vel Iraiyon
Parivaaram Enum Padham Meevalaiye
Purivaai Manane Poraiyaam Arivaal
Arivaai Adiyoodum Aganthaiyaiye

Der Herr der seinen mächtigen Vel gegen den Berg warf,
Sein Parivaaram (Partner, Teilhaber) bin ich – diesen Status zu erlangen,
Danach sehne Dich o Geist! Mit Wissen, das Stille genannt wird,
Töte das Ego, zusammen mit seiner Wurzel, vollständig.

„O Geist! Strenge Dich ernsthaft an, um den Status eines *Parivaaram* (Teilhabers) Gottes (*Velayudhan*) zu erlangen, der den mächtigen *Vel* gegen den (Krauncha) Berg geschleudert hat (um ihn zu spalten); und mit Wissen, das Stille heißt, dieses Ego vollständig abtrennt, zusammen mit seiner Wurzel."

Erklärung:
Wir wissen nicht, was gut für uns ist. Wir wissen nicht, wonach wir streben sollen, was das Ziel des Lebens ist. Wir sehnen uns nach Dingen und Positionen, die nicht lange dauern werden, die unser Ego mästen und uns von unserer essentiellen Natur wegführen. Darum kommt Arunagiri uns zur Hilfe und zeigt uns, was dauerhaft gut für uns ist.

In diesem Vers weist Arunagiri den Geist an, sich um etwas zu bemühen, was ungewöhnlich ist und sich erheblich von dem unterscheidet, wonach wir uns gewöhnlich sehnen. Unser Streben ist bestenfalls, wohlhabend zu werden, eine wichtige Persönlichkeit, Minister, Multimillionär, Geschäftsmagnat usw. Aber Arunagiri schlägt uns etwas ganz anderes vor, weil das Ziel von ganz anderer Natur ist, nämlich Anubhuti, göttliche Erfahrung zu erlangen und nicht weltliche Größe. Seine Anweisung ist, nach dem Status eines „*Parivaaram*" Gottes zu streben – ein Verehrer, Yogi oder *Jnani*. Was nützt dieses Streben, mögen wir uns fragen. Während weltliche Positionen das Feuer des Egos so anfachen, dass es alles verzehrt, bis es schließlich uns selbst verzehrt, hilft die Position eines *„Parivaaram"* Gottes, das Ego schrittweise zu töten.

Die Verehrer Gottes sind eine Kategorie für sich. Sie werden auf Tamil *Thondars* genannt. *Thondu* heißt Seva, göttlicher Dienst und jemand, der sich dem Dienst an Gott und seinen Verehrerns gewidmet hat, ist ein *Thondar*. *Thondars* sind Diener, im wirklichen Sinne des Wortes, die sich als Diener Gottes und seiner Gläubigen sehen und sich ganz dem Dienst an Tempeln, Ashrams usw. hingegeben haben. Sie widmen ihre ganze Zeit dem göttlichen Dienst – reinigen z. B. das Tempelgelände, kümmern sich um die Bedürfnisse der Besucher, pflegen die Blumenbeete, Brunnen etc. und bereiten Blumengirlanden und Sandelholzpaste für die Verehrung im Schrein vor usw. Diese Dienste verrichten sie absolut freiwillig. Sie sind nicht angestellt, noch beschränken sie ihren Dienst auf bestimmte Tempel oder Orte. Sie wandern von Dorf zu Dorf, Ort zu Ort und verrichten *Seva*, wo immer es notwendig ist.

Um die meisten Tempel in den Dörfern kümmert sich niemand und sie werden schlecht erhalten, teilweise aus finanziellen Gründen und zum Teil wegen der Vernachlässigung durch die Tempelverantwortlichen. *Thondars* setzen sich sofort dafür ein, das Gebiet um den Schrein herum für die Tempelumrundung zu reinigen, Lampen abzustauben etc. Aber die Tempelverantwortlichen und die Besucher sind ihnen gegenüber zunächst meist argwöhnisch und behandeln sie schlecht, weil sie wie Bettler aussehen, was sie mit Absicht tun. Aber ihre Liebe zu Gott und ihr echter Eifer seinen Verehrern zu dienen, ist nur Gott, der im Herzen wohnt, bekannt. Für sie existiert nur Gott, und besonders in der Gestalt seiner Verehrer. Einen Verehrer zu sehen heißt wahrlich, Gott zu sehen und jeder Dienst an einem Verehrer ist ein direkter Dienst an Gott selbst. Das ist ihre Einstellung. Beim Anblick von Verehrern fallen sie ihnen zu Füßen, kümmern sich um sie und dienen ihnen. Aber was für eine Belohnung bekommen sie!

Meistens erleiden *Thondars* schlimme Demütigungen durch die arroganten Besucher und die herzlosen Tempelautoritäten, die an äußeren Ritualen hängen und dabei den Geist wahrer Gottesliebe verlieren. Aber je schlimmer man mit ihnen umgeht, desto größer ist ihre Freude, da jede solche Erfahrung ihre Erkenntnis der Gegenwart Gottes und Sein Wirken hinter allem vertieft.

Sie unterwerfen sich jeder Art der Demütigung, so dass nicht die kleinste Spur von Ego in ihnen zurückbleibt. So löschen die *Thondars* ihr Ego aus, indem sie innere Gelassenheit durch ungeteilte Liebe zu Gott entwickeln, was Seine Gnade anzieht.

Ihr Glaube an Gott ist lebendiger Glaube – ein Glaube, der bewirken kann, dass Gott sich um ihre körperlichen Bedürfnisse kümmert, ein Glaube, der Ihn zwingt, in der erforderlichen Weise zu erscheinen und ihre Leiden und Schwierigkeiten zu beheben. Ein Glaube, der oft Gott anzieht, so dass er sogar in Person vor ihnen erscheint, um der undankbaren Welt ihre Größe zu beweisen. Eine Studie der Leben von Heiligen, besonders der 63 *Nayanar*-Heiligen aus Südindien, zeigt den Ruhm, die Größe und Macht wahrer Verehrer Gottes.

Gauranga Mahaprabhu, Tulasidas, Ramdas, Jnanadev, Appar, Sundarar, Jnanasambandhar, Shankara, Ramakrishna, Ramana, Sivananda und andere Verehrer konnten Menschen durch ihre bloße Gegenwart und ihren Blick transformieren. In ihrer Gesellschaft zu sein ist so reinigend, inspirierend und transformierend, dass der Kontakt mit ihnen uns Gottes-Vision bringt, so wie Eisen durch die Berührung mit dem Stein der Weisen in Gold verwandelt wird. Verehrer Gottes beschäftigen sich nur mit dem Dienst an Gott, Seiner Verehrung, dem Singen Seines Ruhmes, dem Wiederholen Seiner Namen, mit der Meditation über Ihn, miteinander über Gott und seine Lilas zu sprechen; kurz gesagt, sie leben wahrlich für Ihn und in Ihm und nichts anderes als Gott existiert für sie. Die feste Überzeugung von der Allgegenwart Gottes ermöglicht es ihnen, Gottes Gegenwart selbst in denen wahrzunehmen, die sie missbrauchen und schlecht behandeln. Sie bewahren immer einen ungestörten und ruhigen Geist. So hat das Ego keine Möglichkeit, sich auszudrücken und stirbt einen natürlichen Tod. Es ist so ruhmreich ein *Parivaaram*, ein Verehrer Gottes zu sein, dass Arunagiri es als das sicherste Mittel empfiehlt, das Ego auszurotten und Weisheit und Göttliche Gnade zu erlangen.

Der Vers scheint jedoch noch eine tiefere Bedeutung zu übermitteln – das *Mahavakya Upadesa*.

„*Iraiyon Parivaaram*" ist ein ekstatischer Zustand und deshalb müssen wir versuchen, die wirkliche Bedeutung des Wortes „*Parivaaram*" zu verstehen. *Thondars*, *Bhaktas* oder Verehrer Gottes sind Seine *Parivaarams*. Aber wer ist ein *Bhakta*? Wer *Vollkommenheit im Yoga* erlangt hat, wird ein *Yogi* genannt; wer

Yoga übt, um Vollkommenheit zu erlangen, wird auch ein *Yogi* genannt. Auf ähnliche Weise sind diejenigen, die Gott erlangt haben oder Gottesbewusstsein erfahren haben die wirklichen *Bhaktas* oder „*Parivaaram*"; obwohl natürlich diejenigen, die danach streben, diesen Zustand zu erreichen, auch *Bhaktas* genannt werden. Obwohl „*Iraiyon Parivaaram*" im weitesten Sinne alle Verehrer einschließt, ist es nicht ganz richtig, ihn auch auf die gewöhnlichen Verehrer anzuwenden, die einfach in den Tempel gehen oder zu bestimmten Tageszeiten vorgeschriebene Verehrungsrituale ausüben, aber sich sonst hauptsächlich mit weltlichen Aktivitäten beschäftigen. Diejenigen, die sich ausschließlich der Hingabe und Verehrung gewidmet haben und ernsthaft danach streben, Gott zu erlangen, aber noch nicht die Seligkeit Gottes gekostet haben, sind „*Iraiyon Parivaaram*", aber auch nur in einem sekundären Sinne. Nur die *Thondars, Bhaktas, Yogis, Jnanins*, die Gottesbewusstsein erfahren haben, zumindest als einen flüchtigen Blick – *Jivanmukta* (lebendig befreit) – sind die wirklichen „*Parivaaram*" Gottes. Darum ist das *Periyapuraanam*, das von den Leben der 63 Nayanar Heiligen handelt, auch unter dem Namen *Tirutthondar Puraanam* bekannt. Ohne diese Differenzierung würden wir den routinemäßigen Tempelbesucher mit den ekstatischen *Nayanmars* und anderen Heiligen gleichsetzen, was nicht gerechtfertigt wäre.

Die *Jivanmuktas* (in diesem Körper befreite) sind die wahren „*Parivaaram*" Gottes. Nach der Erfahrung des Gottesbewusstseins kommen sie gewöhnlich teilweise wieder heraus, entweder aufgrund des Restes ihres *Prarabdha Karmas* oder wegen Gottes Wille oder wegen beidem. Charakteristisch für sie ist dann ihre außergewöhnliche Liebe zu Gott und ihr extremes Mitgefühl für alle Wesen. Sie vollziehen äußere Formen der Verehrung, besingen die Herrlichkeit Gottes und ähnliches, was wie die Handlung von gewöhnlichen *Bhaktas* erscheinen mag. Aber sie sind dabei in ihrem inneren *Bhava* (Gefühl) von „*Soham*" (Ich bin Er), „*Shivoham*" (Ich bin Shiva), „*Aham Brahma Asmi*" (Ich bin *Brahman*), „Ich bin ein *Bhakta*", „Ich bin Gottes *Parivaaram*" oder „*(Naan) Iraiyon Parivaaram*" gefestigt. Das sind alles nur unterschiedliche Formulierungen, die dasselbe bedeuten. So hat Arunagiri – sehr mystisch, geheim und tief – „*Aham Brahma Asmi*" in „*(Naan) Iraiyon Parivaaram*" verborgen!

Ein „*Iraiyon Parivaaram*" oder *Jivanmukta* zu sein, heisst, im Bewusstsein von „*Aham Brahma Asmi*" gefestigt zu sein. Danach zu streben, ein „*Iraiyon Parivaaram*" zu werden, heißt, danach zu streben, ein *Jivanmukta* zu werden, d.h. zu versuchen, im Bewusstsein von „*Aham Brahma Asmi*" gefestigt zu werden.

Wie? Durch Meditation über das *Mahavakya* (großartiger Ausspruch)[13], weil Meditation über „*Aham Brahma Asmi*" zur wirklichen Erfahrung, zur Verwirklichung von „*Aham Brahma Asmi*" führt – *Advaita Bhavana* (Kultivierung der inneren Einstellung der Non-Dualität) führt zu *Advaita Avastha* (Zustand der Nondualität). Wenn der Geist also aufgefordert wird, nach dem Zustand eines „*Iraiyon Parivaaram*" zu streben, ist das eine Anweisung für die Meditation über „*Aham Brahma Asmi*".

Über „*Aham Brahma Asmi*" zu meditieren setzt klassischerweise die Einweihung in *Sannyasa* voraus, da das *Mahavakya Upadesa* gleichzeitig mit der Sannyasa-Weihe gelehrt wird.

Man kann daher sagen, dass dieser Vers in sich implizit das *Mahavakya Upadesa* von „*Tat Tvam Asi*" enthält. Es ist implizit, weil die Unterweisung immer geheim gegeben wird. Wenn der Schüler den Guru um die Sannyas-Weihe bittet, d.h. die höchste mystische Meditation, dann gibt ihm der Guru *Mahavakya Upadesa*, indem er „*Tat Tvam Asi*" (Du bist Das) sagt und der Schüler soll mit „*Aham Brahma Asmi*" (Ich bin Brahman) antworten und darüber meditieren, was der heilige Arunagiri als „*(Naan) Iraiyon Parivaaram*" wiedergibt, der Zustand, nach dem der Geist streben soll.

Es ist die Art zu denken, die das Bewusstsein zum *Jiva* oder *Ishvara* macht, Mensch oder Gott, individuell oder kosmisch. Wenn das Bewusstseinsprinzip in uns denkt „Ich bin der Körper", dann wird es tatsächlich auf den Körper begrenzt und identifiziert sich mit ihm; wenn es denkt „Ich bin reines Bewusstsein, Gott", wird es zweifellos zu Gott, es ist Gott. Darum heißt es, „Du wirst, was du denkst."

Der Geist bzw. *Jivatman*, dem die Anweisung gegeben wird, gehört in seiner essentiellen Natur zu Gott, zur universalen Existenz, *Satchidananda* oder reinem Bewusstsein. Der *Jiva* gehört zur Natur des Atman und nicht des Körpers oder des Geistes. Aufgrund von *Avidya*, Unwissenheit hat das Universale, das alleine existiert, irgendwie seine universale Natur vergessen, sich selbst entfremdet und ist dazu gekommen, sich als eine isolierte Existenz, den *Jiva*, zu betrachten und macht seine unabhängige Existenz geltend, was *Asmita* (Ego) zur Folge hat.

---

13. Anmerkung des Herausgebers: Es gibt 4 Mahavakyas aus 4 Upanishaden, großartige Formeln, die die Einheit von allem, die Einheit der individuellen Seele mit Brahman, ausdrücken. Über sie zu meditieren führt allmählich immer mehr zur Erkenntnis und Erfahrung der Einheit. Die 4 Mahavakyas lauten: Aham Brahma Asmi (Ich bin Brahman, das Absolute), Prajnanam Brahman (Brahman ist Bewusstsein), Ayam Atma Brahma (Dieser Atman, dieses Selbst, ist Brahman), Tat Twam Asi (Das bist Du).

Als Folge dieser Individualisation sieht der *Jiva* etwas außerhalb von sich und, noch schlimmer, er entwickelt ein Mögen für bestimmte Dinge und eine Abneigung gegenüber anderen (*Raga-Dvesha* = Mögen-Nichtmögen). Schließlich entwickelt er Anhaftung an einen bestimmten Körper und die damit verbundenen Dinge und klammert sich an sie, was *Abhinivesha* (Furcht vor dem Tod, Verlust) ist. Jetzt muss er zu seinem ursprünglichen Zustand der Universalität zurückkommen, damit er von all diesen Leiden frei wird.

Die effektivste Methode hierfür ist, sagt Arunagiri, über Gott zu meditieren, darüber, dass unsere essentielle Natur göttlich ist, also über die eigene universale Natur. Richtig denken heißt, zu wissen und zu fühlen: „Ich gehöre zu Gott", „Ich bin Brahman". So wie jemand aus einem Traum aufwacht und sich seiner wirklichen Persönlichkeit im Wachzustand bewusst wird, so erwacht der *Jiva* in der Meditation zu seinem universalen Wachzustand von *Ishvaratva* (Göttlichkeit) oder *Brahman*-Sein. Der Geist wird darum angewiesen über „Ich gehöre zu Gott" ((*Naan) Iraiyon Parivaaram*) oder „Ich bin Brahman" (*Aham Brahma Asmi*) zu meditieren.

Angenommen, eine Welle oder ein Tropfen im Ozean, die sich aufgrund eines Denkfehlers als isoliert und unverbunden mit dem Ozean betrachten, beginnen korrekt zu denken. Wie würden sie denken? Als erstes würden sie denken „Ich gehöre zum Ozean", dann „Ich bin ein Teil des Ozeans"; dann „Ich bin untrennbar vom Ozean", dann „Ich bin vom Ozean nicht verschieden" und schließlich „Ich bin der Ozean". Das sind Stufen der Rückkehr zum korrekten Denken auf dem richtigen Weg (Meditation); die Welle war aber immer der Ozean, selbst als sie sich für davon getrennt hielt; „Ich bin der Ozean" ist von Anfang an so, auch zu den Anfangsstufen von „Ich gehöre zum Ozean" usw. So ist es mit dem *Jiva*, der nichts als ein Mythos ist, der aufgrund von falschem Denken dazu gekommen ist, sich selbst als von Gott getrennt zu betrachten. Der *Jiva* ist nichts als ein Bewusstseinsfleckchen im Bewusstseinsozean. Wie kann der *Jiva* oder überhaupt irgendetwas, von Gott getrennt sein, der die allgegenwärtige und alldurchdringende Wirklichkeit ist? Kann irgendetwas außerhalb von ihm sein? Darum meditiert der *Jiva*, der anfängt nach seinem wahren Status, seinem wahren Wesen zu streben, als erstes über „Ich gehöre zu Gott; Ich bin mit Gott verbunden; Ich bin Gottes *Parivaaram*." Dann spürt er: „Ich bin ein Teil von Gott; Ich bin untrennbar von Ihm"; dann „Ich bin nicht von Gott verschieden" und schließlich erkennt er „Ich bin Gott, ich bin Brahman, *Aham Brahma Asmi*." Aber die Idee von „*Aham Brahma Asmi*" durchzieht den Strom der Meditation von Anfang an, von „*(Naan) Iraiyon Parivaaram*."

Wörtlich genommen mag der Begriff „*(Naan) Iraiyon Parivaaram*" ein dualistisches Konzept zu suggerieren scheinen, aber die mystische Einsicht enthüllt, dass er das höchste Geheimnis absoluter Einheit in sich enthält. Der Intellekt hat eine Grenze und wenn er dort ankommt, muss er sich selbst aufgeben. Wir sollten daher nicht in unserem Überenthusiasmus an der wörtlichen Bedeutung und einem intellektuellen Verstehen festhalten und dabei versäumen, die darunter liegende Wahrheit zu erfassen.

Dass der Vers Meditation über „*Aham Brahma Asmi*" impliziert, kann man auch aus dem zweiten Teil des Verses ableiten. Nachdem er den Geist angewiesen hat nach dem Zustand von „*Iraiyon Parivaaram*" zu streben, fügt Arunagiri hinzu: „O Geist! Mit dem Wissen, das Stille genannt wird, zerstöre das Ego mit seiner Wurzel (der Unwissenheit, Avidya)", was auf die Wirkung, die diese Art von Meditation mit sich bringt, hinweißt. Interessanterweise wendet der Heilige diese Technik auch in den beiden anderen Versen der Anweisung an den Geist (Verse 7 und 14) an.

Wenn der Geist gut vorbereitet ist und diese Meditation über „*Aham Brahma Asmi*" übt, festigt er sich in seinem universalen Zustand des „Seins", der Stille, Ruhe ist, im Gegensatz zum Zustand von *Asmita* (Ego) oder *Jiva* (Individuum), der „Werden" ist. So wie ein Wellenkamm sinkt und eins mit dem ruhigen Wasser des tiefen Ozeans wird, so sinkt die Ego-Welle des *Jiva* in den Seins-Ozean von *Ishwara*. Dieses Wissen, die Erkenntnis von „Ich bin Brahman" bringt den ausgeglichenen Zustand der Universalität (d.h. Ruhe, Gleichmut, *Samatvam*) hervor, der ein Todesstoß nicht nur für das Ego, sondern auch für seine Wurzel ist. Darum sagt Arunagiri „Zerstöre das Ego mit seiner Wurzel." Er erwähnt jedoch nicht direkt *Avidya*, weil *Avidya* nichts Wahrnehmbares ist, kein Gegenstand positiver Erfahrung. Wir sind uns des Zustands von *Ahamkara* (Ego) und wie es als Bewusstsein der individuellen Persönlichkeit wirkt, bewusst, aber nicht *Avidya*, die eine logische Vorannahme ist und die aus ihren Wirkungen abgeleitet wird. Also bedeutet die Zerstörung der *Wirkung bis zu ihren Wurzeln* die Zerstörung der Ursache selbst. All dies impliziert Arunagiri wenn er sagt „Zerstöre das Ego bis zu seinen Wurzeln".

Das Ego kann nicht vollständig zerstört werden, ehe nicht seine Grundursache, *Avidya*, entfernt wird. Und keine Anstrengung des *Jiva* kann dies erreichen, da all seine Anstrengungen *Avidya* und das Ego voraussetzen. Darum ist Meditation über den höheren, essentiellen Aspekt des „Seins" (Ruhe, Stille), der gleichzeitig auch Bewusstsein (Wissen) ist, der Königsweg, um das Ego mit seiner Wurzel, *Avidya*, aufzulösen. Man braucht die Hilfe des Höheren, um das Niedrigere zu überwinden. Darum muss der *Jivatva* in *Ishavaratva* aufgenommen oder zurückgezogen werden, durch die höchst wirksame Methode der Meditation über „*Aham Brahma Asmi*", mit einem qualifizierten Geist, der von einem kompetenten Meister richtig eingeführt wurde; dies ist Arunagiris feierlicher Rat.

*

Wenn der Schüler sich dem Guru mit einer ernsten Sehnsucht nach Befreiung nähert und Einweihung in *Sannyasa* sucht (Vers 36), weiht ihn der Guru, wenn er von seiner Eignung und Bereitschaft überzeugt ist, in den Orden des *Sannyasa* ein (mit dem *Mahavakya Upadesa* „*Tat Tvam Asi* – Du bist Das) und lehrt ihn Meditation über „*Aham Brahma Asmi*" – „*(Naan) Iraiyon Parivaaram*" – „(Ich) gehöre zu Gott" und damit das Wissen der Stille bzw. der Einheit, um das Ego vollständig aufzulösen.

Obwohl der Aspirant bereits den Rand des kosmischen Bewusstseins berührt hat, musste er zum Weltbewusstsein zurückkehren, weil *Avidya* noch nicht zerstört war (Verse 28 und 29); bevor *Avidya* nicht entfernt ist, ist Verwirklichung nicht möglich. Hier finden wir deswegen eine Anweisung zur Zerstörung von *Avidya*, der Wurzel des *Ahamkara* (Ego).

Jetzt ist der Schüler mit dieser Initiation und Anweisung vollständig ausgerüstet, in das Absolute zu springen. Die Sannyas-Weihe ist natürlich nicht das Erreichen des Ziels; es ist nur die letzte Vorbereitung dafür. Dass Meditation über „*Aham Brahma Asmi*" notwendig ist, um die Kausalkette, d.h. *Avidya*, *Maya* oder *Samsara* zu zerbrechen und *Samadhi* zu erreichen, ist offensichtlich aus der Anweisung des Gurus, die der Einweihung folgt, nämlich das Ego mit seiner Ursache (*Avidya*) durch die Erkenntnis der eigenen wahren Identität zu zerstören.

ஆதாளியை ஒன்றறியேனை அறத்
தீதாளியை ஆண்டது செப்புமதோ
கூதாள கிராத குலிக்கிறைவா
வேதாள கணம்புகழ் வேலவனே.

Vers 38

Aadhaaliyai Onru Ariyenai Arat
Theedhaaliyai Aandadhu Seppumatho
Koodhaala Kiraatha Kulikku Iraivaa
Vedhaala Ganam Pugazh Velavane

*Ignorant, nichts wissend und, noch schlimmer,
mit schlechten Anlagen, - so hast Du mich angenommen; was kann ich dazu sagen!
O Du mit der Kudhala-Girlande! O Herr der Jägerin!
O Velayudha, der von zahllosen Geistern besungen wird!*

„O Velayudha, der Girlanden aus Kudhala-Blumen trägt! Der der Ehemann der Jungfrau (Valli) aus der Jägerkaste ist! Der von zahllosen Geistern gepriesen wird! O Gott, ich werde von Unwissenheit beherrscht; (ich bin) ein Dummkopf, der nichts weiß und (ich bin) voll übler Eigenschaften. Und dennoch (betrachtest Du mich als wertvoll und) hast mich angenommen (und mich zu Deinem gemacht). Was soll ich dazu sagen (zu diesem Deinem Gnadenakt)?"

Erklärung:
Kudhala ist eine Pflanzenart, die in den Hügelregionen wächst. Ihre Blüten haben weder Duft noch Schönheit. Gott trägt eine Girlande aus diesen Blüten. Dies symbolisiert seine Einfachheit und Seine gütige Natur, da er Dinge annimmt, die nicht als nützlich gelten.

Valli Devi wurde von den Jägern aufgezogen, die ihrer Natur nach grausam sind. Skanda machte sich auf die Suche nach Valli, die zur Sippe der Jäger gehörte und nahm sie von sich aus an. Dies zeigt noch einmal seine großzügige Natur. Das Wort „Kudhala" kann auch Valli betreffen und dann würde es bedeuten: „Der Gemahl von Valli aus der Sippe der Jäger, die eine Girlande aus Kudhala-Blüten trägt." Das symbolisiert, dass Valli von Natur aus sanft war, wie eine Blume, obwohl sie bei den grausamen Jägern lebte.

Vers 38

In der Schlacht mit Surapadma und seiner Armee tötete Skanda mit seinem *Vel* zahllose Asura-Krieger. Die Geister hatten ein schönes Festmahl an den vielen toten Körpern der Asuras, die Skanda getötet hatte. In ihrer Freude schrien, tanzten, sangen und priesen sie Ihn. Er erfreute sich ihrer Lieder und Lobpreisungen. Wie freundlich und bescheiden Er ist! Er, der gewöhnt ist, vedische Mantras mit *Svara* rezitiert zu bekommen, also mit der exakten Aussprache von Göttern, Munis (Weisen), Heiligen und Verehrern, hört auch geduldig dem unrhythmischen Schreien der Geister zu. All das verweist auf Seine Freundlichkeit und Seinen Edelmut, der selbst die mittelmäßigen Dinge annimmt.

Wie schön doch Arunagiri Gott in jedem Vers anspricht, so dass es zu dem Gebet oder dem Zustand passt, die er in diesem Vers aussprechen will. Arunagiris Leben war früher von reiner Sinneshaftigkeit und Sinnesbefriedigung geprägt, wo er sein ganzes Leben auf alle möglichen Weisen verschwendete. Er war gefangen in der niederen Natur. Er war einer, der in Lust und Täuschung untergegangen war. Er hatte keine guten Eigenschaften oder Tugenden. Er war vollständig im Griff der Unwissenheit. Und nicht nur das; er handelte aktiv schlecht und entgegen jeder spirituellen Erleuchtung. Und dennoch akzeptierte Gott solch einen wertlosen Menschen und nahm ihn an. Was für ein Wunder! Als Arunagiri sich daran erinnert, kann er sich nicht zurückhalten. Er ist verblüfft und erstaunt angesichts der unendlichen Gnade Gottes. Darum ruft er: „O Gott, was soll ich über Deine gnadenvolle Natur sagen! Selbst mich hast Du akzeptiert und angenommen." Der Heilige wundert sich über diese Gnade Gottes ihm gegenüber und besänftigt sich irgendwie ein wenig, indem er daran erinnert, dass Gott auch andere nutzlose Dinge annimmt. Darum fügt er hinzu: „Du trägst die (nutzlose) Kudhala-Girlande; Du bist der Gemahl von Valli, aus der (grausamen) Jägersippe; Du akzeptierst und erfreust Dich sogar an den (unerträglichen, lauten) Gesängen der niederen Geister." Das gibt ihm ein wenig Trost.

Dieser Vers gibt selbst dem Mittelmäßgsten einen Strahl Hoffnung; denn es gibt eine Chance für ihre Erlösung, weil Gott äußerst gütig ist.

In diesem Vers ist sich Arunagiri seiner Wertlosigkeit und der Größe Gottes bewusst, da er Ihn annimmt. Der Vers drückt seine ewige Dankbarkeit Gott gegenüber aus. Es ist nicht so, dass Gott nur Arunagiri akzeptiert hätte. Viele Verehrer und Gläubige wurden von ihm gesegnet. Aber sie hatten es verdient; sie hatten Buße getan, waren Gott sehr hingegeben, haben Ihm und seinen Verehrern Dienst geleistet, waren voller tugendhafter Eigenschaften. Darum verdienten sie Seine Gnade und es ist kein Wunder, dass Er sie angenommen hat. Aber Arunagiris Fall ist ganz anders. Dass Gott Arunagiri angenommen hat, war ein Akt reiner Gnade. Es ist darum kein Wunder, dass der Heilige sich über die wunderbare Gnade Gottes wundert!

*

Angenommen zu werden, in *Sannyasa* eingeweiht zu werden und von einem Guru über das *Mahavakya Upadesa* belehrt und dadurch an seine wahre Identität erinnert zu werden (Vers 37) ist von großer Wichtigkeit für den *Sadhaka*. Er wundert sich über sein Glück und bringt seine stille, im Herzen gefühlte Dankbarkeit für seine Gnade und sein Mitgefühl, seinem Guru bzw. Gott dar. Obwohl der Guru diese Einweihung und Lehre nur den dazu bereiten Schülern gibt, kann kein *Sadhaka* behaupten, dass er wirklich bereit dafür ist. Und selbst die wenigen wirklich Geeigneten wissen, dass sie nur dank der Gnade des Gurus dafür bereit sind, dank seiner Gnade und der seiner entsprechenden Vorbereitung.

Der *Sadhaka* wundert sich daher über die seltene Segnung, die ihm gewährt wird.

மாவேழ் சனனம்கெட மாயைவிடா
மூவேடணை என்று முடிந்திடுமோ
கோவே குறமின்கொடி தோள்புணரும்
தேவே சிவசங்கர தேசிகனே.

Vers 39

Maaveezh Sananam Keda Maayaividaa
Mooveedanai Enru Mudinthidumo
Koovee Kuramin Kodithol Punarum
Dhevee Sivasankara Dhesikane

Damit die sieben großen Geburten zu einem Ende kommen.
Wann sollen die drei großen Eshanas, die untrennbar von der Maya sind, enden?
O König! O Umarmer von Valli, der zarten Jägerin!
O großartiger Guru von Shankara, von glücksverheißender Gestalt!

„O König (des Universums)! O Gott, der die Schultern der strahlenden Jägerin Valli Devi umarmt! O Guru von Shivashankara! Damit die sieben (Arten von) großen Geburten zerstört werden, wann werden die drei *Eshanas* (Wünsche), die von der *Maya* untrennbar sind, zu einem Ende kommen?"

Erklärung:
Der Kreis von Geburt und Tod ist endlos. Der Jiva, die Seele, nimmt immer wieder neue Geburten verschiedener Gattungen an, entsprechend seiner Wünsche und Karmas. Dieser Kreislauf endet nie, bis er von allen Wünschen vollständig frei ist. Es heißt, dass es 8.400.000 Tierarten gibt, bis die Seele schließlich eine menschliche Geburt erreicht, welche die Schwelle zur Befreiung ist. Die 8.400.000 *Yonis* (Arten, wörtlich Schöße) werden in sieben Kategorien unterteilt, nämlich Pflanzen, Wassertiere, Reptilien, Vögel, Tiere, menschliche Wesen und Devas. Diese sieben Arten von Geburt *(Yonis)* werden die „großen" genannt, weil jede von ihnen zahllose Unterarten und Variationen hat. Man sagt, dass sich die 8.400.000 *Yonis* wie folgt auf diese sieben Arten verteilen: Devas - 1.400.000 *Yonis*, menschliche Wesen - 900.000, Tiere - 1.000.000, Vögel - 1.000.000, Reptilien - 1.100.000, Wassertiere - 1.000.000 und Pflanzen 2.000.000. Diese sieben großen Geburten sind im Bereich der *Maya*.

Kandar Anubhuti

Wenn man von Geburt und Tod frei werden will, müssen die drei *Eshanas* (Wünsche) aufhören. Die drei *Eshanas* bilden die Essenz der *Maya*; sie sind so untrennbar von *Maya*, dass sie selbst wahrlich *Maya* sind. Von den *Eshanas* frei zu sein, heißt, von Maya frei zu sein. *Eshana* heißt Wunsch. Es ist nicht Wunsch in seiner groben Form nach diesem oder jenem Objekt, sondern es ist das grundlegende Verlangen oder der Drang der Seele nach Externalisierung. Obwohl es unzählige Wünsche gibt, werden sie auf drei grundlegende heruntergebrochen. Die drei *Eshanas* sind die Ursachen für die Geburt des *Jiva* in unterschiedlichen Schößen – die sieben großen Geburten. Ehe sie nicht aufgegeben werden, gibt es keine Chance für Freiheit von Geburt und Tod.

Die drei *Eshanas* sind *Arthaishana*, *Putraishana* und *Lokaishana*. *Arthaishana*, auch *Vittaishana* genannt, ist der Wunsch nach Reichtum. Man denkt, wenn man viel Geld hat, kann man über alles gebieten und das Leben voll genießen. Darum streben Menschen nach Reichtümern. *Putraishana* ist der Wunsch nach Nachkommen, besonders nach Söhnen, also der Wunsch nach Glück in dieser und der jenseitigen Welt. Traditionell denkt man, wenn man einen Sohn hat, genießt man Freuden sowohl in dieser als auch in der anderen Welt; denn ein Sohn entspringt der Vereinigung mit einer Frau und man erwartet von ihm, dass er sich im Alter um seinen Vater kümmert und auch nach dessen Tod die vorgeschriebenen religiösen Riten vollzieht, die den Vorfahren den Genuss der höheren Regionen wie dem Himmel etc. ermöglichen. Putraishana wird manchmal auch *Daraishana* genannt. *Lokaishana* ist der Wunsch nach Name und Ruhm in der Welt und auch nach den Vergnügungen der Himmel. Man wünscht sich, der berühmteste Mensch an seinem Ort (Land) zu sein, in seinem Tätigkeitsbereich (Kunst, Spiele etc.) und selbst im religiösen und spirituellen Bereich möchte man weit bekannt und geehrt sein. Kurzum, wo immer man ist, was immer man macht oder wie auch immer man ist, man möchte berühmt und bekannt sein.

Diese *Eshanas* sind die einzigen Hindernisse für die Befreiung, obwohl sie auf der Erde Glück bringen und einen in den Himmel bringen mögen. Sie sind die Knoten des Herzens, die Wurzel des *Samsara* und sehr schwierig zu brechen. Sie beschränken das eigentliche universale Bewusstsein auf einen bestimmten Körper oder einen Erfahrungsbereich. Wäre es nicht wegen dieser Wünsche, wer würde nicht Befreiung erlangen! Während also die Wünsche die direkten Hindernisse für *Anubhuti* – Verwirklichung, Erfahrung des Absoluten – sind, ist die Gnade Gottes das direkte Mittel, um *Anubhuti* zu erlangen. Der Heilige ruft deshalb die Gnade Gottes an, dass die drei *Eshanas* bald zerstört werden mögen und spricht ihn auf drei Arten an, als „O König des Universums", „O Herr, der Valli Devi umarmt" und „O Guru von Shivashankara".

Wenn die Bürger eines Landes ein Problem haben, müssen sie den König dieses Landes um Beseitigung ihrer Nöte bitten. Genauso nimmt Arunagiri für die Entfernung der Eshanas Zuflucht bei Gott, der der „König des Universums" ist.

Skanda ging zu den Feldern, wo Valli Devi war, umarmte sie und nahm sie als Seine Gefährtin an, wodurch Er sie für immer von der Herrschaft der grausamen Jäger befreite. Ähnlich kann der *Jiva*, wenn die Gnade Gottes ihn umhüllt, aus dem Griff der *Eshanas* befreit werden. Darum ruft Arunagiri die Gnade Gottes an als „dem Umarmer der Schultern der strahlenden, von den Jägern aufgezogenen Valli Devi".

Der verzweifelte Schrei der Seele, die sich nach endgültiger Befreiung aus dem Griff der drei *Eshanas* sehnt, die sie unterdrücken, hallt in diesem Vers wieder. Eigentlich enthüllt er folgendes Geheimnis: „Meine Seele ist von den drei *Eshanas* umklammert. Wenn Du kommst und meine Seele umarmst, so wie Du Valli umarmt hast, nur dann kann ich aus dem Griff der *Eshanas* befreit werden und von Geburt und Tod. O Gott, wann wird es Dir gefallen, dies zu tun? Es gibt kein anderes Mittel. Also geruhe bitte, es bald zu tun." Die *Maya* Gottes, die aus den drei *Eshanas* besteht und die den *Jiva* in den sieben Arten von Geburten versengt, kann man nur durch die Gnade Gottes überwinden. „Wahrlich, diese Meine göttliche Illusion, die aus den (drei) Eigenschaften (der Natur) besteht, ist schwierig zu überwinden. Wer nur bei mir Zuflucht nimmt, überwindet diese Illusion", sagt Krishna (Bhagavad Gita VII-14).

Die Zuordnung der 84.000 *Yonis* zu den sieben Gruppen, von den Pflanzen bis zu den Devas, scheint nahezulegen, dass die Seele auf der menschlichen Ebene Gott nicht direkt erreichen kann, ehe sie nicht durch die verbleibenden 14.000 *Deva Yonis* gegangen ist, da jede Seele die Erfahrungen aller 84.000 *Yonis* durchleben muss. Aber die Schriften verkünden, dass die menschliche Geburt ein seltenes Geschenk sei mit dem einzigen Zweck, Gott zu erreichen, d.h. menschliche Wesen können Gott direkt erreichen. Die Entwicklung der Seele von ihren frühesten Stadien der Pflanzen, Reptilien, Vögeln, Tieren etc. bis sie die menschliche Ebene erreicht, erfolgt automatisch; das Gesetz des Karmas kommt bis dahin nicht ins Spiel. Erst auf der menschlichen Ebene hat die Seele Freiheit – Freiheit tugendhafte Taten zu vollbringen und Geburten in höheren Reichen zu erlangen oder schlechte Taten zu begehen und in niederen *Yonis* oder sogar niederen Welten wiedergeboren zu werden; oder spirituell zu praktizieren und Gott zu erlangen, ohne in niedrigere oder höhere Regionen zu gehen, d.h. *Jivanmukti* (Befreiung noch in diesem Körper) zu erreichen.

Mit den „sieben Geburten" auf die sich Arunagiri in diesem Vers bezieht, scheinen Geburten in den sieben höheren Welten gemeint zu sein, weil ihnen das Adjektiv „Maa" (von „maha" = groß) beigeordnet ist.

Man sagt, es gibt 14 Welten – sieben niedere und sieben höhere. Die sieben höheren Welten oder *Lokas* sind *Bhurloka, Bhuvarloka, Svarloka, Maharloka, Janarloka, Taparloka* und *Satyaloka* oder *Brahmaloka*, die übergeordneten, höheren Regionen. Das Wort „Maa" bedeutet im allgemeinen „groß" oder „übergeordnet" – „groß" bezieht sich auf ihre Anzahl, „übergeordnet" auf ihren Inhalt, Aufbau, die Erfahrung der Freude und die Menge an Verdienst, die man braucht, um sie zu erlangen. Obwohl diese sieben höheren Welten höher sind, sind auch sie innerhalb der Grenzen von *Maya* und die (Reste der) *Eshanas* sind die Ursache der Geburt in diesen *Lokas*. Das Adjektiv „Maa" (übergeordnet) für die „sieben Geburten" und der Hinweis auf die drei *Eshanas*, die die Ursache für die Geburt in ihnen sind, scheinen darum eher auf diese höheren sieben Lokas hinzuweisen als auf die sieben Arten von Geburt, in die die 8.400.000 *Yonis* unterteilt werden, weil die letzteren gewöhnlich als „die sieben Geburten" ohne das Adjektiv „Maa" genannt werden.

Es ist selten, eine menschliche Geburt zu bekommen, die gewöhnlich erst als letzte der 8.400.000 *Yonis* kommt und die für die Erreichung Gottes gedacht ist. Obwohl die menschliche Geburt selbst selten und auch schon höher ist, sind die Freuden der höheren Reiche verfeinerter, subtiler und unvermischt. Ein subtiler Wunsch könnte deshalb im Geist spiritueller Aspiranten aufsteigen, diese höheren Freuden zu genießen, was ein Hindernis für die Gottesverwirklichung ist. Ein Sucher nach der Wahrheit muss noch jenseits dieser sieben Welten gehen, da auch sie im Bereich der Maya sind. Gott, Brahman ist absolute Seligkeit, was das Ziel des spirituell Strebenden ist. Er muss deshalb von den drei *Eshanas* befreit werden, damit er nicht von den Freuden der übergeordneten Geburten in den höheren Reichen verlockt wird. Darum das Gebet um eine völlige Freiheit von den drei *Eshanas*!

Die Maya, von der die drei *Eshanas* untrennbar sind, auf die sich dieser Vers bezieht, bezeichnet den Kausalzustand, weil sie die Ursache der „sieben Geburten" ist. Dieser Kausalzustand ist zu unterscheiden von „*Jaganmaya*" (Welttentäuschung, Illusion), die aus „Heim, Wohlstand und Frauen" besteht

(Ahamaadai Madanthaiyar) (Vers 5), was ein grobstofflicher Zustand ist, ebenso von „*Illeyenum Mayai*" (Vers 29) und „*Padu Mayai*" (Vers 31), die feinstoffliche Zustände sind. Zu Beginn des *Sadhanas* stört die *Maya* den Sucher in Form grobstofflicher Objekte, als die vielen Dinge, die außerhalb von ihm sind. Dies wurde in Vers 5 beschrieben, wo der *Sadhaka* auf den Anfangsstufen seiner Reise zur Unsterblichkeit ist. Aber nach richtiger Unterweisung in die Techniken der Meditation durch den Guru und nachdem er einen kurzen Blick auf das kosmische Bewusstsein hatte, wird Maya zu etwas Unbeschreiblichem, „*Illeyenum Mayai*" – *Maya*, von der man sagt, sie sei nichtexistent. Obwohl sie als die sichtbare Welt erfahren wird, verschwindet sie als nichtexistenter Bewusstseinszustand. Dennoch muss man in ihr leben und sie erfahren, wenn auch mit einer verwandelten Sicht, die die Überzeugung gibt, dass sie letzten Endes vergänglich ist – „*Padu Mayai*". Dann sind es nicht die einzelnen Objekte außerhalb sondern die Welt als solche, die *Maya* ist.

Der Begriff „Welt" umfasst auch den eigenen Körper, der in der Meditation ebenfalls verschwindet, obwohl er zu anderen Zeiten erfahren wird. Aber in diesem Vers erstreckt sich *Maya* über die gesamte Schöpfung, d.h. die sieben (großen oder höheren) Geburten – entweder die sieben Arten von Geburten auf die die 84.000 *Yonis* verteilt sind oder die sieben höheren Regionen; von beiden hat man nur gehört; sie ist nicht sichtbar und dennoch sitzt sie im Herzen in Form der *Eshanas* (Urwünsche). Wie seltsam diese *Maya* ist! In ihrer grobstofflichsten Form nimmt man sie als isolierte Objekte außerhalb von sich selbst wahr – begrenzt und von einem entfernt. In ihrer subtilen Form dehnt sie sich einerseits von den einzelnen Objekten zur Welt aus, während sie andererseits von äußeren Objekten den eigenen Körper erreicht – ausgedehnter und gleichzeitig höher. In ihrem kausalen Zustand dehnt sie sich einerseits von den Objekten der Welt auf die ganze Schöpfung aus, während sie sich gleichzeitig in den Sucher zurückzieht und sich als die *Eshanas* in seinem Herzen einnistet – sie ist am weitesten und am nächsten. Dies ist das Geheimnis der *Maya*.

Obwohl die Ablehnung äußerer Objekte (grobstofflicher Zustand) gut ist, reicht das alleine nicht aus. Obwohl die Negierung der Welt und des Körpers in der Meditation eine fortgeschrittenere Form ist (subtiler Zustand), ist auch das nicht genug. Die sieben großen Geburten müssen durch das Aufhören des Verlangens im Herzen (Kausalzustand) enden, wenn Befreiung erreicht werden soll. Wie markant übermittelt Arunagiri subtile Geheimnisse!

Man kann sagen, dass dieser Kausalzustand der *Maya*, auf den sich dieser Vers bezieht und in dem die drei *Eshanas* eins mit ihr sind, „Mahamaya" (die große Täuschung) ist, die nur Gott alleine zerstören kann, was in der ersten Hälfte von Vers 5 erwähnt wurde. Und die Seele sehnt sich stark nach der Gnade Gottes, damit die *Mahamaya* bzw. die *Eshanas* vernichtet werden.

*

Der Familie und dem Zuhause wurde entsagt. *Sannyasa* wurde genommen. *Mahavakya Upadesa* wurde erlangt (Vers 37). Nur das letzte Gewand der *Maya* in ihrer kausalen Form, der Zustand in dem die drei *Eshanas* untrennbar von ihr sind, muss noch zerrissen werden. Der *Sadhaka* schmachtet nun danach, es auch loszuwerden. Diese extreme Sehnsucht, vom *Samsara* befreit zu werden, ist ein Vorläufer für den letzten Schlag des *Sadhaka*, den er unternehmen muss (wie wir im nächsten Vers sehen werden). Vorher ruft er im Gebet Gott an, ihn in Besitz zu nehmen, so wie Er Valli umarmt, sie angenommen und sich zu eigen gemacht hat.

விளை ஓடவிடும் கதிர்வேல் மறவேன்
மனையோடு தியங்கி மயங்கிடவோ
சுனையோடு அருவித் துறையோடு பசும்
தினையோடு இதனோடு திரிந்தவனே.

VERS 40

Vinaiyoda Vidum KathirVel Maraven
Manaiyodu Thiyangi Mayangidavo
Sunaiyodu Aruvith Thuraiyodu Pasum
Thinaiyodu Ithanodu Thirindhavane

Den Karma vertreibenden, leuchtenden Vel werde ich nicht vergessen;
Werde ich verblüfft und getäuscht sein, durch dieses vergängliche Leben?
Zur Quelle, zum Wasserfall und durch die Hirsefelder, O Gott,
der Du diesen gewandert bist, und auch zum Beobachtungspunkt?

„O Gott, der (bei der Suche nach Valli) über die (Berg-) Quelle, am Rand des Wasserfalls, die Hirsefelder und die Aussichtspunkte gewandert ist! Ich werde den leuchtenden *Vel* nicht vergessen, der die (Dunkelheit der) Karmas vertreibt. Werde ich durch dieses Leben des *Samsara* verblüfft und getäuscht sein? (Nein, so kann es nicht sein!)"

Erklärung:
Dies ist ein einmaliger Vers, der die wahre Bedeutung und den wirklichen Ruhm des *Vels* erklärt. Der Vel ist nicht einfach die göttliche Waffe von Skanda, wie man ihn normalerweise wahrnimmt und sich darauf bezieht, sondern er ist selbst auch der höchste Gegenstand der Meditation, d.h. er ist mit dem Absoluten identisch. Fortgeschrittene *Sadhakas* wissen das. In seinem Buch *Lord Shanmukha and His Worship* sagt Sri Swami Sivanandaji: „Während der Aspirant in der Übung (der Meditation) voranschreitet, kann er schrittweise auf alles Drum und Dran verzichten und sich nur auf den *Vel* (den Speer) konzentrieren. Dieser Speer ist die wirkliche *Svarupa* (Natur) von Subrahmanya. Es repräsentiert Bewusstsein. Wenn alles andere vergeht, bleibt nur dies übrig... jemand der über diesen *(Vel)* als Bewusstsein meditiert, erreicht sicherlich das höchste *Brahman*, das *Satchidananda* ist."

Im vorherigen Vers hallte die Sehnsucht der Seele nach Freiheit von den drei *Eshanas* wieder. Jetzt zeigt Arunagiri den Weg dies zu erreichen. Er besteht darin, beständig an den *Vel* zu denken, d. h. darüber zu meditieren. Was ist der *Vel* und was ist seine Macht? Genau wie die Sonne anstrengungslos Dunkelheit vertreibt nur durch ihr Scheinen, vertreibt oder zerstört der *Vel* kraft seiner Wesensnatur Karmas. Bezeichnenderweise nennt Arunagiri das *Vel* in diesem Vers „*Kadir-Vel*" – den *Vel*, der von strahlendem Licht ist - während er ansonsten als *Jnana-Vel*, *Vel* der Weisheit bezeichnet wird.

Ich werde nicht den leuchtenden *Vel* vergessen, der Karma vertreibt, sagt Arunagiri. Der *Vel* symbolisiert reines Bewusstsein, welches das Selbst oder *Brahman* ist. Den *Vel* nicht zu vergessen bedeutet deshalb das Bemühen, sich im Bewusstsein des Selbst fest zu gründen, was natürlich alle Karmas vernichten wird. Die Ursache für Karmas, ob tugendhaft oder anderes, sind Wünsche. Von Wünschen angetrieben, handelt der Mensch.

Warum beschäftigt man sich mit Aktivitäten irgendeiner Art? Es ist der Wunsch, der einen zur Aktivität antreibt, um etwas zu bekommen, etwas zu erreichen, was man nicht hat. Warum gibt es Wünsche? Wegen der Unwissenheit über die wirkliche Natur der Dinge als auch über die eigene essentielle Natur. Zu denken, dass man der Körper oder der Geist ist und danach zu streben, Dinge zu besitzen und sie zu genießen, um Glück zu bekommen, geschieht aus Unwissenheit über die eigene essentielle Natur, das Selbst. Das Selbst, das man wirklich ist, ist unsterblich und ewig, Seligkeit und Frieden, Weisheit und unendliche Macht. Dies nicht zu vergessen, d.h. in dieser Bewusstheit verwurzelt zu sein, löst die Unwissenheit auf. Dieses Selbst ist der *Vel*, der die Unwissenheit zerstören kann, so wie die Sonne die Dunkelheit entfernt. Wenn Unwissenheit so durch ein Bewusstsein des Selbst bzw. des *Vel* schwindet, hören die Wünsche auf und mit ihnen auch das Karma.

Unwissenheit ist kein wirkliches Ding, so wenig wie Dunkelheit; sie ist nur die Abwesenheit von Weisheit, genau wie Dunkelheit nur die Abwesenheit von Licht ist. Wenn das Licht kommt, vergeht die Dunkelheit automatisch und es braucht keine Anstrengung, um sie zu vertreiben. Genauso vergeht die Unwissenheit, wenn Weisheit dämmert, wenn man dauerhaft das Bewusstsein des Selbst aufrecht erhält. Um also die Kette des Karmas zu durchbrechen, welche die Wirkung von Wünschen und Unwissenheit ist (*Avidya*, *Kama* und *Karma*, die drei Knoten des Herzens, die die Seele an die phänomenale Existenz binden), ist das Nichtvergessen des Vel, d. h. das Bewusstsein der eigenen wahren Natur das einzige Mittel. Wenn das Denkprinzip im Menschen, das letztendlich das Bewusstsein selbst ist, an den Vel, reines Bewusstsein, denkt, also an sich selbst, wird es von seinen Verbindungen mit dem Geist und den Sinnen getrennt und sofort hören diese auf zu funktionieren, so wie eine riesige Maschine zum Stillstand kommt, wenn ihr der Strom abgedreht wird. Dann setzt das Bewusstsein, das im Bewusstsein ruht, den Karmas sofort ein Ende. Arunagiri sagt deshalb: „Niemals will ich den strahlenden *Vel* vergessen, der Karmas vertreibt. Darum werde ich niemals mehr dem *Samsara* unterworfen sein."

Ständige Erinnerung an den Vel, was heißt zu versuchen, im Bewusstsein des Selbst fest verwurzelt zu sein, befreit einen von den Fesseln des Karma und von den Auswirkungen von *Samsara*. Hier erreicht die Meditation ihren Zenit und Höhepunkt, wenn die Meditation auf das Absolute oder *Satchidananda* als reines Bewusstsein – den *Vel* – gerichtet ist.

Was geschieht nun mit dem physischen Leben, wenn man so versucht im Bewusstsein der Allgegenwart des Selbst, in der unaufhörlichen Erinnerung an den *Vel* verwurzelt zu sein? Die Welt ist weiterhin da, aber nicht wie vorher. Für so einen Menschen mag es scheinen, als sei die Welt da, und es mag auch scheinen, als unterliege er der Unbeständigkeit des Lebens. Aber für ihn ist das alles nur ein Scherz, ein Spiel. Genauso wie *Maya* Gott nicht bindet, bindet diesen Menschen der Kreislauf von Geburt und Tod nicht. Nichts betrifft ihn mehr. Er mag seine Aktivitäten wie vorher fortführen, scheinbar auf die gleiche Weise; aber, wegen seines besonderen Bewusstseins, macht er alles ohne davon betroffen zu sein, ohne Täuschung oder Aufregung, da er sich immer der unveränderlichen Wirklichkeit bewusst ist, in der er versucht, verwurzelt zu sein.

Wie schön dies doch Arunagiri in diesem Vers zum Ausdruck bringt, wenn er sagt, dass Skanda sich auf die Suche nach Valli Devi in den Hirsefeldern usw. machte. Valli stand meist auf einer erhöhten Plattform in den Hirsefeldern und verscheuchte die Vögel, die das Korn aufpicken wollten. Manchmal ging sie zu der Bergquelle in der Nähe, um Wasser zu trinken oder zu einem Wasserfall in der Nähe für ein Bad. Das war tagsüber; und vor Sonnenuntergang ging sie nach Hause in das nahegelegene Dorf. Skanda wusste dies alles. Aber, so sagt Arunagiri, er ging dennoch abends zu diesen Plätzen, um sie zu suchen, nachdem sie schon nach Hause gegangen war. Wenn er dies wusste, warum suchte er sie dann? Es war ein Vergnügen für ihn, ein *Lila*, ein Akt der Gnade! Nicht nur das;

er war nicht enttäuscht, weil er sie nicht traf, denn er wusste schon vorher, dass sie nicht da sein würde; andererseits war es Ihm eine Freude, nach ihr zu suchen. Bei der Suche nach Valli handelte Skanda äußerlich wie jeder Liebende, der seine Geliebte sucht, aber seine innere Einstellung war völlig anders, was den ganzen Unterschied ausmacht. Genauso handelt jemand, der versucht, im Bewusstsein der Allgegenwart Gottes gefestigt zu sein, so wie jeder andere und es scheint, als würde er leiden und sei an das *Samsara* gebunden, aber es ist alles bedeutungslos für ihn. Er weiß, dass das Selbst die einzige Wirklichkeit und die Welt ohne Essenz ist. Nichts erschüttert ihn mehr, genauso wie Gott nicht enttäuscht war.

Aber wie wäre es bei einem gewöhnlichen Menschen, der seine Geliebte nicht sehen kann? Wie aufgeregt und enttäuscht wäre er? Es würde ihm scheinen, als ob das Leben jede Bedeutung verlieren würde. Man könnte auch sagen, dass Arunagiri hier indirekt auf das Leiden hinweist, das die armen weltlichen Menschen erleiden, die so sehr an ihre Partner verhaftet sind. Auf der Suche nach ihren Geliebten laufen sie hier- und dorthin, selbst an unmöglichsten Orten suchen sie, in der vergeblichen Hoffnung, sie kurz zu sehen. Die schlimme Misere der Menschen, die noch in den Fesseln der Karmas sind und von sexueller Anziehung in Unruhe versetzt werden und der immer freie Zustand derjenigen, die im Gottesbewusstsein verwurzelt sind und für die alles ein reines Spiel ist, werden beide von Arunagiri auf einen Streich schön dargestellt. „O Gott, für den all dieses phänomenale Leben ein Lila, ein göttliches Spiel ist! Niemals werde ich den *Vel* der *Weisheit* vergessen. Die Karmas können mich nicht mehr berühren. Samsara kann mir nichts mehr bedeuten. Ich versuche in meinem eigenen Selbst zu ruhen", erfreut sich der Heilige.

„*Manai*" bedeutet Haus, d.h. ein Wohnort. Menschen, als Körper, leben in Häusern. Ein Haus hat verschiedene Teile, wie den Eingangsbereich im vorderen Teil, das Wohnzimmer, das Schlafzimmer, die Küche, das Esszimmer, den Hinterhof, den Garten mit Bäumen und Brunnen usw. – alle innerhalb der Grundstücksmauer. Egal wo man sich im Haus befindet, ist man immer noch innerhalb der Grenzen des Hauses. Dies gilt für den Körper. Aber das „*Manai*", Haus, für die Seele, den *Jiva*, ist der gesamte Bereich der *Maya*, der, wie wir im vorherigen Vers gesehen haben, die sieben großen Geburten umfasst, besonders die sieben höheren Erfahrungsregionen. In der Meditation kann der *Jiva* die Erfahrung verschiedener Regionen haben. Aber in jeder Region ist sie immer noch innerhalb der Grenzen von *Maya*. Die ganze Schöpfung, die von *Maya* projiziert wird, ist das „*Manai*", der Wohnort der Seele, den sie überschreiten

_____ *Vers 40*

muss, um Gott zu erlangen. Dies geschieht durch Meditation über den *Vel*, das Selbst. Wenn die Seele auf das Vel-Bewusstsein, das Bewusstsein Brahmans eingestimmt ist, wird *Maya* sofort transzendiert, nicht, indem man räumlich irgendwo anders hingeht, sondern indem sich die Seele hier und jetzt im Brahmanbewusstsein verliert.

In diesem Vers ist die Seele nicht vollständig im Brahman-Bewusstsein gefestigt, sondern versucht sich durch stetige Meditation darin zu festigen. Schon dies gibt ihr die Überzeugung, dass sie jenseits der Begrenzungen von *Maya* gehen wird und lässt sie sagen: „Werde ich durch die verschiedenen Bereiche der *Maya* („*Manai*") gefangen oder getäuscht, wenn meine Meditation über Brahman unaufhörlich ist? Nein, die Welt der Erscheinungen kann mich nicht beeinflussen."

Dieser Vers scheint auch ein Gebet an Gott zu beinhalten, er möge kommen und uns segnen. Valli war einpünktig nur Gott hingegeben, aber sie musste trotzdem bei ihren Eltern und Verwandten („*Manai*", Haus) leben. Als ihre Hingabe und die Zeit sie zu segnen reif war, machte sich Gott selbst auf die Suche nach ihr und nahm sie an. So scheint Arunagiri Gott daran zu erinnern und Seine Gnade anzurufen, indem er sagt: „Ich meditiere ununterbrochen über den *Vel*; ich bin jedoch immer noch in diesem Leben („*Manai*") gefangen, genau wie Valli. O Gott, so wie Du aus freien Stücken zu Valli gegangen bist und sie angenommen hast, geruhe freundlicherweise zu kommen und mich zu segnen, d.h. Dich mir zu offenbaren, so dass ich von dieser Phänomenalität befreit werde."

Von diesem Vers an führt uns Arunagiri zum Höhepunkt seiner Gotteserfahrung, die er in Vers 43 beschreibt. Da wir uns dem nähern, nimmt auch das Tempo zu. Die Verse 40, 41 und 42 sind von besonderer Art, sehr kühne Behauptungen und gewähren intime Einblicke auf den Gemütszustand, der der großartigen Erfahrung direkt vorangeht.

Der *Vel* ist auf mysteriöse Weise mächtig. Wer sich an den *Vel* erinnert, ist von allen Karmas befreit, ist siegreich in all seinen Unternehmungen und erstrahlt in Weisheit. Der *Vel* ist Stärke. Der *Vel* ist Macht. Der *Vel* ist Stütze. Der *Vel* ist Weisheit. Der *Vel* ist das Selbst. Der *Vel* ist das Absolute, Sein-Wissen-Glückseligkeit, *Satchidananda*. Der *Vel* und der Träger des *Vels* (Skanda) sind eins.

*

Um *Maya*, von der die drei *Eshanas* untrennbar sind, zu transzendieren, praktiziert der *Sadhaka* jetzt intensive Meditation über den Vel, das Selbst, reines Bewusstsein; d. h. er setzt das „*Aham Brahma Asmi*" Upadesa in die Praxis um, welches er bei seiner Sannyasa-Weihe erhalten hat (Vers 37). So wie Buddha unter dem Bodhibaum saß, mit dem festen Entschluss nicht aufzustehen, bis die Erleuchtung käme oder der Körper vergehen würde, so ist der *Sadhaka* jetzt fest entschlossen, die göttliche Erfahrung zu erreichen. Dies gibt ihm höchstes Vertrauen, dass *Samsara*, das Spiel der *Maya*, ihn nicht beeinflussen kann. Das physische Leben sieht für ihn vom Standpunkt des *Vel* oder *Atman*-Bewusstseins aus wie ein Traum und erscheint ihm wie ein reines Spiel, genauso wie es ein *Lila* für Gott war, Valli in den Hirsefeldern und an anderen Orten zu suchen.

சாகாது எனையே சரணங்களிலே
காகா நமனார் கலகம் செயுநாள்
வாகா முருகா மயில் வாகனனே
யோகா சிவஞான உபதேசிகனே.

Vers 41

Saagaathu Yenaiye Saranangalile
Kaakaa Namanaar Kalagam Seyunaal
Vaagaa Murugaa Mayil Vaaganane
Yogaa Sivajnaana Upadhesikane

Schütze mich vor der Wiedergeburt und unter Deinen Lotus-Füßen
Schütze, schütze mich, wenn Yama die Seele trennt,
O Du mit der Sieges-Girlande! O Muruga! O Pfauenreiter!
O Herr des Yoga! O höchster Guru, der Gewährer von Shiva-Jnana!

„O Gott, der die schönen Sieges-Girlanden trägt! O Muruga! O Pfauenreiter! O Herr des Yoga! O Herr (der höchste Guru) der *Shiva-Jnana* gewährt (*Atma-Jnana, Brahma-Jnana*, Wissen um das Selbst oder *Brahman*)! Zu der Zeit (des Todes), wenn Yama sein übles Spiel treiben möchte (die Seele vom Körper zu trennen, indem er seine Schlinge wirft), lasse mich nicht sterben (durch seine Hände), schütze mich, O Gott, beschütze mich unter Deinen göttlichen Füßen!"

Erklärung:
Das Leben ist ein Mysterium und gänzlich unsicher. Dennoch ist eine Sache ganz sicher, und das ist der Tod. Der Tod ist die Trennung der Seele (des feinstofflichen und kausalen Körpers) vom physischen Körper, wenn das *Prarabdha Karma* erschöpft ist, das ihn hervorgebracht hat. Der physische Körper zerfällt daher eines Tages und kehrt zu seinen grundlegenden Elementen zurück; man sagt, dass Yama, der Totengott, seine Schlinge über den *Jiva* wirft und ihn vom physischen Körper trennt, was körperliches und psychisches Leiden verursacht. Der *Jiva* kann dann nicht an Gott denken. Da der letzte Gedanke die Natur der nächsten Geburt bestimmt, muss man den Gedanken an Gott im Moment des Todes aufrechterhalten, wenn die Seele von der

Wiedergeburt befreit werden und zu Füßen Gottes ruhen soll, d.h. Befreiung, *Mukti* erreichen soll. Aber man kann nicht erwarten, dass der letzte Gedanke etwas anderes ist als das, was man während des ganzen Lebens gedacht hat oder zumindest während des größten Teils davon. Darum müssen wir eine starke Gewohnheit aufbauen, uns immer an Gott zu erinnern, wenn wir zu seinen Füßen ruhen wollen, wenn Yama sein Werk verrichten will.

Da das Leben unbeständig ist und man in jedem Moment sterben könnte, wäre es unweise, sich nur zum Zeitpunkt des Todes an Gott zu erinnern. Unerwarteter plötzlicher Tod aufgrund von Herzversagen, Unfällen etc. ist nicht selten. Wo gibt es eine Garantie, dass wir morgen, nein, im nächsten Moment noch leben werden? Darum ist es der Rat aller weisen Menschen, jeden Moment als den letzten zu betrachten und sich an Gott zu erinnern, so dass, wann auch immer der Tod auftaucht, der Gottesgedanke da ist, die Seele mit Gott verschmelzen und so die Wiedergeburt verhindern kann. Und nicht nur das, wir haben jetzt Gedankenfreiheit; wir können willentlich an Gott denken. Aber im letzten Moment, wenn Yama seine Schlinge wirft und den *Jiva* vom Körper trennt, werden Geist und Nervensystem, aufgrund der besonderen Umstände die dann vorherrschen, verwirrt. Der Mensch hat dann keine Freiheit des Denkens und Handelns mehr; selbst wenn er an Gott denken möchte, ist es fast unmöglich.

Wenn wir uns also nicht jetzt an Gott erinnern, wo wir ein wenig Freiheit haben, wie sollen wir an ihn denken können, wenn wir hilflos sind? Deshalb sollte die Erinnerung an Gott durch Übung von jetzt an so zur Gewohnheit werden, dass sie die un- und unterbewussten Ebenen unseres Seins durchtränkt, was es einem ermöglichen wird, den Gedanken an Gott selbst in diesem kritischen Augenblick aufrecht zu erhalten, wenn bewusstes Denken vielleicht nicht möglich sein wird. Arunagiri prägt uns deshalb die Notwendigkeit ein, an Gott zu denken, immer in einer Stimmung der Meditation und des Gebets zu sein und nicht so dumm zu sein, zu denken, man würde sich im letzten Moment an Gott erinnern; denn wir kennen weder den Todeszeitpunkt, noch haben wir dann die Freiheit des Denkens. „Pass auf! Der Tod steht immer neben Dir. Erinnere Dich an Gott von jetzt an. Bete beständig zu ihm. Verweile bei Seiner göttlichen Gestalt und Seinen Attributen. Meditiere über ihn. Erlange Gotteserfahrung bevor der Körper verfällt. Gib Yama keine Chance, die Seele in Besitz zu nehmen. Der Herr, der den Pfau reitet, ist der Herr des Yoga, der höchste Guru. Erkenne Ihn, gehe in Ihm auf und ruhe in Ihm, so dass, wenn Yama kommt (d.h. wenn der Körper stirbt) die Seele nicht sterben und wiedergeboren werden muss, sondern zu den Füßen Gottes ruhen kann, der ewigen Wohnstatt des Segens", ist Arunagiris Rat.

Arunagiri betet: „Oh Gott, ich denke immer an Dich oder den *Vel*. Darum lass meine Seele zu Deinen Füßen ruhen, unter Deinem Schutz, wenn sie von Yama (was der Erschöpfung des *Prarabdha Karmas* gleichkommt) von diesem Körper getrennt wird." Obwohl es scheint, als sei der Vers ein Gebet zum Schutz vor dem Tod, hat er eine tiefere Bedeutung und scheint eine Sehnsucht nach dem Erreichen der Befreiung noch in diesem Körper zu beinhalten.

Wir müssen zwischen dem Tod des Körpers und dem Tod der Seele unterscheiden. Der Tod des Körpers ist unvermeidlich; es ist ein natürlicher Prozess, ein *Dharma* des Körpers, der sich auflösen muss, wenn die Kraft, die ihm den belebenden Impuls gab, endet. Der Tod der Seele bedeutet Seelenwanderung. Was wiedergeboren wird, ist nicht der Körper, sondern die Seele. Weil „Wiedergeburt" den Tod voraussetzt und weil Wiedergeburt die Seele und nicht den Körper betrifft, sagt man, dass die Seele, die wiedergeboren werden muss, stirbt. Mit dem Tod der Seele ist aber die Seelenwanderung gemeint. Während der Tod des Körpers nicht unvermeidbar ist, kann der Tod der Seele, die Seelenwanderung, vermieden werden. Diese Freiheit von der Seelenwanderung meint Arunagiri mit „*Saagaadhu*" und den natürlichen unvermeidlichen Prozess des körperlichen Todes mit „*Namanaar Kalagam*".

Wenn der Körper stirbt, dann nimmt Yama die Seele, wenn sie gute oder schlechte Karmas hat, die von ihr ausgearbeitet werden müssen, in Besitz, bewertet sie gemäß ihren Taten und bringt sie in weitere Geburten, hohe oder tiefe. Dieser Prozess der Seelenwanderung kann vermieden werden, wenn sich die Seele Gott hingibt, über Ihn meditiert und *Mukti* erlangt. Dies ist die Bedeutung von „zu den Füßen Gottes ruhen", was das Gebet in diesem Vers ist. Wenn Gottesbewusstsein aufrechterhalten wird, wenn der *Jiva* Freiheit von den Karmas durch *Atma-Jnana*, Festigung im *Atman* oder *Vel*-Bewusstsein zur Zeit des Todes erlangt, dann unterliegt er nicht der Seelenwanderung. Diese Freiheit kann man sogar noch während des Lebens in diesem Körper erreichen, was *Jivanmukti* (Befreiung in diesem Körper) genannt wird.

Freiheit, die Füße Gottes, *Mukti* erreicht man nicht notwendigerweise erst nach dem Tod, sondern es ist eine Möglichkeit und tatsächliche Erfahrung hier und jetzt. Es spielt keine Rolle für die Freiheit der Seele, in welchem Zustand der Körper zur Zeit des Todes ist – ob er gesund, krank, jung, alt, verehrt, ignoriert etc. ist. Was wirklich zählt, ist der Bewusstseinszustand des *Jiva*. Denn Befreiung ist nicht vom oder für den Körper, sondern für die Seele. Es ist das Bewusstsein, das gebunden oder frei ist. Der Bewusstseinszustand, der vor und während des Zeitpunktes des Todes aufrechterhalten wird, bestimmt den Zustand nach dem Tod. Darum kann man nicht sagen, dass der *Jiva* nach dem Tod einen Zustand hat, der völlig unbekannt und losgelöst ist von dem, was unmittelbar vor dem Tod war. So wie er vorher war, ist er auch nach dem Tod. Dies erklärt die Möglichkeit von *Jivanmukti* (zu Lebzeiten befreit). Wenn also Arunagiri um den Schutz zu Füßen Gottes für den Jiva betet, zu der Zeit wenn Yama seinen Streich spielt, d.h. dem Tod des Körpers, bedeutet dies die Sehnsucht der Seele nach Freiheit noch während des Lebens, d.h. den Zustand von Jivanmukti – das Gewähren von Gottesbewusstsein. Darum bezieht sich „*zur Zeit wenn Yama seinen Streich spielt*" auf den „körperlichen Tod", während „*Saagaadhu*" oder „ohne Sterben" (nicht wiedergeboren zu werden), sich auf die Befreiung der Seele von (dem Tod) der Seelenwanderung bezieht.

„Wenn Yama seinen üblen Streich spielt, beschütze mich, beschütze mich unter Deinen Füßen", betet Arunagiri. Warum sagt er „*Kaa*", „*Kaa*" - schütze mich, schütze mich – zweimal? Es kann nicht wegen eines sofortigen Schutzes vor Yama sein, denn die Gefahr ist nicht akut; sie ist weit entfernt, was aus den Worten „*Kalagam Seyum Naal*" – „zu dieser Zeit" klar ist. Wäre Yama jetzt schon gekommen und würde versuchen die Seele zu nehmen und wäre Gott noch nicht zu Hilfe gekommen, dann wäre dieser Ruf verständlich. Aber dem ist nicht so. Es kann auch kein Gebet zu Gott sein, sich *zu dieser Zeit* zu beeilen, denn das ist bedeutungslos, denn wenn Yama Zeit hat zu kommen, hat auch Gott genug Zeit zu kommen. Gott muss jetzt nicht zur Eile getrieben werden. Und außerdem ist Gott allwissend, allmächtig und allgegenwärtig. Darum weist „*Kaa*", „*Kaa*" auf die Sehnsucht der Seele nach *Befreiung* hin und *nicht Schutz* vor Yama. Wir müssen beachten, dass nicht vor Yama Schutz gesucht wird, sondern zu den Füßen Gottes. Schutz zu den Füßen bedeutet Befreiung. Und „*Kaa*", „*Kaa*" wird verwendet, um auf die Dringlichkeit der Befreiung hinzuweisen, d.h. Befreiung *hier* und *jetzt* und nicht irgendwo und irgendwann.

Dieses *jetzt* und *hier* ist ein geheimnisvoller Faktor. Sie bedeuten die Transzendenz von Zeit und Raum. Was ist dieses „Jetzt"? Jeder Moment ist ein *Jetzt*, zu dieser Zeit. Was wir „die Vergangenheit" nennen, *war* damals ein *Jetzt*; „die Gegenwart" ist jetzt ein *Jetzt* und „die Zukunft" *wird* dann ein *Jetzt* sein. Vergangenheit, Gegenwart und Zukunft sind deshalb ein reines Spiel des *Jetzt* oder der *Ewigkeit*. In der Ewigkeit gibt es keine Vergangenheit, Gegenwart und Zukunft; sie ist immer ein *Jetzt*. Ebenso gibt es in der Ewigkeit kein hier oder dort; es ist immer ein *Hier*. So betet Arunagiri „Unter Deinen Füßen beschütze mich (hier) („*Kaa*") und beschütze mich (jetzt) („*Kaa*"). Daher ist es ganz klar ein Gebet oder eine Sehnsucht nach *Jivanmukti*, Befreiung *hier* und *jetzt*. Eine bessere Übersetzung für die ersten beiden Zeilen dieses Verses wären daher „Beschütze mich (hier) und beschütze mich (jetzt) unter Deinen Lotus-Füßen, d.h. gewähre mir *Jivanmukti*, damit zu der Zeit wenn Yama seinen üblen Streich spielt, die Seele nicht sterben muss (d.h. in seine Hände übergeht – die Wiedergeburt vermeidet)."

Es ist wichtig und interessant zu beachten, dass in diesem Vers nicht um Freiheit vom körperlichen Tod gebeten wird, noch nicht einmal von der Angst davor, wie in Vers 10. Dort hatte der *Sadhaka* Angst vor dem Tod und betete um eine Intervention des Herrn, *wenn* Yama auf seinem schwarzen Büffel kommt. Er hatte Angst vor dem Tod, vor Yama, aus zwei Gründen: (1) in diesen Anfangsstufen des *Sadhana* war sein Verständnis nicht reif genug und daher war die Identifikation mit dem Körper so stark, dass der Tod des Körpers den Tod für ihn, der Seele, der Persönlichkeit selbst bedeutete, und so war er unvorstellbar und beängstigend. (2) Zweitens wollte er nicht, dass der Tod des Körpers kommt, bevor das Ziel erreicht ist, denn dann wäre der Zweck des Lebens nicht erfüllt und sein Verlust groß. Aber jetzt, in diesem Vers, auf dieser Stufe des *Sadhana*, hat er keine Angst vor dem körperlichen Tod, wiederum aus zwei gegensätzlichen Gründen: (1) Sein Verständnis ist jetzt ein anderes, korrektes. Er weiß jetzt, dass der Tod des Körpers nicht vermieden werden kann (weil er ein natürlicher Prozess ist), noch vermieden oder gefürchtet werden muss, weil der körperliche Tod nichts mit dem Bewusstseinszustand der Seele zu tun hat. (2) Zweitens ist er jetzt zuversichtlich, dass er im *Vel*-Bewusstsein, Gottesbewusstsein, gefestigt wird (Vers 40) und dass der körperliche Tod keine Bedeutung für die Befreiung der Seele hat.

Es gibt einen feinen aber weitreichenden Unterschied zwischen dem Tod des Körpers und der Befreiung oder Bindung der Seele. Das eine hat mit dem anderen nichts zu tun. Wenn große Seelen, *Mahapurushas* dahingehen, sagen wir deshalb nicht, sie sind gestorben, sondern sagen „Sie sind unsterblich geworden, sie haben *Mahasamadhi* erlangt", obwohl ihren Körpern genau das Selbe wie jedem gewöhnlichen Menschen geschieht.

Also ist das Gebet zum Herrn hier nicht dafür, ihn vor dem körperlichen Tod, vor Yamas bösem Streich zu schützen wie in Vers 10, sondern das *Jiva-*

Bewusstsein zu den Füßen Gottes, im Gottesbewusstsein ruhen zu lassen. Umgekehrt war das Gebet in Vers 10 nicht für die Befreiung der Seele wie hier, sondern nur für eine Intervention Gottes *wenn* Yama kommt.

Die Unterschiede zwischen den beiden Versen sind also:

1) „Zur Zeit *wenn* Yama seinen üblen Streich spielt" – bedeutet, dass er es machen *wird*. Es gibt davor kein Entkommen, noch hat das Gebet das Ziel, es zu vermeiden oder davor gerettet zu werden. Aber in Vers 10 hallt die Angst vor Yama, vor dem Tod wieder, wenn er sagt: „Wenn Yama kommt, o Herr, komm und schreite ein (d.h. beschütze mich vor ihm)."

2) „Schütze mich unter Deinen Füßen, so dass ich nicht sterben möge" – Es wird um *Mukti* der Seele gebetet, was nichts mit dem üblen Streich Yamas zu tun hat. (In Vers 10 gibt es kein explizites Gebet für die Befreiung der Seele, außer wir würden es implizieren.)

3) Weil hier für die Befreiung der Seele gebetet wird, wird auch Gott entsprechend angesprochen, nämlich als der Verleiher von *Shiva-Jnana (Atma-Jnana)* und auch als der Herr (oder Geber) des Yoga. In Vers 10 wurde, weil nur um Schutz vor dem körperlichen Tod gebetet wurde, Gott auch entsprechend dem Zweck angesprochen, nämlich als der Zerstörer von Surapadma, dem Feind Indras, der den Asura Vala getötet hatte. „Feind" und „Töten" scheinen nahezulegen, dass Yama als „Feind" betrachtet wird, der „getötet" werden muss.

Im vorherigen Vers sagte Arunagiri, er wird nie den *Vel* der Weisheit vergessen, weshalb er nicht von Karma betroffen ist und das Samsara zu einem Spiel wird – der Körper, der aufgrund des Anstoßes des *Prarabdha Karmas* besteht, führt seine Aktivitäten ungestört fort, solange der Antrieb anhält. Was passiert, wenn das *Prarabdha Karma* erschöpft ist und der Körper abfällt, d.h. wenn Yama die Seele vom Körper trennt, erklärt er in diesem Vers. „Wenn Yama seine Pflicht erfüllt, die Seele vom Körper zu trennen (d.h. wenn der gegenwärtige Körper stirbt), O Herr des Yoga und Jnana-Guru, lasse nicht zu, dass auch die Seele durch Yamas Hand stirbt (d.h. der Wiedergeburt unterliegt), gib mir eine dauerhafte Zuflucht bei Deinen Lotus-Füßen, d.h. gewähre mir *Mukti*." Das Bemühen, sich im Bewusstsein des Selbst zu verankern (wie im vorherigen Vers ausgeführt) gibt uns die nötige Stärke, dem Tod gelassen gegenüberzutreten, weil die Seele nirgends hingehen muss, sondern direkt mit dem Absoluten, mit Gott verschmilzt.

*

Vers 41

Dieses entschiedene Bemühen, sich fest im *Vel*-Bewusstsein, in „*Aham Brahma Asmi*" (Vers 40) zu gründen, hat die Angst vor dem Tode genommen und der *Sadhaka* lacht jetzt gleichsam den Tod aus, weil er weiß, dass Yama nur seine Pflicht erfüllen wird, die Seele vom Körper zu trennen, der Körper also wegen der Erschöpfung des *Prarabdhas* zerfallen wird, was ein natürlicher Prozess ist.

Der Zweck der Meditation über „*Aham Brahma Asmi*" ist, Gott in diesem Leben zu erreichen. Der Aspirant, der jetzt ständig an den *Vel* denkt oder über „*Aham Brahma Asmi*" (Vers 40) meditiert, macht deshalb nicht nur mit dieser Meditation weiter, sondern sehnt sich intensiv nach sofortigem Schutz zu den Füßen Gottes, d.h. nach Festigung in diesem Bewusstsein, das Befreiung *hier* und *jetzt* ist (*Jivanmukti*), um dadurch für immer von der Wiedergeburt befreit zu werden.

Die Füße Gottes und das *Vel*-Bewusstsein bedeuten ein und dasselbe. „Die Füße" sind kein begrenztes Objekt, sondern das Ziel, genauso wie der *Vel*; sie stehen für *Paramapada*, die Höchste Wohnstatt der Allgegenwart (wie wir in Vers 44 sehen werden). Darum bedeutet das Gewähren der (Schutz zu den) Füße(n) bzw. das *Vel*-Bewusstsein Befreiung, *Jivanmukti*. Während die Füße ein äußerlich sichtbares Symbol sind (vor denen man sich neigt und) die auf den eigenen Kopf gestellt werden, repräsentiert der *Vel* einen inneren Bewusstseinszustand und wird innerlich im Herzen des Aspiranten offenbart. Während das eine eine äußerliche Handlung ist, ist das andere eine innere Offenbarung, aber beide bezeichnen dasselbe. Das Gebet dieses Verses (Schutz zu den) die Füße(n) zu gewähren, ist daher ein Gebet, das *Vel*-Bewusstsein zu offenbaren. Im letzten Vers bemühte sich der *Sadhaka* unermüdlich, sich in diesem Bewusstsein zu gründen. Die Offenbarung des *Vel*-Bewusstseins im nächsten Vers ist gleichzeitig die Vollendung dieser Anstrengung und die Erfüllung dieses Gebets.

Es ist das Körperbewusstsein, das begrenzte Bewusstsein, das Angst vor dem körperlichen Tod verursacht. Wenn Schutz zu den Füßen gewährt wird, also Universales Bewusstsein hinzukommt, worum jetzt gebetet wird, wird die Angst vor dem körperlichen Tod überwunden. Die Seelenwanderung hört auch auf, denn es gibt dann nicht mehr die Frage, ob die Seele irgendwo hingeht.

குறியைக் குறியாது குறித்தறியும்
நெறியைத் தனிவேலை நிகழ்த்திடலும்
செறிவற்று உலகோடு உரை சிந்தையுமற்று
அறிவற்று அறியாமையும் அற்றதுவே.

Vers 42

Kuriyaik Kuriyaadhu Kuritthu Ariyum
Neriyait Thani Velai Nigazht Thidalum
Serivattru Ulagodu Uraisinthaiyum Attru
Arivattru Ariyaamaiyum Attradhuve

Das Höchste Objekt zu erkennen durch Denken ohne zu denken,
Dieser Zustand – der unvergleichliche Vel – nicht früher wird er gewährt,
Als, siehe, die weltlichen Beziehungen enden, die Sprache und der Geist auch enden,
Der Intellekt endet und, siehe da, auch die Unwissenheit endet.

„Der unvergleichliche *Vel*, dieser höchste Zustand (*Mukti*) des Erkennens des Objekts (der Meditation) durch Denken ohne zu denken, wird mir nicht früher gewährt, als alle (meine) Beziehungen mit der Welt enden, Sprache und Geist ebenfalls enden, der Intellekt endet und auch die Unwissenheit endet!"

Erklärung:
Das „*Kuri*", Lakshya, das höchste zu erreichende Objekt ist Gott. Es ist *Brahman*, das Absolute. Es ist *Satchidananda*, absolutes Sein-Wissen-Glückseligkeit. Es ist das Selbst, der *Vel*, wie wir in Vers 40 gesehen haben. Das Ziel wird erreicht, wenn Gott uns aus Seiner Gnade heraus segnet und sich als der unvergleichliche *Vel* offenbart, als das Selbst, als Überbewusstsein. Das ist *Samadhi*, der Höhepunkt von *Dhyana*, Meditation, worin der Kenner, das zu Kennende und der Prozess des Kennens eins werden und Bewusstsein des Selbst auftaucht. Dies ist Vel-*Bewusstsein*, „der Zustand, das Objekt zu kennen, indem man ‚denkt ohne zu denken'."

Es gibt zwei Arten von Wissen: Wissen durch einen *Prozess* und Wissen durch *Sein*; Wissen durch die Sinne und reines Selbst-Bewusstsein (Intuition); mittelbares Wissen und sofortiges, unmittelbares Wissen.

Wissen, das durch Wahrnehmung, Empfindung etc., das heißt durch das Funktionieren der Sinne, des Geistes und des Intellekts gewonnen wird, ist sensorisches Wissen. Dieses Wissen entsteht durch einen Prozess des Erkennens, indem Intellekt, Geist und Sinne als Instrumente oder Medien für das Erkenntnisprinzip handeln, welches das Selbst oder Bewusstsein ist. Wenn das universale Bewusstsein sich gleichsam mit diesen Instrumenten verbindet, verwickelt es sich in sie und wird auf sie begrenzt. Dann fängt es an, von sich verschiedene Dinge zu sehen und sie in einem Prozess zu erkennen. Wenn das so begrenzte Bewusstsein sich durch den individuellen Geist objektifiziert, findet Denken statt. Wenn es sich weiter nach außen bewegt und die Sinne und die Organe (Körper) aktiviert, die die Kontaktmittel sind, begründet es durch Sprache und Handlung eine Beziehung mit der Welt. So bewegt sich also das Bewusstsein nach außen und hat durch den Geist und die Sinne Wissen um die Welt draußen und kommt durch den Körper damit in Kontakt. Dies ist die Art von Wissen, die wir kennen. Die höchste Art von Wissen dieser Art ist intellektuelles Wissen, das letztlich auf dem Bericht der Sinne von der äußeren Welt beruht. Dies ist *objektifiziertes Wissen*; Wissen durch Denken, mittelbares Wissen.

Aber es gibt eine andere Art des Wissens, eine vollkommen neue Art. Sie ist das Bewusstsein des Selbst oder Intuition und taucht im Zustand von Samadhi, der Verwirklichung auf. Dies ist nichtobjektifiziertes Bewusstsein. Dies ist das *Vel-Bewusstsein* oder das *Erkennen des Objektes durch „Denken ohne zu denken"*, sagt Arunagiri.

Diese Ausdrücke tragen mystische Bedeutungen weit jenseits unserer intellektuellen Reichweite in sich. Denken ohne zu denken, schlafloser Schlaf, *Vel*-Bewusstsein usw. sind sehr mystisch. Sie bezeichnen alle den Zustand von *Samadhi* oder *Mukti*, wofür Arunagiri den Begriff „*Neri*" verwendet. Obwohl es unmöglich ist zu erklären, was dieser Zustand des Bewusstseins des Selbst ist, weil er eine *Erfahrung* ist, kann man es mit einer einfachen Analogie aus unserer Alltagserfahrung erklären.

Wie wir wissen, gibt es einen Unterschied zwischen unserem Wissen von der Existenz eines Objektes und unserer eigenen Existenz (als einer körperlichen Entität). Wie wissen wir, dass ein Objekt existiert? Durch den Prozess der Wahrnehmung und des Denkens, weil das gekannte Objekt und das erkennende Subjekt (wir) nicht dasselbe sind, d.h. es sind zwei verschiedene Entitäten, die getrennt stehen. Mit anderen Worten, die Existenz des Objekts ist von unserem Bewusstsein des Objekts getrennt. Aber wie wissen wir, dass wir existieren? Nicht durch Wahrnehmung, nicht durch Denken; wir müssen uns nicht selbst sehen, um zu wissen, dass wir existieren, noch müssen wir denken oder rational überlegen. Wir erkennen uns selbst durch eine Art Intuition oder Selbst-Bewusstsein! Und was ist das genau? Das Bewusstsein oder das Erkenntnisprinzip in uns identifiziert sich so sehr mit dem Körper, dass es sich selbst als den Körper betrachtet und fühlt „Ich bin" im Sinne von „Ich bin der Körper". Hier bedeutet „ich" für alle praktischen Zwecke der Körper. Bei der Wahrnehmung von Objekten objektifiziert sich das Bewusstsein weiter, d.h. es geht außerhalb des Körpers und erkennt die Objekte.

Im Erkennen unserer Selbst macht das Bewusstsein, das sich so objektifiziert hat, nichts anderes, als zu sich selbst (d.h. dem Körper) zurückzukehren und sich selbst zu *sein* und sich selbst so zu erkennen, als „Ich bin", ohne Wahrnehmung oder Denken miteinzubeziehen. Das Bewusstsein, das zu sich selbst zurückkommt, es selbst ist und sich selbst erkennt – dies ist Intuition oder Selbst-Bewusstsein – dies ist Wissen durch „Denken, ohne zu denken". Dies ist *Wissen* durch *Sein*, worin sowohl Wissen als auch Sein eins sind, d.h. Sein ist selbst Wissen. Dies ist natürlich die gröbste Form der Intuition oder des Bewusstseins des Selbst, weil es hier noch zwei Dinge gibt – den unbelebten Körper und das erkennende Bewusstsein – die einander überlagern.

Das *Jiva*-Bewusstsein, sich selbst als den Körper zu betrachten, ist der niedrigste Grad des Selbst-Bewusstseins, höhere Grade sind – das Bewusstsein, das mit dem Geist identifiziert ist, mit dem Intellekt, mit dem Ego oder mit *Avidya*. Dann denkt das Bewusstsein z. B. „Ich bin glücklich", „Ich bin niedergeschlagen"; „Ich weiß", „Ich bin erstaunt"; und „Ich bin" mit dem Gefühl, dass es (das *Jiva*-Bewusstsein) eine unabhängige, eigene, von der kosmischen Existenz, von *Ishwara* isolierte Existenz hat. Dieses Jivatva, das reine *Jiva*-Bewusstsein, ist der höchste Grad des Selbst-Bewusstseins des *Jivas*, wo sich das universale Bewusstsein in *Avidya*, der Individualität spiegelt, seine universale Natur vergisst und dabei eine begrenzte Existenz als „Ich bin" annimmt. Also sind Vorstellungen wie „Ich bin der Körper, ich bin der Geist etc." unterschiedliche Grade des Selbst-Bewusstseins des *Jiva*-Bewusstseins. Aber im eigentlichen Selbst-Bewusstsein (Intuition) kehrt dieses identifizierten *Jiva*-Bewusstseins zu seiner Quelle, dem universalen Zustand von *Ishwaratva* (Gott-Existenz) zurück – und das reine Bewusstsein, frei von Assoziationen, erkennt sich selbst, indem es es selbst ist.

Es ist schwierig zu sagen, was was erkennt, was der Kenner und was das Gekannte ist, weil das Universale sowohl das Subjekt als auch das Objekt ist, der Erkennende und das Gekannte. Es ist das universale Wissen selbst. *Etwas ist* und *Das* erkennt sich selbst als „Ich bin" – *Ahamasmi*. Es ist das Selbst-Bewusstsein des universalen Seins, es ist Seins-Bewusstsein.

Die Rückkehr des objektbezogenen *Jiva*-Bewusstseins zu sich selbst ist in einem begrenzten Sinne Selbst-Bewusstsein. Und die Rückkehr des reinen *Jiva*-Bewusstseins zu *Ishwara* (Gott) ist wirkliches Selbst-Bewusstsein – in beiden gibt es kein äußeres Wissen, sondern *Wissen* durch *Sein*.

Der *Jiva* ist eine geheimnisvolle Sache. Er ist *Ishwara* selbst, der sich fälschlicherweise mit den *Upadhis* (Hüllen)[14], den begrenzenden Faktoren identifiziert. Die Besonderheit des *Jiva*-Bewusstseins ist, dass es sich jeweils mit dem identifiziert, womit es in Kontakt ist. Wenn also der *Jiva* entdeckt, dass er von den Hüllen verschieden ist, mit denen er sich identifiziert, erkennt er, dass er Ishwara ist; denn es ist *Ishwara*, der den Namen *Jiva* trägt, wenn er auf die *Upadhis* begrenzt ist. Die *Skanda-Upanishad* sagt: „*Jiva* ist Shiva[15]; Shiva ist *Jiva*. Der *Jiva* ist wahrlich nur Shiva. Mit Schale wird das Korn „Paddy" genannt, ohne Schale „Reis". Auf ähnliche Weise ist er der *Jiva*, solange Bindung besteht. Wenn das Karma aufgelöst ist, ist er *Sadashiva*. Gebunden durch *Paasa* ist er der *Jiva*, befreit von *Paasa* ist er *Sadashiva*."

Wenn sich also das meditative Prinzip bzw. das *Jiva*-Bewusstsein, das letztlich ein universales Bewusstsein ist, durch den Prozess der Meditation von seinen *Upadhis* befreit, folgt darauf das Selbst-Bewusstsein als „Ich bin" – *Ahamasmi*. Im Bewusstsein des Selbst ist *Sein* gleich *Wissen*; *Sat* ist *Chit*, worauf sich „Wissen, das Ruhe genannt wird" *(Praiyaam Arivu)* in Vers 37 bezog, das der *Sadhaka* durch Meditation über „*Aham Brahma Asmi [(Naan) Iraiyon Parivaaram]* zu erreichen angewiesen wurde und mit dem er das Ego bis zu seiner Wurzel (d.h. *Avidya*) zerstören sollte, das jetzt in diesem Vers kategorisch als zerstört erklärt wird *(Ariyaamai Attradhu)*.

Wie dieser Zustand von *Samadhi* auftaucht, ist tatsächlich ein Wunder. Durch eine geheimnisvolle Kombination von *Purva Punya* (angehäuften Verdiensten aus der Vergangenheit), der eigenen *Sadhana-Sakti* (Kraft der spirituellen

---

14. Im Jnana Yoga geht man vom Konzept der 5 Körperhüllen aus, die unsere Individualität ausmachen und unser wahres Selbst, das reines unbegrenztes Selbst ist, verhüllen.

15. Shiva hier gebraucht im Sinn von: höchste Realität, höchstes Absolutes, reines Bewusstsein.

Übung), der Kraft der Einweihung durch den Guru (*Shaktipata*) und *Ishwara Kripa* (Gottes Gnade) offenbart sich der *Vel*, das Überbewusstsein. Dies ist *Turiya*, d.h. Bewusstsein in seinem transzendentalen Zustand ohne Beziehung zu den fünf *Koshas* (Hüllen), was in dem Vers so genau beschrieben wird. „*Mukti*, der unvergleichliche Vel, wird nicht früher gewährt, bis nicht die Beziehungen zur Welt beendet sind, Sprache, Intellekt und Unwissenheit aufhören." Wir brauchen das nicht im Einzelnen erklären. Es ist offensichtlich, dass das „Bewusstsein von anderem" und damit all seine Prozesse enden, wenn das Bewusstsein des Selbst auftaucht. Wichtig sind aber die Worte, die Arunagiri für das Aufhören der fünf Hüllen verwendet.

Beziehungen zur Welt werden durch den Körper (die Handlungsorgane), die *Annamaya Kosha* (körperliche Hülle) geschaffen. Die Sprache ist nur möglich mit *Prana* (Lebensenergie) und repräsentiert *Pranamaya Kosha* (Energiehülle). Das Gemüt ist *Manomaya Kosha* (emotionale Hülle). Der Intellekt ist *Vijnanamaya Kosha* (intellektuelle Hülle). Unwissenheit, *Avidya* bildet die *Anandamaya Kosha*. Alle fünf *Koshas* hören auf zu funktionieren, wenn der *Jiva* Befreiung erlangt. Dies ist auch der Zustand der höchsten Stille (*Mouna*).

In Vers 40 sagt Arunagiri, dass das Bemühen fest im Bewusstsein des Selbst, im Nichtvergessen des *Vel*, die Täuschung auflöst und dass man mit diesem Bewusstsein alle Aktivitäten als reines Spiel fortführt und nicht mehr der Täuschung unterliegt. Dennoch gibt es die Aktivität der Sinne, des Geistes, des Intellekts und des Egos in diesem Zustand, auch wenn die Täuschung weg sein mag, weil es der *Jiva* ist, der versucht, sich in Gott zu gründen, d.h. wir denken an den Vel. Aber wenn wie in diesem Vers der *Vel* offenbart wird, d.h. wenn der *Jiva* in Gott gefestigt ist, hören alle menschlichen Funktionsweisen einschließlich des Egos und *Avidya* auf. Die wirkliche, vollständige Herrlichkeit des *Vels* wird in diesem Vers explizit als der Zustand von *Mukti* offenbart. Das *Vel*-Bewusstsein ist Selbst-Bewusstsein; der *Vel* symbolisiert das *Selbst*.

Dies ist einer der faszinierendsten und tiefgründigsten Verse in dieser Abhandlung. Wir wollen deshalb einige interessante Punkte darin näher betrachten.

Es gibt Denken (*Kuritthal*). Es gibt Denken und Wissen, d.h. Wissen durch Denken (*Kuritthu Aridhal*). Dies ist sensorisches oder mittelbares oder objektbezogenes Wissen.

Es gibt „Denken ohne zu denken", gedankenfreies Denken (*Kuriyaadhu Ku ritthal*), was Meditation (*Dhyana*) ist. Es gibt „Denken ohne zu denken und das Objekt erkennen" (*Kuriyaadhu Kuritthu Aridhal*), was *Samadhi* (Bewusstsein des Selbst) ist.

Was sensorisches Wissen ist, haben wir schon gesehen. In der Meditation findet eine vollständige Umkehrung des Prozesses des sensorischen Wissens statt. Das Bewusstsein, das sich selbst durch den Intellekt, Gemüt, Sinne und Körper objektifiziert hat, verfolgt seine Schritte zurück, und dieser Prozess ist Meditation. Statt äußerlich zu denken, fängt es an, innerlich zu denken. Statt in Begriffen von Objekten zu denken, die begrenzt und äußerlich sind, fängt es an, an Gott zu denken, an das Selbst, das universal und so „innerlich" ist. Also ist sensorisches Wissen ein äußerer Prozess, eine Veräußerlichung des Bewusstseins; Meditation ist ein innerlicher Prozess, eine Universalisation des Bewusstseins. Und dennoch ist sie ein Prozess. Selbst in der Meditation ist das Bewusstsein immer noch objektifiziert, denn obwohl es seine Schritte zurückverfolgt, ist es immer noch von seiner Quelle oder seinem Zentrum entfernt. Auch dieses *Jiva*-Bewusstsein ist objektifiziert, gar nicht zu sprechen vom Objekt-Bewusstsein.

Daher ist auch *Dhyana* (Meditation) ein *Prozess*, wenn auch ein innerlicher, bei dem es eine Anstrengung gibt, das Objekt der Meditation zu erkennen, das man noch nicht kennt. Aber *Samadhi* ist ein *Zustand*; man kennt das Objekt und jede Anstrengung oder Prozess hört auf. Daher ist die Erfahrung von *Samadhi* (Selbstverwirklichung) immer gleich, ungeachtet unterschiedlicher Meditationsmethoden (Prozesse), was selbst bei gewöhnlichen Erfahrungen zutrifft. Die Erfahrung des Tiefschlafs ist für alle gleich, obwohl die Weisen, wie man einschläft sich unterscheiden können.

„Denken ohne zu denken" kann man deshalb unterschiedlich interpretieren, obwohl das, was erreicht wird, die Erfahrung, letztlich das gleich ist:

(1) *Denken* an Gott, *ohne* an etwas anderes zu *denken*

Das ist die Methode des *Bhakti,* der ausschließlichen Hingabe an Gott, d.h. der Gedanke an Gott allein unter Ausschluss aller anderen Gedanken. In der *Bhagavad Gita* wird das als „*Ananya Chintan*" bezeichnet. Der Gedanke an Gott ohne einen zweiten Gedanken ist darum „Denken ohne zu denken". Über lange Zeit wird der Gottesgedanke so tief, dass das Denkprinzip sich in Gott verliert, so dass es aufhört zu existieren und Gott (reines Bewusstsein) alleine übrigbleibt; genau wie wenn ein Fluss in den Ozean strömt, dann nur der Ozean alleine bleibt, ohne eine Spur des Flusses.

(2) *Denken* an die Universale Wirklichkeit hinter dem Objekt der Meditation, *ohne* an seinen Namen und seine Form zu *denken*

Wenn ein Kind Die Steinfigur eines Hundes sieht, sieht es nur einen Hund und keinen Stein; es hat nicht das gereifte Verständnis, um den Stein dahinter wahrzunehmen. Es sieht nur die Form und nicht die Essenz, die Substanz. Aber wenn wir ihn sehen, wissen wir, dass es Stein ist, obwohl auch wir die Hundeform sehen. Wir sehen auch den Hund, aber wir gehen jenseits des Namens und der Form, nehmen die Substanz wahr und wissen, es ist ein Stein. Es ist nicht so, dass wir die Form nicht sehen, aber wir transzendieren sie. Nicht die Form zu sehen, sondern zu versuchen, die Essenz wahrzunehmen, ist deshalb „Denken ohne zu denken", *Nama-Rupa* zu transzendieren und *Satchidananda* wahrzunehmen, ist „*Denken* (an die Essenz) *ohne zu denken* (an den Namen und die Form). So müssen wir bei der Meditation über eine konkrete Form Gottes die Universale Wirklichkeit hinter der Gottheit sehen. Wenn in diesem Prozess das *Nama-Rupa* (Name und Form) des Meditationsobjektes transzendiert wird, wird damit das *Nama-Rupa* (die Individualität) des Meditierenden transzendiert. Die Wirklichkeit hinter beiden, die *Satchidananda* ist, bleibt alleine übrig und der Zustand von *Samadhi* (Überbewusstsein) stellt sich ein.

(3) *Denken* an Gott, wie Gott denkt, *ohne* an ihn zu *denken*, wie der Mensch denkt.

Dies heißt, an das Universale aus dem Blickwinkel des Universalen heraus zu denken und nicht vom Standpunkt des Einzelnen aus und es zu erkennen. Das Einzelne, als das Einzelne, kann niemals das Universale erkennen; es muss das Universale werden oder sein, um es zu erkennen. Der *Jiva* kann Gott so lange nicht erkennen, wie er ein *Jiva* ist. Er muss *Ishwara* (Gott) kennen, indem er *Ishwara* ist.

Hier finden wir eine interessante Abweichung. Beim sensorischen Wahrnehmen und Erkennen haben wir, obwohl wir ein Objekt „kennen", kein wirkliches Wissen darüber. Wir kennen nur die Existenz des Objektes. Wir kennen das Objekt nicht wirklich, weil wir keine Macht oder Kontrolle darüber haben. Dass wir ein Objekt, z. B. einen Berg, sehen und um seine Existenz wissen, bedeutet nicht, dass wir Kontrolle darüber haben, d.h. wir haben kein wirkliches Wissen darüber, denn es heißt „Wissen ist Macht". Wenn sensorisches Wissen keine Macht ist, welches Wissen ist dann Macht? Es ist Bewusstsein seiner selbst, wo Wissen Sein ist. Wenn wir ein Objekt kennen, werden wir nicht oder sind wir nicht dieses Objekt, darum haben wir keine Kontrolle darüber. Aber in der Kenntnis unserer Selbst sind wir selbst, wie wir oben gesehen haben; darum haben wir Kontrolle über uns selbst, wenn auch nicht in einem absoluten Sinne – doch mehr als wir über die äußeren Objekte haben. Aber im Selbst-Bewusstsein (*Ishwara*-Bewusstsein) weiß Gott alles und hat auch über alles Kontrolle, weil Er alles ist – Er ist immanent. Seine Macht besteht darin, dass Er alles ist; Seine Allmacht ist Seine Allgegenwart. Der Punkt, um den es hier geht, ist, dass ein Ding ein anderes nicht wirklich kennen kann, außer es wird dieses Ding selbst; nur dann weiß es wirklich; deshalb entsteht durch Sinneswahrnehmung kein wirkliches Wissen. *Wissen* impliziert *Sein*.

Es stellt sich die Frage „Kann eine Sache wirklich zu einer anderen werden?" Tatsächlich kann eine Sache nicht wirklich eine andere sein oder werden, aber eine Sache, die sich vorgestellt hat, etwas anderes zu sein, als was sie wirklich ist, kann, wenn sie von ihrer falschen Vorstellung frei wird (und zu diesem Zweck meditieren wir), das sein, was immer sie ist (was Verwirklichung ist).

Wie wird oder ist der *Jiva* nun *Ishwara* und erkennt Ihn? Es gibt ein Element Gottes im Menschen. Wenn der Mensch seine menschlichen Elemente und Merkmale ablegt, erkennt sich dieses göttliche Element als solches. Also ist es Gott, der Gott erkennt, nicht der Mensch, der Gott erkennt. Wie kann ein Ding ein anderes Ding erkennen? Wie kann der Mensch Gott erkennen? Darum spricht man bezeichnenderweise von Gottesverwirklichung, Selbstverwirklichung oder *Sakshatkara* (etwas, was sich selbst erkennt) und nicht von Menschverwirklichung. Es ist Gotteserfahrung, nicht Menschenerfahrung.

(4) *Denken* an Gott als Subjekt, *ohne* an Ihn als ein Objekt *zu denken*

Gott ist Chit, reines Bewusstsein. Es gibt außer Gott kein anderes Bewusstseinsprinzip. Darum ist er der Kenner, das Subjekt und er kann deshalb niemals ein Objekt des Erkennens oder das Erkannte werden. Der Kenner kann niemals das Gekannte werden, das Subjekt niemals das Objekt. Also ist das, was im *Jiva* meditiert oder das meditative Bewusstsein Gott selbst. Es ist Gedanke, der sich selbst denkt und erkennt; das Subjekt, das sich selbst erkennt.

(5) *Denken* an Gott (das Meditationsobjekt) mit der *Pati-Jnana* Methode, *ohne* mit der *Pasu-Jnana* und der *Paasa-Jnana* Methode an ihn zu *denken*.

Das kommt aus der *Saiva Siddhanta* Philosophie. *Pati* ist Gott, *Pasu* die Seele und *Paasa* die Bindung der Seele. Das Wissen der Seele um die Objekte der Welt, welche die *Paasas*, die Faktoren der Bindung durch den Geist und die Sinne, sind, das fälschliche Wissen der Seele von Dingen, die etwas anderes als sie selbst sind —ist *Paasa Jnana*. Wenn das Verständnis der Seele reift, beginnt sie langsam zu verstehen, dass die gekannten Objekte und auch der Geist und die Sinne, durch die sie gekannt werden, alle Jada, leblos, sind und dass sie (die Seele) ein von ihnen verschiedenes intelligentes Prinzip ist. Auf dieser Stufe, wenn sie sich selbst als den Kenner der *Paasas* erkennt, hält sie sich in ihrer Täuschung für *Pati*. Das Wissen, bei dem *Pasu* sich selbst für *Pati* hält, ist *Pasu-Jnana*. Der Pasu, der sich selbst als ein intelligentes Prinzip versteht, erkennt weiterhin, dass nicht er selbst die wissende Intelligenz ist, sondern dass es eine andere erleuchtete Intelligenz gibt, durch die er erkennt. Wenn er nach innen taucht, um die Quelle seines Wissens zu erkennen, bekommt er Erkenntnis über Pati, Gott, der als die immanente Intelligenz hinter seiner Intelligenz steht. Dies ist *Pati-Jnana*.

Wenn *Pasu* an diesem bis zu einem gewissen Grad verstandenen *Pati-Jnana* festhält und nicht in *Paasa-Jnana* verfällt, wird sich ihm *Pati* (Gott) offenbaren.

Die Besonderheit der Seele (*Pasu*) ist, dass sie entweder an der Natur von *Paasa* oder von *Pati* teilhat, je nach dem, womit sie sich verbindet. Daher wird sie in der Meditation über Gott in der *Pati-Jnana* Einstimmung eins mit Gott, erkennt Gott, wie Gott sich kennt und erfreut sich aller Eigenschaften Gottes.

(6) *Denken „Ich bin Brahman" ohne zu denken „Ich bin Körper, Geist" etc.*

Dies ist die vedantische *Neti-Neti* Technik („nicht dies, nicht das") und *Abheda Brahma Chintan* mit *Aham Brahmasmi Bhavana*. Wir haben am Anfang gesehen, wie das Bewusstsein, das seiner Natur nach universal ist, auf die Individualität (Avidya) beschränkt wird und sich durch den Intellekt und das Gemüt objektiviert und schließlich eine Beziehung mit der Welt durch die Sinne und den Körper schafft. Das Bewusstsein betrachtet sich in einem Zustand der Täuschung als den Körper, die Sinne etc. Wenn der Guru *Mahavakya Upadesa* gibt und den Schüler anweist, über *„Aham Brahma Asmi"* zu meditieren, erwacht das Bewusstsein zu seiner wirklichen Natur. Jetzt beginnt der Prozess der Meditation. Das Bewusstsein, das in seiner Identifizierung mit dem Körper dachte „Ich bin der Körper, ich bin Herr So-und-So, ich bin groß", erkennt sich als vom Körper verschieden, weil der Körper unbelebt ist, während es das erkennende Prinzip ist, für das der Körper ein Objekt ist und fühlt „(Ich bin) *nicht dies* (er Körper)." Gleichzeitig bestätigt es seine wirkliche Natur, wie vom Guru angeleitet als *Aham Brahma Asmi* („Ich bin Brahman"). Auf gleiche Weise zieht sich das Bewusstsein von den Sinnen, dem Geist, dem Intellekt, dem Ego und *Avidya* zurück, indem es sagt „(Ich bin) *nicht dies*; (Ich bin) *nicht das*". Wenn also das Bewusstsein schließlich in sich selbst ruht und ohne alle Verbindungen für sich alleine steht, *ist* es selbst, erkennt sich selbst und erfährt „Ich bin Bewusstsein" oder „*Ich bin Brahman.*" Es ist nicht so, dass „Ich" eine Sache und „*Brahman*" eine andere Sache wäre und dass das eine sagt oder fühlt „Ich bin etwas anderes". „Ich bin *Brahman.*" ist nicht die Ich-bezogene Behauptung des *Jivas*.

Wie wir vorher schon gesehen haben, wird *Ishwara*, der letztlich *Brahman* selbst ist, als *Jiva* bezeichnet, wenn er auf die *Upadhis* (begrenzende Hüllen) begrenzt ist. *Ishwara*, der auf die Schleier der Unwissenheit begrenzt ist, ist der *Jiva*; der von den *Upadhis* befreite *Jiva* ist Ishwara. Es ist nicht das begrenzte *Jiva*-Bewusstsein im Zustand von *Avidya*, das fühlt „Ich bin *Brahman*", sondern *Ishwara* selbst. Es gibt nur eine Bewusstheit, die spürt und erfährt, dass es allein ist. Das, was ist, weiß, was es ist. Es ist das sich seiner selbst bewusst sein Gottes als „Ich bin" („*Ahamasmi*").

Es ist etwa so: Wenn wir Krishna fragen: „Wer bist du?", würde er antworten: „Ich bin Krishna." Aber innerlich denkt er nicht: „Ich bin Krishna.", sondern „Ich bin." oder „Ich existiere." So ähnlich, wenn man vom Guru eingeweiht wird, sagt dieser: „*Tat Tvam Asi*" (Das bist Du). Und der Schüler antwortet: „*Aham Brahma Asmi*" (Ich bin Brahman.) und bestätigt dies auch in der Meditation, indem er mit der *Neti-Neti* Technik den Körper usw. verneint. Schließlich stellt sich als Ergebnis intensiver, langer Meditation und göttlicher Gnade das Bewusstsein des Selbst in *Samadhi* ein und das *Jiva*-Bewusstsein erlangt Befreiung – *Mukti*. Das befreite Bewusstsein ruht in sich selbst und kennt sich selbst als „*Ahamasmi*".

Meditation ist also eine Methode, um das veräußerlichte Bewusstsein zurückzuziehen, es zu verinnerlichen und schließlich zu universalisieren und gipfelt in dem Zustand der Erkenntnis durch reines Sein, was eine *Erfahrung* ist – *Samadhi*.

Mukti (Befreiung) ist nicht notwendigerweise etwas, was man nach dem Tode erreicht, sondern eine Erfahrung oder ein Bewusstseinszustand, den man *hier und jetzt* haben kann, während man noch in diesem Körper lebt. Dies wird *Jivanmukti* (lebendig befreit) genannt und wurde von vielen Heiligen wie Appar, Sundarar, Jnana Sambandhar, Arunagiri, Swami Sivananda und anderen erreicht. *Mukti* kann hier direkt erreicht werden, denn Gott ist nicht irgendwo im siebten Himmel oder an einem besonderen Platz, so dass die Seele nach dem Tode dorthin gehen muss, um ihn zu erreichen. Er ist die universale Wirklichkeit, allgegenwärtig und allwissend. Er ist überall und daher muss er direkt hier erreichbar sein. Wenn Gott hier nicht erfahren werden kann, dann kann er auch anderswo nicht erfahren werden; denn wenn er nicht hier ist, dann kann er auch nicht dort sein. Und wenn Gott anderswo ist, dann muss er auch hier sein; anderenfalls würde er aufhören, der ewige Gott zu sein und würde ein Objekt wie jedes andere Objekt werden, wie groß, übergeordnet und ruhmvoll er auch wäre, und er wäre den Begrenzungen eines Objekts unterworfen. Darum ist *Mukti* hier und kann direkt erreicht werden und diesen Zustand beschreibt Arunagiri in diesem Vers mit den Begriffen „*Neri*" und „der unvergleichliche *Vel*".

Die gängige Bedeutung von „*Neri*" ist „Weg", „Pfad", „Methode" oder „Technik". Daher werden die ersten beiden Zeilen des Verses oft interpretiert als „Nicht bevor der Herr des unvergleichlichen *Vels* (Skanda) *Upadesa* über diese Methode gab, das Objekt (der Meditation) durch Denken ohne zu denken zu erkennen.... hörte *Avidya* auf." Aber eine Bedeutung von „*Neri*" ist „*Mukti*". In diesem Sinne verwendet Arunagiri den Begriff hier und diese Bedeutung passt besser als „Methode". Denn wenn es eine reine Belehrung über eine Methode oder Technik ist, wie kann sie sofort die Zerstörung von *Avidya* bewirken? Eine Technik muss erst in die Praxis umgesetzt werden, bevor man das gewünschte Ergebnis erreicht. Daher kann „*Neri*" in diesem Kontext nicht „Methode" bedeuten.

Interessanterweise verwendet Arunagiri im *Kandar Anubhuti* den Begriff „*Neri*" nur in zwei Versen – in den Versen 21 und 42. Vers 21 ist ein Gebet, Seine Lotus-Füße zu gewähren, um *Mukti* zu erreichen und Vers 42 ist das Gewähren von *Mukti*.

In Vers 21 bezieht sich „*Neri*" auch auf *Mukti* und nicht auf einen Weg oder eine Methode, weil man durch das Gewähren der „Füße Gottes" sofort *Mukti* erreicht und es nicht nur ein Weg dafür ist. Die Füße Gottes (die *Paramapada*, Allgegenwart repräsentieren) sind selbst das Ziel und nicht ein Mittel, um etwas anderes zu erreichen. Dies geht offensichtlich aus dem Gebet des Heiligen in Vers 35 hervor, wo er sagt: „Wann wirst Du mir Deine Lotus-Füße gewähren, so dass ich *Mukti* erreiche", als wie auch aus dem Gebet von Vers 41.

Also ist das Gewähren der Füße selbst *Mukti*, was noch einmal in Vers 44 bestätigt wird.

„*Neri*" bedeutet hier also „*Mukti*", d.h. ein Zustand und keine Methode, ein Ziel und *nicht ein Mittel*. Wie um klarzustellen und zu bestätigen, dass dieses „*Neri*", nämlich das Objekt (der Verwirklichung) zu erkennen, durch denken ohne zu denken, ein gewährter *Zustand (Mukti)* ist und *keine* von jemandem gelehrte *Technik*, sagt Arunagiri „*Neri*" sei der „unvergleichliche *Vel*". Es ist nicht so, dass zwei Dinge gewährt würden – „*Neri*" und der *Vel* – sondern „*Neri*" ist der *Vel*. Das drückt er durch „*Neriyai*" und „*Velai*" aus. Und wie wir wissen, ist der unvergleichliche *Vel* kein Mittel, um Wissen zu erlangen, sondern Wissen selbst; er ist der *Jnana*-Vel, absolutes Bewusstsein, wie wir in Vers 40 gesehen haben.

Der Meisterstreich folgt am Schluss des Verses, wo Arunagiri sagt: „Dies wird nicht eher gewährt, bis dass die Beziehungen mit der Welt enden, die Sprache endet, der Geist endet, der Intellekt endet und auch die Unwissenheit (*Avidya*) endet." All dies, besonders die Zerstörung von *Avidya*, wird nur erreicht, wenn der *Jiva* in Gott aufgeht, im Bewusstsein des Selbst. Das Universale betrachtet sich aufgrund von *Avidya* als das Vereinzelte. Im Prozess der Meditation, wenn dem *Jiva* der *Vel* gewährt wird bzw. der Zustand, das Objekt (das Universale) zu erkennen, durch Denken ohne zu denken, kehrt er zu sich selbst zurück und *Avidya* ist zerstört. *Avidya* hört nicht durch eine bloße Anweisung oder Meditationstechnik auf zu existieren.

Tatsächlich ist dieser Vers selbst das Erreichen des Ziels, der Gotteserfahrung, wenn sie auch erst im nächsten Vers größer, prächtiger und positiver ausgedrückt wird. Hier wird sie in mystischen Begriffen ausgedrückt, im nächsten Vers explizit unter Verwendung des Begriffs *Anubhuti*. Das gilt daher als Höhepunkt dieses Werkes.

Dies ist ein ganz seltener Vers, der eine großartige, mystische Erfahrung übermittelt – schwierig zu verstehen, noch schwieriger zu erklären und höchstes Glück, sie zu haben; und das alles wird leicht durch die Gnade Gottes mit dem unvergleichlichen *Vel*.

*

Als Ergebnis der entschlossenen Anstrengung sich im *Vel*-Bewusstsein oder der „*Aham Brahma Asmi*" Meditation zu festigen (Vers 40), was durch eine Sehnsucht, *Jivanmukti* (Befreiung) hier und *jetzt* (Vers 41) zu erreichen, entsprechend intensiviert wurde, erlangt der *Sadhaka* jetzt den Zustand von *Mukti* oder das *Vel*-Bewusstsein, wodurch das Individualitätsbewusstsein *(Avidya)* aufhört. Hier finden wir die offene, empathische Erklärung, dass *Avidya* geendet hat *(Ariyaamai Attradhu)* – die Unwissenheit, die vorher immer noch bestehen geblieben ist (Vers 29), selbst nach einem kurzen Blick auf das kosmische Bewusstsein in der Meditation (Vers 28). Dies ist *Samadhi* – der Zustand von Sein-Bewusstsein oder „Wissen, das Ruhe genannt wird" *(Poraiyaam Arivu)*, das durch Meditation über „Aham Brahma Asmi" erreicht wird und das *Avidya* zerstört – die Erfüllung und Verwirklichung der Anweisungen des Gurus (Vers 37). Diese großartige Erfahrung wird noch lebendiger und klarer im nächsten Vers als *Pesaa Anubhuti* („sprachlose Erfahrung, ohne Worte") beschrieben.

Wir können jeden der Verse 42, 43 und 44 als das Erreichen des Ziels betrachten, obwohl dem unterschiedlich Ausdruck gegeben wird. Tatsächlich ist dieser Vers das eigentliche Erreichen. Die Verse 43 und 44 scheinen Wiederholungen zu sein und drücken gleichzeitig Dankbarkeit aus.

Wie im letzten Vers gesehen, bedeuten der *Vel* und die Füße Gottes ein und dasselbe, sie gehören zusammen. Dies wird in diesem Vers bestätigt. Wie? Dieser „nicht denkende und nicht vergessende Zustand (von *Mukti*), der durch das Gewähren der Füße Gottes zu erreichen ist" (Vers 21), ist „der Zustand (von *Mukti*) ein Objekt durch Denken, ohne zu denken", zu kennen, der jetzt gewährt wird. „*Karudhaa Maravaa Neri*" entspricht „*Kuriyaik Kuriyaadhu Kuritthu Ariyum Neri*", d.h. „*Neri*" *(Mukti)*, das man durch das Gewähren der Füße erreicht. Man erhält es, wenn der *Vel* offenbart wird. Daraus ergibt sich offensichtlich, dass die Füße und der *Vel* ein und dasselbe bedeuten. Das geht auch aus den Versen 40 und 41 hervor. Während es in Vers 40 darum ging, sich in der beständigen Meditation über den *Vel* zu festigen, spricht Vers 41 von der Intensivierung dieser Anstrengung als der Sehnsucht nach sofortigem Erreichen von (Schutz unter) den Füßen Gottes. Die Offenbarung des *Vels* beinhaltet natürlich auch das gleichzeitige Gewähren der Füße Gottes, was Arunagiri in Vers 44 explizit und kategorisch ausdrückt, sowohl als Ausdruck der Dankbarkeit wie auch als Auswirkung dessen, was hier gewährt wurde.

தூசா மணியும் துகிலும் புனைவாள்
நேசா முருகா நினதன்பு அருளால்
ஆசா நிகளம் துகளாயின பின்
பேசா அநுபூதி பிறந்ததுவே.

VERS 43

Thoosaa Maniyum Thugilum Punaivaal
Nesaa Murugaa Ninathu Anbu-arulaal
Aasaa Nigalam Thugalaayina Pin
Pesaa Anubhuti Pirandhadhuve

Sie, die reine Edelsteine und Kleider trägt,
Ihr Geliebter, O Muruga, durch Deine Liebes-Gnade
Wurde die Kette der Wünsche zu Staub zertrümmert,
Wurde die sprachlose Erfahrung geboren, die wahrhaft großartigste.

„O Herr Muruga, Geliebter von ihr (Valli) die reine (Girlanden oder Schmuckstücke aus) Edelsteine und Kleider trägt! Durch Deine Liebes-Gnade wurde die Kette der Wünsche zu Staub zertrümmert (d.h. zerstört) und dann wurde die Erfahrung ohne Sprache (d.h. direkte Erfahrung oder *Sakshatkara*) geboren."

Erklärung:
Dies ist ein sehr schöner, süßer Vers, in dem Arunagiri den ganzen Prozess des *Sadhana* sowie das Erreichen des Ziels zusammenfasst. Die Art und Weise wie Skanda angesprochen wird, ist jeweils besonders bedeutungsvoll, je nach Kontext. Hier wird Gott als der Geliebte von Valli bezeichnet, die *reine* Edelsteine (Schmuck) und Kleider trägt.

Die Mädchen aus dem Jägerstamm tragen Edelsteine und Kleider, die gewöhnlich schmutzig sind. Sie halten ihre Kleider und ihren Schmuck nicht besonders sauber und rein. Aber Valli trug reine Kleider, obwohl sie im Jägerstamm aufwuchs. *Jivas* sind ein Produkt von *Avidya* und daher *Malina Sattva* (getrübtes Sattwa; Sattwa = Reinheit) – *Sattva* gemischt mit *Rajas* (Unruhe) und Tamas (Trägheit), was gewissermaßen durch die normalen Jägersfrauen repräsentiert wird. Aber strebende Seelen, die nach Gott verlangen und intensiv praktizieren, meiden die Unreinheiten (*Rajas* und *Tamas*) und entwickeln reines *Sattwa* wie Valli mit ihren sauberen Kleidern. Das scheint Arunagiri ausdrücken zu wollen, wenn er sagt: „Sie, die *reine* Edelsteine und Kleider trägt." Diese Beschreibung von Valli ist sehr ungewöhnlich, ganz anders als sonst in diesem Buch und steht symbolisch für den Zustand vollständiger Reinheit (*Shuddha Sattwa*), den der *Jiva* im *Samadhi* (des vorhergehenden Verses) erreichen *wird*, wenn Gott der wahre Geliebte des *Jivas* wird. Gott ist der Geliebte solcher gereinigter Seelen, die dank ihrer durch intensives *Sadhana* und Meditation entwickelten Reinheit bereit sind, die göttliche Gnade in vollem Maß zu empfangen und zu erfahren.

Warum ist Gott der Geliebte von Valli? Oder was zog Gott so sehr zu ihr hin und machte sie ihm teuer, dass er ihr Geliebter wurde? Sind es ihre Reichtümer, ihre Belesenheit, ihre hohe Geburt oder ihr sozialer Status? Nein, nichts dergleichen. Ihre reine Liebe zog Ihn an. Als er von Rishi Narada von ihrer ungeteilten Hingabe an ihn schon in ihrem vorherigen Leben erfuhr, machte Skanda sich auf den Weg nach Vallimalai, wo sie auf den Feldern das Korn bewachte. Er liebte nicht in ihren Wohlstand oder ähnliches, denn all das ist bedeutungslos für Gott. Was Valli Ruhm brachte und sie für Gott liebenswert machte, waren nicht Schätze wie Edelsteine, Perlen, adlige Herkunft usw., sondern einfache Hingabe, reine Liebe zu Gott. Wohlstand, Position etc. sind bedeutend in den Augen der Welt, aber nicht in Gottes Sicht. Seine Weise, jemandes Größe und Wert zu beurteilen, unterscheidet sich erheblich vom menschlichen und gesellschaftlichen Urteil. Je „kleiner" man wird, d.h. einfach, bescheiden und demütig, desto „größer" wird man in den Augen Gottes. Nur wahre, ungeteilte, reine Hingabe des *Jivas* kann Gottes Aufmerksamkeit und Gnade anziehen und Er wird der Geliebte solcher Seelen. Dies drückt Arunagiri sehr schön und tiefsinnig aus, indem er sagt, Gott sei der „Geliebte" von Valli, die *saubere* Kleider und Edelsteine trägt. Das weißt ausdrücklich darauf hin, dass Hingabe mit ganzer Seele seitens des *Jiva* nötig ist, um die Gnade Gottes anzuziehen und Ihn als Seinen Geliebten zu haben. Obwohl Gott alle gleichermaßen liebt und Seine Gnade auf allen im gleichen Maße ruht, wird er der Geliebte nur der *Jivas*, die rein sind.

Ist Gott nicht eine Verkörperung von Gnade? Warum schenkt er dann Seine Gnade nur Valli, d.h. reinen Seelen? Es ist wahr, Gott ist ein Ozean der Gnade und des Mitgefühls. Seine Gnade ist mit allen Wesen und immer. Aber was ist mit der eigenen Bereitschaft, sie zu empfangen und erfahren? Die Sonne scheint und bescheint alle gleichmäßig mit ihrem Licht. Aber reflektieren alle

Gegenstände sie in gleichem Masse? Nein. Jedes Objekt reflektiert das Licht gemäß seiner Kapazität. Ein Stein- oder Holzblock reflektiert praktisch nichts, während poliertes Metall oder ein Silbergefäß es teilweise reflektieren; ein sauberer Spiegel reflektiert das Licht vollständig und strahlend. Genauso empfängt ein *Jiva*, der sein *Antahkarana* (inneres Organ) vollständig rein gemacht hat, die Göttliche Gnade in ihrer Vollständigkeit und erstrahlt. Man sagt deswegen, Gott ist der Geliebte solcher reiner Seelen. Das meint Arunagiri mit: „Geliebter von ihr, die *reine* Edelsteine und Kleider trägt."

Valli ist der *Jivatman*. Dass sie saubere Kleider trägt, repräsentiert das tiefe Streben des reinen Individuums, Gott zu erreichen. Valli ist *Iccha Sakti* – reine, edle Gefühle – die alles verzehrende göttliche Liebe ist *(Anbu)*. Sie ist eine Personifizierung von *Anbu*. *Anbu* umfasst alles, wofür sie steht – durch intensives *Sadhana* entwickelte absolute Reinheit, einpünktige Hingabe und feste Entschlossenheit, Gott zu erreichen, all das geduldig und beständig, mit großem Enthusiasmus, in Erwartung der Gnade Gottes. *Anbu*, diese eigene Anstrengung des *Jivas*, zieht Göttliche Gnade (*Arul*) an, je nach ihrer Intensität. In dem Ausmass, in dem der *Jiva* rein ist und Liebe zu Gott bekundet, manifestiert sich die Göttliche Gnade, d.h. in diesem Ausmaß wird Gott der Geliebte des *Jivas*. Die durch Liebe angezogene Gnade hilft wiederum dem *Jiva*, noch größere Anstrengung zu unternehmen und so mehr Gnade anzuziehen. Liebe zieht Gnade an und Gnade bereichert die Liebe. Wenn dieser freudevolle Prozess beständig weitergeht und seinen Zenit erreicht, verschmelzen Liebe und Gnade miteinander und werden „Liebe-Gnade" *(Anbarul)*.

„O Muruga, Geliebter von Valli, die reine Edelsteine und Kleider trägt, durch Deine Liebes-Gnade wurde die Kette der Wünsche zerstört und die sprachlose Erfahrung geboren", sagt Arunagiri. Diese Liebe-Gnade hat eine mystische Bedeutung. Weder die Liebe oder Anstrengung des *Jiva* alleine, noch die Gnade Gottes alleine bewirken sie. Anstrengung und Gnade müssen parallel da sein, miteinander verschmelzen und eins werden, damit die Wünsche überwunden werden und Göttliche Erfahrung entstehen kann. Man kann die Sinne beherrschen, den Geist reinigen, intensives *Sadhana* üben und Gott von ganzem Herzen lieben. Aber die endgültige Befreiung aus den Fesseln der Wünsche ist nur möglich, wenn Göttliche Gnade dazu kommt. Die feinstofflichen Wünsche in Form von *Samskaras* (Eindrücke im Geist) und *Vasanas* (subtile Wurzeln von Wünschen), die im Unterbewussten und Unbewussten ruhen und *Avidya* sind, werden nicht so einfach durch bloße Anstrengung vernichtet. Sie werden ausgerottet, wenn Gott beschließt, sich zu offenbaren, wenn also seine Gnade dämmert. Die *Bhagavad Gita* sagt: „Die Sinnesobjekte wenden sich vom genügsamen Menschen ab und lassen die Sehnsucht (zurück); aber auch diese Sehnsucht wendet sich ab, wenn man das Höchste erblickt" (II, 59). Dies ist ein Aspekt der ganzen Sache, nämlich dass Gnade der Anstrengung folgen sollte. Der andere Aspekt ist: Ist Anstrengung überhaupt notwendig? Reicht nicht Gnade alleine schon? Nein. Gott und Seine Gnade sind eins – sie sind untrennbar wie die Sonne und ihr Licht – und weil Gott überall und immer gegenwärtig ist, ist auch Seine Gnade immer und überall, mit allen. Aber Gnade kann sich nur in einem gereinigten Herzen manifestieren, so wie Sonnenlicht nur von einem sauberen Spiegel reflektiert werden kann. Darum ist Anstrengung notwendig, um Göttliche Gnade anzuziehen und zu manifestieren.

Jetzt stellt sich eine andere interessante Frage. Selbst nachdem der *Jiva* sich angestrengt hat und obwohl die Gnade immer gegenwärtig ist, warum verbinden sie sich nicht und bringen die Göttliche Erfahrung? Dies ist wiederum ein Geheimnis! Wir wissen nicht, wann und wie die beiden sich verbinden und die Erfahrung bringen. Nur Gott weiß es. Daher sagt die Kathopanishad: „Er, den das Selbst (Gott) erwählt, erkennt Ihn. Ihm offenbart er Seine wahre Natur." Darum begegnen wir oft aufrichtigen Suchern, die sich seit Jahren um Gottesverwirklichung bemühen, aber das Ziel noch nicht erreichen. Denn Anstrengung ist da, aber die Gnade ist dem noch nicht gefolgt, d.h. Gott hat sie noch nicht erwählt. Darum sollte man nicht mutlos werden, nicht die Hoffnung verlieren und sein *Sadhana* aufgeben, sondern geduldig abwarten, bis Gnade heraufdämmert. Wiederum gibt es viele Beispiele, wo scheinbar wertlose Seelen, die jedem spirituellen Wachstum abhold sind, die einmalige Segnung plötzlicher Göttlicher Erleuchtung hatten. Wer kann Gottes Wege verstehen!

Während die Gnade Gottes Angelegenheit ist, ist die Liebe Sache des *Jiva*. Aber Arunagiri sagt: „Durch Deine Liebes-Gnade", d.h. nicht nur die Gnade ist Sein, sondern die Liebe und Anstrengung des *Jiva* ist auch Sein. Wie kann das sein? Der *Jiva* ist Teil von Ishwara (Gott); er hat keine eigene Existenz. Darum kommt bei einer tieferen Analyse die Anstrengung des Individuums auch von Gott; sie ist eine Weise, wie Sein Wille oder Seine Gnade wirkt. Göttliche Gnade drückt sich im Individuum als eigenes Bemühen oder Liebe aus; durch den *Jiva* wirkendes *Arul* ist *Anbu*. Es wird Liebe genannt, wenn es durch den *Jiva* ausgedrückt wird; es wird Gnade genannt, wenn es vom *Jiva* empfangen oder erfahren wird. Tatsächlich gehören die beiden von Beginn des Sadhana an zusammen. Erfahrungen kommen auf jeder Stufe der Entwicklung der Seele in unterschiedlichem Ausmass. Im Höhepunkt von Samadhi verschmelzen sie vollständig miteinander und führen zur Gotteserfahrung. Obwohl der *Jiva* sich selbst als den Praktizierenden betrachten mag, ist sein Bemühen schon ganz zu Beginn des *Sadhanas* nichts anderes als Gott selbst; aber dass es so ist, erfährt er erst im *Samadhi*-Zustand. Weise Menschen sagen daher oft: „Es ist Gott, der gebunden zu sein scheint, der *Sadhana* zu üben scheint, der Gnade herabregnen lässt und empfängt, der Freiheit, Verwirklichung erfährt. Alles scheint ein Spiel Gottes zu sein, höchst wunderbar und geheimnisvoll, unfassbar für das menschliche Verständnis, wie Krishna sagt: „Einer sieht dies (das Selbst oder Gott) als ein Wunder, andere sprechen davon als von einem Wunder, andere hören davon als von einem Wunder; und obwohl sie es gehört haben, versteht es niemand" (Gita II,29). Dies ist das Geheimnis von „Deiner Liebes-Gnade" (*Anbarul*); es erklärt die Verschmelzung von Beidem als Mittel, die Kette der Wünsche zu sprengen und die Erfahrung ohne Worte herbeizuführen.

Arunagiri nennt Wünsche eine Kette. Eine Kette hat einen zweifachen Aspekt. Sie ist zum einen eine Fessel, um die Seele zu binden. Zum anderen besteht sie aus Ringen, die miteinander verbunden sind. Es ist der Wunsch, der dem Erreichen von *Anubhuti* im Wege steht. Wünsche binden die Seele an die irdische Existenz und unterwerfen sie Geburt und Tod, wieder und wieder. Wunsch ist Bindung und Freiheit von Wünschen bildet wahrlich Befreiung. Dies stellt die *Kathopanishad* schön dar mit der Aussage: „Wenn alle im Herzen wohnenden Wünsche ausgetrieben wurden, wird der Sterbliche hier und jetzt unsterblich." Je geringer die Anzahl oder die Intensität der Wünsche ist, umso größer ist das Glück, Gott näher zu sein; und je mehr Begierden, desto größer ist das Unglück, von Gott entfernt zu sein. Wie weit man von Gott entfernt ist, kann man also durch die Anzahl an Wünschen, die man hegt oder an ihrer Intensität, erkennen.

Wünsche können grobstofflich, feinstofflich oder sogar nur latent (kausal) vorhanden sein. Sie sind uns oft nicht bewusst, sondern oft tief im Unterbewusstsein, in den Tiefen unseres Herzens verborgen. Unsere Persönlichkeit ist nichts anderes als unsere Wünsche. Wir sind nichts als ein Bündel aus Wünschen auf verschiedenen Ebenen. Man könnte daher sagen, wir bestehen aus Wünschen und wir sind unsere Wünsche. Sie herrschen über unseren Körper, unseren Geist und unsere Psyche und dehnen sich selbst bis zu den unterbewussten und unbewussten Ebenen aus. Darum werden sie mit einer Kette verglichen. Die Wünsche, die sich durch unseren Körper ausdrücken, haben ihre Verbindungen tief im Unbewussten, wie eine Kette. Die ganze Kette der Wünsche muss zerstört werden, wenn Gotteserfahrung möglich werden soll. Darum spricht Arunagiri von der Kette der Wünsche und nicht nur von Wünschen: „Diese Kette der Wünsche zerfiel durch die Liebes-Gnade Gottes zu Staub und dann folgte die Erfahrung jenseits aller Worte." Wortloses *Anubhuti*, *Maha-Mouna*, absolute Erfahrung, Seligkeitsbewusstsein sind verschiedene Begriffe, dieser großartigen spirituellen Verwirklichung des nondualen Bewusstseins. Dieses Bewusstsein, *Anubhuti*, „wurde geboren", sagt Arunagiri. Es wurde nicht gegeben, weil Geben einen Geber voraussetzt, d.h. eine andere Person – Dualität. Gott selbst ist dieses Bewusstsein, diese Erfahrung. Wer sollte es geben? Wenn der *Vel* sich selbst offenbart, wenn die Intuition dämmert, wenn Gottesbewusstsein auftaucht, wie im vorherigen Vers gesagt, geht das *Jiva*-Bewusstsein im Absoluten Bewusstsein auf und Letzteres alleine bleibt übrig.

Eine großartige Erfahrung, die Worte nicht erklären können, *wird geboren* wenn die Kette der Wünsche durch die Liebes-Gnade Gottes zerstört wird. Wenn Anstrengung mit Gnade zusammentrifft, wenn *Anbu* und *Arul* eins werden, was an sich schon ein Geheimnis ist, dann geschieht etwas noch Geheimnisvolleres. Die Vereinigung von *Jiva* und *Ishwara* führt zur *Erfahrung des Absoluten*, *Brahman*, was die Konzepte von *Jiva* und *Ishwara* transzendiert. Die Verschmelzung der Beiden gibt etwas Drittem Geburt. Es ist nicht ein Drittes in dem Sinne, dass es zusätzlich zu den Beiden kommt, wie im Falle der Geburt eines Kindes, das zusätzlich zu seinen Eltern da ist, sondern es ist ein Drittes, weil es keines der beiden ist. Beide vergehen und an ihrer Stelle ist etwas Unbekanntes. Dieses *Unbekannte* umfasst und transzendiert beide, welche seine scheinbaren Phasen sind. Dies ist *Mouna-Anubhuti* (Verschmelzung in Stille), das „geboren wird" und in dem die gängigen Vorstellungen vom *Jiva* als einem Individuum, das sich bemüht und *Ishwara* als dem Gewährer von Gnade und Zerstörer von Wünschen transzendiert werden. Alle Konzepte, welche es auch sein mögen, sind nur Erscheinungen und werden als solche transzendiert. „*Peesa Anubhuti*", sprachlose Erfahrung, entsteht oder „wird geboren". Es ist „sprachlos" vom Standpunkt des *Jiva* aus, weil all seine Fähigkeiten dann aufhören, wie es im vorhergehenden Vers erklärt wurde. Es ist *Erfahrung* vom Standpunkt *Ishwaras* aus, weil selbst die Handlungen des Zerstörens und Gewährens aufhören. Es ist reine Erfahrung, *Peesa Anubhuti*, über die man nichts weiter sagen kann. Das Zusammenkommen von *Anbu* und *Arul* lässt die sprachlose Erfahrung entstehen. Aufgrund von *Anbu*, äußerster

Liebe, verliert sich der Jiva in Gott und wird so „sprachlos". Aufgrund von *Arul*, der Gnade Gottes, wird die Erfahrung geboren. *Anbarul* ist *Peesa Anubhuti*; Liebes-Gnade ist „sprachlose" Erfahrung. Wie wundervoll verpackt und vermittelt Arunagiri höchste Ideen! Selbst die höchste Erfahrung vermittelt er in einem großen Umfang, soweit Sprache sie erfassen und beschreiben kann.

Im gesamten Werk *Kandar Anubhuti* taucht der Begriff „*Anubhuti*" nur in diesem Vers auf, in diesem wunderbaren bedeutsamen Vers. Hier erklärt Arunagiri kühn, dass die Gnade Gottes ihm sprachloses *Anubhuti* gebracht hat – diesen höchsten Zustand spiritueller Verwirklichung des nondualen Bewusstseins, der Seligkeitserfahrung, die auch *Maha-Mouna*, höchste Stille, genannt wird. Er verrät auch – wenn auch verborgen – das *Sadhana*, das erforderlich ist, um die Gnade zu erlangen, die dieses *Anubhuti* bringt. Dieser Vers schildert sowohl das Erreichen als auch die Mittel schön und bedeutungsvoll. Er schildert nicht nur die Erfahrung Arunagiris oder ist ein Gebet, wie es oberflächlich erscheinen mag, sondern verweist auch auf die Übungen, die zu dieser Erfahrung führen.

Das Herz spielt die Hauptrolle im *Sadhana* und bei der Verwirklichung. Reinheit, Liebe, Gnade, Überwindung von Wünschen, Erfahrung von *Anubhuti* – sind gemäß diesem Vers die entscheidenden Punkte und zwar in dieser Reihenfolge. Reinheit meint Reinheit des *Herzens*. Das Herz wird durch die Überwindung von *Rajas* und *Tamas* und die Entwicklung von Sattva rein gemacht. Hingabe und Liebe gehen von einem reinen *Herzen* aus. Liebe zieht Gnade an, was im *Herzen* gefühlt wird. Beide vermischen sich im *Herzen* und führen zum Aufhören von Begierden. Wünsche wohnen im *Herzen* und „Anubhuti" wird dann im *Herzen* geboren. Daher ist das Herz die Arena von *Sadhana* und *Sakshatkara*. Hier treffen Anstrengung und Gnade, das Einzelne und das Universale, von Mensch und Gott, *Jiva* und Ishwara zusammen. Daher sagt die *Maha-Narayana-Upanishad*: „Im Zentrum des Körpers ist der makellose Lotus des Herzens, die Wohnstatt des Höchsten Wesens. Noch innerlicher ist der sorgenfreie Äther. Darüber sollte meditiert werden." Folglich wird jede spirituelle Praxis, die nicht vom Herzen ausgeht oder damit zu tun hat, mehr mechanisch als lebendig, mehr heuchlerisch als echt, mehr für andere als für einen selbst; solch ein *Sadhana* ist fruchtlos. Das Herz ist der Prüfstein der Spiritualität.

Man sieht in diesem Vers, dass der Schrei der Seele aus Vers 39 erfüllt wurde. In Vers 39 betete die Seele: „O Gott, so wie Du Valli umarmt hast, komme und umarme (sei gnädig mit) meine Seele; nur dann werden die drei *Eshanas* (die mich ergriffen haben) zu einem Ende kommen, wodurch meine sieben großen Geburten alle enden werden." Jeder Punkt wird hier in diesem Vers erfüllt. „Wann werden die drei *Eshanas* enden?", hieß es in Vers 39. „Die Kette der Wünsche wurde zerbrochen", ist jetzt die Antwort. (*„Maayaividaa Moovedanai Enru Mudindhidum?" „Aasaa Nigalam Tugal Aayina"*) – Die drei *Eshanas* sind nichts anderes als die Kette der Wünsche mit Verbindungen in die physische, feinstoffliche und kausale Ebene der Persönlichkeit; beide binden die Seele an die phänomenale Existenz. Vers 39: „Um die sieben großen Geburten zu zerstören" wird „Sprachlose Erfahrung geboren." (*„Maavezh Sananam Keda" „Pesaa Anubhuti Pirandhadhu"*) – Den „sieben großen *Geburten*" wird mit der „Geburt von *Anubhuti*" ein Ende gesetzt. Die Geburt des Einen hebt die anderen Geburten auf. Was für ein Mysterium!

„Anbarul" ist, wie wir gesehen haben, *Murugas* Gnade, die sich mit Vallis Liebe paart. Es ist die Verbindung Göttlicher Gnade mit der Anstrengung des *Jivas*. Es ist Gott, der den *Jiva* umarmt, worum in Vers 39 gebetet wurde, was sich jetzt erfüllt. Darum wird in beiden Versen Valli erwähnt. So folgte dem Gebet aus Vers 39 die entschlossene Anstrengung (Vers 40), verlieh die Überzeugung, dass der Tod die Seele nicht berühren kann (Vers 41), offenbarte den *Vel*, der sofort den *Jiva* absorbierte (Vers 42) und seine Erfüllung in dieser sprachlosen Erfahrung und der Zerstörung der äußeren Wünsche durch die Liebes-Gnade in diesem *Anubhuti* Vers fand.

Dieser Vers ist auch die Erfüllung des Gebets aus Vers 2: „O Muruga, bitte gewähre mir dieses alles beendende, die Individualität auflösende Gute." Das „Aufhören von allem" findet statt, wenn „die Kette der Wünsche aufgelöst wird." (*„Aasaa Nigalam Tugal Aayina", „Ellaam Attradhu"*). „Sich zu verlieren" kommt mit „Sprachlos(igkeit)": *„Peesa (mai)" „Yennai Ezhandhen"*. Das "Gute" erlangt man in *"Anubhuti"*. „Gewähre mir" war das Gebet und „wird geboren" ist die Erfüllung (*„Sollaai"* findet seine Antwort in *„Pirandhadhu"*). Das Gebet in Vers 2 richtete sich an Muruga. Und in diesem Vers ist es wiederum Muruga, durch dessen Liebes-Gnade die Gotteserfahrung geboren wird. Gebet und Erfüllung entsprechen sich aufeinander folgend: *Ellaam Ara; ennai Ezhandha; Nalam; Sollaai* – *Aasaa Nigalam Thugal Aayina (Oin); Peesa; Anubhuti; Pirandhadhu.*

So fasst dieser Vers das ganze *Sadhana* zusammen, die Essenz dieses Werkes, Abhandlung, die in dieser Verwirklichung gipfeln. Wie wunderschön doch

Arunagiri in einem einzigen Vers das Wesentliche des *Sadhana* und der Verwirklichung erklärt: Die Sehnsucht der Seele nach Gott, vollständige Reinheit, spirituelle Praxis über längere Zeit mit Liebe bis die Gnade dem folgt, Gottes Liebe für die Seele, die Dämmerung Seiner Gnade, die die Kette der Wünsche auflöst und die Geburt der großartigen Gotteserfahrung in *Maha-Mouna*.

Der Vers endet mit „*Pesaa Anubhuti Pirandhadhuve*" – „die sprachlose Erfahrung war geboren". Einige Kommentatoren gehen daher davon aus, dass das Werk *Kandar Anubhuti* mit diesem Vers endet und die übrigen 8 Verse nicht von Arunagiri sind. Andere meinen, dass alle 51 Verse von Arunagiri stammen, da bestimmte Hinweise dafür sprechen und die restlichen Verse von besonderer Art sind.

*

Das vollständig gereinigte Herz des *Sadhaka*, das mit Sehnsucht (Liebe) nach Gott bzw. *Mumukshutva* (Befreiung) erfüllt ist, zieht Göttliche Gnade an. Die Verschmelzung beider zerbricht die Kausalkette, die ursächliche *Avidya* (Unwissenheit) und *Pesaa Anubhuti*, Gotteserfahrung, erblüht.

Das am Anfang der spirituellen Praxis gesetzte Ziel, um welches gebetet wurde (Vers 2) und für dessen Verwirklichung so viele Prüfungen durchstanden wurden, wird jetzt verwirklicht. Dieses „alles beendende und sich selbst verlierende Gute" ist erreicht worden.

Dieser Vers scheint vor allem eine Erinnerung an die aus der unendlichen Gnade geborene Göttliche Erfahrung zu sein, nach dem Herauskommen aus dieser Erfahrung. Er ist offensichtlich auch eine Zusammenfassung des gesamten Prozesses, da die Erfahrung nichts anderes als der Höhepunkt dieses gesamten Prozesses ist. Die Verse 42 und 43 sind praktisch Ergänzungen dazu: Der eine führt zu *Samadhi* und der andere geht daraus hervor. Der Erfolg der Meditation, der im Überbewusstsein gipfelt und das gleichzeitige Aufhören aller individuellen Tätigkeiten werden in

Vers 42 beschrieben. Vers 43 gibt die Erinnerung an die Seligkeitserfahrung des *Samadhi* wieder, nachdem man aus dem *Samadhi*-Zustand herauskommt.

So wie man beim Aufwachen sagt: „Ich habe selig geschlafen; ich wusste von nichts" und man während des Schlafs sich dieser Erfahrung nicht bewusst war, so behält man beim Emportauchen aus *Samadhi* (der in Vers 42 erreicht wurde) eine lebendige Erinnerung an diese Seligkeitserfahrung. Sie hinterlässt bleibende Eindrücke in dem gereinigten Gemüt. Dies wird in diesem Vers so lebendig beschrieben. Diese wonnevolle Erfahrung ist dauerhaft. Sie bleibt auch bestehen, nachdem man aus dem überbewussten Zustand wieder herauskommt, dank der vorhergehenden intensiven Praxis und Göttlicher Gnade.

Jetzt wird der *Sadhaka* zum *Siddha Purusha*, ein Jivanmukta Purusha, ein Weiser und „lebendig Befreiter". Er ist kein *Jiva* mehr, ein individuelles Bewusstseinszentrum. Es gibt für ihn keine Notwendigkeit mehr, bewusstes *Sadhana* zu machen. Sein *Sadhana* wird natürlich, weil sein Bewusstsein der Wirklichkeit ununterbrochen und stetig ist. Das ist offensichtlich der Grund, warum Valli ab Vers 44 nicht mehr erwähnt wird.

Es ist selten, dass mit *Peesa Anubhuti* beschenkte Seelen ganz in *Samadhi* bleiben und nie mehr daraus hervorgehen. Normalerweise kommen sie wieder aus *Samadhi* heraus und beschäftigen sich mit *Lokasangraha* – Dienst in der Welt aus Mitgefühl heraus. Da ihr inneres Bewusstsein Gottes stetig ist, strahlen sie Freude und Seligkeit aus, sie sind Gott auf Erden und ihre Handlungen sind wahrlich Gottes Handlungen. Solch große Seelen (*Mahatmas*) zu treffen, die Gelegenheit zu bekommen, ihnen zu dienen, ihnen zuzuhören und von ihnen geführt zu werden, ist tatsächlich ein seltenes Privileg. So wie Gott am Anfang der Übungen als der Guru des *Sadhakas* kam und ihn führte, macht Gott ihn jetzt zum Führer anderer suchender Seelen. Darum wäre es nicht korrekt anzunehmen, das *Kandar Anubhuti* ende mit diesem Vers. Die befreite Seele bewegt sich frei, gibt hungrigen Seelen spirituelle Nahrung, entsprechend ihren Bedürfnissen. Das beschreiben die Verse 45-51, die deshalb einmalig und von unterschiedlicher Natur sind. So gibt es in der Welt immer verwirklichte Seelen als Gurus, die strebenden Seelen die nötige Führung geben.

சாடும் தனிவேல் முருகன் சரணம்
சூடும்படி தந்தது சொல்லுமதோ
வீடும் சுரர்மாமுடி வேதமும் வெம்
காடும் புனமும் கமழும் கழலே.

VERS 44

Saadum ThaniVel Murugan Saranam
Soodumpadi Thanthadhu Sollumadho
Veedum Surarmaamudi Vedhamum Vem
Kaadum Punamum Kamazhum Kazhale

*Murugan, der Großartige, mit dem zerstörenden, unvergleichlichen Vel,
Gewährte seine Füße zur Krönung – o was soll ich sagen!
Moksha, die glorreichen Häupter der Götter und die ewigen Vedas,
Leuchten aus Deinen Füßen, wie auch der heiße Wald und die Felder.*

„Muruga, mit dem unvergleichlichen und zerstörerischen *Vel*, gewährte seine Füße zur Krönung (auf meinem Kopf), - die Füße, die erstrahlen als *Moksha*, auf den Häuptern der *Devas*, in den Vedas, im heißen Wald und in den Hirsefeldern (bzw. deren himmlischer Duft in diese hineinstrahlt und in ihnen fühlbar wird). O, wie soll ich (seine Gnade) ausdrücken!"

Erklärung:
Dies ist ein inhaltlich einfacher, in seiner Implikation aber großartiger und vielseitiger Vers. Der heilige Arunagiri rühmt hier die seltene Segnung, die ihm verliehen wurde. Was ist diese Segnung? Muruga hat gnädig Seine Füße gewährt, um damit Arunagiris Kopf zu krönen. Dies ist die höchste Segnung, die man bekommen kann, weil sie dem Empfänger *Moksha* (Befreiung) überträgt. Um die Manifestation dieser Füße auf dem steinernen Tablett seines Herzens hat er in Vers 6 gebetet. Meditation über die Füße bei gleichzeitiger Wohltätigkeit befreit von der Wiedergeburt (Vers 7). Wenn man sie erreicht, kann man all seine Wünsche aufgeben und errettet, d.h. befreit werden (Vers 14). Das Gewähren der Füße bedeutet das Erreichen des Zustands von *Mukti* (Befreiung) jenseits von Denken und Vergessen (um den er in Vers 21 gebetet hat). Sich vor diesen Füßen zu verneigen und sie als wahres *Satchidananda*

zu fühlen, ist ein großer Verdienst, der schwer zu erreichen ist (Vers 22). Nicht an sie zu denken, weil man in das aktive Spiel der Unwissenheit gerät, ist wahrlich der Untergang (den zu überwinden sein Gebet in Vers 23 war). Nicht nur die Füße alleine sind rot, d. h. vollkommen, sondern der, dem sie gehören, ist in seinem ganzen Wesen rot (Vers 25): Nach deren Gewährung er sich sehnte, um den Zustand von *Mukti* zu erreichen und von den Karmas befreit zu werden (Vers 35). Die die Häupter von Brahma und anderen *Devas* krönen (Vers 36); unter denen Schutz zu suchen *hier* und *jetzt Jivanmukti* bedeutet; wonach er gestrebt hat (Vers 41). Diese Füße krönen Arunagiris Kopf.

Was geschieht, wenn „die Füße Gottes gewährt" werden? Die gebundene Seele wird sofort befreit, der *Sadhaka* wird zum *Siddha*. Diesem Gesegneten eröffnet sich eine neue Vision, da die Füße ihre wirkliche Natur offenbaren. Sie erstrahlen als das Unsichtbare, das Sichtbare wie auch die Verbindung zwischen beidem; als das Absolute, das Phänomenale als auch als das, was sie verbindet. Arunagiri beschreibt die Füße als den aus sich selbst heraus leuchtenden Zustand von *Moksha,* als auf den Köpfen der Devas im Himmel strahlend, als die (Essenz der) ewigen Vedas, als die (zarten) Füße, die im trockenen Wald und Feld leuchten. Er verwendet das spezielle Wort „Kamazhum Kazhal", was sich nicht leicht übersetzen läßt. Es bedeutet die Füße, deren süßer Duft ausströmt oder die Füße, die leuchten oder die Füße, die sich selbst offenbaren. Damit ist gemeint, dass die Füße nicht physisch sichtbar sind, sondern dass ihre göttliche Gegenwart auf eine subtile Art empfunden wird.

Genauso wie der Duft einer Blume nicht gesehen aber wahrgenommen werden kann, so nimmt man die Füße Gottes nicht physisch wahr, sondern die verwirklichte Seele fühlt und erfährt sie intuitiv. Dies ist die Bedeutung von „*Kamazhum*", „leuchtend" oder „Duft verbreitend". Während die Handlung des Gewährens der Füße in der Vergangenheit als „gewährt" (*Thantha*) beschrieben wird, verwendet der Heilige bei der Beschreibung der Natur der so gewährten Füße die Gegenwart, nämlich „leuchten" (*Kamazhum*). Das weist auch darauf hin, dass diese Füße nicht nur *damals* auf die Häupter der *Devas* gestellt wurden und auf der Suche nach Valli durch Wälder und Felder gingen, sondern dass sie für Befreite eine *lebendige Gegenwart* sind. Die Erwähnung von einigen Orten, wo die Füße Gottes leuchten, ist nur symbolisch und soll ihre Allgegenwart nahe legen. Arunagiris Auswahl dieser symbolischen Orte ist bedeutsam.

Jetzt wollen wir schauen, wo und wie die Füße Gottes erstrahlen.

Moksha (Befreiung) ist das Ziel allen menschlichen Strebens und wenn man es erreicht, ist der Zweck des Lebens erfüllt. Sie ist das Bewusstsein absoluter Freiheit. Sie wird *Paramapada* genannt - die höchste Wohnstatt der Ruhe. *Moksha* sind die Göttlichen Füße. Die Füße Gottes erstrahlen selbst als der Zustand von *Moksha* und *Moksha* steht für das Absolute.

Die Füße Gottes strahlen auf den Köpfen der *Devas*. Das Ewige, Formlose hat sich als Lord Skanda manifestiert, um die Leiden der *Devas* zu lindern. Nachdem Lord Skanda den *Asura* (Dämon) Surapadma, unter dessen Tyrannei die Devas gelitten hatten, besiegt hatte, verehrten sie ihn und setzten als ein Zeichen des Respekts und der Dankbarkeit Seine Füße auf ihre Köpfe. Darum sagt man, Seine Füße erstrahlen auf den Köpfen der *Devas*, d.h. im Himmel. Sie erstrahlen als das Absolute und auch in und als die höheren Regionen.

Die Füße leuchten nicht nur als das Absolute und die höheren Regionen, sie sind auch das Mittel, um diese zu erreichen – die *Veden*. Die *Veden* sind das Reservoir aller Weisheit. Sie gelten als *Apaurusheya*, d.h. nicht von Menschen gemacht oder zusammengestellt, sondern als die Offenbarungen des Höchsten Wesens selbst. Die *Veden* sind nicht die geschriebenen Bücher, sondern die ewige Weisheit, der ekstatische Ausfluss von Enthüllungen von verwirklichten Menschen. Sie sind uns durch die Guru-Schüler-Tradition des Hörens und Rezitierens überliefert. Darum werden die Vedas *Sruti* (was gehört oder offenbart wird) genannt, um sie von den *Smritis* zu unterscheiden, die Werke menschlichen Ursprungs sind. Die *Veden* preisen Gott und ermahnen die Menschen, Vollkommenheit zu suchen. Sie sind voller *Upasanas* (spirituelle Unterweisungen) und *Vidyas* (Meditationstechniken) unterschiedlicher Art, die dem Übenden sowohl den Himmel als auch *Moksha* verleihen können. Da die *Veden* die Offenbarungen des Höchsten sind und als Mittel dienen, den Himmel oder *Moksha* zu erreichen, werden sie als die Füße Gottes betrachtet. Die Füße Gottes erstrahlen also als die *Veden*. Die Füße, die als das Absolute und in den höheren Regionen leuchten, dienen auch als Mittel, um diese zu erreichen.

Dieses weite Universum ist das von Gott für die *Jivas* erschaffene Feld, um verschiedene Erfahrungen zu durchleben und schließlich Ihn zu erreichen. Wenn die Seelen reif sind, manifestiert sich Gott, angezogen durch ihre Hingabe, auf dieser irdischen Ebene, um ihnen *Mukti* zu gewähren. Vallis Hingabe zog Lord Skanda von seiner Wohnstatt zu den Hirsefeldern und den heißen Wäldern, über die er auf der Suche nach seiner Geliebten schritt. Dies ist *Skanda-Lila*, das Spiel von Lord Skanda. Die ganze Schöpfung, von der die Erde das unmittelbare Objekt unserer Erfahrung ist, ist gleichzeitig ein Feld für das Spiel Gottes und die Erfahrung des Menschen. Sie ist das Spielfeld und der Treffpunkt von *Jiva* und *Ishwara*. Dies drückt von Arunagiri sehr schön und symbolisch aus, indem er sagt, dass die Füße Gottes in den heißen Wäldern und Feldern leuchten, weil es hier ist, wo Er Valli getroffen und angenommen hat. In den Veden heißt es, Gott hat sich selbst dargebracht und ist zu diesem Universum geworden, das ein Paada, ein Fuß (d.h. gleichzeitig auch ein Viertel) des höchsten Wesens ist, während Dreiviertel unsterblich und ewig sind. Die Füße Gottes leuchten als dieses Universum.

Also, das Absolute, die höheren Regionen, die Veden und die Erde – die Füße Gottes leuchten überall. Seine Füße sind die Grundlage, das Mittel und das Ziel.

Indem er diese Stellen erwähnt, weist Arunagiri auf die Allgegenwart Gottes hin, welche die (verwirklichte) Seele erfährt, die mit Seinen Füßen gesegnet ist. Wenn Gott einem die Füße auf den Kopf stellt, erlangt man die kosmische Vision der Füße und nimmt sie überall wahr. Obwohl die Füße nur einmal „auf den Kopf gestellt" werden mögen, bleibt die Wirkung, sie überall wahrzunehmen, dauerhaft bestehen, weil das Gewähren der Füße die Offenbarung des *Vel* bedeutet, was ein innerer Bewusstseinszustand ist. Darum verwendet Arunagiri die *Vergangenheitsform* für die Handlung des Gewährens der Füße, „gewährt" *(Thantha)*, aber verwendet die *Gegenwartsform* wenn er die Natur der so gewährten Füße als „leuchtend" *(Kamazhum)* beschreibt.

So viel zur Großartigkeit der Füße Gottes! Was ist mit Seinem *Vel*? Er ist genauso großartig. Wir haben vorher schon gesehen, dass die Füße und der *Vel* zusammen gehören und dass sie identisch sind. Diese Wahrheit wird in diesem Vers so schön aufgezeigt, indem der *Vel* auch durch zwei Beinamen gepriesen wird – nämlich *„Saadum"* und *„Thani"*, d.h. „zerstörend" und „unvergleichlich" – um auf seine relativen und absoluten Aspekte hinzuweisen.

Der *Vel* ist unvergleichlich; er ist das Absolute; er ist identisch mit Gott selbst; er ist reines Bewusstsein, wie in Vers 40 aufgezeigt wurde. Das „Unvergleichliche" *(„Thani")* bezieht sich deshalb auf den absoluten Aspekt des *Vel*. Aber er ist nicht nur das. Er ist auch das Relative, er ist auch „zerstörend". Was zerstört der *Vel*? Er hat den stolzen *Asura* Surapadma mit Kind und Kegel besiegt und den *Devas* Freiheit gebracht. Die *Asuras* sind die äußeren Feinde und stehen symbolisch für die inneren Gegner des *Sadhakas* – *Avidya*, *Kama* und *Karma*, die der Vel zerstört. Er manifestiert sich als *Sadhana-Shakti*, als das notwendige subtile Verständnis, um *Avidya* zu durchdringen. „Zerstörend" („*Saadum*") ist der relative Aspekt des *Vels*. Nachdem die Unwissenheit so zerstört ist, steht er als reines Bewusstsein. Er manifestiert sich als das Mittel, um *Avidya* zu entfernen und wenn dies getan ist, bleibt er alleine übrig, weil das Ziel erreicht ist. Der Vel ist also sowohl das Mittel als auch das Ziel; das Relative und das Absolute; sowohl dynamisch als auch statisch; „*Saadum*", zerstörend und „*Thani*", unvergleichlich.

Dieser ganz besondere Vers, bringt den relativen und den absoluten Aspekt sowohl des *Vels* als auch der Füße wunderschön in Einklang, in der Absicht, sie als Symbole des Zustands der verwirklichten Seele oder des *Jivanmukta* zu verdeutlichen. Nur der Verwirklichte hat das einmalige Privileg einer gleichzeitigen Erfahrung beider Aspekte der Wirklichkeit.

Im Zustand von *Samadhi* (Vers 42), der „*Pesaa Anubhuti*" ist, wird der *Vel* nur als „*Thani*", unvergleichlich, erfahren und die Füße nur als „*Neri*" (Moksha), d.h. in ihren absoluten Aspekten. Beim Heraustreten aus dem *Samadhi* als *Jivanmukta* werden sie (wie in diesem Vers) in ihren beiden Aspekten erfahren – der *Vel* nicht nur als „*Thani*" sondern auch als „Saadum" (zerstörerisch) und die Füße nicht nur als *Moksha („Veedu")*, sondern auch als das Feld und der Wald (physische Ebene) – d.h. sowohl in ihren absoluten als auch in ihren relativen Aspekten. So macht dieser Vers klar, dass in der Offenbarung des *Vel* von Vers 42 auch das Gewähren der Füße eingeschlossen ist. Aber während Vers 42 die Erfahrung von *Samadhi* ist, ist dieser Vers die Erfahrung von *Jivanmukti*.

Die Offenbarung des *Vel* aus Vers 42 und das Gewähren der Füße aus diesem Vers sind identisch; sie meinen das Gleiche, nämlich das Erreichen von *Mukti*, Befreiung. In Vers 42 wird der Zustand von *Mukti („Neri")* mit dem Vel identifiziert, als „*Neriyai*" und „*Velai*". Jetzt wird die gleiche *Mukti („Veedu")* mit den Füßen identifiziert. Die Offenbarung des Vels und das Gewähren der Füße sind deshalb gleichzeitige Geschehnisse, obwohl man das erstere als inneres Bewusstsein betrachten kann und das Letztere als eine äußere Handlung.

Die Meditationstechnik ist stetige Meditation auf den *Vel* (Vers 40). Angestrebt wird dabei das Erlangen der Füße (Vers 41). Im Vers 41 gilt das Gebet daher dem Schutz unter den Füßen, während das, was als Antwort in Vers 42 gewährt oder offenbart wird, der *Vel* ist. Und während der *Vel* in Vers 42 offenbart wird, äußert er sich voll Erstaunen über das gewähren der Füße (Vers 44). So bezieht sich Arunagiri auf den *Vel* und die Füße gleichermaßen, um ihre

Identität bzw. Nichtverschiedenheit nahezulegen. Und um dies zu bestätigen, bringt er in diesem Vers den *Vel* und die Füße in ihrem absoluten und relativen Aspekt zusammen als „die Füße von Muruga, der den zerstörenden, unvergleichlichen *Vel* hat".

Der Zustand des Wissens durch „Denken ohne zu denken" (Vers 42) und die „sprachlose" Erfahrung (Vers 43) kann man als statische Identität mit Gott interpretieren; d.h. die tatsächliche Erfahrung von *Samadhi*, wo alles aufhört. Dieser Vers enthüllt auf mystische Weise, dass man nicht in diesem *Pesaa Anubhuti*, dem *Samadhi*-Zustand, bleibt, sondern wieder daraus emporsteigt und dass man, auch wenn man aus diesem „Kontakt" mit Gott heraustritt, nicht getrennt von ihm ist, sondern ihn überall wahrnimmt. Daher könnte man sagen, in diesem Vers wird ein Zustand einer dynamischen Identität beschrieben, d.h. die Erfahrung des Doppelbewusstseins (*Jivanmukta*) nach dem Herauskommen aus der *Samadhi*-Erfahrung. Solch gesegnete Seelen, die vom Zenit der Gotteserfahrung herabgekommen sind, können die Welt führen. Sie sind die seltenen Seelen, die mit einem göttlichen Auftrag und der notwendigen außergewöhnlichen Kraft ausgestattet sind, um die göttliche Mission zu erfüllen. Das sieht man z.B. im Leben von Swami Sivananda.

So sind also die Implikationen dieses Verses tiefgründig und vielseitig, obwohl seine Bedeutung einfach ist.

*

Wenn sie aus dem *Samadhi* der statischen Einheit (*Pesaa Anubhuti*) wieder herauskommt, nimmt die verwirklichte Seele Gott allein überall und in allem wahr – hoch und niedrig, oben und unten, Himmel und Erde, im Absoluten und im Relativen und tanzt vor Freude. Der *Jiva* ist jetzt ein *Jivanmukta* – einer in dynamischer Einheit mit Gott – als Ergebnis davon, dass die Füße gewährt wurden. Die Gebete der Verse 21, 35 und 41 sind hier also vollständig erfüllt.

Arunagiri sagt: „Die Füße *wurden* gewährt." Wann wurden sie gewährt? Als der *Vel* offenbart wurde (Vers 42), wurden auch die Füße gewährt, weil das zwei gleichzeitige, voneinander nicht verschiedene Handlungen sind. Aber er konnte es zu dem Zeitpunkt nicht ausdrücken, weil auf einmal all seine menschlichen Fähigkeiten aufhörten (Vers 42) und „*Pesaa Anubhuti*" entstand (Vers 43). Jetzt beim Herauskommen aus dieser Erfahrung erinnert er sich an diesen Gnadenakt Gottes und beschreibt ihn. Dieser Vers ist daher gleichzeitig Beschreibung der Dankbarkeit und Auswirkung dessen, was ihm in Vers 42 geschenkt wurde.

Dass die Erfahrung in Vers 28 keine vollständige Verwirklichung, sondern nur ein flüchtiger Blick des kosmischen Bewusstseins war, während die Erfahrung von Vers 43 tatsächliche Verwirklichung ist, wird aus dem Erleben nach der jeweiligen Erfahrung klar. Bei der Rückkehr ins Normalbewusstsein aus dem flüchtigen Blick empfand der *Sadhaka* eine Art von Bedauern, weil er sich in (*Ille Enum*) Maya wiederfindet (Vers 29), obwohl diese Erfahrung von *Maya* nicht mehr so schlimm ist wie ganz am Anfang seines *Sadhanas* (Vers 5). Aber wenn er aus *Pesaa Anubhuti*, der Verwirklichung herauskommt, erfährt er ein Gefühl der Freude und fühlt Gottes Allgegenwart, nimmt er die Füße Gottes überall wahr. Auch blieb nach dem ersten kurzen Ausblick *Avidya* bestehen (*Ariyaamai Porutthilai*, Vers 29), während hier *Avidya* zerstört wird, bevor die großartige Erfahrung kommt (*Ariyaamai Attradhu*, Vers 42; und *Aasaa Nigalam Thugal Aaayina*, Vers 43). Da in der kurzen ersten Erfahrung von Vers 28 nur das Ego zu dem Zeitpunkt ausgeschaltet wurde, seine Wurzel (d.h. *Avidya*) aber noch nicht zerstört war, folgte in Vers 37 die Anweisung, das „Ego mit seiner Wurzel", also *Avidya*, zu eliminieren.

Ariyaamai Attradhu (Vers 42), *Pesaa Anubhuti Pirandhadhu* (Vers 43) und *Saranam Thanthadhu* (Vers 44) sind allesamt überwältigende Beschreibungen des Erreichens des Ziels. Diese Gruppe von Versen hat einen besonderen Zauber und eine besondere Bedeutung. Der *Jiva*, das Individuum, wirft sein *Jivatava* ab und geht in das Gottwesen ein (Vers 42); erfährt oder wird (d.h. ist) Gott (Vers 43) und geht als Gott-Mensch daraus hervor (Vers 44). Diese Wahrheiten sind in diesen Versen auf wunderschöne Weise verborgen.

Insgesamt vermittelt dieser Vers die Freude des *Jivanmukta*, wenn er aus seiner Gotteserfahrung emportaucht.

கரவாகிய கல்வியுளார் கடைசென்று
இரவாவகை மெய்ப்பொருள் ஈகுவையோ
குரவா குமரா குலிசாயுத குஞ்
சரவா கிவயோக தயாபரனே.

VERS 45

Karavaagiya Kalviyulaar Kadai Senru
Iravaavagai Meipporul Eeguvaiyo
Kuravaa Kumaraa Kulisaayudha Kun-
Jaravaa Sivayoga Dhayaaparane

*Den Menschen mich nicht nähernd, die ihre Gelehrsamkeit verschließen,
Und nicht bei ihnen zu betteln, wirst Du mir ewige Weisheit gewähren?
O Herr mit dem Vajrayudha! O Kumara! O spiritueller Lehrer!
O Herr von Deivayanai! O Gewährer des Yoga, o du vollkommene Gnade!*

„O himmlischer Meister! O Herr Kumara! O Herr, der du den *Vajra* als Waffe trägst! O Gemahl von Deivayanai! O Verkörperung von Gnade, der den Shiva-Yoga gewährt! Wirst Du (gnädig) mir die höchste Weisheit gewähren, so dass ich nicht an den Türen derjenigen betteln muss, die ihre Gelehrsamkeit verbergen? (Bitte gewähre mir dies.)"

Erklärung:
Arunagiri bittet Gott, ihm göttliches Wissen zu gewähren, die Essenz allen Lernens, so dass er nicht zu *Pandits* und Gelehrten, die ihr Wissen verstecken, gehen und betteln muss. Es ist nicht so, dass Arunagiri gegen das Lernen wäre, aber er möchte sich nicht denen nähern müssen, die nicht gewillt sind, das zu teilen, was sie besitzen. Lernen ist notwendig. Es ist auch ein Geschenk Gottes. Unser Lernen (von Büchern und Lehrern) und unser Wissen (das von innen heraus dämmert) stammen beide von Gott (Vers 17). Daher ist Lernen als solches nicht schlecht, aber Arunagiri missbilligt die Art von Lernen, die in den Händen nicht-spiritueller Pedanten seinen Zweck aus den Augen verliert.

Das große Gesetz lautet: „Gib, und es wird dir gegeben werden, zehnfach, hundertfach, vielfach." Besonders im Falle von Wissen verliert man nichts beim Geben, denn Wissen ist etwas, was durch Teilen nicht kleiner werden kann. Andererseits nimmt es zu, je mehr es weitergegeben wird, wie Wasser aus einer Quelle im Flussbett immer mehr wird, je mehr aus der Quelle kommt. Materieller Wohlstand, Nahrung usw. erschöpfen sich, wenn man sie anderen gibt und sie können den Empfänger nur für eine begrenzte Zeit befriedigen. Aber die Gabe von Wissen, *Jnana-Dana*, ist dauerhaft. Weder verliert der Gebende etwas durch das Geben noch verliert der Empfänger es jemals. Beiden kommt es für immer zugute. *Jnana-Dana* ist deshalb großartiger als alle andere Wohltätigkeit. Warum sollte man also verstecken, was man weiß? Und dennoch geben gelehrte Menschen im Allgemeinen ihr Wissen nicht einfach an andere weiter. Sie verbergen es und wissen nicht, dass auch Gott sich vor ihnen verbirgt.

Warum verstecken Menschen ihr Wissen? Sie haben Angst davor, dass ihr „Geschäft" darunter leidet, wenn sie es anderen weitergeben. Wer sein Wissen als Mittel benutzt, um Wohlstand, Position, Ruhm, Macht etc. zu erwerben, will es anderen nicht weitergeben, damit andere ihnen nicht Konkurrenz machen. Aber der Zweck des Lernens ist ein anderer. Er ist, wie Tiruvalluvar sagt, Gott zu verehren (zu erlangen). Wer sein Wissen auf seinen richtigen Zweck hin lenkt, nämlich Gott zu erreichen, zögert niemals, es mit ernsthaften Suchern zu teilen. Solch edle Seelen sind Gurus, die von Natur aus freundlich und mitfühlend sind und die man um Wissen bitten sollte.

Arunagiri betet zu Gott um höchste Weisheit, denn sie kann nur von Gott allein gewährt werden. Gelehrte können Bücherwissen geben, d.h. reine Information, aber keine Weisheit, weil diese ihnen selbst fehlt. Aber letztlich muss man zu jemandem gehen, sowohl für Wissen wie auch für Weisheit. Warum sollte man dann zu Menschen gehen, warum nicht gleich zu Gott selbst beten? Und wie schön der Heilige die Natur gelehrter Menschen der Natur Gottes gegenüberstellt. Sie verstecken, was sie haben, obwohl das, was sie besitzen, nicht das höchste Wissen ist, sondern nur Buchgelehrsamkeit. Auf der anderen Seite ist Gott der Vermittler von *Shiva-Yoga* – sagt Arunagiri. *Shiva-Yoga* oder *Siva-Jnana* ist der höchste Zustand des nondualen Bewusstseins - und Gott kann ihn geben. Er ist auch eine Verkörperung von Gnade und Barmherzigkeit. Er ist immer bereit, jenen zu geben, die wirklich wollen, wenn sie sich ihm auf die richtige Weise nähern.

Man mag sich fragen, wie man sich Gott nähern soll, um Weisheit zu bekommen? Der Guru ist Gott, sagt Arunagiri. Er spricht Gott als Guru an, weil es Gott ist, der zu gegebener Zeit in menschlicher Gestalt kommt, als Antwort auf die eigene Ernsthaftigkeit und Sehnsucht. Gott selbst ist der wahre Guru aller. Daher gibt es keinen Unterschied zwischen Gott und Guru. Dass Gott selbst unser Guru ist, wissen nur jene, denen es durch Seine Gnade offenbart wird, sagte Arunagiri in Vers 13.

Wie man nun einen Guru erkennt, ist das nächste Problem des Suchers. Dazu sagt Swami Sivananda:

„Hier sind die Charakteristika eines wahren Gurus. Wenn Du diese Qualifikationen bei einem Menschen findest, nimm ihn sofort als deinen Guru an. Ein echter Guru ist ein *Brahma-Nishtha* (in Brahman gegründet) und ein *Brahma-Srotriya* (der in den Schriften wohl bewandert ist). Er hat vollständiges Wissen über das Selbst und die Veden. Er kann die Zweifel des Strebenden klären. Er sieht alles gleichmütig und hat einen ausgeglichenen Geist. Er ist frei von *Raga-Dvesha, Harsha, Soka*, Egoismus, Zorn, Lust, Neid, *Moha*, Stolz usw. Er ist ein Ozean des Mitgefühls. In seiner bloßen Gegenwart fühlt man *Shanti*, Frieden und der Geist wird erhoben. In seiner bloßen Gegenwart werden alle Zweifel des Strebenden geklärt. Er erwartet nichts von niemandem. Er hat einen beispielhaften Charakter. Er ist voller Freude und Wonne. Er sucht nach ernsthaften Aspiranten. Das bloße Studium von Büchern macht einen noch nicht zum Guru. Nur einer, der die Veden studiert hat und das unmittelbare Wissen des *Atman* (höchstes Selbst) durch *Anubhava* (Gottesverwirklichung) hat, kann als Guru anerkannt werden. Ein *Jivanmukta*, ein befreiter Weiser, ist ein wirklicher Guru und spiritueller Lehrer. Er ist der *Sadguru* (Weisheitslehrer). Er ist eins mit Brahman, dem höchsten Selbst. Er ist ein Kenner *Brahmans*."

Es gibt einen großen Unterschied, ob man bei einem spirituellen Meister (Guru) studiert oder bei Gelehrten. Da der Guru ein *Brahma-Srotriya* und jenseits seiner Kenntnis der Schriften ein *Brahma-Nishtha* ist, haben seine Lehren den magischen Hauch persönlicher Erfahrung, da er den Pfad schon gegangen ist, während die Unterweisung von Gelehrten trocken ist. Im Lauf des *Sadhana* entstehen auch verschiedenste Zweifel und Schwierigkeiten, die an Ort und Stelle geklärt werden müssen. Dies ist nur einem Guru möglich, weil er sie persönlich durchlebt hat. Daher ist ein Guru für einen Wahrheitssucher sehr wichtig.

Vers 45

Da der Guru Gott selbst ist, scheint sich dieser Vers auf den Unterschied zwischen wirklichen Gurus, die freundlich und mitfühlend sind und trockenen Pandits, die ihr Wissen für sich behalten und geizig sind, zu beziehen.

Kumara bedeutet der Herr der ewigen Jugend. Es bedeutet auch „derjenige, der Böses zerstört". Der Guru ist der wahre *Kumara* – seine Schönheit besteht darin, dass er göttliche Weisheit besitzt; und er hat die Macht, alles Übel (*Avidya* etc.) des Suchers zu zerstören.

Kulisa ist eine der Waffen in den zwölf Händen von Lord Skanda. Damit hat Er den *Asura* Simhamukha getötet, den jüngeren Bruder von Surapadma. Weil Er die *Kulisa*-Waffe besitzt, wird er auch *Kulisaayudha* genannt. *Kulisa* ist auch die Waffe von Indra.

Kunjara heißt Elefant. Deivayanai, die Tochter Indras, wurde von Indras himmlischem Elefanten Airavata aufgezogen. Darum wird sie *Kunjari* genannt. Weil Deivayanai die Gemahlin von Lord Skanda ist, hat Er auch den Beinamen *Kunjarava*. Lord Skanda hat auch einen Elefanten namens *Pinimukha* als sein *Vahana* (Gefähr) und wird daher auch *Kunjarava* genannt.

Dies ist der einzige Vers im gesamten *Kandar* Anubhuti, wo auf Deivayanai Bezug genommen wird. Arunagiri hatte wohl das Gefühl, dass er der Vollständigkeit halber auch Deivayanai erwähnen müsse, da alles andere von Lord Skanda und Seiner göttlichen Familie in diesem Werk erwähnt wird, nämlich Shiva, Uma Devi, Ganesha, Valli, der *Vel*, der Pfau und der Hahn.

Kulisa, auch *Vajra* genannt, ist ebenfalls die Waffe von Indra. Darum wird auch Indra *Kulisaayudha* genannt. „*Kulisaayudha Kunjarava*" kann darum zusammengenommen als „Lord Skanda, der Indras Tochter Kunjari (oder Deivayanai) zu seiner Gemahlin hat" verstanden werden.

Arunagiris Gebet in diesem Vers bedeutet nicht, dass ihm Weisheit gefehlt hätte, denn schließlich hat er das *Kandar Anubhuti* nach seiner direkten Gottesverwirklichung geschrieben. Der Inhalt des Verses muss deshalb als sein wohlmeinender Rat an Sucher interpretiert werden, sich mit der Bitte um göttliches Wissen an einen Guru zu wenden.

*

Obwohl für einen *Sadhaka* das Erreichen jenes „Guten", das Gott selbst ist, das höchste Ziel ist (Vers 2), hat Gott eine bestimmte Aufgabe für ihn zu erfüllen. Wen Gott erwählt und wem Er Seine Gnade erweißt, von dem und durch ihn wird Gott natürlicherweise auch sein Werk verrichten lassen. So hat der *Jivanmukta*, dem Gott diese Erfahrung gegeben hat, die Aufgabe der spirituellen Belehrung (Verse 42 bis 44). Aus diesem Grunde gelten Heilige als Stellvertreter Gottes, als Gott auf Erden. Die Verse ab Vers 45 sind deshalb von besonderer Art. Sie sind einmalig und höchst lehrreich. Sie enthüllen die erhabene spirituelle Stimmung und Haltung eines *Jivanmukta*, der immer im Gottesbewusstsein ist, bei dem suchende Seelen Zuflucht nehmen, um Führung zu bekommen. Sie unterscheiden sich natürlich, aber geben den Suchenden fundierte Ratschläge. Darum findet sich in jedem der folgenden Verse etwas ganz Besonderes, obwohl sie nicht logisch aufeinander aufbauen.

Der *Jivanmukta*, der Gottes Natur der unbegrenzten Gnade verwirklicht hat, hat Mitgefühl mit dem Los jener unwissenden Menschen, die die Quelle der Weisheit (d.h. Gott) nicht erkennen und sie nicht bei Ihm suchen, sondern sich an Gelehrte (ohne echte Weisheit) halten, die ihrer Natur nach geizig sind. Hier ist deshalb seine Ermahnung an die Leute, sich an einen Guru zu wenden, den sichtbaren Gott, um spirituelle Weisheit zu bekommen.

எந்தாயும் எனக்கருள் தந்தையும் நீ
சிந்தாகுலம் ஆனவை தீர்த்து எனையாள்
கந்தா கதிர்வேலவனே உமையாள்
மைந்தா குமரா மறைநாயகனே.

VERS 46

Enthaayum Enakkarul Thanthaiyum Nee
Sinthaakula Maanavai Theerthenai Aal
Kandhaa Kadir Velavane Umaiyaal
Maindhaa Kumaraa Marainaayakane

Du bist sowohl meine Mutter als auch mein Vater, der mir Gnade schenkt,
Ich bete, akzeptiere mich und nimm all meine mentalen Nöte weg;
O Skanda! O Herr mit dem leuchtenden Vel! O Liebling von Uma!
O Kumara! O glorreicher Herr der unsterblichen Vedas!

„O Skanda! O Herr mit dem selbstleuchtenden *Vel*! O Sohn von Uma Devi! O Kumara! O Herr der Vedas! Meine Mutter und auch mein Vater, die mich segnen, bist Du. Zerstöre all meine mentalen Nöte und „nimm mich an"."

Erklärung:
Der heilige Arunagiri bringt in diesem Vers ein einfaches, direktes Gebet dar. Das Gebet ist einfach, aber es enthüllt die Nähe des Heiligen zu Gott. Solche Verse sind das Ergebnis der Einheitserfahrung einer selbstverwirklichten Seele mit Gott. Arunagiri fühlt sich Gott so nah, dass er seine rechtmäßige Verwandtschaft mit ihm beansprucht. Darum sagt er: „O Gott, Du bist meine Mutter und auch mein Vater und gewährst mir Gnade."

In diesem Vers enthüllt Arunagiri die Ursache unserer mentalen Nöte und auch den Weg, um sie auszulöschen und von Gott angenommen zu werden. Gott ist uns Mutter und Vater; und er ist immer bereit, uns zu segnen. Unsere wirkliche Verwandtschaft ist die mit Gott, dem *Atman* (höheres Selbst) im Inneren. Gott ist die universale Wirklichkeit hinter allen Einzelerscheinungen (*Jivas*). Er winkt uns immer von innen zu. Aber die *Jivas* ignorieren Gott und rennen den weltlichen Objekten hinterher, weil sie denken, dass diese ihnen Glück geben können. In diesem irrtümlichen Versuch leiden die *Jivas* unendlich, gequält von Wünschen, Zorn, Neid etc. Der einzige Weg, aus dieser misslichen Lage herauszukommen, ist, zurück zu Gott zu gehen, der irrigen Einstellung, den Objekten gegenüber zu entsagen. Das geschieht, indem man die Mutter- und Vaterschaft Gottes erkennt – die universale Natur Gottes, unseres höchsten Selbst. Die universale Wirklichkeit hinter allen Einzelheiten nicht zu erkennen, ist der grundlegende Fehler des *Jivas* und die Ursache all seiner mentalen Nöte.

Wenn unsere leiblichen Eltern unsere geistigen psychischen Leiden nicht beseitigen können (weil sie ihnen selbst unterliegen), warum wendet sich Arunagiri dann an Gott als Vater und Mutter und betet um Befreiung vom Leiden? Hier liegt der große Unterschied zwischen unseren weltlichen und den Göttlichen Eltern. Wenn Arunagiri Gott als Vater und Mutter anspricht, weist er auf die universale Vater- und Mutterschaft Gottes hin. Gott ist nicht mein oder dein sondern jedermanns Vater und Mutter. Er ist die universalen Eltern. Die ganze Schöpfung ist sein Kind. Aber nicht getrennt wie im Fall der weltlichen Eltern sondern auf eine besondere Weise. Die Schöpfung ist der kosmische Körper Gottes, wie die *Purusha-Sukta* sagt, von dem alles ein Glied bildet. Die Erkenntnis der Tatsache, dass Gott das universale Wesen ist und alles ein Teil von ihm ist, löst die falsche Annahme auf, dass die Dinge äußerlich und in sich selbst real sind, dass wir eine künstliche, objektive Beziehung zu ihnen aufbauen müssen. Dann erkennen wir, dass alles organisch miteinander verbunden ist.

Eine Einstimmung auf Gott ist gleichzeitig eine Einstimmung auf seine unermessliche Schöpfung. Das hilft dem *Jiva*, sein nach außen gerichtetes Bewusstsein zu überwinden, das für all seine mentalen Leiden verantwortlich ist. Dann ruht die Seele in Gott und genießt Wonne. Um sich vom psychisch-geistigen Leiden zu befreien, muss man sich des außen orientierten Bewusstseins enthalten, indem man das *Jiva*-Bewusstsein in Gott oder das universale Bewusstsein zurückzieht. Das meint Arunagiri mit „angenommen werden durch Gott". Das geschieht, wenn wir Gott als Mutter und Vater erkennen. Darum erklärt Arunagiri als erstes seine wahre Verwandtschaft mit Gott und bringt dann sein Gebet dar. Das Gebet muss notwendigerweise erfüllt werden, weil die notwendige Bedingung zuerst erfüllt ist.

„O Gott, ich habe meine ewige Verwandtschaft mit Dir erkannt. Darum entferne meine (irrtümlichen Beziehungen zu Dingen, die die Ursache sind all meiner) mentalen Nöte, indem Du mich (Dein Kind) in Deinem kosmischen Schoß (Satchidananda) annimmst", ist Arunagiris Gebet. Die Erfüllung hallt schon im Gebet selbst wieder.

Dieser Vers scheint noch weitreichendere Implikationen zu haben.
„Gott ist sowohl meine Mutter als auch mein Vater", sagt Arunagiri. Gott ist nicht nur die Mutter, Er ist auch der Vater! Wie kann eine Person sowohl Vater als auch Mutter sein? Dies scheint seltsam zu sein; aber das ist das göttliche Geheimnis und der Schlüssel für unsere Befreiung. Im weltlichen Sinne sind Vater und Mutter zwei verschiedene Personen; der Vater ist nicht die Mutter und umgekehrt. Offensichtlich ist das Kind ein Drittes, d.h. verschieden von den Eltern und anders als sie! Aber in der spirituellen Sphäre sind die Dinge ganz anders. Diese neue Sichtweise erleuchteter Seelen gibt uns Arunagiri. Für sie ist Gott Vater und Mutter. Wie? Als das absolute *Para Brahma* (höchste *Brahman*, höchstes Absolutes) ist Gott der Vater. Als *Maya*, die unergründliche und untrennbare Kraft *Brahmans*, ist er die Mutter. Als Er selbst ist er Vater und Mutter, das Kind, d.h. die *Jivas* und die Welt sind nichts anderes als Er allein. Die *Jivas* und diese Schöpfung, alles ist im Licht tiefer Analyse letztlich nichts als *Brahman* selbst. So enthüllt Arunagiri das nonduale Konzept der höchsten Wirklichkeit in der Aussage, dass Gott sowohl Vater als auch Mutter ist.

In der Gita sagt Gott: „Mein Schoß ist das große Brahma, hierein lege ich den Keim, dies, o Arjuna, ist die Geburt aller Wesen. Welche Formen auch immer entstehen, o Arjuna, in welchem Schoß auch immer, das große Brahma ist ihr Schoß und ich bin der samenspendende Vater." (XIV-3,4). Das große Brahma (*Mahat-Brahma*) auf das sich Gott dabei bezieht, ist die *Mula Prakriti*, die ursprüngliche Natur, die auch das *Avyakta*, das Unmanifeste genannt wird. Die *Sankhyas* nennen es *Prakriti* (Urnatur), die Vedantins nennen es *Maya* (Illusion).

Aber es gibt eine Besonderheit mit dieser *Maya*. Während *Prakriti* als eine zweite, ewige Wirklichkeit, verschieden vom *Purusha* definiert ist, ist *Maya* anders. *Maya* ist ein Mysterium. „*Maya*" ist ein Begriff, der verwendet wird, um das Rätsel des Universums zu lösen, in dem sich der *Jiva* befindet, so wie wir ein „x" einführen, um algebraische Gleichungen zu lösen. Es gibt kein „warum" und „was" für *Maya* genau wie beim „x". Wir brauchen es, um unsere Schwierigkeit, das Problem zu lösen. Wenn die Gleichung gelöst ist, was das Ziel ist, dann verschwindet das „x", da es nur für den Zweck der Lösung der Gleichung *angenommen* wurde. Genauso ist es bei *Maya*. Man nimmt Zuflucht dazu, nur um unsere *gegenwärtige* missliche Lage zu erklären – die Unfähigkeit des *Jivas*, die Beziehung zwischen dem Absoluten und dem Relativen zu verstehen; zwischen dem Unsichtbaren und dem Sichtbaren; zwischen der Wirklichkeit und der Erscheinung; zwischen dem, was ist und dem, was zu sein scheint; kurz zwischen Gott, der Welt und sich selbst. Wenn die Wirklichkeit in der Unmittelbarkeit der eigenen Erfahrung *erfahren* wird, ist das Problem dieser geheimnisvollen Beziehung gelöst und damit verschwindet *Maya*. Das nonduale *Brahman* alleine bleibt – Gott, der sowohl Vater als auch Mutter ist. Daher ist ein wahres Verständnis der Natur Gottes und unserer Beziehung zu ihm, d.h. der *Maya*, das einzige Mittel für Freiheit vom Leiden. Ansonsten bleiben wir im Unglück, wie wir es jetzt sind.

Wenn ein Schüler nicht das Prinzip und die Technik kennt, wie man das „x" in einer Gleichung verwendet, wird er die Sache nur komplizierter machen und sich in ein großes Problem verstricken, statt eine Lösung für die Gleichung zu finden. Man sieht öfter Schüler, die endlos an einer Gleichung arbeiten und dabei viel Papier und Zeit verschwenden, obwohl die Gleichung in ein paar Minuten gelöst werden könnte. Während also „x" dabei helfen kann, das Problem schnell, leicht und korrekt zu lösen, wenn es richtig verwendet wird, kann es einen auch schwindlig und verwirrt machen, wenn man die Technik nicht richtig von einem Lehrer gelernt und verstanden hat und weise anwendet. So ist es auch mit *Maya*. Die Glücklichen, die mit dem nötigen subtilen Verständnis und der Gnade des spirituellen Meisters ausgestattet sind, verstehen das Geheimnis hinter *Maya*, überwinden sie und verwirklichen Gott. Andere finden sich in einem Schlamassel wieder, stellen Hunderte von Fragen darüber, erheben Einwände und erkennen nicht, dass sie sich dadurch nur noch mehr darin verwickeln. Es ist ausschließlich Gottes Gnade, die einen aus dieser unglücklichen Situation befreien kann. Darum sagt Arunagiri: „Du bist auch mein *Gnade schenkender* Vater." Krishna sagt auch in der *Gita*: „Wahrlich, diese meine göttliche *Maya*, die aus den (drei) Gunas (der Natur) besteht, ist schwierig zu überwinden; jene die nur bei Mir Zuflucht nehmen, überqueren diese *Maya* (durch meine Gnade)" (VII-14).

Es ist Gnade (*Arul*), die Dinge in ihrer wahren Perspektive enthüllt. Wenn diese Gnade nicht da ist, sind die Individuen von Schmerz und Leid verschiedenster Art betroffen, weil sie dieses göttliche Geheimnis der *Maya* nicht verstehen, also ihre wahre Beziehung zu Gott und der Welt. Sie sehen sich als von Gott getrennt an und die Welt als eine wirkliche Entität außerhalb Gottes, mit der eine objektive Beziehung hergestellt werden muss. Diese falsche Ansicht ist die Ursache allen Leidens. Arunagiri bittet um die Auflösung dieser falschen Vorstellung und darum, wieder in Gott aufzugehen. Dass Arunagiri Gott als Mutter und als Vater anspricht, symbolisiert, dass Gott nondual ist, was auch heißt, dass *Jiva* und Kosmos nicht verschieden von Gott sind. Dies befreit den *Jiva* vom nach Außen gerichteten Bewusstsein, wodurch er von allen geistig-psychischen Beeinträchtigungen frei wird. Das ermöglicht dem *Jiva*, in Gott zu ruhen, was gleichbedeutend damit ist, von ihm angenommen zu werden oder in *Brahman* aufzugehen. Mit all dem scheint Arunagiri sagen zu wollen, dass *Brahman* allein ohne ein Zweites existiert, dass das Leid des *Jivas* nicht enden kann, solange Dualität erfahren wird und dass der *Jiva*, um von Leid befreit zu werden, seine wahre Beziehung zum nondualen *Brahman* erkennen, d.h. eins mit *Brahman* werden bzw. sein muss.

Die Natur Gottes und des Atman, mit dem wir unsere Verwandtschaft wieder herstellen oder erkennen müssen, wird in diesem Vers symbolisch erklärt. Er wird als Lord Skanda angesprochen – der Schrecken der Feinde: die Feinde von Lust, Gier, Wut etc., die die Ursache unseres mentalen Leidens sind. Und Er ist der *Kadir Velavan*, der Gott mit dem aus sich selbst leuchtenden *Vel*. Das bezieht sich auf die sich selbst offenbarende Natur des *Atman*. Der Atman ist eine Masse von Bewusstsein oder Licht, das die Dunkelheit von Avidya, der Unwissenheit, zerstört. Er ist auch der Sohn von Uma Devi – das *Tejas*, Licht, das aus dem dritten Auge Shivas hervorging und schließlich die Gestalt von Lord Skanda annahm, den Uma Devi nahm und stillte. Er ist auch *Kumara*, der die Welttäuschung auflöst. Und schließlich ist er der Herr der Vedas, der die Weisheit enthüllt und die Seele „annimmt", die so von *Avidya* gereinigt wurde.

So ruft Arunagiri in diesem einfachen Vers, der einen zu Tränen rührt, wenn man ihn nur ein einziges Mal von ganzem Herzen rezitiert, Gott im Geist großer Vertrautheit an. Er fordert fast von Gott die geistig-psychischen Leiden zu entfernen und ihn (dann) zu „akzeptieren", so wie ein Kind dies von seinen Eltern fordern würde. Deshalb erklärt er zuerst seine Verwandtschaft mit Gott und sagt: „Du bist meine Mutter und auch mein Vater." Er sagt nicht: „Bist Du nicht meine Mutter und mein Vater?" Er behauptet kategorisch seine Verwandtschaft und macht so den Weg frei, um seinen Anspruch, ihn zu anzunehmen, einzufordern. Die Eltern können das Kind nicht zurückweisen. Das Kind besteht auf seinen Bedürfnissen und bekommt sie von seinen Eltern erfüllt.

Was der heilige Arunagiri in diesem Vers von Gott sagt, stimmt mit dem überein, was Gott in der Gita über sich selbst sagt: „Ich bin der Vater der Welt, die Mutter, der Verleiher der Früchte der Handlungen und der Großvater, das (Eine), was zu erkennen ist, der Reiniger, die eine heilige Silbe (OM) und auch der Rik-Sama und Yajur-Veda" (IX-17).

*

Gott ist unsere gütige Mutter und unser Vater, unser wahres Selbst und nimmt all unsere Leiden weg. Der Heilige rät in diesem Vers, sich ihm in einer Haltung elterlicher Verwandtschaft zu nähern, als dem Universalen Selbst, nicht als einem Wesen außerhalb des Kosmos oder von einer anderen Welt.

ஆறாறையும் நீத்து அதன்மேல் நிலையைப்
பேறா அடியேன் பெறுமாறு உளதோ
சீறாவருசூர் சிதைவித்து இமையோர்
கூறா உலகம் குளிர்வித்தவனே.

VERS 47

Aaraaraiyum Neeththu Adhanmeel Nilaiyaip
Peeraa Adiyen Perumaaru Ulatho
Seeraavarusoor Sithaiviththu Imaiyor
Kooraa Ulagam Kulirviththavane

Die sechs-sechs transzendierend, den Zustand der jenseits davon ist,
Bin ich gesegnet diesen zu erreichen als mein großartiges Glück?
Indem Du Surapadma zerstört hast, der sich wütend erhob, um zu kämpfen,
O Herr, hast Du den Devas den Himmel bereitet und ihn angenehm gekühlt!

„O Skanda! Du hast den Asura Surapadma getötet, der sich vor Wut zischend gegen Dich erhoben hat (um Dich anzugreifen) und hast die Devas (die von dem Asura gequält wurden) wieder in ihrem (ursprünglichen Wohnort dem) Himmel eingesetzt, ihn gekühlt und ihnen zurückgegeben. Indem ich die sechsunddreißig Tattvas transzendiere, bin ich gesegnet, um als mein göttliches Glück diesen höchsten Zustand zu erlangen, der jenseits (der Tattvas) ist? (Ich bitte Dich, gewähre mir dies.)"

Erklärung:
Der heilige Arunagiri strebt in diesem Vers nach der höchsten Verwirklichung des nondualen Bewusstseins, jenseits der Welt der Erscheinungen durch Transzendieren der 36 *Tattwas*. Eine detaillierte Aufzählung der 36 *Tattwas* findet sich in der *Shaiva Siddhanta* und in den Texten des Shakti-Kults, wenn auch mit einem leichten Unterschied. Wir beschränken uns hier auf die bloßen Grundlagen gemäß der Philosophie des *Shaiva Siddhanta*.

I. Die 24 *Atma (Seele)* Tattwas, auch *Asuddha Tattwas* genannt, bestehend aus:

(a) 5 *Karma Indriyas* (Handlungsorgane) – Hände, Füße, Sprache, Anus und Zeugungsorgan;

(b) 5 *Jnana Indriyas* (Wahrnehmungsorgane) – Ohren, Haut, Augen, Zunge und Nase;

(c) 5 *Maha-Bhutas* (grobstoffliche Elemente) – Erde, Wasser, Feuer, Luft und Äther;

(d) 5 *Tanmatras* (feinstoffliche Elemente) – Geruch, Geschmack, Farbe, Berührung und Klang;

(e) 4 *Antahkaranas* (inneres Instrument) – Gemüt (instinktiver Geist), Intellekt, Ego und Chitta (Unterbewusstsein).

II. Die 7 *Vidya* Tattwas, auch *Suddha-Asuddha Tattwas* genannt:
Kaala, Niyati, Kala, Vidya, Raga, Purusha und *Mulaprakriti* oder *Maya*.

III. Die 5 *Shiva* Tattwas, auch *Suddha Tattwas* genannt:
Suddha Vidya (Rudra), *Ishwara* (Maheshwara), *Sadakhya* (Sadashiva), *Bindu* (Shakti) und *Nada* (Shiva).

Während der *Shaiva Siddhanta* und die *Shakti-Kulte* jeweils 36 unterschiedliche *Tattwas* kennen, gibt es im *Vedanta*- und *Sankhya*-System je 24 *Tattwas* mit kleinen Unterschieden. Desweiteren gibt es eine Schule, wo die 36 *Tattwas* des *Shaiva Siddhanta* und die 24 *Tattwas* des Vedanta weiter in 96 *Tattwas* unterteilt werden.

Tattwas bedeutet „Prinzipien" oder „Wirkliche"; nicht absolut, sondern phänomenal wirklich. *Tattwas*, Kategorien, sind die grundlegenden Bausteine und Prinzipien, der Metaphysik jedes philosophischen Systems. Darum zählt jedes Philosophiesystem diese *Tattwas* unterschiedlich auf, obwohl ihr Zweck jeweils gleich ist, nämlich die Evolution und Involution des Kosmos zu zeigen, der das notwendige Feld liefert, damit die *Jivas* ihre *Karmas* ausarbeiten und so Befreiung erlangen können. Aber Gott, das Höchste Wesen ist jenseits der Phänomenalität. Als Absolute Wirklichkeit transzendiert er die *Tattwas*, wie viele es auch immer sein mögen. Während also die phänomenale Welt der *Tattwas* eine relative Wirklichkeit ist, ist das Höchste Wesen eine Absolute Wirklichkeit. Die Befreiung des *Jiva* liegt darin, dass er jenseits der *Tattwas* geht, diese transzendiert und eins mit der höchsten Wirklichkeit wird.

Nun sind die *Tattwas*, seien es nun 24, 36 oder 96, nur Entwicklungsschritte der einen ursprünglichen *Maya* bzw. von Avyakta, dem Unmanifestierten. Sie werden in *Sattwa, Rajas* und *Tamas* unterteilt oder in *Shuddha* (rein), *Shuddha-Ashuddha* und *Ashuddha* (unrein) usw., die sich wiederum weiter aufsplittern.

Vers 47

Die Unterteilungen mögen sich unterscheiden, die Befreiung liegt in jedem Fall in ihrer Transzendenz, weil die Höchste Wirklichkeit jenseits von ihnen ist. Die Beziehung zwischen der Höchsten Wirklichkeit und den *Tattwas* bzw. den Elementen der Erscheinungen, ist eine faszinierende Frage. Die Höchste Wirklichkeit, die absolut, unendlich ist, lässt nichts anderes zu: Daher kann alles andere nichts anderes sein als ein bestimmter Zustand dieses Absoluten, wie z. B. Wellen und Gekräusel im Ozean. Die *Tattwas* sind nichts anderes als Wellen und Gekräusel im Ozean absoluter Existenz, d.h. sie sind Zustände des Bewusstseins selbst. Dieses riesige Universum selbst ist nichts als eine Welle im Ozean der Unendlichkeit.

Die *Ashtavakra Gita* sagt: „Wenn Du dich als Das erkennst, worin Universen wie Wellen im Ozean rollen, warum läufst Du dann wie ein elendes Wesen herum?" (III,3). „Lass die Welle des Universums sich in mir erheben oder in mir vergehen, dem unendlich großen Ozean; weder nehme ich dadurch zu noch ab." (VII.2). Die individuelle Wahrnehmung der Welt ist deshalb wie ein Zustand, der einen anderen Zustand erblickt, eine Welle eine andere. Daher heißt es, die durch die Sinne erblickte Wirklichkeit ist die Welt der Objekte. So können wir sagen, dass die *Tattwas* nichts anderes als Phasen des Bewusstseins selbst sind, d.h. die vergegenständlichte Natur des Bewusstseins oder werdendes Bewusstsein auf unterschiedlichen Stufen. Wenn dieses Werden, diese Vergegenständlichung durch Nichtvergegenständlichung transzendiert wird oder in reine Existenz bzw. Universalisation aufgelöst wird, dann ist die Wirklichkeit das, was sie ist, nämlich Sein-Bewusstsein.

Wie transzendiert man nun die *Tattwas*? Heißt das, die *Tattwas* hier zu lassen und irgendwohin zu gehen, wo sie nicht sind? Nein, denn wo auch immer man hingehen mag, man wird immer noch nur innerhalb der *Tattwas* sein. Wo „gehen" dabei ist, bewegt man sich in Raum und Zeit, was *Tattwas* sind. Darum muss „die *Tattwas* transzendieren" etwas ganz anderes bedeuten. Es meint die Aufhebung oder Auflösung der *Tattwas* aus ihrer Phänomenalität in ihren ursprünglichen Seinszustand. Was bedeutet das? Das können wir durch eine Analyse unserer Traumerfahrung verstehen.

Im Traum geschieht dem Geist etwas sehr Geheimnisvolles. Wir sehen im Traum fast alles aus der Wachwelt - es gibt ein Subjekt, die Objekte, den Raum, der sie trennt, Elemente usw. Der eine Geist teilt sich und vergegenständlicht sich selbst in alles. Aber passiert wirklich etwas mit dem Geist? Nein. Und muss das Traumsubjekt hin- und her laufen oder irgendetwas im

Traum tun, um die Traumwelt zu transzendieren? Nein. Was immer es auch tun mag, es bleibt immer noch nur innerhalb des Traums. Es muss einfach nur aufwachen. Der Geist, das Bewusstsein, das sich selbst geteilt und vergegenständlicht hat, muss sich nur zurückziehen, indem es anders denkt und sich dessen bewusst sein, was es ist. Das wird dann Wachzustand genannt. Im Wachzustand sind alle Inhalte der Traumwelt in einem einzigen Bewusstsein vereint, d.h. alles aus dem Traum wird zum Inhalt eines einzigen Geistes, aus dem sie hervorgegangen sind, aber in vielfältiger Form. Das geschwind fließende Wasser, der harte Stein, der weite Himmel, das wahrnehmende Subjekt etc. des Traums verlieren ihre jeweiligen Eigenschaften, ihre *Tattvatva* (Gegenständlichkeit) und werden zu einem einzigen Bewusstsein im Wachzustand. Es ist nicht so, dass die Traumobjekte beim Aufwachen zu etwas anderem geworden wären. Das Wachbewusstsein, das sich im Traum in viele verschiedene Objekte vergegenständlicht hatte und das jetzt von der Vergegenständlichung frei ist, ist das, was es immer ist. Also verlieren beim Erwachen die verschiedenen Objekte (*Tattwas*) der Traumwelt nicht nur ihr *Tattvatva*, ihre Gegenständlichkeit, sondern werden und sind, was sie immer sind.

Genau wie der Traum im Wachen transzendiert wird, gibt es eine vergleichbare Transzendierung von diesem langen Traum der Weltwahrnehmung zum Universalen Erwachen des Gottesbewusstseins. In diesem Gottesbewusstsein wird das, was jetzt als Objekte (*Tattwas*) erscheint, in Phasen des Bewusstseins in seinem universalen Zustand transformiert und als solche Bewusstseinsphasen erlebt. Das Aufrecherhalten des Traumsubjekts und das Handeln im Traum sind nicht der Weg, um den Traum zu transzendieren, sondern man muss aufwachen. So ist auch das Aufgeben des *Jiva*-Bewusstseins und das Erwachen in das universale Bewusstsein der einzige Weg, um die *Tattwas* zu transzendieren, indem das Bewusstsein zu seiner Quelle zurückgezogen wird, was durch Meditation über die Eine Wirklichkeit erreicht wird. Die höchste Wirklichkeit ist *Paramarthika Satta* (absolute Wirklichkeit). Die Welt der *Tattwas Vyavaharika Satta* (phänomenale Wirklichkeit) und die Traumwelt *Pratibhasika Satta* (scheinbare Wirklichkeit).

Natürlich reichen noch so viele Erklärungen in dieser Hinsicht nicht aus. Warum? Weil es ein Geheimnis ist. Können wir erklären, wie wir in den Traum kommen? Es gibt Erklärungen, wie und warum Träume auftreten; aber nicht, wie wir in sie hinein kommen. Plötzlich befinden wir uns in einem Traum und wissen dabei nicht, dass es ein Traum ist, den wir erfahren! Alles scheint wirklich. Und wie und wann wir aus dem Traum erwachen, ist auch nicht bekannt. Plötzlich wachen wir auf und erst dann erkennen wir, dass wir geträumt haben. Genauso ist es ein vollkommenes Mysterium, wie Schöpfung vom Absoluten ausging, wie wir in unserem gegenwärtigen Zustand der Wahrnehmung der *Tattwas* sind und wie und wann wir sie transzendieren und Befreiung erlangen.

All dies scheint jenseits des menschlichen Verstehens zu sein und verblüfft den schwachen menschlichen Intellekt, wenn er an seine logischen Grenzen stößt. Selbst die Kausalität scheint letztlich unverständlich zu sein. Das ganze Geheimnis wird nur dann gelöst, wenn das Absolute durch die Gnade Gottes verwirklicht wird, was das Geheimnis aller Geheimnisse ist! Darum Arunagiris Frage: „Bin ich gesegnet, diesen Höchsten Zustand zu erreichen, der jenseits ist, indem ich die *Tattwas* transzendiere?" Die Frage schließt das Erreichen ein, denn es ist die Natur (*Svabhava*) Lord Skandas, alles in seinem ursprünglichen Zustand wieder herzustellen. Und genau an diesen Aspekt Gottes wendet sich Arunagiri in diesem Vers sinnvollerweise.

Der Himmel ist die Wohnstätte der *Devas*. Aber Surapadma, der als Ergebnis seines strengen *Tapas* (Askeseübungen) unbegrenzte Macht als Gabe von Shiva bekommen hatte, überfiel *Svargaloka* (Himmel), setzte ihn in Brand, setzte die *Devas* gefangen und unterwarf sie Demütigungen unterschiedlicher Art. Die gequälten *Devas* beteten zu Shiva um Hilfe. Er sandte ihnen Lord Skanda als Heerführer, um den Dämon Surapadma zu zerstören. In dem folgenden Kampf griff der *Asura* Lord Skanda an und nahm dabei durch die Kraft seiner *Maya* verschiedene Gestalten an. Lord Skanda, der jenseits der Tricks von Maya *ist*, überwand nacheinander jede Form, die Surapadma annahm. Als er bemerkte, dass seine Tricks nichts nützten, entschloss sich der *Asura* schließlich, Lord Skanda, der noch ein Junge war, in seiner echten Gestalt anzugreifen, um ihn zu überwältigen. Als er sich so wutentbrannt gegen Lord Skanda erhob, warf dieser seinen *Vel* und tötete Surapadma. Lord Skanda befreite dann alle *Devas* aus ihrer Gefangenschaft und befahl Visvakarma, dem himmlischen Architekten, *Svargaloka* wieder aufzubauen. Voller Gehorsam gegenüber dem Befehl Gottes machte dieser ihn noch schöner als zuvor. Lord Skanda setzte Indra und andere Engelswesen wieder in ihre rechtmäßigen Positionen ein. So kühlte Er die Herzen der *Devas* und den Himmel, der von Surapadma verbrannt worden war und machte ihn wieder zur Wohnstätte der *Devas*, als deren rechtmäßigen Besitz.

Die ursprüngliche Wohnstatt der *Jivas* ist Gott. Irgendwie haben sie ihre essentielle Natur von *Satchidananda* vergessen, streifen in diesem Dickicht des *Samsara* umher und werden vom Feuer der *Tattwas* verbrannt. Die eigene wahre Natur zu vergessen, Vielheit zu sehen, wo nur das Eine ist, ist die Ursache des Leidens des *Jivas*. Er muss diesen Zustand transzendieren und sein, was er ist, in seinem ursprünglichen Zustand des absoluten Bewusstseins. Um diesen gesegneten Zustand betet Arunagiri: „O Skanda! Aufgrund des Dämonen *Avidya* (Unwissenheit), der mich aus meiner Wohnstatt *Satchidananda* (Sein-Wissen-Wonne) vertrieben hat, bin ich in diesen *Tattwas* verfangen und werde von ihnen verbrannt. So wie Du Surapadma vernichtet hast, die Herzen der *Devas* und den Himmel gekühlt hast und sie wieder im Himmel eingesetzt hast, bete ich zu Dir, habe Erbarmen mit mir und bringe mich wieder zu meiner ursprünglichen Wohnstätte, indem Du den *Asura* der Unwissenheit zerstörst und mein Herz mit dem Segen von *Satchidananda* kühlst."

Der Vers wird auch noch anders interpretiert, da der Begriff „*Aaraaru*" in der ersten Zeile verschiedene Bedeutungen hat. Er setzt sich aus zwei Wörtern zusammen: „*Aaru*" und „*Aaru*". Das Wort „*Aaru*" hat mehrere Bedeutungen, z.B. die Zahl sechs, Fluss, Pfad, Methode, Mittel, Religion etc. Wenn also die Bedeutung „sechs" für beide Wörter genommen wird, bedeutet es sechs mal sechs, d.h. 36, was sich gewöhnlich auf die *Tattwas* bezieht, und das ist die häufigste Interpretation in der Tamilischen Literatur. Diese Interpretation haben wir bereits erklärt. Die anderen Interpretationen von „*Aaraaru*" sind:

(i) Das erste „*Aaru*" wird in seiner Bedeutung von „sechs" genommen und das zweite als „Religion"; und die Übersetzung wäre: „Wenn ich die sechs Religionen transzendiere, bin ich gesegnet, als mein himmlisches Glück diesen höchsten Zustand (von *Brahman*) zu erlangen, der jenseits (der Konzepte der sechs Religionen) ist?"

Die sechs Hauptkulte des Hinduismus, die als *Shan-Mata* bekannt sind, sind (1) *Shaivam*; (2) *Vaishnavam*; (3) *Shaktam*; (4) *Ganapatam*; (5) *Kaumaram* und (6) *Souram* – die Richtungen, die das Höchste Wesen jeweils als Shiva, Vishnu, Devi (=Shakti=Göttin), Ganapati (Ganesha), Skanda (Kumara) und Surya (Sonne) verehren.

Die Wirklichkeit ist Eins. Sie ist Wahrheit, Wissen und Unendlichkeit. Sie ist *Brahman* (das Absolute). Sie wird von den Weisen auf unterschiedliche Art wahrgenommen und es werden verschiedene Annäherungen an sie empfohlen, um dem jeweiligen individuellen Zugang und Temperament zu entsprechen.

Denn es ist schwierig, sich der Wirklichkeit so zu nähern, wie sie ist. Also sind Shiva und die anderen *Shan-Matas* sechs Konzepte der gleichen Wirklichkeit, und die sechs Glaubensrichtungen des *Shaivismus* usw. sind die sechs Arten der Annäherung an die Eine Wirklichkeit. Die höchste Wirklichkeit selbst hat keine Religion. Sie ist jenseits aller Religionen – nicht nur jenseits der oben erwähnten sechs Kulte, sondern aller Religionen der Welt. Die Religion ist für den Menschen, nicht für Gott und die Wirklichkeit gehört keiner Religion.

Die verschiedenen Religionen sind daher unterschiedliche Annäherungen an die gleiche Realität und die persönliche Gottesvorstellung, wie z. B. Shiva etc. dient einem wichtigen Zweck. Als Facetten der Wirklichkeit sind sie Konvergenzpunkte des Absoluten, des Universalen und bilden als solche Zugänge zum Absoluten. Sie sind vorübergehende Konzepte der Wirklichkeit und müssen schließlich transzendiert werden. Das sollte man nicht aus dem Auge verlieren. Aspiranten sollten nicht an persönlichen Gottesvorstellungen festhalten, als ob sie der höchste Zustand selbst wären, denn alle Formen lösen sich im Höchsten Sein auf. Es ist hilfreich, sich hier an Totapuris Anweisung an Ramakrishna zu erinnern, das Konzept von *Kali* (Göttliche Mutter) zu transzendieren. Egal welcher Religion man auch folgen mag, die Eine höchste Wirklichkeit muss letztlich verwirklicht werden und das ist der Zweck der Religionen. Dass das Absolute (*Brahman*) das anzustrebende und zu verwirklichende Ziel ist und nicht der persönliche Gott, obwohl letzterer ein notwendiger Schritt beim Aufstieg ist, will Arunagiri sagen mit: „Dieser Höchste Zustand, der jenseits ist und die sechs Kulte transzendiert."

Interessanterweise war der heilige Arunagiri zwar ein treuer Verehrer von Lord Skanda, aber auch ein großer Vereiniger der verschiedenen Glaubensrichtungen. In seinen *Thiruppugazh* Liedern hat er viele erlesene, inspirierende Verse der Lobpreisung des Ruhms und der Größe von Shiva, Vishnu, der Göttlichen Mutter und anderen Gottheiten gewidmet. Arunagiri war ein Anhänger des *Advaita* (Philosophie der Einheit), ein Weiser von höchster nondualer Verwirklichung. Für ihn war Lord Skanda nicht nur ein persönlicher Gott oder eine Facette des Absoluten, sondern das Absolute selbst, wie in Vers 13 und in einem seiner *Thiruppugazh* Lieder ausgedrückt als „Die Wahrheit der sechs Kulte und Philosophien" (*Aaru Samaya Saattirap Porulone*). Diese Haltung und Annäherung möchte er von allen gegenüber ihrer jeweiligen Gottesvorstellung. Das Ziel ist das Absolute, jener Höchste Zustand der jenseits jeden Gotteskonzeptes und jeder Religion ist. Danach sollen wir streben, ist Arunagiris Anweisung.

(2) Das erste „*Aaru*" bedeutet „sechs" und das zweite „*Chakras*", als Stufen auf dem Weg der Kundalini. Die Übersetzung wäre dann: „Bin ich, indem ich die sechs *Chakras* transzendiere, gesegnet, als mein göttliches Glück diesen Höchsten Zustand (der Verwirklichung im *Sahasrara*) zu erreichen, der jenseits (der sechs *Chakras*) ist?"

Obwohl das Wort „*Aaru*" nicht direkt die *Chakras* bezeichnet, wird dies impliziert und abgeleitet, weil sie die Stufen beim Aufstieg der *Kundalini Shakti* bilden. Man findet diese Verwendung des Wortes in der Tamilischen Literatur, z.B. in Vers 2419 des *Tirumantiram*, einem mystischen Werk des Heiligen Tirumular; und in *Tiru Arutpaa* des Heiligen Ramalinga Swamigal.

Die sechs Chakras sind *Muladhara, Svadhishtana, Manipura, Anahata, Vishuddha* und *Ajna*. Die Chakras, die Energiezentren, befinden sind im Astralkörper. Man sieht sie nicht mit den physischen Augen. Yogis visualisieren sie in einem Zustand geistiger Konzentration. Sie haben ihre entsprechenden Zentren im Spinalkanal und den Nervenzentren im physischen Körper – an der Basis der Wirbelsäule, an der Wurzel der Zeugungsorgane, in der Region des Nabels (*Nabhisthana*), in der Gegend des Herzens, an der Basis der Kehle und im Raum zwischen den Augenbrauen. Die *Kundalini Shakti*, die im Individuum im *Muladhara Chakra* eingeschlossen ist, wird durch bestimmte yogische Übungen wie *Asana, Pranayama, Bandha, Mudra, Dhyana* usw. erweckt und dazu gebracht, durch die verschiedenen Chakras hindurchzugehen und sich mit Shiva in seiner Wohnstätte im *Sahasrara Chakra* (am Scheitel) zu vereinigen. Dann genießt der Yogi höchste Seligkeit.

Der Kundalini Yoga ist eine exakte Wissenschaft und ein Thema für sich, das zu umfangreich ist, um hier behandelt zu werden. Wir werden aber ein paar wesentliche Merkmale betrachten.

Energie hat zwei Aspekte – statisch und dynamisch – und der Kundalini Yoga ist die Methode, sie zusammenzubringen, was eine Vereinigung zwischen dem Individuellen und dem Kosmos zur Folge hat. Im Prozess der Entstehung des Kosmos hat das Höchste Absolute sich schrittweise in Stufen konkretisiert, bis das reine Bewusstsein auf die Ebene der Materie gekommen ist, als dieser physische Kosmos. Und im Prozess der Entwicklung der Individuen wird diese kosmische Energie in das menschliche System als statisches Potential im Muladhara Chakra hineingepresst. Das menschliche System ist auf jeder Ebene direkt mit dem äußeren Kosmos verbunden. Man sagt, dass sich die sieben niedrigeren Regionen (Unterwelten) *Patala, Mahatala, Rasatala,*

Talatala, Sutala, Vitala und *Atala* in den Körperteilen unterhalb der Hüfte befinden, in Zehen, Fußsohlen, Knöcheln, Unterschenkeln, Knien, Oberschenkeln und Hüfte. Auf ähnliche Weise sind die Chakras Muladhanara, Svadhistha usw. oberhalb der Hüfte Verbindungspunkte mit den höheren Ebenen des Kosmos. Sie entsprechen jeweils den *Bhur, Bhuvar, Svar, Mahar, Janar* und *Tapas Lokas* (Ebenen). Das *Sahasrara Chakra* entspricht *Satya Loka*. Normalerweise ist die Kundalini in *Muladhara Chakra* eingeschlossen, so dass wir uns nur des physikalischen Kosmos bewusst sind.

Durch Meditation über ein Chakra, das als Konzentrationspunkt dient, stellt der Yogi gleichzeitig einen Kontakt zu der entsprechenden *Loka* (Ebene) her. Wenn die Kundalini Shakti in einem bestimmten Chakra erwacht ist, hat er volle Kontrolle darüber und die entsprechende *Loka*. Da jedes höher gelegene Chakra ebenso wie auch die entsprechende *Loka* subtiler ist als das vorhergehende, entfaltet sich die *Kundalini Shakti* zu immer größerer Feinheit des Bewusstseins, wenn sie die Chakras transzendiert. Wenn sie das *Ajna Chakra* überschreitet und das *Sahasrara Chakra* erreicht, gewinnt sie ihren natürlichen Zustand reinen Bewusstseins zurück, wo der Yogi unendliche Wonne genießt.

Zwar durchdringt Energie das ganze menschliche System, lokalisiert sich jedoch besonders in bestimmten Zentren. Im Allgemeinen ist das *Muladhara Chakra* die Energiequelle für das gesamte System. So wie Wasser in einem Fluss wirbelt, kreist die *Prana Shakti* in diesen Chakras. In jedem Chakra nimmt ihre Wirbelkraft eine bestimmte feinstoffliche Gestalt an, die als Lotus mit einer bestimmten Anzahl von Blütenblättern erscheint. Daher wird jedes Chakra mit einem Lotus mit einer unterschiedlichen Anzahl von Blütenblättern verglichen, hat eine es beherrschende Gottheit, Farbe, Form, *Bija-Akshara* (Samenmantra) usw.

Da die *Kundalini Shakti* eine starke Kraft ist, kann sie mehr Schaden als Nutzen stiften, wenn sie erweckt, aber nicht richtig kontrolliert wird. Daher erfordert sie von einem Übenden große moralische Disziplin, und dieser Yoga muss unter der persönlichen Führung eines Experten geübt werden. Wenn die schlafende bzw. statische *Kundalini Shakti* aus dem *Muladhara Chakra* durch die Übung von *Asanas, Pranayama, Bandhas, Mantra-Japa* und *Dhyana* geweckt und von Chakra zu Chakra geführt wird, zum Sahasrara oder dem tausendblättrigen Lotus an der Schädeldecke, erfolgt die Vereinigung von Shakti und Shiva, zwischen dem Individuum und dem Kosmos, zwischen Mensch und Gott, was das Ziel des Kundalini Yoga ist.

Es heißt, dass, egal welcher Yoga geübt wird, immer die Kundalini erweckt wird und durch die verschiedenen Chakras geht, wenn auch unbewusst im Fall von anderen Yogawegen als dem Kundalini Yoga und dass der Yogi verschiedene übernatürliche Kräfte auf unterschiedlichen Stufen seiner Praxis bekommt. Da der Yogi der Gefahr unterliegt, von diesen verführt zu werden und bei einer dieser Stufen stehen zu bleiben, warnt Arunagiri uns, nur nach dem höchsten Zustand jenseits von all dem zu streben, der die Tattwas, Religionen und Chakras transzendiert. Das Ziel ist das Absolute und das sollte man niemals vergessen.

*

Der Rat des heiligen Arunagiri ist in diesem Vers, dass die Höchste Wirklichkeit jenseits der 36 Tattwas bzw. Brahman jenseits der sechs Glaubensrichtungen bzw. das Absolute jenseits der sechs Chakras das gesegnete Ziel ist und dass man danach streben und es erreichen sollte.

அறிவொன்றற அறநின்று அறிவார் அறிவில்
பிறிவொன்றற அறநின்ற பிரான் அலையோ
செறிவொன்றற அறவந்து இருளே சிதைய
வெறிவென்றவரோடு உறும் வேலவனே.

Vers 48

Arivonrara Ninru Arivaar Arivil
Pirivonrara Ninra Piraan Alaiyoo
Serivonrara Vandhu Irule Sithaiya
Veri Venravarodu Urum Velavane

Ablassend von allem Wissen, jene, die wissen, o Herr,
Stehst Du nicht untrennbar in deren Intelligenz?
Ihre Beziehungen werden zu nichts, Dunkelheit zerstört,
O Velava! Du wohnst in denen, die ihre Täuschung besiegt haben.

„Im Bewusstsein (Intelligenz) jener, die wissen und die von allem (sinnesabhängigen) Wissen Abstand nehmen, stehst nicht Du, o Gott, (vereint) ohne die geringste Trennung? (Und wenn diese Praxis wiederholt und intensiviert wird) wird jede (weltliche, äußere) Beziehung (aufgrund von *Vikshepa*) zu nichts, die Dunkelheit (des Schleiers, *Avarana*) wird zerstört, sie überwinden ihre Täuschung (*Avidya*); und in ihnen lebst Du (für immer) o Velayudha."

Erklärung:
Dies ist ein außergewöhnlich seltener Vers, in dem der heilige Arunagiri das Geheimnis der Yogapraxis und den Zustand Göttlicher Erfahrung beschreibt.

Gott ist die allgegenwärtige Wirklichkeit. Er ist überall - fern und nah, außen und innen, oben und unten. Daher ist er auch immer mit uns. Er ist unsere wahre Essenz, das Substrat in uns. Und dennoch ist es eine Ironie, dass wir Ihn nicht wahrnehmen, ihn erfahren oder erkennen. Warum ist das so? Unsere Suche ist grundlegend falsch. Wir suchen Ihn „außen", als ein Objekt. Aber, sagt der Heilige, wir müssen Ihn als unser eigenes Wesen suchen, als das Selbst, als den Kenner in uns, als die Intelligenz in uns. Wie soll man das machen? Als erstes müssen wir mit der Sinneswahrnehmung aufhören. Aber wir sind so sehr mit den Sinnen verheiratet, dass wir keine andere Art des Erkennens kennen.

Für uns ist nur das wirklich, was wir durch die Sinne wahrnehmen und selbst Gott soll durch die Sinneswahrnehmung kommen! Dieses sensorische Wissen bzw. die extrovertierte Natur der Sinne und des Geistes muss als erstes aufhören. Die Sinne und der Geist müssen sich zurückwenden; sie sollen sich nach innen richten und still werden durch das Aufhören aller Arten von Sinneswahrnehmung. Nicht ein einziger Sinn, einschließlich des Geistes, der der sechste Sinn ist, sollte aktiv sein. Daher sagt Arunagiri: „*Arivu Onru Ara Ninru*", d.h. fest begründet in dem Zustand, worin kein einziger Sinn (einschließlich des Geistes) mehr wirkt. Dies ist vollständiges Herstellen von *Pratyahara* (vollständiger Rückzug der Sinne), was Vollkommenheit in *Yama, Niyama* etc. voraussetzt.

Wenn diese Bedingung erfüllt ist, sollten wir „wissen". Aber wir tun dies nie. Ohne Beherrschung der Sinne, ohne die Übung von *Yama* und *Niyama*, ohne Beherrschung der nach außen gehenden Tendenz der Sinne und des Geistes versuchen wir Konzentration und Meditation zu üben und Gott zu verwirklichen. Wie kann das erfolgreich sein? Darum sagt Arunagiri: „sich abkehren von jeder Sinneswahrnehmung". Aber wenn man das versucht, spielt einem der Geist einen Streich. Die natürliche Tendenz des Geistes ist, dass er entweder aktiv ist oder einschläft. Wenn wir seine nach außen gerichtete Tendenz (*Rajas*) kontrollieren und versuchen uns zu konzentrieren, wird er in Trägheit oder Schlaf (*Tamas*) entschlüpfen. Das müssen wir sorgfältig vermeiden. Wir müssen das Bewusstsein aufrechterhalten. Dies wird durch das Wort „*Arivaar*", „jene, die *wissen*", deutlich gemacht. Dieses Wissen kommt daher nach dem Aufhören jeder Sinneserkenntnis. Daher ist es eine ganz neue Art des Wissens. Es ist direktes Wissen durch das Prinzip der Intelligenz selbst, befreit von den Fesseln des Geistes und der Sinne. Wenn die Sinne nicht arbeiten und der Geist still ist, wird der Intellekt stetig. Dann wird das *Jiva*-Bewusstsein, *Chidabhasa*, das eine Spiegelung des *Kutastha Atman*, des reinen Bewusstseins im Intellekt, ist, vollständig selbstzentriert. Auf dieses selbst-zentrierte *Chidabhasa* bezieht sich „*Arivu*", was nicht den Intellekt, sondern die Intelligenz als solche meint. Daher muss das Jiva-Bewusstsein zuerst von der Vergegenständlichung (*Arivu Onru Ara Ninru*) befreit werden. Gleichzeitig muss es das Bewusstsein aufrechterhalten, also nicht einschlafen (*Arivaar*). In diesem nicht nach außen gerichteten *Chidabhasa*, gekoppelt mit dem Bewusstsein des Selbst (*Arivil*) ist Gott, die höchste Wirklichkei, vereint, ohne die geringste Trennung (*Pirivu Onru Ara Ninra Piraan*).

Was ist diese „Vereinigung ohne die geringste Trennung"? Das *Kutastha Chaitanya*, der Atman, ist die unveränderliche Wirklichkeit. Er ist das Zeugen-Bewusstsein, das immer leuchtet. Seine Spiegelung im Intellekt ist das *Jiva*-

Bewusstsein, *Chidabhasa*. Wenn die Sinneswahrnehmung aufhört, wenn der Geist still und der Intellekt stetig wird, dann wird die Spiegelung des *Chidabhasa* in ihnen auch stetig und ist in Vereinigung mit dem *Kutastha Atman*.

Ein Bild zur Erklärung. Die Sonne scheint. Ihre Strahlen fallen auf einen Spiegel, der sie reflektiert. Die Sonne entspricht dem *Kutastha*, die Spiegelung dem *Chidabhasa*. Der Spiegel ist, wie der Intellekt, das Medium der Reflexion. In dem Reflexionspunkt im Spiegel, wo der Sonnenstrahl einfällt und die Reflexion ausstrahlt, sind beide untrennbar. An diesem Punkt können wir nicht unterscheiden, ob es der Sonnenstrahl oder seine Spiegelung ist. Beides ist richtig, weil beide gleichzeitig dort sind. Dies ist der Zustand von *Chidabhasa* und *Kutastha* in den höheren Bereichen der Meditation, wo aufgrund der Festigung in *Pratyahara* (Sinneskontrolle) und *Dharana* (Konzentration des Geistes) das *Chidabhasa* zur Quelle, zum Reflexionspunkt, zurückkehrt und sich nicht auf ein äußeres Objekt richtet, sondern auf das *Kutastha* selbst. In diesem Bereich der Meditation sind beide untrennbar verschmolzen. Der Punkt in dem Spiegel, und die Vorstellung von „Ich" kann sich hier gleichermaßen auf *Kutastha* oder *Chidabhasa* beziehen, je nachdem wofür es sich entscheidet oder was es fühlt. Aber es gibt einen feinen aber wichtigen Unterschied zwischen der Reflexion der Sonne in einem Spiegel und der Reflexion des *Kutastha* im Intellekt. Im ersten Fall sind das Original (die Sonne) und das Medium der Spiegelung (und deshalb die Spiegelung) getrennt, da die Sonne ein begrenztes Objekt ist; im letzteren Fall sind die beiden immer zusammen, weil das *Kutastha* alldurchdringend ist.

Wenn also die nach außen gehende Tendenz des *Chidabhasa* vollständig aufgehoben ist, geht es zu seiner Quelle zurück, in seinen natürlichen Zustand untrennbarer Vereinigung mit dem *Kutastha*. Diesen Zustand erfahren wir jeden Tag im Tiefschlaf. Aber dann ist es kein Bewusstsein da und genau das macht den Unterschied zwischen Schlaf und Meditation aus. Das Bewusstsein, das nicht auf ein Objekt gerichtet ist, aber sich auch des Selbst nicht bewusst ist, ist Schlaf. Das Bewusstsein ohne konkrete Inhalte zusammen mit Bewusstsein des Selbst ist Meditation (*Dhyana*). Aber selbst das ist noch nicht das höchste Ziel von Yoga, die Selbstverwirklichung, weil es immer noch die Ursache des *Jivatva* gibt. *Avidya* ist noch nicht zerstört. Das höchste Ziel ist *Samadhi* (Überbewusstsein), was noch höher ist. Daher sagt Arunagiri in dem Vers noch mehr, nämlich dass dieser Zustand des Yoga, der „Einheit ohne die geringste Trennung" dauerhaft werden muss, wodurch Avidya, die Ursache des *Jivatva* zerstört wird und *Kutastha* (Gottesbewusstsein) allein erstrahlt, d.h. *Samadhi* (Überbewusstsein) sich einstellt.

Zurück zum Hauptthema. In den höchsten Regionen der Meditation ist *Chidabhasa* ganz vereint mit *Kutastha*. Das ist nicht leicht zu erreichen und selbst wenn man es mit großer Anstrengung und Geschick erreicht, hält es am Anfang nur einen kurzen Augenblick an. Diese Einheit kommt und geht wie ein Blitzstrahl. „Man wird dann sehr achtsam", sagt die *Kathopanishad*, „denn Yoga wird erreicht und schnell wieder verloren." Daher muss man durch beständiges Üben und Wachsamkeit solche Momente intensivieren und häufiger machen, bis schließlich diese Einheit, Yoga, dauerhaft bleibt. Was geschieht, wenn man beständig übt, sagt Arunagiri in der letzten Hälfte des Verses, der alles oben Erwähnte einschließt. *Vikshepa* (Zerstreutheit) kommt zum Ende; *Avarana* (Schleier der Unwissenheit) wird zerstört; die große Täuschung von *Avidya* (Unwissenheit) wird überwunden. In dieser gesegneten Seele lebt Gott für immer.

Arunagiri verwendet den Begriff „*Veri*" für *Avidya*. „*Veri*" bedeutet Täuschung, Verwirrung, Verrücktheit, Unwissenheit etc. Daher steht es für *Avidya*. Und er stellt auch klar, was *Avidya* ist. *Avidya* hat zwei Aspekte bzw. Kräfte, nämlich *Avarana* und *Vikshepa*. *Avarana* ist die verhüllende Kraft und *Vikshepa* die projizierende Kraft. *Avarana* ist die Dunkelheit (*Irul*), die wie ein Vorhang die Wirklichkeit, den Atman verbirgt und *Vikshepa* verursacht die Unruhe des Intellekts und des Geistes, die Ursache weswegen Dualität wahrgenommen wird und man in Beziehung mit der äußeren Welt tritt.

Äußere Beziehungen mit der Welt der Objekte entstehen durch einen der fünf Sinne, die durch den Geist aktiviert werden. In der Meditation mit vollkommenem *Pratyahara* hört diese Sinnesaktivität vollständig auf. Man hat dann keine einzige Beziehung mit der Welt, weil kein einziger Sinn aktiv ist. Darum sagt Arunagiri: „Wenn jede Beziehung aufgehört hat" (*Serivu Onru Ara Vandu* wegen *Arivu Onru Ara Ninru*). Dieses Aufhören aller Beziehungen ist Freiheit von *Vikshepa*, die vollständige Überwindung von *Rajas*. Dies ist die Voraussetzung für die Zerstörung des Schleiers der Dunkelheit (*Avarana*), der vor allem *Tamas* ist. Wenn *Vikshepa* überwunden ist und so die Sinne und der Geist vollständig zusammengebracht werden, wird der Geist ungeheuer mächtig, weil keine Energie mehr durch Sinnesaktivität vergeudet wird. Diese starke konzentrierte Macht zerstört die Dunkelheit, den Schleier von *Avarana*, wenn man dem Geist nicht erlaubt, in Trägheit oder Schlaf zu entschlüpfen, sondern das Bewusstsein aufrechterhält. Wenn also so durch wiederholte Übung der Zustand von Yoga, der untrennbaren Einheit, den man in tiefster Meditation erreicht, dauerhaft wird, kommt jede Beziehung mit der Welt (*Rajas* oder *Vikshepa*) zu einem Ende und die Dunkelheit (*Tamas* oder *Avarana*) wird zerstört.

Was passiert dann? Weil *Vikshepa* und *Avarana* die beiden Kräfte von *Avidya* sind, ist ihre Zerstörung die Auslöschung von *Avidya* selbst. Der *Jiva* ist *Malina Sattwa*, d.h. *Sattwa* vermischt mit *Rajas* und *Tamas*. Mit dem Aufhören von Vikshepa, also *Rajas* und der Zerstörung von Avarana, also *Tamas* wird der Intellekt als Medium der Spiegelung sattwig. In ihm erstrahlt *Kutastha Chaitanya*, das Bewusstsein des ewigen Zeugen unverzerrt und ungehindert. Der Ausdruck *Velavan* bezieht sich auf *Kutashta*. Es ist das *Vel*-Bewusstsein, auf das in vielen vorherigen Versen Bezug genommen wird. Von den vielen Namen Skandas benutzt Arunagiri hier bezeichnenderweise „*Velavan*", um nahezulegen, dass Gott als Weisheit oder Bewusstsein in denjenigen lebt, die so ihre Unwissenheit überwunden haben. Solche gesegneten Seelen sind *Jivanmuktas*, *Jnanis*, Weise oder Gottmenschen, die das Ziel erreicht haben.

In diesem einzigen Vers fasst der heilige Arunagiri geschickt und genau die Essenz der Lehren der Mantras 10, 11, 14 und 15 von Valli VI der *Kathopanishad* zusammen. Die erste Hälfte des Verses entspricht dem Mantra 10, das sagt: „Wenn die fünf Sinnesorgane der Erkenntnis zusammen mit dem Geist stehen und der Intellekt nicht arbeitet (d.h. ruhig wird), das nennt man den höchsten Zustand." Dies scheint der höchste Zustand der Meditation zu sein, nicht die höchste Verwirklichung selbst, weil dieser Yoga, die „Einheit ohne die geringste Trennung" verloren geht, wenn man nicht wachsam ist. Darum warnt das Mantra 11: „Die feste Beherrschung der Sinne wird als Yoga bezeichnet. Dann wird man achtsam, denn Yoga wird erworben und verloren." Wenn man also mit äußerster Achtsamkeit dieses Bewusstsein des Yoga, der Vereinigung, immer wieder hat und es dauerhaft macht, brechen allmählich die Knoten des Herzens auf und das Ziel ist erreicht, wie es in den Mantras 14 und 15 offenbart wird. „Wenn alle im Herzen vorhandenen Wünsche enden, wird der Sterbliche unsterblich und erlangt *Brahman* auf Erden." „Wenn alle Knoten des Herzens hier auf der Erde gelöst werden, dann wird der Sterbliche unsterblich, ist die Anweisung." Die Zerstörung der Knoten des Herzens (*Avidya*, *Kama* und *Karma*) der obigen Mantras bescheibt Arunagiri in der zweiten Hälfte des Verses genau. *Avidya* wird explizit erwähnt und *Avarana* und *Vikshepa* entsprechen jeweils *Kama* und *Karma*. Die Notwendigkeit kontinuierlicher Übung, die der Inhalt von Mantra 11 der *Kathopanishad* ist, findet sich ebenfalls implizit in den letzten beiden Zeilen des Verses.

Ein weiterer interessanter Punkt zeigt Arunagiris Geschick der Enthüllung subtiler Geheimnisse der spirituellen Erfahrung von Suchenden. Gott, der die allgegenwärtige und alldurchdringende Wirklichkeit ist, ist immer bei uns, in untrennbarer Einheit. Obwohl dies eine Tatsache ist, können wir uns dieser untrennbaren Einheit in drei verschiedenen Stufen bewusst werden. Diese Stufen erklärt er in diesem Vers.

Zunächst ist Gott *„Piraan"*, d.h. niemals von irgendetwas getrennt, jederzeit eins mit allem. Dies ist der Zustand des Aspiranten, in dem wir uns Seiner untrennbaren Existenz in uns überhaupt nicht bewusst sind. Er ist mit uns, mit allem; aber wir sind uns dessen nicht bewusst und noch viel weniger die unbelebten Gegenstände. Dies ist der allgemeine Zustand der *Jivas*, die niedrigste Stufe der Manifestation der Wirklichkeit (Gott), auf der nur der *Sat*, der Existenz-Aspekt des Göttlichen offenbar wird.

Zweitens ist Gott „in untrennbarer Einheit in der Intelligenz, die weiß und deren Sinneswissens aufhört" (*Arivaar Arivil Privonrara Nirpavan*). In höchster Meditation gibt es Momente intuitiver Erkenntnis, wo man sich einen kurzen Moment der untrennbaren Einheit Gottes mit uns als reines Bewusstsein gewahr wird. Dies ist der meditative Zustand, in dem das meditative Bewusstsein Gott erkennt, wenn auch nur für einen Moment, da das Bewusstsein untrennbar davon ist. Dies ist der höhere Zustand der Manifestation der Wirklichkeit, in dem Chit, der Bewusstseinsaspekt des Göttlichen ebenfalls offenbar wird.

Drittens, aufgrund achtsamer kontinuierlicher Meditationspraxis, wenn *Avidya* aufgelöst wird, „lebt Gott in untrennbarer Einheit mit ihnen" (*Veri Venravarodu Urum Velavan*). Dies ist der Zustand der Verwirklichung, *Sakshatkara*. Hier ist die Einheit dauerhaft und bleibend, und weil *Avidya* vernichtet ist, ist sie auch voller Wonne. Dies ist die höchste Stufe der Manifestation der Wirklichkeit, wo sich auch der *Ananda-*, der Wonneaspekt des Göttlichen enthüllt.

Man kann diese drei Zustände auch als *Ajnana Avastha, Dhyana Avastha* und *Anubhuti Avastha* bezeichnen, wo sich der *Jiva* der untrennbaren Einheit mit Gott, der immer mit ihm ist, nicht bewusst, zeitweise bewusst und dauerhaft bewusst ist und wo ebenso der *Sat-, Chit-* und *Ananda*-Aspekt der Wirklichkeit (*Satchidananda*) fortschreitend offenbar werden.

*

Arunagiri lehrt in diesem Vers das Geheimnis und die Essenz der Yogaübung und Verwirklichung.

தன்னந்தனி நின்றது தான் அறிய
இன்னம் ஒருவர்க்கு இசைவிப்பதுவோ
மின்னும் கதிர்வேல் விகிர்தா நினைவார்
கின்னம் களையும் க்ருபைசூழ் சுடரே.

VERS 49

Thannanthani Ninradhu Thaan Ariya
Innam Oruvarkku Isaivippadhuvo
Minnum Kadir-Vel Vigirdhaa Ninaivaar
Kinnam Kalaiyum Krupaisoozh Sudare

Das, was durch sich selbst ist, muss durch einen selbst verwirklicht werden;
Kann denn einem anderen dieses (diese Erfahrung) enthüllt werden?
O Herr mit dem funkelnden Licht-Vel von unterschiedlicher Form!
Der Du Unglück entfernst von denen, die denken, o Strahlender, von Gnade umgeben!

„O Gott mit dem funkelnden aus sich selbst leuchtenden *Vel* von unterschiedlicher Form! O strahlender von Gnade umgebener, der Du das Unglück (des *Samsara*) von jenen nimmst, die (an Dich) denken! Diese (höchste Wirklichkeit), die alleine durch sich selbst ist (d.h. Eines ohne ein Zweites) muss durch einen selbst verwirklicht werden (indem man Es ist); kann Es (diese Erfahrung) anders mitgeteilt werden?"

Erklärung:

Jeder Vers in diesem Schlussteil des *Kandar Anubhuti* übertrifft den anderen an Tiefgründigkeit und spiritueller Tiefe. Sie enthüllen die außerordentliche Fähigkeit des heiligen Arunagiri, die höchsten vedantischen Wahrheiten in einfachen Begriffen auszudrücken und dennoch ihre genaue Bedeutung zu vermitteln. Hier ist ein weiterer Vers von seltenem Wert.

Ekameva Advitiyam Brahma – „Eines ohne ein Zweites ist *Brahman*", sagen die Veden. Die höchste Wirklichkeit ist ohne ein Zweites. Dies übermittelt Arunagiri durch den Satz „*Thannan Thani Ninra Adhu*" in diesem Vers. In Vers 28 hat er mit „*Verum Thaanaai Nilai Ninra Adhu*", das Gleiche gesagt. „*Thani*" bedeutet „allein"; „*Thannan Thani*" ist nicht einfach nur eine Wiederholung des Wortes, sondern eine geschickte Kombination, um den Inhalt der Upanishaden zu übermitteln.

In einem Wald oder an einem abgeschiedenen Ort, abseits von den Menschen, sind wir allein. Aber das bedeutet nicht, dass es keine anderen Menschen auf der Welt gibt. Es gibt Menschen, auch wenn wir sie dann nicht sehen. Aber die Wirklichkeit, *Brahman*, ist nicht „allein" in diesem Sinne. Sie ist *Allein*, steht für sich selbst und es gibt nichts Zweites neben Ihr. Daher wird Sie als *„Thannan Thani"* beschrieben, „Eines Allein" und nicht als *„Thani"* – „eines", denn eins impliziert auch zwei, drei usw. Eins ohne ein Zweites – *Ekameva* (nur Eins) *Advitiyam* (ohne ein Zweites) *Brahma* (ist *Brahman*). *Thannan Thani* (Alleine, für sich Selbst), *Ninra*, (ist dieses) *Adhu* (Das = *Brahman*).

Nun mag ein Zweifel aufkommen. Wenn *Brahman* alleine existiert und es nichts Zweites daneben gibt, was sehen wir dann als die Welt? *Vedanta* (Philosophie der Einheit) verkündet kühn, dass die Welt eine reine Erscheinung ist, eine bestimmte Phase der Wirklichkeit Selbst. Sie „existiert" nicht unabhängig als etwas von *Brahman* verschiedenes. Sie hat keine eigene Existenz oder Wirklichkeit. Ihre Existenz ist der Seins-Aspekt von *Brahman*. Dass wir etwas sehen, heißt nicht, dass es eine eigene Existenz hat. Es gibt viele alltägliche Beispiele, die dies illustrieren können. Nehmen wir z.B. den Fall des Ozeans und der Wellen. Der Ozean ist eine riesige Menge Wasser und die Welle ein Wasserkamm im Ozean. Gibt es jetzt in der Welle etwas anderes als Wasser? Nein. Die Welle ist Wasser, ist der Ozean. Wir nennen es nur eine Welle, weil unsere Wahrnehmung auf einen Teil begrenzt ist und nicht das Ganze sieht, die Erscheinung und nicht die Essenz. So ist es auch mit der Welt. Sie ist eine Erscheinung, deren Wirklichkeit *Brahman* ist. Wir werden durch die unterschiedlichen Namen und Formen getäuscht, die wie Wellen im Ozean von *Satchidananda* sind.

Genauso wie die Welle eine Phase des Ozeans ist, ist die Welt ein Aspekt von *Brahman*, der absoluten Wirklichkeit. Nicht nur die „anderen" Objekte der Welt sind wie Wellen, sondern wir selbst sind auch wie Wellen. Unsere Wahrnehmung der Welt ist wie die einer Welle, die eine andere Welle wahrnimmt, die beide nichts anderes als Phasen der gleichen Wassermasse sind. Wenn nun eine Welle den Ozean erkennen möchte, was muss sie dann tun? So lange sie eine Welle ist, kann sie den Ozean nicht erkennen, weil sie so klein und der Ozean so groß ist. Die Welle kann sich nicht bis zum Ausmaß des Ozeans ausdehnen. Aber es gibt einen Weg. Die Welle ist in ihrer Essenz Wasser und der Ozean ist auch nichts anderes als Wasser. Beide sind von derselben Substanz. Wenn die Welle daher einfach versinkt, wird sie zum Ozean, ist sie der Ozean;

und sie erkennt den Ozean. Und für den Ozean gibt es keine Wellen; sie sind der Ozean selbst. Dasselbe ist der Fall mit dem *Jiva* und der Welt. Der *Jiva* ist nichts als ein Bewusstseinskamm im Ozean von *Satchidananda*. Auch die Welt ist nichts anderes als der *Sat*-, der Existenz-Aspekt von *Brahman*. Ihre Essenz, ihre Wirklichkeit ist *Brahman*. Wenn der *Jiva*, also die Individualität, wie die Welle untergeht, bleibt nur *Satchidananda* und Es erkennt sich Selbst. Das Absolute zu kennen, heißt daher, das Absolute zu sein. *Brahmavid Brahmaiva Bhavati* – Der Kenner *Brahmans* wird *Brahman*, sagen die Schriften. Daher sagt Arunagiri „*Thaan (Adhuvaaga Irundhu) Ariya*". Der Weg zum Unendlichen ist deshalb nicht Ausdehnung, sondern die Auslöschung der Individualität, des *Jivatva*. Die Essenz im *Jiva*, die auch die Essenz des Kosmos ist, die Gott ist, muss sich selbst erkennen, indem sie sie selbst ist und nicht versuchen, „etwas anderes" zu erkennen, was ein Prozess der Veräußerlichung wäre. Das Endliche muss sich im Unendlichen auflösen, das sein Substrat wie auch das Substrat von allem ist.

Daher muss man Das, was Eins ohne ein Zweites ist, erkennen, indem man es ist. Es gibt keinen anderen Weg. Jeder muss die Wirklichkeit für sich selbst erfahren. Man kann sie anderen nicht erklären, mangels angemessener Kommunikationsmittel. Man kann Erfahrungen nicht anderen mitteilen. Selbst gewöhnliche Sinneserfahrungen wie Freude, Schmerz, Süße, Schönheit usw. kann man anderen nicht kommunizieren, geschweige denn die Erfahrung des Absoluten, wo der Erfahrende selbst in das Absolute umgewandelt wird. Wer soll es erzählen, und wem? Weder ist „er", noch ist „der andere". Es alleine *ist*. Es muss von jedem selbst erfahren werden, indem er Es selbst ist.

Was ist dann der Nutzen der Verwirklichung erleuchteter Seelen, Heiliger und Weiser, wenn ihre Erfahrung anderen nicht hilft, mögen wir uns fragen. Es stimmt, dass sie ihre Erfahrung nicht mitteilen können, aber sie können uns den Weg zeigen, diese Erfahrung zu machen, weil sie den Weg schon gegangen sind, und das tun sie auch. Obwohl jemand, der die Süße von Kandiszucker erfahren hat, sie nicht erklären kann, kann er uns dennoch die Mittel zeigen, wie man ihn bekommen und selbst schmecken kann, sodass auch wir die gleiche Erfahrung haben können. Dies macht der Heilige in der letzten Hälfte des Verses. Meditation ist der Königsweg zu der Erfahrung, bestätigt Arunagiri. Meditation worüber? Über den *Vel* oder Murugan, die identisch sind. Der *Vel* ist Murugan und Murugan ist der *Vel*. Was ist nun die Meditationstechnik? Da das Mittel das Ziel bestimmt und das Ziel die Verwirklichung des nondualen *Brahman* ist, wie im ersten Teil des Verses erwähnt, schlägt

Arunagiri eine meisterliche Methode vor. Aber der Hinweis auf die Meditationstechnik ist so gut versteckt, dass er schwer zugänglich ist und oft gar nicht bemerkt wird. Arunagiri spricht Gott als „Minnum Kadir-Vel Vigirdhaa" an, worin der Hinweis auf die Meditation verborgen ist. Die Natur Gottes bzw. der höchsten Wirklichkeit wird hier enthüllt. Das richtige Verständnis dieser Aussage ist die Meditationstechnik an sich. Zunächst wollen wir die einfache Bedeutung dieser Aussage betrachten: „O Herr der verschiedenen Formen, mit dem blitzenden strahlenden Vel." Der Vel ist der Speer der Weisheit (Kadir-Vel). Er strahlt wie die Sonne aus sich selbst heraus, er ist aus sich selbst leuchtend. Er strahlt auch Weisheit oder Licht aus, wie ein Blitz strahlt, er ist *Minnum Kadir-Vel*. Gott ist vielgestaltig. Er ist der *Bala-Murugan* (der kleine Junge), der Brahma eingesperrt hat und Shiva Aufklärung über *Pranava* (die Silbe Om) gab (Vers 36). Er ist der Herr mit den sechs Gesichtern (*Shanmukha*). Er nahm viele Gestalten in der Schlacht mit dem *Asura* Surapadma an. Er nahm die Gestalten eines Jägers, eines Baums, eines alten Mannes usw. an, um Valli zu testen und anzunehmen. Und er erscheint in der Gestalt, in der seine Anhänger ihn verehren oder über ihn meditieren. So hat er zahlreiche Formen. Das ist die einfache Bedeutung. Aber es gibt noch eine tiefere Bedeutung, die auf die richtige Meditation hinweist.

Der *Vel* steht, wie wir in früheren Versen gesehen haben, für das absolute Bewusstsein. Er ist *Atman* (das Selbst) oder *Brahman* (das Absolute). Was ist seine Natur? Er strahlt aus sich selbst heraus, er ist *Kadir-Vel*. Er ist die unveränderliche Wirklichkeit, das Substrat von allem. Und nicht nur das, er ist nicht nur *Kadir-Vel* sondern auch „*Minnum*", „blinkend" oder „blitzend". Er erstrahlt als das absolute Bewusstsein und blinkt auch als die unzähligen *Jivas*. Die *Jivas* sind wie ein Blitzstrahl oder eine Spiegelung des Lichtes des *Atman* im Intellekt. Und nicht nur das. Gott hat auch unterschiedliche Formen. Er ist *Vigirdhan*. Was immer wir wahrnehmen, alles ist nur seine Form. In Vers 51 sagt Arunagiri auch: „Oh Gott, der als alle Formen (*Uruvaai*) erscheint und als alles ohne Form (*Aruvaai*)." Er Selbst erscheint als all diese Namen und Formen, die keine Wirklichkeit an sich haben, unabhängig von der Wirklichkeit bzw. Existenz des Absoluten. „Er ist es, der als alter Mann an einem Stock hinkt und so das menschliche Auge täuscht, denn Er ist alles", sagt die Upanishad.

So erscheint („blitzt auf" = *Minnum*) der *Kadir-Vel* (Symbol der Absoluten Wirklichkeit) einmal als die *Jivas*, die individuellen Wesen und zum anderen als die unermessliche Schöpfung verschiedenster Formen (*Vigirdhaa*).

Vers 49

Wie schön und geschickt hat Arunagiri diesen Ausdruck komponiert mit „*Kadir-Vel*" in der Mitte und „*Minnum*" und „*Vigirdhaa*" davor und danach, um zu zeigen, dass die letzteren die beiden Aspekte des Kadir-Vel sind, welcher ihr Substrat ist – die immer strahlende, aus sich selbst leuchtende Wirklichkeit.

Arunagiri bestätigt mit dem Ausdruck „*Minnum Kadir-Vel Vigirdhaa*" die Behauptung der Upanishaden, dass dieses sichtbare Universum und die *Jivas* nichts anderes als (Phasen von) *Brahman* selbst sind - wie oben in diesem Vers erklärt.

So erkennt man, dass die sichtbare Welt, die individuellen *Jivas* und die Absolute Wirklichkeit nichts anderes sind als Er bzw. der *Vel*. Das Absolute, das *ist was wirklich ist*, ist auch *was wir sind*, und ist auch *was wir sehen*. Es gibt nichts anderes als diese allumfassende Wirklichkeit. Alles ist eine Phase davon, wie die Wellen und das Kräuseln nichts anderes sind als der Ozean. Dies ist das Geheimnis der Meditation die der heiligen Arunagiri lehrt, um die Höchste Wirklichkeit zu erreichen, die Eins ohne ein Zweites ist (*Thannan Thani Ninra Adhu*).

Gott löst das Leiden jener auf (*Kinnam Kalaiyaum*), die so meditieren (*Ninaivaar*). Das größte Leiden ist das von *Samsara*, der Wiedergeburt, der endlose Kreislauf von Geburt und Tod. Dies kann man nur überwinden, wenn man das Höchste kennt, indem man es ist. Wie kann man von dem Zwang, geboren zu werden, befreit werden, solange man ein begrenztes Wesen ist? Das Begrenzte kann nicht in Frieden ruhen solange es vom Unbegrenzten getrennt ist, solange es seine Einheit mit dem Unbegrenzten nicht fühlt und verwirklicht. Der Fluss kann nicht ruhen, bis er den Ozean erreicht und zum Ozean wird. Das Kind flüchtet nur in den Schoß der Mutter. Der *Jiva* kann der Wiedergeburt nicht entgehen. Er kann nicht anders als von seinen Karmas herumgeschleudert werden (welche aufgrund seines begrenzten Bewusstseins unvermeidlich sind, das ihm das Gefühl gibt, es gäbe etwas außerhalb von ihm, zu dem er eine Beziehung herstellen muss), solange er nicht seine Identität mit dem *was ist* erkennt. Die falsche Vorstellung von Individualität bzw. getrennter Existenz ist die Quelle allen Leidens. Ihr wird ein Ende gesetzt durch die mächtigste Waffe der Meditation über die Wirklichkeit als das Absolute und das Relative, als das Unsichtbare und das Sichtbare, als Bewusstsein und Materie, als der aus sich selbst leuchtende *Vel* und als Murugan mit den zahlreichen Gestalten, als *Minnum Kadir-Vel Vigirdhaa* – über *das, was ist*.

Wenn man in dieser Meditation ernsthaft ist, dann ist der Erfolg sicher, versichert Arunagiri. Denn, fügt er hinzu, Gott ist eine Verkörperung von Gnade und Mitgefühl. Er ist von Gnade überfließende, Gnade verbreitende Flamme (*Krupai Soozh Sudar*). „*Sudar*" bedeutet Flamme, Glanz, *Jyoti* (Licht), *Atma Jyoti* (das Licht des Selbst). Es ist Chaitanya, Bewusstsein, das Licht, das immer leuchtet, der *Kutastha Atman*. In dem Wort „*Sudar*" ist auch Stetigkeit, eine nicht wankelmütige Natur mit eingeschlossen. Es meint deshalb das *Kutastha Chaitanya*, nicht das *Jiva*-Bewusstsein, das sich ständig verändert. Weiterhin ist diese Flamme von Gnade umgeben (*Krupai Soozh*). Dass es von Gnade umgeben ist oder diese verbreitet, zeigt, dass es selbst eine Masse von Gnade ist. Die Sonne, die eine Lichtmasse ist, verbreitet Licht. Wie Lichtstrahlen von der Sonne ausgehen, so fließen auch Strahlen der Gnade von Gott über, der eine Verkörperung von Gnade ist. Was wir erhalten ist nur ein winziger Teil der Gnade, die von Ihm kommt. Aber das ist mehr als genug, um das Leid von *Samsara* zu zerstören und uns zu erleuchten.

Der Satz „*Krupai-Soozh Sudar*" gibt auch einen Hinweis auf die Meditation: Meditation über den *Atman (Sudar)*, der eine Masse von Licht ist, glückselig seiner Natur nach und von Gnade überfließend. Diese Art von Meditation wird all unseren Nöten ein Ende setzen.

Also zeigen uns die beiden Aussagen „*Minnum Kadir-Vel Vigirdhaa*" und „*Krupai Soozh Sudar*" auf schöne Weise die höchste Art von Meditation, um ungeteiltes absolutes Sein-Wissen-Wonne zu erreichen.

Wenn Gott eine Verkörperung von Mitgefühl ist, eine Masse aus Gnade, warum sollte er dann nur die Leiden derer beheben, die an ihn denken und nicht von allen? Feuer hat die Eigenschaft zu brennen, aber das bedeutet nicht, dass es alles überall verbrennt. Es verbrennt nur das, was ins Feuer gegeben wird, womit es in Kontakt kommt. Die *Ganga* (der Ganges) reinigt nur die Sünden derer, die darin baden. Die Sonne gibt Licht. Aber wenn man in einem geschlossenen Raum bleibt und sich ihr nicht aussetzt, was kann die Sonne dann tun? Genauso ist Gott zweifelsohne mitfühlend, aber man muss Ihm sein Herz öffnen, so dass man Seine Gnade fühlen kann. Man muss Gott „wollen", dann schenkt sich Gott uns. Er will keine reichen Geschenke, große Gelehrtheit oder einen scharfen Intellekt. Er will, dass wir ihn wollen. Selbstloser Dienst mit dem Gefühl der Gegenwart Gottes, das Studium der Schriften, die seinen Ruhm preisen, *Japa* (Wiederholung des Mantras), *Kirtan* (Singen von Mantras), soziale Werke, Meditation usw. sind verschiedene Praktiken um sein Herz der Göttlichkeit zu öffnen, die im Inneren wohnt, diesem Glanz, der von Gnade überfließt.

So überwindet das unaufhörliche Denken an Gott, sich ganz auf Ihn zu verlassen und ihn wirklich zu wollen, alles Leid und zieht seine Göttliche Gnade an, die sich innerlich als der glänzende *Vel* bzw. das reine Bewusstsein manifestiert – eine Erfahrung, die jeder für sich selbst machen muss und die man anderen nicht erklären kann.

*

Arunagiris Anweisung an Aspiranten lautet hier, dass allumfassende Meditation der Königsweg zur Verwirklichung des Absoluten bzw. der Gotteserfahrung ist, welche nicht mitgeteilt werden kann, sondern selbst gemacht werden muss.

Solche Verse zeigen deutlich, dass Arunagiri ein Heiliger von höchster nichtdualistischer Verwirklichung war.

மதிகெட்டு அறவாடி மயங்கி அறக்
கதிகெட்டு அவமே கெடவோ கடவேன்
நதிபுத்திர ஞான சுகாதிப அத்
திதிபுத்திரர் வீறடு சேவகனே.

Vers 50

Madhikettu Aravaadi Mayangi Arak
Gadhikettu Avame Kedavo Kadaveen
Nadhiputthira Jnaanasukhaadhipa Ath
Dhithi Putthirar Veeradu Sevagane

Die Vernunft verloren, entnervt und am stärksten getäuscht,
Das Ziel des tugendhaften Lebens verlierend, soll ich umsonst verloren sein?
O Sohn von Ganga, Herr von Weisheit und Wonne, O Großartiger!
Zerstörer der Tapferkeit der Söhne von Diti, O mächtiger Herr!

„O Sohn des Flusses (Ganga)! O Herr von Weisheit und Wonne! O Held, der die Tapferkeit der Söhne von Diti besiegt hat! Mit verwirrtem Verstand, gequält (im Geist) und getäuscht, die große Segnung (von *Anubhuti*) verlierend, die aus einem tugendhaften, rechtschaffenen Leben entsteht, soll ich umsonst verloren sein? (Nein, das kann nicht passieren.)"

Erklärung:
Wir nähern uns jetzt dem Höhepunkt des Werks *Kandar Anubhuti* und fast alles über das spirituelle Leben und *Sadhana* ist von dem Heiligen gesagt worden. Bevor sein Werk im nächsten und letzten Vers mit einer großartigen Beschreibung des *Sahaja Samadhi Avastha*, des natürlichen überbewussten Zustands eines *Jivanmuktas* schließt, stellt Arunagiri in diesem Vers einen seltsamen Zustand dar, den unweigerlich jeder *Sadhaka* irgendwann auf seinem spirituellen Weg erfährt. Und er lehrt uns ein machtvolles Mittel, eine solche missliche Lage zu vermeiden oder zu überwinden, wenn wir darin stecken. Das macht er auf seine eigene unnachahmliche Weise, indem er sich in die Lage des Suchers versetzt.

Trotz ausgedehnter Studien, langer Jahre der Übung und beträchtlichen Fortschritts auf dem spirituellen Pfad kommen Momente, wo das Verständnis des Suchers getäuscht und verwirrt wird und er seine Kraft des logischen Denkens verliert. Wir mögen uns fragen, wie das kommt. Aber das ist ganz natürlich. Es gibt verschiedene Faktoren, die dazu führen können. Wir wollen ein paar der wichtigsten betrachten.

Verschiedenste Zweifel kommen manchmal selbst nach Jahren der Übung. „Ich habe jetzt so lange *Sadhana* gemacht, aber ich scheine nichts Substantielles erreicht zu haben! Ist der Weg, den ich gehe, wirklich der Richtige für mich oder ist etwas mit meiner Übung falsch? Habe ich einen richtigen Guru gewählt und ist er fähig, mich zum Ziel zu führen? Mache ich wirklich Fortschritte oder täusche ich mich selbst mit falscher Zufriedenheit?" Solche kritischen Momente sind ganz normal im Leben spiritueller Aspiranten.

Zum anderen, wenn man Bücher verschiedener Autoren liest, die verschiedene Techniken befürworten oder auf die verschiedenen Lehren von Predigern mit verschiedensten Interessen hört oder unterschiedliche Übungsmethoden ausprobiert, wird man, wenn auch unbewusst, durch die eigenen latenten Wünsche, die im passenden Moment an die Oberfläche kommen, verwirrt und weiß nicht mehr, was man tun soll.

Zum Dritten, wenn ein Sucher mit schwierigen Hindernissen konfrontiert, schweren Prüfungen unterzogen oder in ungünstige Umstände gestellt oder von Krankheiten angegriffen wird o.ä., wird sein Intellekt verwirrt und er versteht nicht, was ihm geschieht. Genau dann wird sein Vertrauen in die Wirksamkeit seiner Übung, in die Kompetenz seines Gurus und seine eigene Eignung für den spirituellen Weg unsanft erschüttert. Dann verliert er leicht seine logische Denkkraft.

Es gibt also mehrere Gründe, warum der Verstand des Suchers verwirrt werden kann. Das Ergebnis ist immer dasselbe, nämlich der Verlust der Vernunft, die Verwirrung des Intellekts. Das Wort „*Madhikettu*", mit dem Arunagiri diesen Vers beginnt und das „verlorene Vernunft" bedeutet, schließt sozusagen die verschiedenen Faktoren mit ein, die zum Verlust des logischen Denkvermögens führen.

Was passiert, wenn der Verstand verwirrt wird? Alle Übel, die damit einhergehen, befallen den Sucher auf einmal. Wenn der Intellekt als höchste Fähigkeit des Individuums verwirrt ist, wird auch die Psyche geschwächt und düster. Man kann nicht richtig denken. Der verwirrte Intellekt und der getäuschte instinktive Geist, die die Kraft der Vernunft verloren haben, halten das Falsche für das Richtige, das Angenehme für das Gute, verfolgen das, was ihrem tatsächlichen Guten diametral entgegengesetzt ist, bringen unlogische Argumente vor, um ihre falschen Bestrebungen zu rechtfertigen und verfehlen so das gewählte Ziel. Was ist das Ergebnis davon? Man verliert sich in Verwirrung und geht am Ende unter. All dies geschieht aufgrund der Verwirrung des Intellekts, die auf unterschiedliche Ursachen zurückzuführen ist.

Dies sind die entscheidenden Stunden, wo der *Sadhaka* besondere Stärke von innen braucht, die ihn davor retten kann, auseinandergerissen zu werden. Dieser Vers dient dazu, uns über solche Umstände hinwegzuhelfen und uns vor einer solchen Notlage zu bewahren. Er gibt uns die notwendige innere Stärke und den Enthusiasmus, die vorübergehenden Schwierigkeiten zu überwinden, die, wenn sie nicht richtig angepackt werden, unseren Untergang zur Folge hätten.

Was ist das für eine Stärke? Es ist nicht die eigene Kraft des Verstehens des *Sadhakas*, sondern sie stammt aus einer ganz anderen Quelle. Sie liegt in der intrinsischen, essentiellen Natur Gottes – dem Gegenstand seiner Hingabe und Meditation. Wie kann man die Vernunft verlieren, wenn man Lord Skanda oder einem anderen persönlichen Gott vertrauensvoll hingegeben ist? Das kann niemals geschehen, verspricht Arunagiri. Warum? Weil Gott so ist. Er ist der „Sohn des Flusses". Er ist absolute Weisheit-Wonne (*Jnana-Sukha*). Und er ist der Bezwinger der Tapferkeit der *Asuras*.

Lord Skanda ist der *Nadi-Putra*. Er wurde als Avatar im heiligen Fluss Ganges geboren. Er ist der Herr von *Jnana* und *Sukha* – Weisheit und Wonne. Er ist der Zerstörer der Tapferkeit der *Diti-Putras*, der Söhne von Diti. Der Dämon Surapadma und seine Brüder wurden dem Weisen Kasyapa von Diti geboren. Was für ein großartiges Konzept! Der Gott des *Jnana-Sukha* manifestiert sich als *Nadi-Putra* („Sohn des Flusses"), um die *Diti-Putras* („Söhne von Diti") zu zerstören.

Die Wasser des Ganges strömen von den hohen Gipfeln der Himalayas herab; ihr Fluss ist ewig. Ebenso kommt Skandas Gnade auf seine Verehrer herab, spontan und unaufhörlich. Und so wie der „Sohn des Flusses" die Söhne Ditis zerstört hat, vernichtet die göttliche Gnade die Übel, die dem Verlust der Vernunft folgen. Als Antwort auf die tiefen Gebete der *Devas* erschien Gott, dessen essentielle Natur *Jnana-Sukha* ist, als Sohn des Ganges, vernichtete die Söhne der Diti und brachte den Devas Freiheit und Glück. Ebenso manifestiert sich Gott bzw. das höhere Selbst, dessen eigentliche Natur *Satchidananda* ist, als innere göttliche Gnade, die alle Schwierigkeiten des *Sadhakas* auflöst und ihn mit Stärke und Freude erfüllt. Wenn man daher über den Weisheit-Wonne-Aspekt von Lord Skanda meditiert, wie könnte dann Verwirrung des Intellekts entstehen? Und selbst wenn sie aufkommt, wie könnte sie vor dieser Verkörperung von Wissen und Glückseligkeit bestehen, dessen Gnade sofort in das Herz des *Sadhakas* strömt und sie auflöst? Wenn das Ideal, das Wonne-Bewusstsein, das höhere Selbst ist, das unsere wahre Natur ist, wie können Verwirrung oder Finsternis sich in einem Sucher zeigen? Solange man sich bewusst ist, dass der *Atman* unser wirkliches Wesen ist, kann man nicht von den vergänglichen Stimmungen des Geistes und des Intellekts beeinflusst werden.

So schließt Arunagiri mit dieser kraftvollen Weise, sich an Gott zu wenden, die Möglichkeit von Verwirrung eines *Sadhaka* aus, was auch die Versicherung beinhaltet, dass er nie davon betroffen wird. Tiefes Nachdenken über die volle Bedeutung des Verses flößt dem Suchenden eine solche Stärke ein, dass er jedes Hindernis in seinem *Sadhana* überwinden kann. Es ist wie ein Stärkungsmittel in entscheidenden Momenten.

„Die Vernunft verloren, verwirrt, getäuscht und der Befreiung (*Moksha*) beraubt, muss ich vergehen! Kann ich in einem solchen Zustand geraten! Nein, das kann niemals geschehen. Denn Du, o Gott, dem ich hingegeben bin und der Du der Gegenstand meiner Meditation bist, Du bist der Gnade ausschüttende „Sohn des Flusses"; die Verkörperung von Weisheit und Glück (*Jnana-Sukha*) und der Bezwinger der Tapferkeit von Ditis Söhnen." So versichert Arunagiri einem wahren Sucher, dessen Ziel klar und richtig verstanden ist, dass er niemals von Verwirrung usw. heimgesucht werden kann. Alle *Sadhakas* sollten sich deshalb zu Herzen nehmen, dass Göttliche Gnade ihrer Natur nach unfehlbar ist, und dass göttliche Gnade sie beschützen wird und sie niemals untergehen werden, solange sie das Ziel nicht aus den Augen verlieren.

Man kann den Vers auch als Bitte an Gott verstehen, einen davor zu bewahren, dass man das Ziel, Gott zu erreichen (*Anubhutis*) aufgrund des Verlustes der Vernunft, Verwirrung des Intellekts, Täuschung usw. verliert „Ist es mir bestimmt unterzugehen? O Gott! Lass es nicht geschehen. Rette mich!", ist die Anrufung eines hilflosen Verehrers oder Suchers. Arunagiri hat den Vers mit so mächtigen Worten komponiert, dass seine aufrichtige Rezitation einem

Tränen in die Augen treibt, welche die immer herabströmende Gnade Gottes ins Herz zieht. Dieser Vers ist eine Gabe an spirituelle Sucher in den Stunden der Verwirrung. Ihn täglich als Gebet zu wiederholen, schützt einen vor jeglichen solchen Eventualitäten.

*

Das große Werk *Kandar Anubhuti* nähert sich seinem Höhepunkt im nächsten Vers mit einer großartigen Beschreibung des erhabenen Zustands eines *Jivanmuktas*, der immer in Gott begründet ist. Vorher gibt der heilige Arunagiri eine abschließende, feierliche Versicherung, dass ein ernsthafter Strebender niemals in Verwirrung o.ä. untergehen kann, solange sein Ideal Gott ist, dessen Natur Gnade verströmt, Weisheit und Glück ist und das Negative überwindet. Ein wahrer Gottesverehrer und ehrlicher Wahrheitssucher kann niemals untergehen oder sein Ziel verfehlen.

Wir haben schon in Vers 43 gesehen, dass die befreite Seele sich ungehindert bewegt und spirituelle Nahrung an hungrige Seelen gemäß deren Bedürfnissen verteilt. Solche Nahrung sind die Verse 45 bis 50, wovon die Ratschläge in den Versen 45 bis 49 von spezifischer Natur sind. In diesem Vers gibt er einen allgemeinen Rat und eine allgemeine Versicherung, die jedem Suchenden hilfreich sein wird, ungeachtet des Weges, dem man folgt, da jeder im Laufe seiner spirituellen Karriere früher oder später aus dem einen oder anderen Grund mit dieser Situation konfrontiert ist.

Dass dieser Vers als Vorletzter kommt, legt nahe, dass er wie der *Phalasruti* („die Frucht der Schrift und ihrer Rezitation") ist – der Vers, der den Nutzen einer hingebungsvollen, regelmäßigen Rezitation des Werkes anpreist. In diesem Fall die Versicherung, dass diejenigen, die das *Kandar Anubhuti* rezitieren und seinen Lehren folgen, unfehlbar die Gnade des alles reinigenden Herrn von Weisheit und Wonne empfangen, die alle Verwirrung, Täuschung und andere Hindernisse hinwegfegen wird, die dem Erreichen des Ziels, nämlich *Anubhuti*, Gotteserfahrung, im Weg stehen könnten.

உருவாய் அருவாய் உளதாய் இலதாய்
மருவாய் மலராய் மணியாய் ஒளியாய்
கருவாய் உயிராய் கதியாய் விதியாய்
குருவாய் வருவாய் அருள்வாய் குகனே.

Vers 51

Uruvaai Aruvaai Ulathaai Ilathaai
Maruvaai Malaraai Maniyaai Oliyaai
Karuvaai Uiraai Gathiyaai Vidhiyaai
Guruvaai Varuvaai Arulvaai Gugane

Mit Form und formlos, was nicht ist und was ist,
Blume und Duft, Edelstein und Glanz,
Körper und Seele, Heil und Regeln der Rechtschaffenheit,
O Gott der (als alles und) als Guru kommt! O Guha! Schenke mir Deine Gnade.

„O allmächtiger *Guha*! O höchstes Wesen, das (als all diese) kommt mit Form und ohne Form, als das was ist und was nicht ist, als Blume und (ihr) Duft, als Edelstein und (sein) Glanz, als Körper (Universum) und Seele (universaler Geist) (der es durchdringt und belebt), als die Regeln der Rechtschaffenheit und als *Moksha* (welche durch sie erlangt wird) (d.h. als Mittel und als Ziel) und als der Guru! Schenke Deine Gnade (allen)."

Erklärung:
Dies ist ein wunderschöner Vers, mit dem der heilige Arunagiri sein göttliches Werk Kandar Anubhuti abschließt. Es ist ein spontaner, ekstatischer Ausfluss aus Arunagiris höchster Gotteserfahrung, in einem einfachen, melodiösen, majestätischen Stil, der einen schon in spirituelle Stimmung versetzt, wenn man ihn nur rezitiert.

In diesem Vers zeichnet Arunagiri anschaulich den höchsten Zustand der Gottesekstase eines vollständig erleuchteten *Jnanis* – den *Sahaja Samadhi Avastha*, das Ergebnis seiner eigenen Erfahrung und der selbstverwirklichter Heiliger.

Der Sadhaka, der *Pesaa* Anubhuti, die sprachlose Erfahrung oder *Maha Mauna* (große Stille) erreicht hat (Vers 43), nimmt, wenn er als *Jivanmukta* aus dieser Erfahrung herauskommt, nur Gott allein wahr, im Inneren als den *Vel* und im Äußeren als die Füße, die überall leuchten (Vers 44). Mit diesem Gottesbewusstsein bewegt er sich und leistet spirituellen Dienst zum Wohl der Welt (Lokasangraha), indem er suchenden Seelen die nötige Führung gibt. Nach und nach wird sein Gottesbewusstsein tief und gesättigter, bis zu dem Grad, wo er im Zustand ewigen, ununterbrochenen Bewusstseins Gottes (*Sahaja Avastha*) gegründet ist. Dann nimmt er nicht nur Gott in allem wahr, sondern nimmt Ihn *als* alles wahr. Für ihn ist Gott nicht nur *in* allem, sondern Gott ist alles, und so kommt Gott *als* alles. Was immer er sieht, berührt, riecht, schmeckt oder hört ist Gott. Was immer er denkt, fühlt oder versteht ist Gott. Gott ist oben und unten; Gott ist Materie und Geist; Gott ist der Weg und das Ziel; innen ist Gott; außen ist Gott. Alles ist Gott. Überall ist Gott. So majestätisch ist die göttliche Erfahrung einer befreiten Seele, die sich durch diese Verse des Heiligen mit Gotteserfahrung ergießt. Wie der Heilige Thayumanavar sagte, hatte der heilige Arunagiri *Anubhuti* von Skanda und schrieb daraufhin das Werk *Kandar Anubhuti*, damit andere dieselbe Segnung erreichen können wie er. So großartig ist ein selbstverwirklichter Heiliger!

Für eine solch erhabene Seele werden die üblichen Vorstellungen von Form und Formlosigkeit, Existenz und Nichtexistenz usw., die nur für den menschlichen Geist im dualen Denken Gültigkeit haben, bedeutungslos. Alles verwandelt sich und wird transzendiert in eine homogene ungeteilte Erfahrung. Diese mystische Erfahrung eines *Jivanmukta* ist unmöglich in menschlicher Sprache zu beschreiben. Und dennoch gelingt es Arunagiri in der geschicktesten Art und Weise, im Rahmen eines Verses mit 16 Worten. Er drückt alle möglichen Vorstellungen so schön aus, dass er den gesamten Bereich der menschlichen Erfahrung abdeckt und uns eine Ahnung dieser Erfahrung ermöglicht.

Sobald wir die Augen öffnen, sehen wir Dinge unterschiedlicher Gestalten und Formen. Das erste Konzept, das wir von Dingen haben, ist „Form". Wir spüren auch Dinge ohne Form, wie Raum etc. Daher beginnt Arunagiri den Vers mit „*Uruvaai, Aruvaai*", d.h. „mit Form und ohne Form". Mit diesen zwei Worten deckt er schon alles ab. Form und Formlosigkeit, das ist alles, es gibt kein drittes uns bekanntes Konzept. Man kann alles darunter fassen. Bei der Beschreibung des Avataras von Skanda sagt das Skanda Purana: „*Aruvamum Uruvum Aagi, Anaadiyaaip Palavaai Onraai, Brammamaai Ninra Jyoti Pizhambu*" – „Diese Bewusstseinsmasse (Licht), die das Höchste *Brahman* ist, die *sowohl mit als auch ohne Form ist*, die ohne Anfang ist, die Vielen wie auch das Eine.

Daraus geht klar hervor, dass alles und jedes, sei es mit Form oder ohne Form, Gott und nur Gott alleine ist. Daher ist es nicht so, dass Gott nur in bestimmten Formen ist oder dass er nur in besonderen Formen erscheinen kann. Tatsächlich sind alle Formen nur Er. Aber nur ein *Jivanmukta* kann dies erfahren. Und daher sagt Arunagiri, kommt Gott zu der verwirklichten Seele gleichzeitig als all dieses, was eine Form hat und was keine Form hat, weil Er beides ist (*Uru und Aru*).

Dann kommt das nächste Paar, „*Ulathaai, Ilathaai*", d.h. „das was ist und das, was nicht ist". Die menschliche Vorstellung von „ist" und „ist nicht" unterscheidet sich sehr auf den verschiedenen Stufen der Evolution. Für den groben Materialisten gibt es alleine den physischen Kosmos, d.h. es gibt nur Materie und so etwas wie Gott gibt es nicht. Für den *Vedantin* andererseits gibt es nur *Brahman* (das ewig Wirkliche), weil Es das Absolute ist und es gibt keine Welt (d.h. die Welt ist nicht unveränderlich), weil sie der Veränderung und Transzendenz unterliegt. Aber zu dem erleuchteten Weisen, sagt Arunagiri, kommt Gott sowohl als das, was ist, wie auch als das, was nicht ist, was auch immer unser Verständnis und unsere Akzeptanz dieser Konzepte sein mag. Ob die Welt ist und Gott nicht ist oder nur Gott existiert und die Welt nicht. Er kommt als Beides. Dies ist die Erfahrung eines gereiften *Jnanis* von höchster advaitischer Verwirklichung, wo selbst der physische Kosmos usw., die zunächst als „*Neti, Neti*" („nicht dies, nicht dies") zum Zweck der Auflösung und Transzendierung abgelehnt wurden, als Gott oder *Brahman* selbst erfahren werden, als „*Sarvam Khalvidam Brahma*" – „*Alles* ist wahrlich Brahman." So fasst Arunagiri schon in der allerersten Zeile des Verses die Essenz der *Sahaja Avastha*-Erfahrung eines *Jivanmukta* in höchst inspirierender Weise zusammen.

Interessanterweise beschreibt Arunagiri in Vers 13 die Wirklichkeit (Gott) als „nicht mit Form, nicht ohne Form; nicht das, was ist, noch das, was nicht ist" (*Uruvanru, Aruvanru; Ulathanru, Ilathanru*). Hier sagt er „Gott, der mit Form und ohne Form kommt, als das, was ist und als das, was nicht ist" (*Uruvaai, Aruvaai; Ulathaai, Ilathaai*). In Vers 13 geht es um eine *Beschreibung* der Natur der höchsten Wirklichkeit; daher heißt es, sie ist weder dies noch das. Aber hier ist es eine Frage der *Erfahrung* Gottes. Daher ist er beides, dies und das. Und dort verwendet Arunagiri das Wort „*Adhu*", „Das" für die Wirklichkeit, was ein Gefühl von Distanz vermittelt. Aber hier sagt er „*Guhan*", was bedeutet „Er, der in der Höhle des Herzens strahlt", was Nähe suggeriert, eher ein Gefühl von „Besitz", da Er in das Herz gekommen ist, was auch andeutet, dass es eine *Erfahrung* ist. In den Anfangsstadien des *Sadhanas* (von Vers 13) ist die Erfahrung des *Sadhakas*: „Diese Wirklichkeit selbst ist Murugan, ist Gott mit dem unvergleichlichen *Vel* und sein Guru." Die Wirklichkeit bzw. Gott konnten nur bis zu diesem Grad verstanden werden. Aber hier ist Gott alles – mit Form und ohne Form, das was ist und was nicht ist, die Blume und ihr Duft, der Edelstein und das von ihm ausstrahlende Licht, der Körper wie die Seele (Bewusstsein), die ihn belebt, das Ziel, *Moksha* und auch der Weg (der Rechtschaffenheit, des *Dharmas*), der da hin führt und schließlich der Guru. Eine genaue Analyse dieser beiden Verse würde den großen Graben zwischen der „Beschreibung" und der „Erfahrung" der Wirklichkeit offenbaren. Man kann Gott erfahren, aber nicht erklären oder verstehen.

Jetzt wollen wir weitersehen. Von den sich gegenseitig ausschließenden, Positiv-Negativ- Konzepten, von Form und Formlosigkeit, von dem, was ist und was nicht ist, bringt uns Arunagiri nun zu den Vorstellungen von Substanz und ihren Eigenschaften - Blume und Duft, Edelstein und Glanz. Eine Substanz und ihre Eigenschaften schließen sich nicht gegenseitig aus, wie mit und ohne Form oder was ist und was nicht ist; sie können zusammen bestehen. Und dennoch sind sie nicht ein- und dasselbe. Die Blume ist eine Sache und ihr Duft eine andere. Der Edelstein und das Licht, das er verbreitet, sind zwei verschiedene Dinge. Aber für eine befreite Seele ist die Blume Gott und der Duft, den sie verbreitet, ist auch Gott. Der Edelstein und der von ihm ausgehende Glanz sind beide nur Er. Darum sagt Arunagiri in der zweiten Zeile des Verses „*Maruvaai Malaraai, Maiyaai Oliyaai*", d.h. als Blume und ihr Duft, als Edelstein und sein Glanz. Diese Konzepte sind in der menschlichen Erfahrung etwas fortgeschrittener.

Dann sagt er „*Karuvaai Uiraai, Gathiyaai Vidhiyaai*", d.h. als Körper und Seele, als Moksha und Regeln". Der Körper ist Jada, ein unbelebtes Objekt. Die Seele ist *Chetana*, ein Bewusstseins-prinzip. Die Seele belebt und aktiviert den Körper. Ohne die Seele wird der Körper leblos und zerfällt. Der Wert, die Schönheit usw. des Körpers liegen im Lebensprinzip. Aber die Seele kann nicht ohne einen physischen, feinstofflichen oder kausalen Körper existieren, ihr *Karma* ausarbeiten und *Moksha* erreichen. Dass Gott sich sowohl als Körper als auch als Seele ausdrückt, zeigt, dass er beides ist, Materie und Geist, die nicht unabhängig voneinander existieren können, da sie voneinander abhängen. Außerdem ist Er sowohl der Zustand von *Moksha*, Befreiung, als auch *Vidhi*, die Verhaltensregeln, die in den *Veden*, *Agamas* usw. niedergelegt sind.

Vers 51

Die Regeln des *Dharma* sind das Mittel und *Moksha* ist das Ziel. Dharma, Rechtschaffenheit, führt zu *Moksha* (der Pflichterfüllung, der Einklang mit den kosmischen Gesetzen) und *Moksha* bestimmt, ob eine Handlung oder Verhaltensregel im Einklang mit *Dharma* ist oder nicht, ob sie richtig ist oder nicht. Obwohl beide sich gegenseitig bedingen, sind sie dennoch nicht dasselbe. Aber für den *Jivanmukta* (in diesem Körper befreiten) ist Gott beides und kommt als beides. So beschreibt die dritte Zeile des Verses die höheren Konzepte wechselseitiger Abhängigkeit und gegenseitiger Bedingtheit, die den höchsten Bereich menschlicher Erfahrung abdecken.

All diese Konzepte des Ausschließens und der Widersprüchlichkeit (Zeile 1), von Substanz und ihrer Eigenschaft (Zeile 2) und von gegenseitiger Abhängigkeit und Bedingtheit sind Stufen in der Entwicklung des menschlichen Denkens und Verstehens. Sie decken alle Bereiche menschlicher Erfahrung ab und werden als Gegensatzpaare vorgestellt, um zu zeigen, dass sie nicht identisch sind. Aufgrund unserer individualistischen Existenz als begrenzte Persönlichkeit kann uns Gott nur als eines dieser Konzepte erscheinen. Das menschliche Bewusstsein ist im Prozess der räumlich-zeitlichen Existenz gefangen. Es hat sich selbst auf einen bestimmten Geist und Körper beschränkt und als Folge davon hat es Vorstellungen von innen und außen. Weil es sich selbst durch die Sinne veräußerlicht, ist seine Wahrnehmung begrenzt und es kann Dinge nur begrenzt sehen, hören oder fühlen. Daher entstehen die Konzepte von Form und Formlosigkeit, Blume und Duft, Körper und Seele usw. in der gebundenen Seele. Aber der Befreite hat sich von den Begrenzungen räumlich-zeitlicher Existenz befreit und identifiziert sich mit Gott, der alle Dinge gleichzeitig ist. Für solch eine gesegnete Seele, die sich mit allem identifiziert hat, gibt es kein Innen oder Außen, mit Form oder ohne Form usw.; Gott ist alles und er kommt als alles, nicht als eine Abfolge, sondern gleichzeitig. Das heißt, Gott bzw. sich selbst gleichzeitig in allem als alles zu erfahren. Und diese Erfahrung enthüllt uns dieser Vers. Jede sichtbare Form ist Gott, und das Unsichtbare und Formlose ist auch Gott. Was ist, ist Er und was nicht ist, ist auch nur Er. Die Blume und ihr Duft sind Er. Der Edelstein und sein Glanz, also alle Substanzen und alle Eigenschaften, Körper und Seele, also Kosmos und der ihn belebende Geist (*Ishwara*), *Dharma* und *Moksha* (Mittel und Ziel) – alles ist Er. Er kommt oder wird als alles erfahren, gleichzeitig. Können wir uns diese Erfahrung eines *Jivanmukta* vorstellen? Selbst es zu denken, ist verblüffend. Auch nur einen Moment über diese mystische Erfahrung zu meditieren reicht aus, uns in Ekstase zu versetzen.

In der vierten Zeile sagt Arunagiri, Gott kommt als Guru. Bezeichnenderweise wählt er hier nicht ein Gegensatzpaar wie in den vorherigen Zeilen, sondern eine einzige Idee, weil der Guru Gott selbst ist (Vers 13) und alle Konzepte im Guru aufgehen. Die *Guru Gita* (Schrift) sagt: „Verneigung vor dem Guru, der die Bedeutung des Wortes „*Du*" aufzeigt, der das ganze Universum, die gesamte bewegte und unbewegte Schöpfung durchdringt mit seinen beweglichen und unbeweglichen Geschöpfen. Verneigung vor dem Guru, der die wahre Bedeutung des Wortes „*Das*" zeigt, der die bewegte und unbewegte Schöpfung in Form des ungeteilten Unendlichen durchdringt. Verneigung vor dem Guru, der die wahre Bedeutung Wortes „*bist*" (in dem Satz „*Das bist Du*"[16]) zeigt, der als reines Bewusstsein alle drei Welten mit ihren beweglichen und unbeweglichen Wesen durchdringt. Verneigung vor dem Guru, der jenseits von *Nada*, *Bindu* und *Kala* (jenseits von Zeit und Raum) ist, der reines Bewusstsein ist, ewig, friedvoll, jenseits des Raumes und makellos. Der Guru ist *Brahma*; der Guru ist *Vishnu*; der Guru ist *Shiva*; der Guru ist das Höchste *Brahman* selbst. Verneigung vor diesem Guru." Mit dem Begriff „Guru" fasst Arunagiri all das zusammen, was in den vorherigen drei Zeilen des Verses gesagt wurde. So ist diese letzte Zeile: „*Guruvaai Varuvaai Arulvaai Gugane*" - „O Allmächtiger, der als Guru kommt! O Guha! Schenke Deine Gnade" –in sich vollständig und enthält in sich den ganzen Vers. Hier wird „*Varuvaai*" als Gerundium, als substantivierter Infinitiv (*Vinaiyaalanaiyam Peyar*) verwendet. So bedeutet diese Zeile auch: „ O Guha! Komm als (mein) Guru und segne (mich)." Daher gilt sie als ein Mantra und wird mit Liebe und Gefühl (*Bhakti* und *Bhava*) rezitiert und gesungen, was sowohl einem selbst als auch anderen Segen bringt.

Der erste Vers des *Kandar Anubhuti* beginnt mit „*Aadumpari Vel Aniseval*", was als ein Mantra gilt – „*Velum Mayilum Thunai*", was „Der Vel und der Pfau sind (mein) Schutz und Unterstützung" bedeutet. Der letzte Vers des *Kandar Anubhuti* endet mit „*Guruvaai Varuvaai Arulvaai Gugane*", was auch als Mantra gilt. So beginnt und endet das Werk mit Mantras und enthält auch dazwischen viele Mantras. Darum wird das *Kandar Anubhuti* als ein „*Mantra-Shastra*" – eine Anhandlung voller Mantras – hoch geschätzt, weil es durch seine hingebungsvolle, regelmäßige Rezitation in der Lage ist, all das Gute zu gewähren, wonach man strebt.

---

16. „Du bist das" = „Tat Twam Asi", einer der großen metaphysischen Lehrsätze des Vedanta (Philosophie der Einheit) aus den Upanishaden. Er besagt letztlich, jedes Geschöpf ist in seiner Essenz das Göttliche, Universelle, Absolute. Da diese Essenz in allem gleich ist, gibt es auf höchster Ebene auch keine Trennung, keine Dualität.

In diesem Vers wird Gott als „*Guha*" angerufen, was wörtlich bedeutet: „Einer, der in der Höhle des Herzens lebt oder leuchtet." Es ist von großer Bedeutung, dass Arunagiri diesen Namen Gottes für diesen Vers wählt, obwohl der Titel des Werkes, *Kandar Anubhuti*, sich auf Gott als „Kanda" (Skanda) bezieht. Im gesamten Werk des *Kandar Anubhuti* gibt es nur einen einzigen Bezug auf einen örtlich begrenzten Aspekt Gottes, nämlich *Tiruchchengodu* bzw. *Naagaasala* in Vers 11 – wahrscheinlich deshalb, weil der dort verehrte Lord Skanda Arunagiri die Gabe gewährte, dass, wo immer er sei, wenn er den Namen „Kanda" sprechen und Ihn rufen würde, Er Ihm erscheinen würde. Daher scheint Arunagiri als Ausdruck seiner Dankbarkeit den Namen „Kanda" nicht nur für den Titel dieses Buches gewählt zu haben, sondern auch für zwei weitere seiner Werke, nämlich *Kandar Alankaaram* und *Kandar Anthaathi*. Aber in diesem letzten Vers hat er bewusst „Guha" gewählt, weil es der *Sahaja Avastha* Vers ist (der Vers, der die höchste Erfahrung beschreibt) und „*Guha*" dies am angemessensten zum Ausdruck bringt.

Im *Narayana Sukta* des *Yajur Veda* gibt es eine großartige Beschreibung des Höchsten Wesens wie folgt: „Das Göttliche Wesen ist der Träger des gesamten Kosmos, der eins mit ihm ist. Er hat Tausende von Augen und Köpfen, d.h. alle Augen und Köpfe gehören zu ihm. Er ist die Quelle der Freude. Er hat sich im Menschen verkörpert als seine höchste Stütze, als der innewohnende Geist, der das ganze Wesen durchdringt, der sowohl innen als auch außen von allem ist, was in dieser Welt gesehen oder gehört werden kann (nah oder fern, grob- oder feinstofflich). Er ist das unendliche Selbst; Er ist der wirkliche Meditierende und die Meditation und er ist das Ziel. Über Ihn muss meditiert werden. Der Ort der Meditation über Ihn ist der Äther im Herzen. Das Herz ist die große Wohnstatt des Universums und in der Mitte des Herzens gibt es ein Feuer; im Zentrum des Feuers gibt es eine Zunge oder Feuerflamme von der Farbe strahlenden Goldes, blendend wie ein Blitz. Das Höchste Wesen, der *Paramatman*, weilt in der Mitte dieser Flamme. Er ist der Schöpfer *Brahma*, Er ist der Zerstörer Shiva, Er ist der Erhalter Vishnu, Er ist Indra (der König der Engelswesen), Er ist die materielle und die wirkende Ursache des Universums und das höchste aus sich selbst leuchtende reine Bewusstsein, so schließt das *Sukta*. Arunagiri bezieht sich auf dieses Höchste Wesen als „*Guha*" – Einer, der in der Höhle des Herzens weilt oder scheint; der als alles und als der Guru kommt und dies ist. Wie schön stellt der Heilige die Essenz des gesamten *Narayana Sukta* in diesem einzigen Vers des *Kandar Anubhuti* dar! Das *Narayana Sukta* und das *Kandar Anubhuti* sind beide der Ausfluss göttlicher Ekstase erleuchteter Seelen, die im Ozean des Seligkeitsbewusstseins badeten. Darum wählte Arunagiri bezeichnenderweise und bewusst den Namen „Guha" für diesen abschließenden *Sahajavastha*-Vers.

„Guha" ist das Höchste Bewusstsein, das sich selbst überall und als alles offenbart. Es ist das Selbst oder *Brahman*, in dem die befreite Seele gegründet ist. „Guha" ist alles, weil es sowohl das Selbst des Jivanmukta als auch des Kosmos ist. Gottes Erscheinen als alles bedeutet nicht ein physisches Erscheinen von Dingen oder eines Moments in Raum und Zeit, sondern „Erscheinen in der Erfahrung", d.h. was auch immer ist, wird als Gott erfahren. Dies ist das Erscheinen Gottes, die Gotteserfahrung. Es ist vom physischen Erscheinen Gottes verschieden, denn wenn Gott als ein Objekt mit Form (*Uru*) auf eine befreite Seele zukommen sollte, müsste er sich im Raum bewegen, der auch nur Er ist; wobei der Raum ohne Form (*Aru*) ist.

Wenn also Arunagiri sagt, dass Gott als dieses kommt, als das, als alles, bedeutet das mystisch, dass der *Jivanmukta* alles als Gott erfährt, als sein eigenes Selbst, als „*Guha*", weil er sich mit dem Universalen Selbst, dem Selbst von allem, identifiziert hat bzw. dazu geworden ist. Er erkennt oder fühlt daher sein Selbst in allem und alles im Selbst; er sieht den Seher im Gesehenen und das Gesehene im Seher; er erfährt Gott als alles und alles als Gott. Dies ist die Essenz der Gottesvision (*Bhagavad Darshan* oder *Atma Darshan*), die Arunagiri in diesem Vers vermitteln möchte. Dies alles sind unterschiedliche Weisen, die innere mystische Erfahrung eines *Jivanmukta* auszudrücken, die in der Sprache der Menschen als „mit Form, ohne Form" etc. beschrieben wird, was symbolisch dafür steht, dass es eine gleichzeitige Erfahrung aller Dinge ist. Diese Wahrnehmung der Nichtunterscheidung ist der Höhepunkt der Gotteserfahrung – *Abheda Darshanam Jnanam*. Solch ein Weiser ist ein sich auf Erden bewegender Gott, bei dem die Welt um Beistand Zuflucht sucht, bei dem alle Wesen Trost finden, um den sich suchende Seelen wie hungrige Kinder um die Mutter versammeln und für den aufgrund seines *Abheda Darshanams*, seiner ganzheitlichen nicht-unterscheidenden Sicht, nichts irgendeinen Unterschied macht.

Dies ist der *Sahaja Avastha* der *Jivanmuktas*, die *Sarvabhuta-Hiteratah* sind – jene, die das Wohlergehen aller Wesen anstreben, von denen Swami Sivananda einer war. Er schreibt in „*Sivananda Gita*" (kurze Autobiographie): „Die Gefallenen aufzurichten, die Blinden zu führen, was ich habe, mit anderen zu teilen, den Geplagten Trost und den Leidenden Freude zu bringen, sind meine

Ideale. Vollständiges Vertrauen in Gott zu haben, meine Nächsten als mein eigenes Selbst zu lieben, Gott mit ganzem Herzen und ganzer Seele zu lieben, Kühe, Tiere, Frauen und Kinder zu schützen, sind meine Ziele. Meine Losung ist Liebe. Mein Ziel ist *Sahaja Samadhi Avastha*, der natürliche, kontinuierliche überbewusste Zustand." Dies ist die bescheidene Art, in der Swami Sivananda sagt, was er tatsächlich war und tat.

Gott ist *Satchidananda*. Er ist ein Ozean ungeteilten Seins-Bewusstseins-Seligkeit. Der Ozean ist nichts als Wasser und Gott ist nichts als Bewusstsein. *Prajnanam Brahma* – reines Bewusstsein ist Brahman, sagt die Upanishade. Der Ozean ist Wasser, ob ruhig am Grund oder an der Oberfläche Wellen schlagend. Auf ähnliche Weise ist alles *Satchidananda*, egal ob im absorbierten Zustand von *Pesaa Anubhuti* (Vers 43) oder als dieses weite Panorama der Schöpfung in diesem *Sahaja Avastha*. So wie Wellen aus Wasser gegeneinander schlagen und sich miteinander vermischen, rollt Bewusstsein über Bewusstsein und bleibt als Bewusstsein. Dies ist der *Sahaja Samadhi Avasta*, der natürliche überbewusste Zustand eines befreiten Weisen.

In Vers 43 beschrieb Arunagiri das „*Pesaa Anubhuti*", worin die objektive Welt vollständig verneint wird und man in der sprachlosen Erfahrung, *Maha-Mouna*, aufgeht. Aber wenn der Weise aus dieser Erfahrung herauskommt, wenn er sich in „dieser unserer Welt" zum Wohle der Menschheit betätigt, was erfährt er dann? Für ihn hört die Welt auf so zu sein, wie wir sie wahrnehmen. Sie löst sich in Gott auf. Das immer gleiche *Satchidananda* tanzt als all diese Namen und Formen, als Eigenschaften und Substanzen, als die physischen, feinstofflichen und kausalen Reiche, kurz gesagt als alles. Was immer die Sinne wahrnehmen, der Geist denkt oder der Intellekt versteht ist alles *Satchidananda*; weil sie alle durch die magische Berührung des Gottesbewusstseins verwandelt wurden. Es ist Bewusstsein, das Bewusstsein wahrnimmt, Gott der Gott wahrnimmt; es gibt dort keinen Menschen, keine Welt; sondern nur Gott und Gott allein. Eine großartige Erfahrung! Wie sehr wir auch immer versuchen mögen, diese Erfahrung des *Sahaja Avastha* zu erklären, es es bleibt immer unzureichend und unbefriedigend, weil es nichts ist, was erklärt werden kann, sondern etwas, was erfahren werden muss.

Hier können wir einen interessanten Abstecher machen. Einige sind der Meinung, dass nur die ersten 43 Verse auf Arunagiri zurückgehen, da es im 43. Vers heißt: „*Pesaa Anubhuti Pirandhadhuve* – die sprachlose Erfahrung wurde geboren", und dass die letzten 8 Verse nicht von Arunagiri sind, sondern später von jemand anderem hinzugefügt wurden. Aber andere behaupten, dass alle 51 Verse Arunagiris eigene und ursprüngliche Komposition sind, weil sie von außergewöhnlicher Natur sind und weil auch ein Werk namens „Thanigai Ula" vom Kandar Anubhuti sagt: „Alle 50 Anubhutis (Verse) sind Edelsteine, die selige Erfahrung schenken". Aus unserer Untersuchung können wir schlussfolgern, dass die 51 Verse des *Kandar Anubhutis* tatsächlich Arunagiris eigene sind. Tatsächlich enthalten die letzten 8 Verse das Beste und die Essenz des Werkes.

Diese Verse sind von außergewöhnlicher Natur und es gibt nicht den geringsten Zweifel, dass niemand außer Arunagiri solch prägnante Verse von so hohem spirituellen Kaliber hätte schreiben können. Die ganze Essenz des Vedantischen *Sadhanas* wie auch viele verborgene Hinweise auf höhere Meditation werden in diesen Versen so mystisch offenbart, dass nur ein Heiliger von der Verwirklichung eines Arunagiris dies hätte ausdrücken können. Auch haben wir in den Erklärungen der Verse 43 und 46 gesehen, dass diejenigen, die die „sprachlose Erfahrung" erreichen (*Pesaa Anubhuti*, Vers 43) entgültig darin bleiben und niemals wieder daraus hervorkommen. Im Gegenteil, normalerweise kommen sie wieder aus diesem Zustand zurück, sind als *Jivanmuktas* in der Welt tätig und führen die Strebenden.

Wie sollten wir ansonsten den reichen Nachlass spiritueller Weisheit erklären, der uns heute zur Verfügung steht? Wären Arunagiri und andere Heilige in *Samadhi* geblieben und nicht mehr daraus hervorgekommen und hätten sie uns nicht solch göttliche Geschenke gegeben, in was für einem bedauerlichen Zustand wären wir dann? Selbst dieses wertvolle Geschenk des *Kandar Anubhuti*, das uns, wie Thayumanavar sagte, Arunagiri gegeben hat, *nachdem* er die Gotteserfahrung erlangt hatte, hätte uns auf andere Weise nicht überliefert werden können. Also wäre es nicht richtig aus „die sprachlose Erfahrung wurde geboren" in Vers 43 zu schlussfolgern, dass das Werk mit diesem Vers endet. *Samadhi*, der Zustand völliger Auflösung im Überbewusstsein, ist nicht notwendigerweise der einmalige Höhepunkt der Gotteserfahrung (*Anubhuti*). *Sahaja Samadhi*, der natürliche und kontinuierliche überbewusste Zustand, ist die endgültige Erfahrung, wie wir aus den Worten von Swami Sivananda gesehen haben.

Während er in *Samadhi* aufgegangen ist, ist der Befreite in einer statischen Identität mit Gott; wenn er daraus hervorgeht, ist er in einer dynamischen Identität und erfährt Gott in allem und als alles. „*Kandar*" oder Lord Skanda

Vers 51

(Gott) ist alle Dinge. *Kandar* Anubhuti, Gotteserfahrung, heißt daher „Gott als alle Dinge und alle Dinge als Gott zu erfahren". Dies ist *Sahaja Samadhi* und dies ist die Behauptung dieses Verses. *Samadhi* und *Sahaja Samadhi* – statische und dynamische Identität – gibt es natürlich nur von unserem Standpunkt aus. Sie sind für den *Jivanmukta* selbst nicht von Bedeutung, der immer in Einheit mit Gott ist. Da wir ihn jedoch als „aufgelöst" oder „sich bewegend, tätig seiend, herumgehend" etc. sehen, machen wir diesen Unterschied zwischen *Samadhi* und *Sahaja Samadhi*, zwischen statischer und dynamischer Identität, zu unserem besseren Verständnis. Wenn statische Identität „*Pesaa Anubhuti*" ist, dann können wir dynamische Identität als „*Nadamaadum Anubhuti*" bezeichnen. Und dieser Zustand wird in diesem Vers so bildhaft dargestellt. Jene, die gesegnet sind, in diesem Zustand zu sein, sind wahrlich sich auf Erden bewegende Göttlichkeit, „*Nadamaadum Theivam*", unter denen der heilige Arunagiri einmalig ist. Wer außer Arunagiri könnte seine eigene Erfahrung in so ekstatische und mystische Begriffe wie in diesem letzten Vers gießen!

Lasst uns jetzt den ganzen Vers betrachten: „O Lord Guha! Höchstes Wesen, der Du (als all die) mit Form und ohne Form kommst, als das, was ist und was nicht ist, als Blume und (ihr) Duft, als Edelstein und (sein) Glanz, als Körper (Universum) und Seele (universaler Geist) (der es belebt), als Moksha und die Regeln der Rechtschaffenheit (als das Ziel und die Mittel) und als der Guru! Gewähre Deine Gnade."

„*Arulvaai*" – „Gewähre Deine Gnade" oder „Segne" sagt Arunagiri. Segne wen? Es ist nicht „Segne mich" sondern „Segne alles". Denn was für eine Segnung zusätzlich braucht dieser *Jivanmukta* eines so erhabenen Zustands? Er selbst ist eine Segnung für andere. Es ist daher angemessener, es als ein Gebet an Lord Guha zu nehmen, der als alles und als Guru kommt, um durch sein Kommen (als alles und) als Guru alles zu segnen. Er betet darum, dass der Herr diese Segnung der Gotteserfahrung, derer er sich erfreut, auch anderen gewähren soll. Es ist ein Gebet, alle im allgemeinen zu segnen und im besonderen diejenigen, die dieses *Moksha* schenkende *Kandar Anubhuti* rezitieren, die es systematisch studieren (*Parayana* und *Swadhyaya*), es verstehen und versuchen, seine Lehren wenigstens in kleinem Umfang in die Praxis umzusetzen. Gott ist alles. Er kommt als alles. Darum wird er ersucht, alles zu segnen.

Arunagiri konnte sich nicht damit begnügen, selbst *Anubhuti*, Gotteserfahrung, erreicht zu haben. Er wünscht, dass jeder diese Gotteserfahrung haben sollte, genauso wie Swami Sivananda dies wünschte.

Swami Sivananda sagte: „Ich hörte eine Stimme von innen: ‚Shiva erwache und fülle die Schale Deines Lebens mit diesem Nektar; teile ihn mit allen. Ich werde Dir Stärke, Energie, Kraft und Weisheit geben.' Ich gehorchte dem Befehl. Er füllte die Schale und ich teilte sie mit allen." Die eine Sache, derer Swamiji niemals müde wurde, sie in all seinen Schriften und Anreden einzuhämmern, war: „Das Ziel des Lebens ist Gottesverwirklichung. Du musst es in dieser Geburt erreichen!" So groß war sein Eifer, dass jeder diese Göttliche Erfahrung erlangen sollte. So war auch Arunagiri, und er gab der Welt diese schöne Wortgirlande des *Kandar Anubhuti*, damit jeder sie Lord Skanda durch hingebungsvolle Rezitation darbringen könnte und dadurch die Göttliche Erfahrung erreichen kann, die ihm besonders geschenkt wurde, damit er sie mit allen teilen sollte.

So endet das Gnade schenkende, die Seele erhebende mystische Werk des *Kandar Anubhuti* – eine vollständige Abhandlung über Advaitische (nicht-dualistische) Verwirklichung und das *Sadhana* (die spirituelle Übung) dafür.

Möge die Gnade des heiligen Arunagiri mit uns allen sein! Mögen wir täglich dieses alles reinigende und *Moksha* gewährende göttliche Geschenk des *Kandar Anubhuti* rezitieren und uns der Gnade Guhas erfreuen!! Möge er uns alle mit Gotteserfahrung in diesem Leben segnen!!!

Om Tat Sat Sivanandarpanamastu
Om Tat Sat Saravanabhavarpanamastu
Om Tat Sat Brahmarpanamastu

Loka Samasta Sukhino Bhavantu

Mögen alle Wesen Glück und Harmonie erreichen

Im Yoga Vidya Verlag erschienen:

NEU: Sivananda – ein moderner Heiliger

Enge Schüler von Swami Sivananda beschreiben hier sehr anschaulich die wichtigsten Lebensabschnitte Swami Sivanandas, wie er den spirituellen Weg gegangen ist, systematisch an sich gearbeitet hat und mit viel Disziplin, Weisheit und Hingabe zur höchsten Verwirklichung gekommen ist. Es zeigt dir pragmatisch und methodisch den Weg, den du selbst gehen kannst, um dieses Ziel zu erreichen. Es versetzt dich in die unmittelbare Gegenwart eines großen, selbstverwirklichten Meisters.

375 Seiten, Paperback. 16,80 €. ISBN 978-3-931854-63-9

Autobiographie von Swami Sivananda

Hier schreibt der große indische Weise Swami Sivananda, wie er vom Normalbewusstsein zum Gottesbewußtsein gekommen ist, so als wäre es die selbstverständlichste Sache der Welt, zur Erfahrung der Einheit zu gelangen. Und gerade diese Selbstverständlichkeit ist es, was Swami Sivananda immer am Herzen gelegen hat – das Geburtsrecht jedes Menschen, seine wahre Natur zu entdecken und auszudrücken. Und diese Natur ist göttlich - nach seiner Erfahrung wie auch nach der aller Mystiker verschiedenster Traditionen. Dies ist ein Buch, das Sie die lebendige Gegenwart eines großen Meisters erfahren lässt.

196 Seiten, Paperback. 9,80 €. ISBN 978-3-931854-24-8

Parabeln (Swami Sivananda)

Die höchste Wirklichkeit, der Weg dorthin, die Aufgaben, Gefahren und Hindernisse unterwegs können leichter durch Geschichten und Gleichnisse vermittelt werden als mit intellektuellen Worten. Darum haben die großen Meister und Meisterinnen in Ost und West immer wieder Geschichten und Gleichnisse erzählt. Swami Sivananda sprach sehr oft in Gleichnissen oder Bildern, die aus dem Beruf oder den Lebensumständen der Menschen und Ratsuchenden stammten. Die Erfahrung aus diesen Gesprächen hat er in diesem Buch kondensiert.

171 Seiten, Paperback. 9,80 €. ISBN 978-3-931854-27-2

Inspirierende Geschichten

Das Geschichtenerzählen ist eine der ältesten menschlichen Traditionen. Was Nahrungmittel für den physischen Körper sind, sind Geschichten für den Geist und die Seele. Geschichten regen die Phantasie an, helfen Menschen dabei, eigene innere Bilder wahrzunehmen, öffnen das Herz und bieten neue Denkanstöße.

222 Seiten, Paperback. 10,80 €. ISBN 978-3-931854-53-1

Göttliches Elixier (von Swami Sivananda)

Es besteht aus kurzen, prägnanten, bedeutungsschwangeren Sätzen, fast wie Sutras (Aphorismen). Jeder der Sätze eignet sich als Einleitung einer Meditation oder auch als Meditationsthema. „Göttliches Elixier" ist auch wunderbar, um morgens seinen Tag zu beginnen. Jeder Satz ist wie ein Schluck „göttliches Elixier", welches den Tag transformiert. Wir wünschen dir viel Herzensöffnung und tiefe Erkenntnisse mit diesem „Zaubertrank" aus der Feder des großen Meisters.

44 Seiten, Paperback. 6,80 €. ISBN 978-3-931854-52-3

Japa Yoga

Dieses Buch beschreibt in leicht verständlicher Sprache die tantrische Theorie von Klang und Mantra, mit wertvollen Hinweisen für den Gebrauch von Mantras. Die Auflistung von früher nur in mündlicher Überlieferung weitergegebenen Mantras ist selbst in Indien einmalig. Wertvolle Ratschläge zu allen Aspekten des spirituellen Lebens runden das Bild ab.

188 Seiten, Paperback. 9,80 €. ISBN 978-3-931854-25-6

NEU: Götter und Göttinnen im Hinduismus
(Swami Sivananda)

Die Vielfalt der indischen Götterwelt ist faszinierend und verwirrend zugleich. Letztlich sind alle Götter Aspekte des einen Absoluten, der höchsten Wahrheit, der allumfassenden kosmischen Energie oder Weltenseele. In diesem Buch beschreibt Swami Sivananda einige der wichtigsten Aspekte der indischen Mythologie, ihre Symbolik und tiefe Bedeutung, sowie traditionelle Riten. Ein Buch, das unsere Fantasie anregt, ein besseres Verständnis der indischen Mythologie schenkt und uns im Herzen berühren kann – denn letztlich bekommen wir Zugang zur höchsten Wirklichkeit über das Herz.

152 Seiten, Paperback. 9,50 €. ISBN 978-3-931854-66-3

Feste und Fastentage im Hinduismus

Die reichhaltige Mythenwelt des Hinduismus wird leicht nachvollziehbar erschlossen. Es ist für Liebhaber von Geschichten, Märchen und Mythen gleichermaßen interessant wie für den Indienreisenden, der seine Erläuterungen zu hinduistischen Gebräuchen und Symbolik findet, wie sie in keinem Reiseführer stehen. Wer sich mit Yoga beschäftigt, findet hier den Bhakti Yoga Aspekt in Form von Ritualen, Gelübden, Vorsätzen, Mantrarezitation usw.

170 Seiten, Paperback. 9,80 €. ISBN 978-3-931854-33-7

Sivananda Yoga (Swami Venkatesananda)

Immer mehr Menschen sind auf der Suche nach Gott, nach Selbstverwirklichung und auf der Suche nach einem Lehrer oder Meister, der sie dorthin führt. Schüler sagen oft, es wäre schwierig, geeignete Lehrer zu finden und Lehrer sagen, es wäre schwierig, geeignete Schüler zu finden. Und wenn man keinen lebenden Meister finden kann oder will, greifen Menschen auf Bücher, in denen spirituelle Wahrheiten verborgen sind, zurück. Dieses Buch zählt dazu. Swami Venkatesananda, ein enger Schüler Swami Sivanandas, der viele Jahre bei seinem Lehrer lebte, beschreibt sehr schön, klar und humorvoll, wie spirituelles Wachstum unter der Führung eines selbstverwirklichten Lehrers möglich ist. In vielen kleinen Geschichten, die er selbst oder andere Schüler mit seinem Lehrer erlebt haben, vermittelt er den Lesern, wie man zur Selbstverwirklichung kommt und wie man Sivananda Yoga Tag für Tag üben und praktizieren kann.

182 Seiten, Paperback. 9,80 €. ISBN 978-3-931854-51-5

Klassische Upanishaden

Die Weisheit des Yoga. Die elf wichtigsten Upanishaden in der Übersetzung von Paul Deussen. Du bist nicht dieser Körper, du bist nicht der Verstand, du bist nicht die Emotionen und Gedanken, du bist Atman, das Selbst und damit in deiner Essenz nichts anderes als Brahman, das Absolute, das Urprinzip oder Gott. Dein wahres Selbst ist unvergänglich, unsterblich, ewig, unberührt von allen äußeren Veränderungen, reines Sein, Bewusstheit an sich (Sat), vollumfängliches intuitives Wissen (chid) und immerwährende Wonne und Glückseligkeit (ananda). Dieses Sat-Chid-Ananda zu erfahren und zu verwirklichen ist das Ziel des Yoga. Aus den Texten der Upanishaden spricht diese mystische, archaische Erfahrung.

270 Seiten, Paperback. 12,80 €. ISBN 978-3-931854-49-3

Integraler Yoga (Swami Venkatesananda)

Geschichten und Anekdoten aus dem Leben von Swami Sivananda. Geschrieben von Swami Venkatesananda, seinem langjährigen engen Schüler, der selbst zu einem großen Yoga-Meister wurde. Mit großer Achtung und Liebe geschrieben, erlaubt der Text bemerkenswerte Einblicke in das Leben einer erleuchteten Seele und vermittelt tiefe Einsichten über die wesentlichen geistigen und charakterlichen Qualitäten, die es auf dem Pfad des Yoga zu entwickeln gilt, um eines Tages bewusst den Zustand der Einheit zu erfahren. So ist dies nicht nur ein wertvolles Buch, sondern auch ein Dokument der einer Hingabe, die selbst in der Übersetzung noch in jeder Zeile spürbar ist und das Herz des Lesers zu berühren vermag, wenn er bereit ist, sich dem Geist dieses Werkes zu öffnen.

Bücher von Sukadev Bretz

Die Yoga-Weisheit der Bhagavad Gita für Menschen von heute, Band 1 + Band 2

„Viele Menschen entdecken an sich selbst, dass sie schon früh Yoga Samskaras haben. Mich z.B. hat schon als Kind das Wort „Yogi" völlig fasziniert. Jemand aus meiner Klasse hat irgendwann mal den Lotussitz gemacht...., aber ich fand es beeindruckend, dass jemand so dasitzen kann. Und irgendwann habe ich dann gehört dass jemand Yoga macht. Ich hatte nicht die geringste Ahnung, was das sein sollte, aber irgendwie fand ich das toll. Ich wollte dann auch Yoga machen... Swami Vishnu hat uns immer wieder gesagt, dass es in unserer westlichen Gesellschaft kaum jemandem möglich sein wird, täglich zu meditieren und Asanas und Pranayama zu machen, der nicht Samskaras aus einem früheren Leben in sich hat." *(Auszug Kommentar von Sukadev Bretz)*

Band 1: 204 Seiten, Paperback. 10,50 €. ISBN 978-3-931854-62-0
Band 2: 152 Seiten, Paperback. 9,50 €. ISBN 978-3-931854-65-5
Yoga Vidya Verlag   *(Band 3 erscheint voraussichtlich Anf. 2009)*

NEU: Die Kundalini-Energie erwecken

Gleich einer eingerollten Schlange ruht die Kundalini-Energie, die kosmische Urkraft in uns, am Ende der Wirbelsäule. Durch die stufenweise Erweckung dieser Energie können wir das Höchste - die Einheit mit dem Absoluten - erreichen. In inspirierender Klarheit führt Sukadev in die spirituellen Geheimnisse der Kundalini ein und zeigt, wie wir unser Leben durch die Erweckung der göttlichen Urenergie in uns bereichern können. Erläuterungen zur tantrischen Tradition, zu reinigungs- und Erdungsritualen, zum Astralkörper, zu den Nadis und Chakren helfen, die Kraft der Kundalini besser zu verstehen und ermöglichen einen umsichtigen Umgang mit den spirituellen Erweckungserlebnissen. So wird die Kundalini zu einem inneren Abenteuer, das versteckte Potenziale und Fähigkeiten in uns entdecken, das Bewusstsein erweitern und zur eigenen Verwirklichung führen kann.
Gebundene Ausgabe, 192 Seiten. 16,95 €. ISBN 978-3-7205-6002-3
Kailash Verlag

Yoga Geschichten

Geschichten und Märchen faszinieren die Menschen seit alters her und waren auch immer schon ein wichtiges didaktisches Hilfsmittel. Die Geschichten in diesem Buch stammen aus klassischen indischen Schriften und wurden von Sukadev Volker Bretz nacherzählt, mit manchen eigenen Interpretationen und Anpassungen an die heutige Lebenssituation, was besonders hilft, ihre Lehren direkt in den eigenen Alltag zu übertragen.

88 Seiten, Paperback. 6,80 €. ISBN 978-3-931854-47-7
Yoga Vidya Verlag   *(Auch als Hörbuch-CD erhältlich!)*

Das Yoga Vidya Asana-Buch Band 1

Riesiges Erfahrungswissen über die Asanas der Rishikesh-Reihe, wie sie von Swami Sivananda und Swami Vishnu-Devananda gelehrt wurde. In dieses Buch ist das Wissen aus 25 Jahren Yoga-Studium und -Praxis des Autors Sukadev Bretz geflossen. Dieses Buch zeigt sanfteste wie auch fortgeschrittenste Übungen. Ausgezeichnet für jeden Übenden, der im Hatha Yoga weiter kommen will. Eine Riesenhilfe für die Unterrichtsvorbereitung von Yogalehrenden.

Mit 1800 Fotos. Großformat A4. Mit umfangreichem Index zum schnellen Finden der Asanas.

12 Seiten, Paperback. 19,80 €. ISBN 978-3-931854-48-5
Yoga Vidya Verlag

Die Yogaweisheit des Patanjali für Menschen von heute

Die Yoga-Sutras von Pantanjali sprechen alle Ebenen des Menschseins an. Sie vermitteln einen tiefen Enblick in die praktischen, geistigen und spirituellen Dimensionen des Yoga. Im Mittelpunkt steht der menschliche Geist, seine Funktionsweise, sein Einfluss auf das Leben, aber auch auf seine verborgenen Kräfte und seine Möglichkeiten.

Dem Verfasser ist es durch den von tiefer Erfahrung geprägten persönlichen Umgang mit den Yoga-Sutras gelungen, diese Yogaweisheit für den Menschen unserer Zeit fruchtbar zu machen und dabei seinen kulturellen Hintergrund, seine Bedürfnisse und seine Lebensprobleme mit einzubeziehen. Die leicht verständliche Sprache, die Fülle von praktisch anwendbaren Beispielen aus dem Leben und die zahlreichen Geschichten und Episoden verstärken die Grundaussagen und die Wirkung dieses wichtigen Yogatextes. So wird das Buch ein praktischer Leitfaden sowohl für die Bewältigung des Alltags als auch für spirituelle Erfahrungen. Gleichzeitig ist es damit ein Wegweiser für mehr Lebensfreude, Gesundheit und Wohlergehen.

216 Seiten, gebunden. 20 €. ISBN 3-931854-47-7; Via Nova Verlag

---

Bitte vollständiges Verlagsprogramm anfordern:
Yoga Vidya Verlag • Wällenweg 42 • 32805 Horn-Bad Meinberg
Tel. 05234/87-0 • Fax 05234/87-1875
eMail: shop@yoga-vidya.de • www.yoga-vidya.de/shop

Yoga Vidya Zentren und Seminarhäuser

In den über 50 Yoga-Vidya-Zentren in ganz Deutschland kannst du Yoga systematisch lernen, praktizieren und vertiefen: *www.yoga-vidya.de/center*

* Yogalehrer- und andere Ausbildungen
* Einführungsseminare für Yoga und Meditation
* Kundalini-Yoga-Intensivseminare
* Ayurveda-Wohlfühlseminare
* Meditations-Intensiv-Wochen
* und vieles mehr...

gibt es in den Yoga-Vidya Seminarhäusern in Bad Meinberg/Teutoburger Wald, Oberlahr/Westerwald sowie an der Nordsee. Informationen unter: *www.yoga-vidya.de*

Seminarhaus Yoga Vidya Bad Meinberg
Wällenweg 42
32805 Horn-Bad Meinberg
Tel.: 05234/87-0, Fax: -1875

Seminarhaus Yoga Vidya Westerwald
Gut Hoffnungstal
57641 Oberlahr
Tel.: 02685/8002-0, Fax: -20

Seminarhaus Yoga Vidya Nordsee
Wiarder Altendeich 10
26434 Horumersiel
Tel.: 04426/991212